普通高等教育"十五"国家级规划教材

 21世纪法学系列教材

民商法系列

海商法教程

（第二版）

郭 瑜 著

图书在版编目(CIP)数据

海商法教程/郭瑜著.—2 版.—北京:北京大学出版社,2012.3
(21 世纪法学系列教材·民商法系列)
ISBN 978-7-301-20311-8

Ⅰ.①海… Ⅱ.①郭… Ⅲ.①海商法-中国-高等学校-教材 Ⅳ.①D922.294

中国版本图书馆 CIP 数据核字(2012)第 029929 号

书　　　名:海商法教程(第二版)
著作责任者:郭　瑜　著
责 任 编 辑:冯益娜
标 准 书 号:ISBN 978-7-301-20311-8/D·3066
出 版 发 行:北京大学出版社
地　　　址:北京市海淀区成府路 205 号　100871
网　　　址:http://www.pup.cn
电　　　话:邮购部 62752015　发行部 62750672　编辑部 62752027
　　　　　　出版部 62754962
电 子 邮 箱:law@pup.pku.edu.cn
印 　刷　者:北京鑫海金澳胶印有限公司
经 　销　者:新华书店
　　　　　　730 毫米×980 毫米　16 开本　27.25 印张　520 千字
　　　　　　2002 年 11 月第 1 版
　　　　　　2012 年 3 月第 2 版　2013 年 11 月第 2 次印刷
定　　　价:49.00 元

未经许可,不得以任何方式复制或抄袭本书之部分或全部内容。
版权所有,侵权必究
举报电话:010-62752024　电子邮箱:fd@pup.pku.edu.cn

导　　读

第一章　海商法概述

海上特有的风险造就了海商法这个古老独特的法律部门。海商法中的许多制度之所以产生、发展，都是为了防范和分配海上航行必须面对的特殊风险。

知识点：海商法的概念、主要内容、发展历史、法律地位、法律渊源。

第二章　船舶与船舶物权

船舶作为海商法中最重要的客体，其特性决定了海商法诸多具体制度的特殊性。船舶物权制度集中体现了船舶的不动产性、拟人性和合成性，并与海商法中的其他制度相互影响。

知识点：船舶的概念和特点；船舶登记；船舶优先权、船舶抵押权和船舶留置权的概念及受偿顺序；船舶买卖中的物权转移问题。

第三章　海上运输管理法

海上运输的重要经济地位决定了政府对这一民商事领域进行干预的必然性，而海洋全球相通的特点和当前经济全球化的发展趋势决定了这种干预的国际性。政府和国际经济组织对海上运输的管理构建了开展海上运输的基础行政法律环境。

知识点：海上运输管理的基本方面；班轮公会行动守则；WTO 海上运输协议；我国促进和管理海上运输经济的基本措施。

第四章　提单下的海上货物运输合同

我国乃至世界范围内对提单下的海上货物运输合同的法律规范都呈现出明显的强制干预的特征，当事人在法律框架以外自行磋商合同条件的自由度日趋缩小。这个框架的核心概念是以适航等强制性义务为一端，以过失免责、责任限制为另一端达成的船方和货方权利义务的平衡。对这个平衡的掌握和理解是本章学习的关键。

知识点：海上货物运输合同的概念和分类；海运领域的三个国际公约的制定背景和主要内容；统一国际海运立法的最新努力；我国《海商法》对承运人责任制度的规定；海上货物运输的当事人和关系人。

第五章　提单和其他海上货物运输单据

提单在海上货物运输中的独特地位源自于其独特的法律性质。在经过数百年的发展后，提单虽正面临其他运输单据的冲击，但仍占据着海运核心单据的地位。掌握提单在国际贸易大环境下的作用是理解这一漏洞频出却不可缺少的制度的关键。

知识点:提单的概念和特征;提单的主要功能;提单签发、转让和注销中的问题;海运单的概念和特点;电子提单的概念和实践。

第六章 租船合同

以格式合同的广泛使用为主要特征,关于船舶租用合同的法律虽然不具强制性,也没有形成统一适用的国际公约,却在商人的默契下呈现出另一种形式的国际统一。虽然具有许多行业性的技术术语,但船舶租用合同与一般商业合同的差距正在日渐缩小。术语的理解是本章学习的关键。

知识点:三种租船合同的概念和特征;航次租船合同下的权利义务安排;定期租船合同下的权利义务安排。

第七章 海上旅客运输合同

海上旅客运输的重要性已不如从前,但仍需了解《雅典公约》和受该公约影响的我国《海商法》中规定的海上旅客运输承运人的责任制度等重要内容。

知识点:《雅典公约》的制定和主要内容;海上旅客运输合同的责任制度。

第八章 海上拖航合同

海上拖航合同是一种提供服务的合同,与海上运输合同、救助合同等都有相似的地方但也有本质上的不同。

知识点:拖航合同的订立和解除;双方当事人的权利义务;拖航造成的第三方损失赔偿。

第九章 船舶碰撞

作为一种特殊的侵权制度,船舶碰撞的最大特点是双方过失碰撞中的双方责任人不对第三方财产损失负连带责任而是按过失比例承担责任。由此决定了必须确定哪些事故属于船舶碰撞。船舶碰撞的损害赔偿范围也是实务中容易产生争议的问题。

知识点:船舶碰撞的概念和分类;归责原则;船舶碰撞损害赔偿。

第十章 海难救助

当前的海难救助制度是以救助报酬为核心,以特别补偿为最引人注目的发展,以劳氏救助合同格式为最重要的格式合同。

知识点:海难救助的概念与成立要件;救助报酬的确定和分配;无效果—无报酬原则的含义和演变;特别补偿;劳氏救助合同格式的主要内容。

第十一章 共同海损

促进海上危难事故的迅速解决,保证各方公平分担损失,是共同海损制度追求的价值所在。当前,这一古老的海商制度虽然日渐凋零,但仍然保持着一定的生命活力。

知识点:共同海损的概念和成立要件;共同安全说与共同利益说的斗争;共同海损理算的各步骤和具体计算方法;《约克—安特卫普规则》的性质、发展历史和作用;共同海损与过失的关系。

第十二章 海事赔偿责任限制

普遍的有限责任至今仍是航运业者最有力的保护措施之一。理解从船东责任限制发展到海事赔偿责任限制的原因,以及为什么要限制责任和对哪些责任进行限制是本章的核心。

知识点:海事赔偿责任限制的概念;责任限制主体;限制性债权;非限制性债权;海事赔偿责任限制中的程序问题。

第十三章 海上保险合同

海上保险已经超出了海上的范畴,但仍然保持着源于海上风险的特性。同时,由于历史的原因,海上保险法呈现出诸多受英国法影响的痕迹。

知识点:海上保险合同的订立;可保利益原则和最高诚信原则;海上保险合同的分类;海上保险的标准合同条款;实际全损和推定全损;委付;代位求偿;近因原则。

第十四章 船舶保赔保险

船舶保赔保险名为保险,但与普通商业保险从原理到活动都有太多不同。其产生和存在与海上风险的特殊性和航运业务的特殊性息息相关。

知识点:保赔协会的法律性质;保赔保险的承保范围;保赔协会为船东提供的专业性服务。

第十五章 海事纠纷处理

我国的海事法院系统和《海事诉讼特别程序法》是本章学习的重点。海事诉讼中的特殊制度应在与《民事诉讼法》的比照中加深理解。

知识点:海事时效制度;我国的海事仲裁机构;我国的海事法院系统;我国《海事诉讼特别程序法》的制定和主要内容;船舶扣押的法律问题。

目　录

第一编　总　论

第一章　海商法概述 ……………………………………………… (3)
 第一节　海商法的概念和主要内容 ……………………………… (4)
  一、海商法的概念 …………………………………………… (4)
  二、海商法的主要内容 ……………………………………… (6)
 第二节　海商法的历史发展 ……………………………………… (7)
  一、海商法的萌芽时期 ……………………………………… (7)
  二、中世纪三大海法 ………………………………………… (7)
  三、海商法的国内化时期 …………………………………… (8)
  四、海商法的国际统一立法时期 …………………………… (8)
 第三节　海商法在法律体系中的地位 …………………………… (9)
 第四节　我国海商法概况 ………………………………………… (10)
  一、我国海商法的历史传承 ………………………………… (10)
  二、我国海商法的法律规范体系和适用 …………………… (11)

第二章　船舶与船舶物权 ………………………………………… (17)
 第一节　船舶概述 ………………………………………………… (18)
  一、船舶的概念 ……………………………………………… (18)
  二、船舶的法律特性 ………………………………………… (19)
  三、船舶的船籍 ……………………………………………… (19)
  四、船舶物权及其法律规范 ………………………………… (20)
 第二节　船舶所有权 ……………………………………………… (21)
  一、船舶所有权的概念 ……………………………………… (21)
  二、船舶所有权的取得和登记 ……………………………… (21)
 第三节　船舶抵押权 ……………………………………………… (23)
  一、船舶抵押权的概念、性质和立法理由 ………………… (23)
  二、船舶抵押权的标的物与抵押人 ………………………… (24)
  三、船舶抵押权的设定和登记 ……………………………… (25)
  四、船舶抵押权的效力 ……………………………………… (26)

五、船舶抵押权的转让、消灭和实现……………………………(28)
　　六、船舶抵押权法完善的重要意义………………………………(28)
 第四节　船舶优先权………………………………………………(29)
　　一、船舶优先权的概念、性质和立法理由………………………(29)
　　二、船舶优先权的特点……………………………………………(30)
　　三、具有船舶优先权的海事请求及其受偿顺序…………………(31)
　　四、船舶优先权的转让和消灭……………………………………(33)
　　五、船舶优先权与船舶抵押权的关系……………………………(34)
 第五节　船舶留置权………………………………………………(34)
　　一、船舶留置权的概念、性质和立法理由………………………(34)
　　二、船舶留置权的行使……………………………………………(35)
 第六节　船舶担保物权的优先顺序………………………………(35)
第三章　海上运输管理法……………………………………………(36)
 第一节　海运经济法………………………………………………(37)
　　一、海运经济法的主要内容………………………………………(37)
　　二、国际组织对海运经济的管理…………………………………(37)
　　三、我国对海运经济的管理………………………………………(39)
 第二节　海运安全法………………………………………………(41)
　　一、关于船舶登记的法律…………………………………………(41)
　　二、关于船舶安全和航行安全的法律……………………………(42)
　　三、关于船长、船员的资格和管理的法律………………………(43)
　　四、港口国管制……………………………………………………(43)
 第三节　防止海洋污染的法律制度………………………………(44)

第二编　海上运输与拖航

第四章　提单下的海上货物运输合同………………………………(49)
 第一节　海上货物运输合同概述…………………………………(50)
　　一、海上货物运输合同的概念和种类……………………………(50)
　　二、海上货物运输合同的订立和解除……………………………(52)
　　三、海上货物运输合同的当事人和关系人………………………(58)
 第二节　调整海上货物运输合同的法律规范……………………(61)
　　一、国际公约………………………………………………………(61)
　　二、国内法规范……………………………………………………(72)
　　三、海上货物运输法的强制性……………………………………(76)

第三节 承运人的义务和责任 ……………………………… (79)
　一、承运人的最低法定义务 ……………………………… (79)
　二、承运人的最高法定免责 ……………………………… (91)
　三、承运人的单位赔偿责任限制 ………………………… (97)
　四、承运人的责任期间 …………………………………… (102)
　五、迟延交付的责任 ……………………………………… (108)
　六、特殊货物的责任 ……………………………………… (112)
　七、承运人与其他责任主体的责任分担 ………………… (113)

第四节 托运人的义务和责任 ……………………………… (119)
　一、妥善包装货物并正确申报货物资料 ………………… (120)
　二、办理货物运输手续 …………………………………… (121)
　三、托运危险品的责任 …………………………………… (121)
　四、支付运费 ……………………………………………… (122)
　五、托运人对承运人的赔偿责任 ………………………… (125)
　六、两种托运人的责任分担 ……………………………… (125)

第五节 货物交付的责任分配 ……………………………… (127)
　一、货物交接的义务 ……………………………………… (127)
　二、货物交付时的检验 …………………………………… (128)
　三、货物交付的形式 ……………………………………… (128)
　四、留置货物 ……………………………………………… (130)

第六节 国际货物多式联运 ………………………………… (132)
　一、多式联运的概念 ……………………………………… (132)
　二、1980年《多式联运公约》 …………………………… (133)
　三、1992年 UNCTAD/ICC《多式联运单规则》 ………… (134)
　四、我国《海商法》对多式联运的规定 ………………… (134)

第五章 提单和其他海上货物运输单据 …………………… (136)
第一节 提单概述 …………………………………………… (137)
　一、提单的概念和发展历史 ……………………………… (137)
　二、提单的业务流程 ……………………………………… (137)
　三、提单的分类 …………………………………………… (138)
　四、提单的法律性质 ……………………………………… (140)

第二节 提单的签发、转让和注销 ………………………… (140)
　一、提单的签发 …………………………………………… (140)
　二、提单的转让 …………………………………………… (145)
　三、提单的注销 …………………………………………… (148)

第三节　提单的效力 …………………………………… (148)
　　一、提单的证据效力 ………………………………… (149)
　　二、提单的债权效力 ………………………………… (151)
　　三、提单的物权效力 ………………………………… (154)
第四节　其他海上货物运输单据 ……………………… (157)
　　一、海运单 …………………………………………… (157)
　　二、电子提单 ………………………………………… (161)

第六章　租船合同 …………………………………… (165)
第一节　租船合同概述 ………………………………… (166)
　　一、租船合同的概念和种类 ………………………… (166)
　　二、租船合同的法律性质 …………………………… (167)
　　三、租船合同的标准格式合同 ……………………… (168)
第二节　航次租船合同的主要内容 …………………… (169)
　　一、关于船舶的权利义务 …………………………… (169)
　　二、关于运费支付的权利义务 ……………………… (173)
　　三、关于货物运输的权利义务 ……………………… (174)
　　四、航次租船合同下签发的提单 …………………… (189)
第三节　定期租船合同的主要内容 …………………… (190)
　　一、关于船舶的权利义务 …………………………… (190)
　　二、关于租金的权利义务 …………………………… (194)
　　三、关于货物运输和船舶使用的权利义务 ………… (201)
第四节　光船租船合同的主要内容 …………………… (207)
　　一、关于船舶的权利义务 …………………………… (207)
　　二、关于租金的权利义务 …………………………… (207)
　　三、关于船舶使用的权利义务 ……………………… (207)

第七章　海上旅客运输合同 ………………………… (209)
第一节　海上旅客运输合同的概念和法律规范 ……… (210)
　　一、海上旅客运输合同的概念 ……………………… (210)
　　二、调整海上旅客运输合同的法律规范 …………… (210)
第二节　海上旅客运输合同的订立和解除 …………… (211)
　　一、海上旅客运输合同的订立 ……………………… (211)
　　二、海上旅客运输合同的解除 ……………………… (212)
第三节　海上旅客运输合同的责任制度 ……………… (212)
　　一、承运人的责任期间 ……………………………… (212)
　　二、承运人的责任基础 ……………………………… (212)

三、承运人的免责 ……………………………………………（213）
　　　四、承运人的责任限制与责任限制的丧失 …………………（213）
　　　五、旅客的义务与责任 ………………………………………（214）
第八章　海上拖航合同 …………………………………………………（216）
　　第一节　海上拖航合同的概念和法律规范 ……………………（217）
　　第二节　海上拖航合同的性质 …………………………………（217）
　　第三节　海上拖航合同的订立和解除 …………………………（218）
　　　一、海上拖航合同的订立 ……………………………………（218）
　　　二、海上拖航合同的解除 ……………………………………（219）
　　第四节　海上拖航合同的责任制度 ……………………………（219）
　　　一、承拖方的权利和义务 ……………………………………（219）
　　　二、被拖方的权利和义务 ……………………………………（220）
　　　三、损失赔偿 …………………………………………………（220）
　　　四、对外关系 …………………………………………………（220）

第三编　海　事　法

第九章　船舶碰撞 ………………………………………………………（223）
　　第一节　船舶碰撞的概念和法律规范 …………………………（224）
　　　一、船舶碰撞的概念 …………………………………………（224）
　　　二、关于船舶碰撞的法律规范 ………………………………（227）
　　第二节　船舶碰撞的归责原则 …………………………………（228）
　　　一、基本归责原则 ……………………………………………（229）
　　　二、船舶碰撞的三种过失情况 ………………………………（229）
　　　三、判定过失的标准 …………………………………………（231）
　　　四、过失的主体 ………………………………………………（234）
　　第三节　船舶碰撞的损害赔偿计算 ……………………………（234）
　　　一、船舶碰撞损失的类型和赔偿原则 ………………………（234）
　　　二、船舶碰撞损害赔偿的主体 ………………………………（237）
　　　三、双方过失碰撞条款 ………………………………………（239）
　　第四节　船舶碰撞后的救助义务 ………………………………（240）
第十章　海难救助 ………………………………………………………（241）
　　第一节　海难救助的概念、性质和法律规范 …………………（242）
　　　一、海难救助的概念 …………………………………………（242）
　　　二、海难救助的法律性质 ……………………………………（246）

三、海难救助的法律规范 …………………………………………… (247)
第二节 救助双方的义务和责任 ………………………………………… (248)
　一、救助方的义务 ………………………………………………… (248)
　二、被救助方的义务 ……………………………………………… (248)
　三、救助方的损害赔偿责任 ……………………………………… (248)
第三节 救助款项 ………………………………………………………… (249)
　一、救助报酬 ……………………………………………………… (249)
　二、特别补偿 ……………………………………………………… (252)
　三、人命救助者的酬金 …………………………………………… (254)
第四节 救助合同 ………………………………………………………… (255)
　一、海难救助的形式 ……………………………………………… (255)
　二、劳氏救助合同格式 …………………………………………… (256)
　三、中国海事仲裁委员会的救助合同格式 ……………………… (259)

第十一章 共同海损 ………………………………………………… (260)

第一节 共同海损的概念和构成要件 …………………………………… (261)
　一、共同海损的概念 ……………………………………………… (261)
　二、共同海损的构成要件 ………………………………………… (261)
第二节 共同海损的法律性质 …………………………………………… (264)
　一、合同说 ………………………………………………………… (264)
　二、法律规定说 …………………………………………………… (265)
　三、衡平说 ………………………………………………………… (265)
　四、法律要件说 …………………………………………………… (265)
第三节 共同海损理算 …………………………………………………… (265)
　一、共同海损理算规则 …………………………………………… (265)
　二、共同海损理算的内容 ………………………………………… (267)
　三、共同海损理算报告的效力 …………………………………… (270)
　四、共同海损担保 ………………………………………………… (270)
第四节 共同海损与过失的关系 ………………………………………… (271)
　一、两种观点 ……………………………………………………… (271)
　二、我国《海商法》的规定 ……………………………………… (271)
　三、共同海损新杰逊条款 ………………………………………… (272)
第五节 共同海损制度的发展前景 ……………………………………… (273)
　一、共同海损制度面临的困境 …………………………………… (273)
　二、共同海损制度的改革和发展 ………………………………… (274)

第十二章 海事赔偿责任限制 (275)
第一节 海事赔偿责任限制的概念和法律规范 (276)
一、海事赔偿责任限制的概念和意义 (276)
二、海事赔偿责任限制的法律规范 (276)
第二节 海事赔偿责任限制的主要方法 (277)
第三节 我国海事赔偿责任限制制度的主要内容 (279)
一、责任限制主体 (279)
二、限制性债权 (280)
三、非限制性债权 (281)
四、海事赔偿责任限额的计算 (283)
五、责任限制的丧失 (286)
六、事故主义 (287)
七、海事赔偿责任限制制度与其他制度的关系 (287)
八、责任限制基金 (288)
九、责任限制的法律适用 (289)
第四节 海事赔偿责任限制制度的作用和局限性 (289)

第四编 海上保险法

第十三章 海上保险合同 (293)
第一节 海上保险合同概述 (294)
一、海上保险合同的概念和特点 (294)
二、调整海上保险合同的法律规范 (295)
第二节 海上保险合同的订立、转让和解除 (296)
一、海上保险合同的订立 (296)
二、海上保险合同的转让 (304)
三、海上保险合同的解除 (305)
第三节 海上保险合同的种类 (306)
一、船舶、货物和运费保险合同 (306)
二、航次、定期和混合保险合同 (306)
三、定值和不定值保险合同 (307)
四、足额保险合同和不足额保险合同 (309)
五、浮动合同和开口合同 (310)
六、原保险合同和再保险合同 (311)
第四节 海上保险合同的主要内容 (311)

一、海上保险合同的标准格式 ……………………………………… (311)
　　二、海上保险合同的主要条款 ……………………………………… (313)
　　三、海上保险合同承保和不承保的风险 …………………………… (313)
　　四、海上保险合同的保险期间 ……………………………………… (318)
　　五、被保险人的义务 ………………………………………………… (320)
　第五节　海上保险的索赔和理赔 ……………………………………… (323)
　　一、损失的种类 ……………………………………………………… (323)
　　二、委付 ……………………………………………………………… (324)
　　三、代位求偿 ………………………………………………………… (325)
　　四、损失与承保风险的因果关系 …………………………………… (329)
　　五、合理拒赔和免赔额 ……………………………………………… (330)
　　六、施救费用 ………………………………………………………… (332)
　　七、重复保险的赔付 ………………………………………………… (332)
　　八、共同海损与海上货物运输保险 ………………………………… (332)
第十四章　船舶保赔保险 ………………………………………………… (334)
　第一节　保赔保险的产生 ……………………………………………… (335)
　第二节　保赔协会的组织和法律地位 ………………………………… (335)
　　一、保赔协会的组织 ………………………………………………… (335)
　　二、保赔协会的法律地位 …………………………………………… (336)
　第三节　保赔保险的承保范围和其他服务 …………………………… (337)
　　一、保赔保险的承保范围 …………………………………………… (337)
　　二、保赔协会的其他服务 …………………………………………… (338)

第五编　海事纠纷处理

第十五章　海事纠纷处理 ………………………………………………… (341)
　第一节　海事纠纷及其解决概述 ……………………………………… (342)
　　一、海事纠纷解决的机构和途径 …………………………………… (342)
　　二、海事时效制度 …………………………………………………… (342)
　　三、涉外海事纠纷的法律适用 ……………………………………… (346)
　第二节　海事仲裁 ……………………………………………………… (348)
　　一、海事仲裁概述 …………………………………………………… (348)
　　二、海事仲裁协议 …………………………………………………… (349)
　　三、海事仲裁的组织和进行 ………………………………………… (350)
　　四、海事仲裁裁决的承认和执行 …………………………………… (352)

第三节　海事诉讼 …………………………………………（352）
　　一、我国的海事法院 ………………………………………（352）
　　二、我国的《海事诉讼特别程序法》 ……………………（355）
　　三、我国主要的海事诉讼制度 ……………………………（356）
　　四、船舶扣押 ………………………………………………（362）
　　五、独立的海事审判机制的评价 …………………………（369）

附录
　中华人民共和国海商法 ………………………………………（371）
　中华人民共和国海事诉讼特别程序法 ………………………（402）

第一编 总 论

第一编 上 古

第一章 海商法概述

在本章中,我们将

——学习海商法是调整什么关系的法律部门

——明白海商法是由哪些重要的制度有机组成的

——考察海商法的特点及其与其他法律部门的关系

——了解海商法的历史并分析其将来的发展趋势

第一节 海商法的概念和主要内容

一、海商法的概念

(一) 什么是海商法

海商法(maritime law, law of admiralty)是众多法律部门中的一个,是与"海"和"商"密切相关的一个部门法。[①]

茫茫海洋占地球表面总面积的71%,人们很早就尝试着跨越海洋的活动。从小舢板到超级巨轮,从近海短途航行到远洋航行,随着时代进步,人类的航海活动越来越广泛,越来越有成效。

在海上进行航运活动,各种事故和纠纷的产生很难避免。如一批大米从中国经海路运到美国,运输途中因为天气恶劣掉到海里灭失,这种损失应该由负责运输任务的船舶所有人承担还是货主自己承担?两艘船在海上相遇,由于操作不当发生了碰撞,责任应该由谁负?一艘船在海上搁浅,另一艘船舶将其拖带到安全区域,进行拖带的船舶是否有权得到金钱的补偿和奖励?为了对这些问题进行调整,在法律的大家族中逐渐形成了"海商法"这一专门调整海上商业活动的法律部门。

顾名思义,海商法调整的地域范围主要是海上。不过这里的"海"应做广义理解,它不仅包括严格意义上的"海",即所谓"陆地边缘与洋相接的狭窄水域",还包括"洋",有时还包括与海洋相通的内陆的可航水域,如船舶碰撞和海难救助,就可能发生在与海相通的可航水域,如长江、黄河上。而且,某些发生在陆地上的活动,由于其与海上活动密切相关,也可能被纳入海商法的调整范畴,如多式联运就可能包括陆地运输,而海上货物运输保险中,通常将整个"仓至仓"的运输区段,包括陆上运输区段也涵盖在内。

海商法调整的活动性质主要是商业活动。不过同样不是严格意义上的。某些特定的行政管理活动,如船舶登记、船员技术和工资标准等,传统上也被认为是海商法的调整范畴。

[①] "maritime"据说来自于拉丁语"mare"(海)和"maritima",与"admiralty"基本同义。

由于海商法这个法律部门的边界有一定的模糊性,要给它下一个准确的定义并不容易。理论界存在多种海商法的定义。但根据我国《海商法》的规定,比较权威的定义是:海商法是调整海上运输关系、船舶关系的法律规范的总称[①]。其中,海上运输关系,主要是指承运人、实际承运人同托运人、收货人,或者同旅客之间,承拖方同被拖方之间的关系。船舶关系,主要指船舶所有人、经营人、出租人、承租人之间,抵押权人与抵押人之间,救助方与被救助方之间的关系。[②]

(二) 海商法的特点

与其他法律部门相比,海商法具有以下三个显著的特征:

(1) 海商法以海上风险的防范和处理为核心。海商活动离不开海洋。而船舶航行在浩淼的海面,要面对变化莫测的天气、动荡不定的海水,不能依靠陆地上通常使用的定位手段,不能得到及时的补给,随时可能遭受灭顶之灾。所有这些决定了航海以及和航海有关的所有制度中的一个核心概念:风险意识。英国人很长一段时间把航海称为"海上冒险"(marine adventure),正反映了这种风险意识。而海商法作为对海上运输活动及相关活动进行调整的法律,不可避免是围绕对海上运输所具有的特殊风险进行防范和分配而建立起来的。绝大部分海商法律制度,如海上货物运输合同法中的过失免责制度、以给付救助报酬为特征的海难救助制度、海事赔偿责任限制制度等,其特点都在于体谅海上航行风险之大,而对航海者予以特殊保护,同时又力求使这种保护不会过多损及他人利益。

(2) 海商法具有很强的国际性。海洋连通大陆。由于海商法调整的是海上的商业活动,而这种活动往往是跨国进行,其本质上具有国际性,因此海商法本身也必然具有国际性。这一方面表现在海商法从起源看是起源于国际商业惯例,另一方面表现在海商法调整的社会关系许多都具有跨国因素,同时还表现在海商法的国际统一程度非常高,领域内不仅存在许多参加国众多的国际公约,而且在没有公约的领域各国立法也往往呈现出高度的一致性。

(3) 海商法具有明显的综合性。作为一门古老的法律,海商法的构成具有相对的独立和完整性。它在体系上并不庞杂,但内容的组成未必与现代法律部门的划分完全吻合。如海商法主要是民商事规范,但也包括一些行政法、经济法的内容;主要是实体性规范,但也包括一些程序性规范;主要是任意性规范,但也

---

① 这是根据我国《海商法》第1条"为了调整海上运输关系、船舶关系,维护当事人各方的合法权益,促进海上运输和经济贸易的发展,制定本法"而来。但对这一定义也有不少异议。如有人指出,物一般不能作为法律关系的分类标准,讲船舶关系就如讲货物关系、书籍关系一样,让人茫然不知所指。参见陈安主编:《国际海事法学》,北京大学出版社1999年版,第2页。

② 参见《提请第七届全国人大常委会第二十八次审议通过〈中华人民共和国海商法〉草案时所附的国务院议案说明》。

包括相当多的强制性规范。

二、海商法的主要内容

海商法的内容纷繁复杂,主要可分为以下几个部分:

(1)海运管理法。包括海上运输安全法,主要是船舶登记、船舶和航海安全、船长船员资格和管理等方面的法律法规;海运经济法,即旨在规范海运市场和促进国家商船队发展的法律;防止海洋污染的法律等。

(2)海上运输与拖航。包括海上货物运输法、海上旅客运输法、海上拖航合同的法律等。

(3)海事法。包括船舶碰撞、海难救助、共同海损、海事赔偿责任限制等法律。

(4)海上保险法。包括船舶保险、货物保险和运费等其他海上财产的保险的法律。

(5)海事纠纷处理。包括海事诉讼和海事仲裁。

以上内容各国一般都认为是海商法的组成部分。还有一些内容,是否包括在海商法中是有争议的,如港口法、船舶检验法、船员法、海洋环境保护法等。认为这些内容也包括在海商法中的观点被称为"广义海商法"的观点,而相反的观点则被称为"狭义海商法"的观点。我国《海商法》被认为是采狭义海商法的观点进行立法的一个模式。

海商法的各部分内容都相对完整,看起来比较独立,但这些制度并非只是因为与海相关而被随意组合在一起,而是相互之间密切联系的。一次开始时看来平淡无奇的海上航行,在航程中遭遇各种海上事故,最后必须要动用海商法的全部制度来加以解决的情形并不少见。如签订海上货物运输合同后,合同双方往往会为自己的船舶或货物进行投保。船舶航行途中,可能因自然原因或人为因素而遇到各种险况,如船舶碰撞、搁浅等,并因此造成船舶及其所载货物的损害,这些损失的处理不仅涉及船舶碰撞的法律适用,还涉及海上货物运输法。提单上的"双方有责碰撞条款"、"共同海损新杰逊条款"等便充分说明了几项法律制度之间的密切联系。同时,船舶处于危险境地,便可能导致救助费用的发生,或产生必要的共同海损牺牲和费用。船东或救助人的损害赔偿责任,其金额往往十分巨大,于是责任人就需要申请享受海事赔偿责任限制。而由于通常情况下,几乎所有重大的海上损失都会投保,所以一大堆的索赔往往最终都是由海上保险人之间来互相解决。如果纠纷不能通过协商解决,就只能动用海事仲裁或海事诉讼。因此,海商法虽然缺少一套抽象的原则和统一的概念体系来统领、贯穿各部分,但各部分仍然是互相配合,相得益彰的。

表 1-1　　　　　　　　　海商法的组成部分

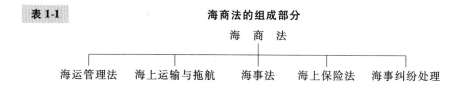

第二节　海商法的历史发展

一、海商法的萌芽时期

海商法是一门古老的法律,其起源可以追溯到有人类海洋运输活动之初。很早以前,船舶就已经是一种安全、舒适,而且能远距离运送货物和旅客的主要运输工具。人类最早的一部成文法——《汉穆拉比法典》中,就有关于运输的法律规范。不过由于《汉穆拉比法典》中的这些规定主要调整的是两河流域的内河航行,因此还不是严格意义上的海商法。目前被公认为世界上第一部成文的海商法规范的,是公元前9世纪的罗得海法(Rhodian Laws)[①]。这是地中海罗得岛上的腓尼基人的法律。但这部法律的具体内容已经无法查考,其存在也只是通过罗马法中的零星记载来证明[②]。

二、中世纪三大海法

从腓尼基人的航海活动开始,在地中海周边和大西洋沿岸一直都有频繁的海上贸易活动。随着时间流逝,海上贸易逐渐从一种冒险成为一种正常的商业活动。公元10世纪左右,强盛的意大利兴起了一批城邦,城邦之间通过航海进行贸易活动。从那时起,地中海上的航运业经久不衰。为了处理航运业者之间的纠纷,地中海港口城镇普遍设立了专门解决航海贸易纠纷的专门法庭。到公元16世纪,经由商人习惯演变而来的商人习惯法成为海商法最重要的表现形式。

这一时期最重要的海商法规范是所谓的"中世纪三大海法"。这三大海法分别是:公元12世纪法国西海岸奥列隆市国际海事法庭的判决书和所运用的习

[①] 关于罗得海法的具体年代,一直是学术上有争议的问题,也有人认为罗得海法是公元前5世纪形成的。

[②] 罗马法中的记载只有两三处,如其中一处提到,"I, indeed, am Lord of the world, but the law is Lord of the sea. Let it be judged by Rhodian Law, prescribed concerning nautical matters, so far as no our laws is opposed."见 The digest of Justinian。

惯法汇编而成的《奥列隆惯例集》(The Rules of Oleron);公元 14 世纪在西班牙编纂的,汇集当时地中海西岸的海事判例而成的《康索拉多海法》(Consolato del Mare);以及公元 15 世纪在瑞典维斯比城编纂的《维斯比海法》(The Law of Visby)。这些法典在当时都享有极高的声誉,其权威遍及的范围远远超出编纂法典的所在港。尤其是《奥列隆惯例集》,它不仅是后两部法典的基础,而且是以后各国海商法的基础。即使在现代,英美法院在审理海事案件时,如果找不到近代的判例,还可能引用该法典中的原则、制度进行审理。

以三大海法为代表的中世纪海商法有两个明显的特点,一是通行的海事法集都是私人对航海贸易习惯和海事判例编纂的结果,不是国家统一制定和适用的法律,其效力不是源于一国主权,而是源于商人的自觉遵循;二是该时期的法律受民法法系影响较大,而且国际统一程度很高。

表 1-2　　　　　　　　　　中世纪三大海法

法典名称	编撰年代	主要适用地区
奥列隆惯例集	公元 12 世纪	大西洋
康索拉多海法	公元 14 世纪	地中海沿岸
维斯比海法	公元 15 世纪	北欧

三、海商法的国内化时期

从 16 世纪末到 19 世纪,海商法发展进入了一个兴盛的国内立法时期。这一时期随着"国家主权"概念被普遍采纳,各国开始把以商人习惯法为主要表现形式的海商法纳入国内立法。这种活动最早的代表是 1681 年法国路易十四颁布的《海事条例》,这是近代欧洲第一部综合性海商法典。以后,大陆法系各国的海商法一般被编入统一的商法典或民法典,如法国 1807 年《商法典》、德国 1879 年《商法典》都设专章对海商法进行了规定。普通法系国家则主要以判例和单行法规的形式建立自己的海商法规范体系,如英国制定了 1894 年《商船法》,美国制定了 1893 年《哈特法》等。

这一时期海商法的特点是主要由主权国家以国内立法的形式制定,内容更丰富更严谨。但在这种国内立法的过程中,由于不同的政治和社会原因,各国法律的差异性开始明显,海商法传统上的国际统一性遭到了破坏。

四、海商法的国际统一立法时期

从 19 世纪后期开始,海商法发展进入以国际统一立法为主要特色的时期。这一时期,人们逐渐认识到各国海商法不统一给国际航运业带来了诸多不便,开始致力于采取措施协调各国海商法的差异。在这个过程中,有两个国际组织起了非常重要的积极作用。一个是1897年成立的国际海事委员会(CMI),该委员会是一个民间组织,其成立的宗旨就在于促进海事法律的国际统一和公平合理。另一个是1948年成立的政府间海事协商组织,该组织是联合国的一个专门机构,1982年后更名为国际海事组织(IMO),其宗旨之一也在于促进国际海事法律的完善和统一。我国是该组织的A类常务理事国[1]。这两个组织成立后,领导起草了大量的海事国际公约,并促使各国在制定本国海商法时尽量注意与国际公约保持一致,各国海商法由此日益在国际公约的基础上达成新的统一,海商法也成为民商事领域国际统一程度最高的法律部门之一。

这一时期海商法的特点是,法律不仅在国际公约的基础上达到了较高程度的国际统一,而且在立法内容上也有重大变化,从传统海商法的内容,扩展到一些一般商人习惯法通常不包括的内容,如对海运业中的弱势群体的保护、维护社会公正、促进国家航运经济发展、保护海洋环境等。

第三节　海商法在法律体系中的地位

传统的看法认为,海商法是民法或商法中的一种特别法[2]。民商法是基本法,海商法是单行的部门法。依据我国民商合一的法律体系,海商法应被视为民法的特别法。但是,也有人提出海商法与民法或商法属于完全不同的法律领域,理由主要是,海商法不仅先于一般民商法的发展,还具有一些与一般民商法完全不同的原则和制度。而且传统海商法中包括许多具有公法性质的内容,如船舶登记、港航管理等,显然超出了民商法的范畴。一些主张国际经济法是一个独立的法律部门的学者还主张,海商法是国际经济法的一个分支[3]。但从目前我国的立法来看,是将海商法作为民法的一个特别法处理的。

海商法与海洋法由于名称相近,二者的关系有时也会引起疑问。实际上,这两门法律内容上虽然有部分交叉,但性质和范围完全不同。海洋法是国际公法的一个分支,包括了海洋资源及其利用的一切方面,而海商法主要属于私法范

---

[1]　关于这两个组织的详细情况,请浏览其网站:http://www.comitemaritime.org. 和 http://www.imo.org.

[2]　关于民法与商法的关系,也是有激烈争议的问题。目前起码有三种代表性主张:民法与商法是普通法与特别法的关系,商法是民法的特别法;民法与商法是互相独立的两个法律部门,相互没有从属关系;民法与商法是相互独立,而又互有交叉部分的两个部门法,两者共同组成"私法"这个上位法律部门。但第一种观点似乎取得了通说的地位。

[3]　许多学者提出,国际经济法是经济全球化过程中出现的一个新的法律部门,是调整国际经济关系的法律规范的总和。但国际经济法是不是一个独立的法律部门,至今理论界也没有定论。参见陈安主编:《国际经济法概论》(第二版),北京大学出版社2001年版,第3页。

畴,调整的主要只是海上运输以及相关事务。海洋法也涉及对航运活动的管理,如海洋法中最重要的法律规范——《联合国海洋法公约》中,就包括有对不同海域的航行制度的规定,对船舶登记及船旗国的权利、义务的规定,对船舶造成的海域污染的规定,扣留船舶的规定等。但这些规定都是着重于原则性的规定,和海商法中的具体规则的规定性质完全不同。

实践中,海商法和民法、行政法、国际贸易法、国际私法等多个法律部门的关系都非常密切。海运主要是为国际贸易服务,海运通常是国际贸易的一个环节。在解决基于海上运输产生的纠纷时,往往不仅需要运用海商法,还必须运用到国际贸易法、海关法、民法等各个相关部门法的知识。不了解这些相关法律,就不能完整理解海商法的规定,也不能在处理海商纠纷中达到公正、客观的效果。

第四节　我国海商法概况

一、我国海商法的历史传承

我国是一个文明古国,航海业也曾有过辉煌的历史。从传说中的徐福出海,到元朝泉州成为当时世界上最繁华的贸易港口,再到明朝郑和率领当时世界上最大的商船队下西洋,几千年中,我国积聚了许多航海经验,也有许多海商法律规则和规范。遗憾的是,由于年代久远再加上疏于整理,这些法律现在已经难以查考。明清以后,朝廷奉行闭关锁国政策,厉行海禁,甚至"片帆不得下海",导致航海在国民经济中所占的地位日趋下降,海商法的发展更是趋于中断。

清朝末年,列强的坚船利炮使清政府被迫打开了国门,基于内忧外患的压力,清政府也被迫修订法律。清末修律是中国法制现代化的开端,也是我国近代海商立法活动的开端。在1909年制定的《大清商律》中,就包括了《海船法》263条。但这部法律还没有正式颁行,清政府就被推翻了。1929年,南京国民政府在清末《海船法》的基础上制定并颁行了我国近代第一部《海商法》,并于次年颁布了配套的《海商适用法》。

新中国成立后,废除旧法,经过数十年的努力,在学习国际公约和国际先进立法经验的基础上,制定了一系列海商法律法规。与此同时,1929年的《海商法》在我国台湾地区继续适用,并于1958年和1999年经过了两次大的修订。在我国香港地区,则主要受英国法的影响,制定了一系列与英国法几乎完全一样的海商法律规范,并参加了英国参加的许多国际公约。在我国澳门地区,则继受了葡萄牙的法律,采用大陆法系的传统做法,在民法典中规定了海商法的内容。

从发展历史可以看出,我国当代的海商法主要是在学习"外来"法律的基础上建立起来的,而且,目前还形成了在海商法领域四个法域并存,法律传统各不相同的局面。这种状况虽然导致目前我国海商法形式上的零乱和内容上的某些冲突,但是应当看到,这也为我国海商法中大量不同背景知识的渗透和交汇创造了条件,有利于我们在对不同的海商法律传统和制度进行比较的基础上,更好地理解海商法的各项具体制度,在海商法制度的设计上取得更多的突破和创新。

二、我国海商法的法律规范体系和适用

(一) 我国海商法规范体系

1. 法律、法规

我国当前海商立法的核心是1992年制定、1993年7月1日起正式施行的《中华人民共和国海商法》(简称《海商法》)。这部海商法的制定从1953年起就开始酝酿,但因为各种原因,历经三十多年的努力,才终于出台。《海商法》是一部法典性质的法律,共15章278条,内容涵盖了海商法几乎所有重要领域。这部法律以外,我国还在1983年颁布了《海上交通安全法》,1982年颁布了《海洋环境保护法》,这是海商法中涉及行政管理部分内容的重要法律规范。1999年,我国颁布了《海事诉讼特别程序法》,这是海商法中程序法性质的重要法律规范。以这些法律为基础,我国还颁布了大量法规和规章,初步形成了我国的海商法规范体系。

我国海商立法最突出的一个特点,是与国际习惯做法非常一致。《海商法》制定时就特别注意吸取国外同类立法的经验,以通行的国际公约、国际惯例为立法基础,参照、借鉴和吸收了具有广泛影响的某些外国法和行业惯用的标准合同的规定。我国《海商法》中的绝大部分章节都有其依据的国际公约。海上旅客运输合同章、船舶碰撞章、海难救助章、海事赔偿责任限制章,完全是按照1974年《海上旅客及其行李运输雅典公约》、1910年《统一船舶碰撞某些法律规定的国际公约》、1989年《国际救助公约》和1976年《海事索赔责任限制公约》拟订的,几乎吸收了这些公约中全部的实质性条款。船舶一章的船舶抵押权、船舶优先权两节重点吸收了1967年《统一海事优先权及抵押权的若干规定的国际公约》的内容。海上货物运输合同一章,则是在《海牙规则》、《海牙—维斯比规则》和《汉堡规则》的基础上拟订的。可以说,《海商法》所涉及的全部内容,只要有通行的国际公约,就都是按国际公约的规定制定的(具体见表1-3)。而且,海商法学习国际公约是全盘吸收,只要可能,就将公约的全部条款拿来为我所用。甚至对一些条款的重点表述,稍微变一些都难以准确表达,立法者采取了"在想不到更加理想的表述之前,只好依原文直译出来的做法"。有些公约甚至还未生效,已经被吸收到我国《海商法》中。与许多国际公约一样,《海商法》中采用了国际通用的计算单位,凡是涉及赔偿限额的,都采用了"特别提款权"为计算单位,从而和国际做法保持一致。

表 1-3　　　　　　　我国《海商法》与其参照的国际公约

《海商法》各章	国际公约(有 * 为我国参加)
第一章　总则	
第二章　船舶	1993 年《船舶优先权和抵押权国际公约》
第三章　船员	
第四章　海上货物运输合同	1924 年《海牙规则》、1968 年《维斯比议定书》、1978 年《汉堡规则》
第五章　海上旅客运输合同	1974 年《雅典公约》*
第六章　船舶租用合同	
第七章　海上拖航合同	
第八章　船舶碰撞	1910 年《船舶碰撞公约》
第九章　海难救助	1989 年《国际救助公约》*
第十章　共同海损	
第十一章　海事赔偿责任限制	1976 年《海事索赔责任限制公约》
第十二章　海上保险合同	
第十三章　时效	
第十四章　涉外关系的法律适用	
第十五章　附则	

2. 国际公约

海商法具有鲜明的国际性,而国际条约是国际海事立法的产物,我国海商法不仅在国内立法上深受国际公约的影响,而且也参加了三十多个这一领域的国际公约,这些公约以及我国与其他国家缔结的双边、多边海运条约也是我国海商法的重要组成部分。

3. 国际惯例

海事国际惯例也是我国海商法的组成部分。但国际惯例的确认是一个比较困难的问题,海商法领域中被公认为是理所当然的国际惯例的规则非常少。更多的情况下,需要经过反复证明并作为国内制定法或国际公约的补充才会被适用。

4. 其他规范性文件

国务院制定的行政法规和最高人民法院制定的司法解释是我国海商法法律规范体系中内容最多,调整范围最广,最灵活的一部分。

(二) 法律适用

在我国海商法规范体系的各个组成部分中,其适用的基本顺序是,在涉外法律关系中,应首先适用我国缔结或参加的国际公约;其次是适用我国制定的法律;在国际公约或法律都没有规定时,则可适用相关的国际惯例。

1. 国际公约的适用

我国参加的国际条约在我国具有法律约束力。但公约应如何适用,其适用的范围、方式及其与国内法的关系则是当前争议较大、尚无定论的问题。一般认为,国际条约在国内如何适用,是属于各国宪政体制范围内的事情,应由各国宪法决定。但我国宪法对这个问题没有明确规定,这在世界各国中是很罕见的,也造成了我国海商实践中适用国际条约的法律依据的先天不足。

一般认为,我国参加的海事国际公约在我国可以直接适用。依据是我国《民法通则》第八章和《海商法》第十四章的有关规定。《民法通则》第八章"涉外民事关系的法律适用"第 142 条第 2 款规定:"中华人民共和国缔结或者参加的国际条约同中华人民共和国的民事法律有不同规定的,适用国际条约的规定,但中华人民共和国声明保留的条款除外。"《海商法》第十四章"涉外关系的法律适用"第 268 条也规定:"中华人民共和国缔结或者参加的国际条约同本法有不同规定的,适用国际条约的规定,但是中华人民共和国声明保留的条款除外。"这一规定与《民法通则》是一致的。对国际公约与国内法的关系的这种确认,在其他十几部法律中都能找到。

如果说在涉外民事关系中,国际公约在我国可以直接适用是清楚的,那么在不具有涉外因素的法律关系中是否应该或可以直接适用就完全没有法律规定了。以油污损害为例,我国参加了 1969 年《国际油污损害民事责任公约》,在涉外油污损害案中应适用该公约的规定,但在不具有涉外因素的沿海运输的船舶油污案件中,应如何适用法律,就存在不同观点。有人主张油污案件无论是否有涉外因素都应适用公约,因为公约本身并没有限制其适用范围,而我国参加公约时,也没有作出任何保留。另一种观点则认为,在我国国际公约优先于国内法适用,是指在有涉外因素的案件中,在没有涉外因素的案件中,当然只应适用我国国内法的规定而不能适用公约。目前,对这一问题理论上还没有统一的说法,实践中做法也不一致。

在一个典型案例中,某燃料供应公司所属"燃供"轮在广州附近水域与空载油船"东海"轮发生碰撞沉没,造成海域油污损害。燃料供应公司随即依据 1969 年《国际油污损害民事责任公约》,向海事法院申请油污损害赔偿责任限制。但碰撞当地的环境保护局对申请人的申请提出异议,认为"燃供"轮与"东海"轮都是我国船舶,碰撞发生在我国水域,本次油污事故没有涉外因素,因此不能依据国际公约限制责任。最后,广东省高级人民法院没有适用国际公约,而是依据国内法审理了该案件。[①]

---

① 参见"闽燃供 2 轮申请责任限制案",载广东省高级人民法院编:《海事案例精选精析》,法律出版社 2004 年版,第 506 页。

公约适用中的另一个问题是,我国没有参加的国际公约,但当事人用合同条款选择了要适用,该公约能否适用?如果能,是作为法律适用,还是作为合同约定适用?

海上货物运输合同中,用合同条款选择适用《海牙规则》、《海牙—维斯比规则》或《汉堡规则》是常见的现象,而这三个公约我国都没有参加。从已有的海事司法实践看,已经发展出来并被比较广泛采用的做法,是将我国未参加的国际公约作为外国法律加以适用的。另一种较为常见的做法,则是将当事人选择的我国未参加的公约作为国际惯例加以适用。还有一种简单的做法,则是在当事人选择时,把我国没有参加的国际公约与参加的国际公约同样适用。国际公约、外国法、国际惯例的效力是完全不同的。如果是国际公约,其效力高于我国的国内法;如果是国际惯例,只有在我国参加的国际公约和我国法律都没有规定时才可以适用;而如果是外国法,则需要一系列的外国法的查明、互惠等程序。

在"粤海电子有限公司诉招商局仓码运输有限公司等无正本提单交货案"[①]中,提单条款选择适用《海牙规则》,最高人民法院在再审中认为,该案有关当事人的权利义务应适用《海牙规则》,而当事人的诉讼已经超出《海牙规则》的诉讼时效,因此驳回起诉。法定时效是不可以用合同约定改变的[②],因此在本案中,最高人民法院显然是将《海牙规则》当做法律而不是合同条款加以适用的。当然如果是法律,则当事人应该可以通过法律选择条款规避本应适用的时效。但是我国未参加的国际公约是如何取得法律效力的?这显然是值得进一步思考的问题。如果不是视为法律,那么是否可视为国际惯例?应该也不能,一个最简单的原因是,国际公约不是商人自主形成的,时间往往短暂,不符合国际惯例的标准。尤其是国际公约往往多次修改,留下多个版本,如果视为惯例,那么哪个是惯例呢?总不能相反的规定都是国际惯例吧?就如《海牙规则》和《海牙—维斯比规则》的规定不能都视为国际惯例一样。

2. 国际惯例的适用

对什么是国际惯例,我国与大多数国家的立法一样,没有明确的定义。许多国际贸易立法也是只提到国际贸易惯例而没有下定义。一般认为,国际惯例应具备以下一些特点:(1)是在国际商事活动中自发形成的习惯性做法;(2)得到普遍遵守,具有一定范围内公认的约束力;(3)内容明确、稳定。

由特定组织编纂的成文的各种规则以及国际标准合同能否认定是真正意义上的"国际惯例"是有争议的。有人主张自发形成并不意味着一定不能是有人

---

① 载《最高人民法院公报》1997年第1期。
② 由于取得权利或权利效力减损非基于当事人的自由意志,而是基于法律的直接规定,所以时效制度属民事法律事实中的事实行为。时效制度的设立,属于强行性规定,当事人不得约定不受时效限制或变更法定的时效期间。参见王利明主编:《民法》,中国人民大学出版社2000年版,第136页。

主持起草的,如国际商会组织制定的《国际贸易术语解释通则》、《跟单信用证统一惯例》等被普遍承认为是国际惯例,但它们都是商人组织有意、主动制定的,而不是在漫长的国际商事活动中逐渐形成的。还有人主张,国际标准合同中,经过长期实践,反复使用和广泛接受,从而产生了超出该合同的具体效力的某种一般性的效力,就成为一种国际惯例。① 如此说成立,则金康合同、NYPE合同等都会成为一种国际惯例,则租船合同领域的法律适用情况就将发生很大的变化。但以上说法并不被普遍接受,通说仍然认为,标准合同范本不是国际惯例,标准合同范本的规定在案件审理中"可以参照",但绝非"可以适用"。

国际惯例只是我国法律的补充渊源,只在国际公约和法律没有规定的时候才"可以"适用。由于是"可以"适用,因此即使证明了一项国际惯例的存在,是否适用仍应由法官自由裁量。当然,如果没有充足理由,法官一般应适用国际惯例。

3. 国内法律的适用

在适用国内法时,首先应适用我国《海商法》和其他海商法律的规定。在海商法没有规定时,则应适用《民法通则》、《合同法》等一般民事法律的规定。对海商法律和一般民事法律都没有明确的相反规定的问题,则可适用行政法规和最高人民法院的司法解释等规范性法律文件。由于我国不承认判例的效力,而海商法所特有的复杂的技术性和细节性问题又很多,这使我国法院在审理海商案件时,适用最高人民法院就审判工作中具体问题所作的司法解释的机会很多。根据最高人民法院的相关规定,司法解释采用"解释"、"规定"、"批复"三种形式,最高人民法院制定并发布的司法解释,具有法律效力。但地方各级人民法院不能制定司法解释。

由于海商法本身的特殊性,在海商案件中适用民法的一般规定时,必须首先确定海商法中确实没有相关规定。司法实践中,由此引发的争议也不少。

在一个典型案例中,某进出口公司委托航运公司运输一批灯具。该批灯具是准备用于供应圣诞节市场,正常船期两个星期到达。船舶在11月10日开航,但由于货方不清楚的原因,12月底才到达。货方因为货物迟延到达而错过了销售时机,遭受了巨大经济损失。货方起诉承运人索要迟延交付造成的损失。但承运人主张,我国《海商法》第50条第1款规定:"货物未能在明确约定的时间内,在约定的卸货港交付的,为迟延交付。"本次运输中承、托双方并未就货物到达时间作出明确约定,因此不存在迟延交付的问题。货方则认为,我国《合同法》第290条规定:"承运人应当在约定期间或者合理期间内将旅客、货物安全

---

① 参见单文华:《国际贸易惯例基本理论问题研究》,载梁慧星主编《民商法论丛》第7卷,法律出版社1997年版,第611页。

运输到约定地点。"《海商法》只规定了货物未能在明确约定的时间内到达构成迟延交付,对双方未明确约定时间的情形也未作规定。"海商法没有规定的,适用民法的一般规则",因此,承运人应根据《合同法》第290条的规定承担迟延交付责任。

问题的关键,是正确理解《海商法》第50条的规定。第50条只规定了双方有明确约定的交付时间这一种情况,而没有如《合同法》一样提及"合理期间",立法意图是要排除没有明确约定的交付时间时承运人的迟延交付责任。所谓"海商法没有规定的,适用民法的规定",前提一定要是海商法真的没有规定。本例中的情况,就不属于海商法没有规定的,因此不应适用《合同法》,而应遵照《海商法》相关条款的本意,认定承运人不必对没有明确约定交付时间的迟延交付负责。

第二章　船舶与船舶物权

在本章中,我们将
——学习船舶的特殊法律性质
——掌握船舶所有权、船舶抵押权、船舶优先权、船舶留置权的概念
——理解船舶物权的登记方式和效力、行使条件和行使方式
——分析我国当前的船舶物权立法的特点与不足

第一节 船舶概述

一、船舶的概念

海上运输的进行离不开船舶。海商法上的船舶并非泛指一切船舶,而是具有特定含义。我国《海商法》所称的船舶,是指海船和其他海上移动式装置,包括船舶属具,但用于军事的、政府公务的船舶和20总吨以下的小型船舶除外。[1]

所谓"海船",是指具有完全的海上航行能力并作为海船进行船舶登记的船舶。海船与内河船不仅航行区域不同,在船舶的构造、性能,对航行的要求、船员的配备等各方面都有所不同。海商法通常只调整海船的活动。航行于江河湖泊的内河船舶不属于海商法上的船舶。不具有航行能力的灯船、浮船坞、海上钻井平台中的固定平台等也不属于海商法上的船舶。海船不必一定要用于货物运输,挖泥船、科学考察船等也都包括在内。是否海船与船舶动力装置无关,如帆船与机动船一样都可能是海商法上的船舶。

所谓"海上移动式装置",是指不具备船舶的外形和构造特点,但具有自航能力,可以在海上移动的装置,如用于海上石油开采的浮动平台等。有人认为水上飞机也可以列入"海上移动式装置",但由于水上飞机虽然也可以在海上漂浮,却是以飞行为主,因此关于这一点有争议。[2]

所谓"船舶属具",是指不属船体的构成部分而又为了航行或营运的需要而附属于船舶的器具,如救生艇筏、索具、雷达、起重机、探测器等。船舶属具通常在船舶的"属具目录"中载明。

军事船、政府公务船由于其从事的活动性质特殊,不同于一般的商业活动,因此被排除在《海商法》调整的船舶之外。排除的依据是船舶从事活动的性质而非船舶建造、登记的目的,或船舶所有人的身份。如果军事舰船或政府公务船

---

[1] 参见我国《海商法》第3条。
[2] 如1974年《海上旅客及其行李运输雅典公约》中就明确规定:船舶,仅指海运船舶,而不包括气垫船。但1990年《国际油污防备、反应和合作公约》则规定:船舶系指在海洋环境中营运的任何类型的船舶,包括水翼船、气垫船、潜水器和任何类型的浮动航行器。

用于经营海上运输,也受海商法约束;而私人所有的船舶如果被政府机构征用进行公务活动,也不受海商法调整。

20总吨以下的小型船舶,因为其体积小风险大、结构和设备都不适合远洋航行,通常在沿海从事活动,而且其遭遇的问题与一般大型海船所遭遇的问题多有不同,因此也被排除在《海商法》调整的范围之外。区分海商法与非海商法上的船舶,具有多重法律意义,包括:船长是否有法定代理权、货物处分权及船上治安的公权力;是否有共同海损的权利;是否有船舶所有人责任限制及船舶优先权;遵守何种物权设定及转移规则,等等。

二、船舶的法律特性

与普通船舶不同,海商法上的船舶具有以下三个鲜明的法律特性:

一是拟人性(personification of vessels)。船舶的拟人性是指,船舶虽然是物体,却具有自然人所具有的某些特性,如有自己的名字、国籍、住所和船龄。尤其是在一些英美法系的国家,更在某些法律程序上将船舶视为自然人处理,如在其特有的"对物诉讼"中,将船舶作为被告,让船舶为"自己的"肇事行为负责。我国《海商法》中,也有"船舶应对……负责"、"有过错的船舶"等类似用语。

二是不动产性。传统民法对财产的分类方法中,最重要的一种划分是根据财产能否移动将其分为动产和不动产。能移动而不损害其价值的财产是动产,不能移动或移动就会极大地损害其价值的是不动产。根据这种划分标准,船舶显然应属民法上的动产,因为它不仅能移动,它的根本价值就在于它能移动。但由于船舶的价值较为巨大,并且主要是作为运输工具使用,因此在许多方面法律是按对待不动产的方式对待船舶的,典型的如船舶的物权变动往往比照不动产物权变动的模式,要求进行权利变动登记。

三是整体性。船舶是一个合成体,可以分为船体、船用机器设备、船舶属具等。尽管船舶的各个组成部分在特定时候可能被分开处理,如船舶保险,可以将船体、船机、船舶属具分开保险,但船舶在法律上仍是作为一个整体看待的。船体、船机、属具等都是一个船舶的组成部分,在船舶的买卖、抵押、扣押等过程中,法律效力也相应地及于整艘船舶。

三、船舶的船籍

由于船舶价值巨大,各国法律一般要求船舶应进行权属登记。由于对船舶进行登记就意味着允许其享有本国国籍,因此各国对船舶登记都有一些条件限制。不同国家的船舶登记机关对船舶登记的条件有不同。通常是以船舶与本国有一定的联系,如船舶所有人为本国国民、船长船员是本国国民,或船舶是在本国制造等作为是否予以登记的标准。也有少数国家不要求登记的船舶与本国有真正的联系,只要愿意登记并交注册费就予以登记。在没有真实联系的国家进行登记并取得该国国籍、悬挂该国国旗的船舶被称为"方便旗船",而其悬挂的国旗则被称为"方便旗"。方便旗船于1920年左右出现,至1980年左右,全世界商船总吨数的1/3都是悬挂方便旗船进行营运。由于方便旗船与其登记国之间没有真正的联系,也缺乏真正有效的管理,因此被视为是世界航运安全的一种隐患。1986年联合国《船舶登记公约》对这个问题提供了解决方案,但遗憾的是该公约迄今尚未生效,因此对方便旗船如何进行有效的管理仍然是一个问题。

四、船舶物权及其法律规范

船舶物权指法律确定的主体对船舶享有的支配权利,包括船舶所有权和以船舶优先权、船舶抵押权、船舶留置权为主要内容的船舶担保物权。

在船舶物权方面的国际规范中,最重要的是三个公约,即关于船舶优先权和抵押权的1926年、1967年和1993年公约。

1926年公约的全称是1926年《统一船舶优先权和抵押权某些法律规定的国际公约》(International Convention for the Unification of Certain Rules of Law relating to the Maritime Liens and Mortgages 1926)。该公约于1926年4月10日在布鲁塞尔召开的第四届海洋法外交会议上通过,是最早一个全面规范船舶优先权和抵押权的国际公约。公约的主要内容包括:船舶优先权的范围、船舶优先权与船舶抵押权之间的受偿顺序以及各船舶优先权之间的受偿顺序、船舶优先权实现的途径及时效等。该公约虽然已生效并有二十多个参加国,但主要的航运大国都没有参加,被认为是一个不太成功的国际公约。

由于1926年公约没有获得国际航运界的广泛支持,1967年,在布鲁塞尔召开的第十二届海洋法外交会议上,又通过了1967年《统一船舶优先权和抵押权某些规定的国际公约》(International Convention for the Unification of Certain Rules relating to the Maritime Liens and Mortgages 1967)。该《公约》在1926年公约的基础上,对不合理的规定进行了一些调整,并对船舶抵押权及质权等内容作了更为具体的规定。该《公约》于1987年4月生效,但至今只有5个参加国,其中不包括任何一个船运大国,因此也是不成功的一个国际公约。

1993年,在联合国贸易与发展会议和国际海事组织的领导下,又通过了一个新的国际公约,即1993年《船舶优先权和抵押权国际公约》(International Convention on Maritime Liens and Mortgages 1993)。该《公约》在前两个公约的基础上,对船舶优先权和抵押权作了更合理的规定。

在船舶物权的国内立法中,最重要的是《海商法》第二章"船舶"中的规定。而这一章的规定,很大程度上参照了1993年《船舶优先权和抵押权国际公约》的规定。

民法中对物权的相关规定,对海船也可能适用。这些规定中最重要的是我国《民法通则》、《担保法》,以及2007年10月1日起开始实施的《物权法》。根据普通法与特别法的关系,《海商法》中有规定的,应优先适用《海商法》的规定,《海商法》中没有规定的,才适用民法中的相关规定。我国《担保法》第95条规定:"海商法等法律对担保有特别规定的,依照其规定。"《物权法》第8条也规定:"其他相关法律对物权另有特别规定的,依照其规定。"但由于《海商法》中对船舶物权的规定比较简略,司法实践中,与海船物权相关的案例中适用民法相关规定的情况比较多见。

第二节 船舶所有权

一、船舶所有权的概念

船舶所有权,是指船舶所有人依法对其船舶享有的占有、使用、收益和处分的权利。[①]

船舶所有权可为自然人所有,也可为法人所有。在我国,如果是国家所有的船舶,由国家授予具有法人地位的全民所有制企业经营管理的,《海商法》有关船舶所有人的规定适用于该法人。该法人可以作为船舶所有人登记,承担船舶所有人的责任,其船舶可以被扣押。

二、船舶所有权的取得和登记

(一)船舶所有权的取得

船舶所有权的取得,分为原始取得和继受取得两种形式。

船舶建造是船舶所有权原始取得的一种方式,通常通过签订船舶建造合同来进行。国际上常用的船舶建造合同格式有三种:西欧船舶建造人协会船舶建造合同格式(代号为AWES FORM);挪威船舶所有人协会和挪威船舶建造人协会船舶建造合同(代号为NORWEGIAN FORM);日本船舶所有人协会船舶建造合同格式(代号为SAJ FORM)。这三种合同格式都约定了船舶建造合同当事人的基本义务。

关于船舶建造合同的法律性质,国际上主要有两种观点。一种认为船舶建造合同是买卖合同,另一种认为船舶建造合同是加工承揽合同。具体性质如何,当事人可以在合同中明确约定,或虽然没有明确约定,但可以从合同规定中体现出来。

---

① 参见我国《海商法》第7条。

无法从合同文字上判断,在我国则应将船舶建造合同视为加工承揽合同的一种。

船舶买卖是船舶所有权继受取得的一种常见方法。由于有的国家将船舶建造合同也视为一种船舶买卖合同,为区别起见,也有将建成后的船舶的买卖称为"二手船"买卖。

二手船买卖也通常在标准合同格式的基础上签订。目前世界上最常用的二手船买卖合同格式是挪威船舶经纪人协会制定的协议备忘录(代号为 NORWEGIAN SALEFORM)。

船舶买卖中,船舶所有权何时从卖方转移到买方常常是争议的焦点。

我国《物权法》规定,所有权从交付时转移。我国《合同法》第 133 条规定,买卖合同的标的物的所有权自标的物交付时起转移,但法律另有规定或者当事人另有约定的除外。我国《海商法》并未对船舶所有权转移时间另作约定。因此,除非另有当事人约定,船舶所有权应从船舶交付时起转移。二手船的买卖合同标准范本中,通常也会规定船舶交付作为所有权转移的时间。船舶建造合同中,则往往包括一个"所有权和风险"条款,规定建造中的船舶的所有权属于船厂,在船舶交付后则转移给船东。也有特殊情况下,合同中也可能规定船舶的所有权随着船东支付合同价款逐步转移给船东。这种规定很容易导致纠纷产生。通常合同规定船舶交付需要签署船舶交接议定书,船舶交付完成的时间即船舶交接议定书签署的时间。

(二) 船舶所有权的登记

我国《海商法》规定,船舶所有权的取得、转让和消灭,都应当向船舶登记机关登记。国务院颁布的《船舶登记条例》进而对登记的具体要求作了规定。根据该条例,我国的船舶登记机关是各地的港务监督机构。在进行船舶所有权登记时,船舶所有人应当提交可证明其身份的文件和与被登记船舶有关的资料文件,如船舶技术资料和其所有权所赖以产生的文件的正、副本。

船舶所有权取得包括建造、购买、继承、赠与、法院拍卖等方式。如果船舶所有权是由购买取得,申请登记人必须提供有关买卖合同或可证明转让行为的文件,同时还应提交原船籍港登记机关所出具的船舶所有权登记的注销证明和船舶未被抵押的证明,船舶已被抵押的,登记人则应提交抵押权人同意船舶转让的证明。如果船舶所有权是因继承、赠与、依法拍卖及法院判决取得,申请登记人应提供相应的法律文件。如果船舶所有权是因建造取得原始取得,申请登记人应提供船舶建造合同和船舶移交文件以证明其所有权的合法性。正在建造中的船舶,由于尚不具备船舶的全部法律性质,本不应进行船舶所有权登记。但为了融资的需要,实践中也有按一般船舶登记的方法对建造中的船舶进行所有权登记的做法。

各国关于船舶所有权登记的效力主要有两种立法例。一是登记生效制度,即船舶所有权的得失、变更以登记为生效条件。二是登记对抗制度,即不登记仍然有效,但不能对抗第三人。我国采取的是登记对抗制度。我国《海商法》第9条规定:"船舶所有权的取得、转让和消灭,应当向船舶登记机关登记;未经登记的,不得对抗第三人。"未经登记不得对抗第三人是指对第三人不具有法律约束力。举例说明:A 公司将其所有的船舶出售给 B 公司,双方签订了书面合同,但未办理登记手续。A 公司随后又将该船出售给 C 公司,双方不仅签订了书面合同,并办理了登记手续。现 B、C 公司对船舶所有权归属产生争执。登记对抗的含义就是,虽然 A、B 公司之间的船舶买卖合同有效成立,但由于未进行所有权变更登记,不能对抗 C 公司,因此 C 公司取得船舶所有权。但如果 A 公司没有进行第二次出售行为,在 A、B 公司之间,船舶所有权应归属 B 公司,双方应依约进行所有权变更登记。

第三节 船舶抵押权

一、船舶抵押权的概念、性质和立法理由

船舶抵押权,是指债权人对于债务人或第三人提供的作为债务担保的船舶,在债务人不履行债务时,可以采取法定措施,从船舶的变价中优先受偿的权利。在船舶抵押关系中,债权人是抵押权人,债务人或第三人是抵押人,而供作担保的船舶是抵押物。

船舶是动产,按民法原理一般只能在其上设立质权而不应设立抵押权。但如果设立质权,就必须将质物的占有转让给质权人。由于船舶同时还是生产工具,如果在作为担保物期间不能用于运输,不仅将影响经济效益,而且也会给各方带来种种不便,因此,我国和世界上其他许多国家一样,都规定船舶可以像不动产一样,作为抵押权的标的[①]。

船舶抵押历史悠久,海商法中最古老的制度之一,就是曾经在欧洲盛行的船舶冒险抵押制度(Bottomry)。这种制度的特征是,借款的偿还以船舶的继续存在为条件,如果船舶灭失,贷款人不仅丧失了担保,同时也丧失了债权。随着航运实践的发展,船舶冒险抵押贷款到 19 世纪逐渐消失了。为了保障船舶建造、购置、营运中所需要的巨额资金的筹集,现代的船舶抵押贷款制度开始确立。

---

① 各国在处理船舶抵押时,又各有一些不同规定。如法国法承认船舶可以作为不动产抵押,但同时规定这种抵押不是通过抵押登记程序,而是根据当事人自愿签订的合同成立。德国法承认船舶是动产,但又规定其作为担保物时无须转移占有,应该登记。

我国《海商法》第11条规定:"船舶抵押权,是指抵押权人对于抵押人提供的作为债务担保的船舶,在抵押人不履行债务时,可以依法拍卖,从卖得的价款中优先受偿的权利。"这似乎是对船舶抵押权的一个法定定义。但这个定义遭到一些批评,主要有如下几点:首先,根据该定义,设定抵押的抵押人只能是债务人。但根据我国《担保法》,允许第三人提供财产为他人的债务提供担保,而且这种情况在船舶抵押实务中也是常见的,不应被排除在船舶抵押权的定义之外。其次,根据该定义,抵押权人实现权利的方法只是拍卖船舶一种,而根据《担保法》中对抵押权的规定以及实践做法,抵押权人实现权利的方法还应包括自行拍卖等。

船舶抵押权的性质是担保物权。

二、船舶抵押权的标的物与抵押人

(一)船舶抵押权的标的物

船舶抵押权的标的物是船舶,包括旧船和正在建造中的船舶(在建船)。

正在建造中的船舶由于还不完全具备船舶的功能,因此不是严格意义上的船舶。尽管如此,许多国家的海商法还是规定,在正在建造中的船舶上也可以设定船舶抵押权。之所以如此,是因为船舶建造需要大笔资金,而为取得这些资金,往往需要利用各种融资渠道,因此不可避免会需要融资担保。而建造中的船舶本身可以是很好的担保物,规定建造中的船舶可以设定抵押权,可以帮助船舶建造顺利取得资金。基于同样的考虑,我国《海商法》也规定,正在建造中的船舶可以设定抵押权。不过,由于在建船毕竟无法真的发挥船舶的功能,既不能使用,变卖也很困难,因为在建船往往是根据特殊客户的特殊要求制造,寻找新的买家绝非易事。这使得在建造中的船舶抵押的价值在实践中没有预期那样大。

(二)抵押人

根据我国《海商法》规定,有权设定船舶抵押权的是船舶所有人、船舶所有人授权的人或船舶共有人。

船舶所有人授权的人通常是船舶所有人的代理人,他可以以船舶所有人的名义设定船舶抵押权。

船舶共有人是指对同一船舶共同享有所有权的数人。我国《海商法》第16条规定:"船舶共有人就共有船舶设定抵押权,应当取得持有三分之二以上份额的共有人的同意,共有人之间另有约定的除外。船舶共有人设定的抵押权,不因船舶的共有权的分割而受影响。"

建造中的船舶所有权可能属于船厂,也可能属于船东,谁有权设定抵押,应根据船舶建造合同的规定和相关的法律规定才能确定。

国际上通行的造船合同标准范本中,最常用的是两种:AWES格式和SAJ格式。这两种格式合同对船舶建造合同的性质和在建造过程中的船舶的所有权归属有不同规定。

我国现在已经是船舶建造大国。在船舶建造出口业务中,比较流行由外贸公司作为卖方兼外贸代理,造船厂作为建造方,国外公司作为买方的交易模式。这种交易模式是在我国经济转型期内,适应我国船舶抵押法律制度尚不完备的现状下形成和流行起来的,对船舶建造出口的顺利进行有一定的促进作用,但也带来一系列法律问题,其中在这种模式下建造的船舶所有权归属是一个突出的问题。即使能根据船舶建造合同确定所有权属于卖方,在卖方和船厂之间还会对所有权归属产生争议。

船舶抵押是抵押的一种,应受民法关于抵押的一般规定的约束。因此,我国《担保法》中对抵押人资格的限制,也适用于船舶抵押人。

三、船舶抵押权的设定和登记

(一) 船舶抵押权的设定

船舶抵押权作为一项担保物权,由当事人自愿设定。当事人设定船舶抵押,应当签订书面合同。船舶抵押合同的成立和生效,应适用合同法的有关规定。

船舶抵押合同的成立生效,与船舶抵押权的成立是不同的概念。船舶抵押合同的成立生效只是抵押权成立的必要条件而不是充分条件。只有有效的抵押合同,才能发生当事人双方设定抵押权的权利义务,但作为物权,抵押权是否成立还要符合其他的要件。

公示原则是物权的一个基本原则[①]。船舶抵押权的设定因为不转移船舶的占有,不能以占有作为权利的公示方式,因此需要采用登记或其他方式进行公示。我国《海商法》第13条规定:设定船舶抵押权,由抵押权人和抵押人共同向船舶登记机关办理船舶抵押权登记;未经登记的,不得对抗第三人。

(二) 船舶抵押权登记的效力

关于船舶抵押权登记的效力,国际上也存在登记对抗主义与登记生效主义之分。登记生效主义认为抵押权未经登记就无效,如希腊《海事私法典》第197条规定:"抵押权从在船舶登记地的抵押登记簿上登记注册时起生效。"荷兰《海商法》第318条规定:"未在船舶登记簿上登记的抵押权和/或质权不具有效力。"挪威也是如此。登记对抗主义则认为,未经登记的抵押对抵押人和抵押权人双方仍然有效,只是其效力不能对抗第三方。我国《海商法》的规定,就属于

---

① 所谓公示,是指物权在变动时,必须将物权变动的事实通过一定的方法向社会公开,从而使第三人知道物权变动的情况,以避免第三人遭受损害并保护交易安全。物权公示的方法,根据动产或不动产之分而不同。不动产物权通常以登记和登记的变更作为公示方法,而动产物权通常以占有和占有转移为公示方法。

登记对抗主义。

我国《海商法》规定船舶抵押权采登记对抗主义,与我国《担保法》中对一般船舶抵押权的规定有所不同,后者采用的是抵押权登记生效主义[①]。

理解登记对抗主义的一个难题,是确定"未经登记不得对抗第三人"中"第三人"的范畴。仅从字面含义看,容易理解为"第三人"是指所有抵押权人与抵押人以外的人,但如果这样理解,抵押权虽然有效,意义也不大了。因为抵押权是担保物权,其最大的功能就在于保证权利人在若干个债权人之间优先受偿。如果不能起这个作用,有抵押权与没有抵押权有什么区别呢?所以有学者提出,第三人应是指有担保物权的人,对没有担保物权的普通债权人,没有登记的抵押权人仍然享有优先受偿的地位[②]。

鉴于理论上对"第三人"的范围认定有较大分歧,为了统一司法实践中的做法,我国2001年7月20日发布的《全国海事法院院长座谈会纪要》中,对这个问题进行了解释:对设定船舶抵押权但没有进行抵押权登记的抵押权人,可以根据与船舶所有人之间设定的船舶抵押权到期债权,请求拍卖该船舶清偿债务;但是,其提出的针对第三人的抵押权主张或者抗辩,法院依法不应支持和保护,即在其他债权人参加对拍卖船舶所得价款清偿时,未经登记的船舶抵押权不能优先于已登记的船舶抵押权和其他海事债权受偿。这一解释对各海事法院审理此类案件具有指导意义。

(三)船舶抵押权登记的项目

船舶抵押权登记应当在船舶登记机关办理。登记的项目主要包括以下几项:

(1)船舶抵押权人和抵押人的姓名或者名称、地址;
(2)被抵押船舶的名称、国籍、船舶所有权证书的颁发机关和证书号码;
(3)所担保的债权数额、利息率、受偿期限。

船舶抵押权的登记状况,允许公众查询。

在船舶抵押期间,如果登记事项有所变更,如船舶改变了名称,或抵押权人变更等,都应当及时进行变更登记,否则对第三人没有对抗效力。

四、船舶抵押权的效力

(一)抵押权人的优先受偿权

船舶抵押权对抵押权人而言,最重要的一项权利是在到期债务不能清偿时,

[①] 我国《担保法》第41条规定:"当事人以本法第42条规定的财产抵押的,应当办理抵押物登记,抵押合同自登记之日起生效。"而第42条规定的财产中,包括航空器、船舶、车辆等。

[②] 参见于海涌:《船舶抵押权法律效力问题研究》,载梁慧星主编《民商法论丛》第9卷,法律出版社1998年版。

就拍卖船舶的价款优先受偿。船舶抵押权是一种价值权,其目的不在于控制船舶这一实物,而在于在债权不能实现时,以船舶的市场价值获得清偿。

(二)抵押权人对船舶营运管理的干预权

船舶抵押权人还可以在抵押期间对抵押的船舶的营运管理进行一定的干预。

我国《海商法》第17条规定:"船舶抵押权设定后,未经抵押权人同意,抵押人不得将被抵押船舶转让给他人。"

但抵押人可以将船舶出租,也可以将船舶再抵押。同一船舶上设定有两个以上抵押权的,其顺序以登记的先后为准。

抵押合同中通常还会规定抵押权人有权干预抵押人使用船舶的权利。这种干预可以防止被抵押船舶因为抵押人滥用而造成价值减损,但这种干预也并非越多就对抵押权人越有利。在特定情况下,过度的干预也会给抵押权人带来额外的风险。如在1990年"United States v. Fleet Factors Corp.案"中发生的情况一样。该案中,美国法院判决,贷款人如果有能力影响借款人,如参与"财政管理",就要与船舶所有人一道,对船舶造成的油污负责。而油污责任可能是天文数字,曾有责任人赔付了一百多亿美元仍未结案的先例。

(三)抵押权人享有船舶保险利益的权利

船舶抵押人有对被抵押船舶进行保险的义务,如果抵押人没有履行这一义务,抵押权人有权自行安排船舶保险,并有权向抵押人请求支付所支出的保险费。但我国《海商法》并没有明确应投保的险别、保险价值、保险金额等,为避免纠纷,抵押合同应加以明确约定。同时还应规定,如果抵押合同因为抵押人违反告知义务等原因无效,抵押人应承担相应的赔偿义务。但实务中,为尽量减少风险,船舶抵押权人还可另行投保"船舶抵押权人利益保险",以直接享受保险的利益。

(四)抵押权人享有抵押物的物上代位权

因为抵押权为价值权,抵押权具有物上代位性。也就是说,抵押物的价值形态虽然发生变化,抵押权并不消灭,而仍存在于变化后的价值形态上。我国《海商法》明确规定,由于船舶灭失得到的保险赔偿,抵押权人有权优先于其他债权人受偿。虽然我国《海商法》没有明确规定,但根据抵押权的一般属性,船舶遭受他人侵害而受损,责任人因此进行的赔偿,以及国家对船舶进行征用而支付的补偿金,抵押权人同样享有优先受偿权。

实践中,抵押权人常常通过让与等方式从抵押人处取得保险赔偿请求权,再直接对保险公司行使。抵押权人还可以要求在所有与保险人有关的文件中加入一个"损失支付条款",使得船舶保险人承担这样一个合同义务:对于一定金额以上的船舶保险赔偿,非经船舶抵押权人书面同意,船舶保险人不得支付给被保险人或按其指示付款。更简单有效的一个做法,则是在船舶保险单中,直接将船舶抵押权人列为被保险人之一。

五、船舶抵押权的转让、消灭和实现

抵押权人将被抵押船舶所担保的债权全部或部分转让给他人的,抵押权随之转移。

由于抵押权具有从属性、不可分性,抵押权不得与债权分离而单独转让,而只能随主债权的转移而转移。船舶抵押权的转让同样需要进行登记。但没有登记的后果如何,有不同看法。

宁波海事法院审理的"'岱远渔 808'抵押权争议案"中,"岱远渔 808"船由张、俞二人合伙所有。1998 年 7 月,张某代表该船向某船务公司燃料物资供应站购买 100 吨柴油,总价 19.5 万元,双方约定欠款 3 个月(自 1998 年 7 月至 10月),以"岱远渔 808"作抵押,抵押权终止日期为 1998 年 10 月 6 日。双方办理船舶抵押权登记后,经协商将付款期限延长至 11 月 6 日。后船务公司因欠李某贷款,便与李某签订了债权转让协议,将"岱远渔 808"船的 19.5 万元债权转让给李某,抵押权也同时转让给李某,但未办理抵押权转移登记。后因债务不能及时清偿,李某起诉到法院,要求张、俞二人偿还贷款本息,并确认其对"岱远渔 808"的抵押权。法院审理认为,船务公司与张、俞二人之间的债权债务有效成立,李某与船务公司之间的债权转让协议也合法有效,因此,张、俞二人应向李某支付欠款。在"岱远渔 808"船上设定的抵押权合法有效,但在抵押权转让给李某时,本应依法办理相应手续而未办理,且约定的抵押有效期至 1998 年 10 月 6日止,因此对李某主张抵押权的诉讼请求,不予支持。

当事人是否可约定抵押权的存续期间,学理上有不同看法。

根据我国《海商法》的规定,船舶抵押权的实现方式是依法拍卖。我国法律对如何扣押、拍卖船舶有较为详细的规定。[①] 但根据我国《担保法》的规定,一般抵押权还可以通过变卖、折价等方式实施。这些方式也应该可以适用于船舶抵押的情况。

六、船舶抵押权法完善的重要意义

我国目前关于船舶抵押的法律主要是《海商法》中有限的几条规定和《担保法》中的一般性规定,许多具体问题缺乏处理依据,这种立法现状与我国造船业和远洋运输业蓬勃发展的形势不相协调。世界主要航运大国为增加本国造船业的实力和促进商船队的发展,无不注重船舶物权立法。如美国的情况就非常典

---

① 参见本书第十五章第三节海事诉讼。

型。第一次世界大战开始时,在海上几乎找不到美国的商船,仅仅只有 15 艘千吨级以上的美国船舶从事着跨洋运输,当时新船的建造业在世界范围内被英国所垄断。大战结束后,悬挂美国旗的远洋船舶共有 1280 艘,其中 1107 艘由美国航运局建造,造价为 35 亿美元,在美国船厂建造的船舶几乎占世界新船建造数量的一半。1920 年,美国通过了《船舶抵押法》,目的是使在航运业的私人投资更具有吸引力,同时又起到保护政府利益的作用,因为政府显然将成为贷款的主要来源之一。由于投资者对《船舶抵押法》提供的担保机制不够满意,美国国会又构思了一种联邦担保或船舶融资保险的体系,把船舶融资中所有的风险因素都转嫁给了联邦保险。由美国国会汇编的 1972 年《船舶融资法》采取了更为宽松的方式,使得船舶融资对投资者几乎无任何风险。

我国造船业已经稳居世界第二位,但法律对造船业的扶持和鼓励还有待加强。通过船舶担保物权的完善规定,以船舶抵押权等形式提供令人满意的担保机制,吸引资金致力于船舶的建造和经营,是船舶物权立法所应完成的重要任务。

第四节 船舶优先权

一、船舶优先权的概念、性质和立法理由

船舶优先权,是指海事请求人依照海商法规定,向船舶所有人、光船承租人、船舶经营人提出海事请求,对产生该海事请求的船舶具有优先受偿的权利。

船舶优先权是海商法上特有的一项权利。虽然对这项权利的存在各国一般都是承认的,但关于其名称、性质、具体内容却有诸多不同看法。英国将这种权利称为"海事留置权"(maritime lien),德国法上叫做"法定质权",日本法叫做"先取特权",我国台湾地区称为"海事优先权"。我国制定《海商法》时曾对如何称呼这种权利反复斟酌讨论,最后才确定称其为"船舶优先权"。

传统的船舶优先权在船舶获得某种服务或造成某种损害时自动产生,它同民法中的质权制度和留置权制度均有不同的地方,似乎很难与传统民法对权利的分类完全吻合,因此关于船舶优先权的法律性质在国际、国内一直存在着争论。主要有以下几种观点:(1) 船舶优先权是一种物权;(2) 船舶优先权是一种债权;(3) 船舶优先权是物权化的债权;(4) 船舶优先权是法律规定的优先受偿的权利。英国等国家还有人提出船舶优先权不是一种实体上的权利,而只是一种程序上的权利。但现在我国学者一般认为,船舶优先权的性质是一种法定的担保物权。

二、船舶优先权的特点

虽然船舶优先权的性质有些不确定,但它的法律特征是非常确定的。船舶优先权具有以下一些特点:

(1) 法定性。船舶优先权是一种法定的担保物权。因此其产生要基于法律规定。当事人不能通过私下的约定而创设船舶优先权,同时其实现也必须通过法院依法行使职权进行。

(2) 秘密性。虽然船舶优先权是一种物权,但不受物权的公示性的约束。船舶优先权的产生和存续无需在船舶登记机关进行登记,从而也无从查知。

(3) 随附性。船舶优先权一经产生就附着在船舶上,随船舶的转移而转移,只有船舶本身消灭才随之消灭。但为了限制这种权利,保护善意第三方的利益,我国《海商法》规定,船舶优先权可以在公告 60 天后因不主张而消灭,同时,也可以因产生后 1 年内不行使而消灭。其中在公告后因权利不主张而消灭,是对传统海商法规定的一项突破,非常有利于对船舶买受人的保护。

我国的船舶优先权制度参照了英国的海事留置权制度,但与其又有重大的不同,主要体现在以下几点:

(1) 标的物不完全一样。在英国法下,海事留置权不仅可以对船舶行使,还可能对货物和运费等其他海上财产行使,但该财产应与债权的产生有关。在海难救助中,船舶残骸、抛弃物等也可能被行使海事留置权。

(2) 实现程序不完全一样。英国法下,海事留置权需要通过对物诉讼才能实现。

(3) 权利性质的认定不完全一样。在英国法下,海事留置权的性质在冲突法中被视为程序问题或救济问题,而不是所有权等实体问题。直到"The Halcyon Isle 案[①]"前,英国对海事留置权是实体问题还是程序问题有争议。但多数认为其是程序性问题。海事留置权是实体性还是程序性的具有重大意义,它决定了海事留置权是对物的权利还是在物上的权利,并决定了在适用法律时应适用法院地法还是合同选定的法。在"The Halcyon Isle 案"中,上议院判定海事留置权是程序性的,因此应与所有的程序性问题一样,一个债权是否享有海事留置权应适用法院地法。这是因为,海事留置权影响到优先顺序和海事管辖权的存在与否,而这两个问题传统上都被认为是程序性问题。而且,政策上来说,应该严格限制海事留置权的范围,因其会影响第三人的权利,而承认外国法下的海事留置权将使这个问题得不到控制。不过法院的这一判决受到了一些学者的批判,而认为海事留置权是一种物权的实体权,应受其产生地法律的约束。因此,虽然

---

① The Halcyon Isle, [1980] 2 Lloyd's Rep. 325.

优先顺序问题受法院地法的调整，一项债权是否享受海事留置权则是实体问题，应受产生地法调整。有一部分案例，包括加拿大、新加坡等地，都采纳的是这种观点。这种观点的重要理由是它保护了外国索赔人的合理期待。很有意思的是，我国法下认定船舶优先权是一种担保物权，却又在《海商法》第275条规定，船舶优先权适用法院地法。

（4）优先顺序不完全一样。英国法下，海事留置权的优先顺序低于已经存在的占有留置权，我国《海商法》则明确规定船舶优先权先于船舶留置权受偿。

三、具有船舶优先权的海事请求及其受偿顺序

不同国家对哪些海事请求具有船舶优先权有不同规定。有的国家规定较少，如英国只有三项海事请求享有船舶优先权；有的国家规定较多，如美国法律明确规定的有九项海事请求享有船舶优先权，另外当事人还可以另作约定。不过由于船舶优先权是无需公示的权利，其存在对善意第三方可能造成意外的损害，因此现在国际上的立法趋势是尽量限制享有船舶优先权的海事请求权的项目，一般只对立法者认为有特别理由需要加强保护的权利才赋予其船舶优先权。我国《海商法》第22条规定，具有船舶优先权的海事请求主要有以下五项：

（1）船长、船员工资、其他劳动报酬、船员遣返费用和社会保险费用的给付请求；

（2）在船舶营运中发生的人身伤亡的赔偿请求；

（3）船舶吨税、引航费、港务费和其他港口规费的缴付请求；

（4）海难救助的救助款项的给付请求；

（5）船舶在营运中因侵权行为产生的财产赔偿请求。

以上第1项强调的是"在编人员"。随船押运货物的人员、修船人员、检验人员等不是船上的在编人员，不包括在内。船长、船员请求的款项应基于在当事船上的服务而发生。即使是雇佣合同中规定的款项，如果并非因为特定船舶而发生，也不享有船舶优先权。如在"李金植诉韩国朝阳商船株式会社离职金确权诉讼案"中，原告主张，根据韩国《劳动法》第34条，离职金为后付工资的性质，因此其请求的离职金应享有船舶优先权。但审理法院认为，根据我国《海商法》第272条，船舶优先权，应适用受理案件的法院所在地法律。而根据我国法，离职金的产生是基于雇佣合同而非在船工作，因此不享有船舶优先权。

第2项包括所有在船上发生的人身伤亡，不管是船员还是其他人员。

第3项"船舶吨税"是指由我国海关向在我国港口行驶的外籍船舶等征收的一种以船舶注册吨位为计税依据的税。征收依据主要是我国《海关船舶吨税暂行办法》。征收税款主要用于港口建设维护及海上干线公用航标的维护。"引航费"是指根据我国关于引航的规定进行强制引航时，应支付给引航机构的

引航费用。"港口规费"是指国家规定船舶应当承担的费用,包括航道养护费等①,但不包括根据合同应支付的港口装卸费等。在港口发生的一些费用是否可纳入"其他港口规费",需要看该费用的使用途径是否为港口建设、航道养护等公共目的。如在我国台湾地区的一个案例中,当事人对于码头停泊费及带解缆费是否享有船舶优先权发生争议。法院认为,该项费用并非码头租金,而是码头建设费,应享有船舶优先权。②

第4项"救助款项"包括海难救助中的救助报酬、特别补偿和人命救助者的酬金。

第5项中的请求只限纯侵权索赔,根据货物运输合同提出的货损货差索赔等不包括在内。侵权行为可能是船舶所有人的过错行为,也可能是光船承租人或船舶经营人的过错行为,但船舶本身必须是侵权的工具。如在一个早期的英国案例中,一艘船上的船长、船员砍断了另一艘船的缆绳并导致后者搁浅受损,但法院认为引起损害的是人的行为而非船舶的作用,因此否认受损船享有船舶优先权③。2000吨以上的散油船造成的油污也是侵权行为,但因为由1969年《国际油污损害民事责任公约》调整,所以也不包括在第5项以内。

具有船舶优先权的海事请求应优先于其他请求受偿。同属具有船舶优先权的请求权中,受偿顺序按上列1至5的顺序排列。同一优先项目中,如有两个请求,应不分先后,同时受偿。受偿不足的,按比例受偿。但是第4项关于救助款项的请求例外。救助款项中有两个以上优先请求权的,后发生的先受偿。同时,如果第4项海事请求后于第1至3项海事请求发生的,第4项也应优先于第1至3项受偿。发生时间以导致海事请求权产生的事件发生之时计算。

救助款项的给付请求所享有的船舶优先权,后发生而先受偿的原因是,后发生的救助保全了船舶,也保全了先发生的救助的成果,使得先发生的各项债权有可能得到清偿,因此保全他人者应优先于被保全者受偿,这被称为"倒序原则"(the inverse priority rule)。

举例说明。A船在航行中疏忽,钩断了海底电缆,造成重大经济损失,并引起船舶自身危险,遇B船救助而脱险。进入目的港后,在卸货过程中因舱盖板放置不妥当,使港口理货人员某甲坠舱身亡。随后,由于船舶走锚,又撞坏了码

---

① 最高人民法院《关于可否将航道养护费的缴付请求列入船舶优先权问题的批复》规定:"根据《中华人民共和国航道管理条例》、《中华人民共和国水路运输管理条例》的有关规定,航行于我国沿海、江河、湖泊及其他通航水域内的船舶、排筏应当按照国家规定缴纳航道养护费。水路运输企业和其他从事营业性运输和非营业性运输的单位、个人必须按照国家规定缴纳航道养护费等费用。因此,有关航道养护费的缴付请求,可以适用《中华人民共和国海商法》第二十二条第一款第(三)项的规定,具有船舶优先权。"法释[2003]18号。
② 参见1955年度台上字第2588号。
③ Currie v. McKnight, [1897] AC 97.

头设施,港口紧急调用 C 拖轮将其安全遣返锚地。现在,对 A 船享有船舶优先权的海事请求共有如下几项:海底电缆损失的请求权;B 船的救助款项请求权;某甲家属的人身伤亡赔偿请求权;码头设施的赔偿请求权;C 轮的救助拖带费。根据上述《海商法》的规定,受偿顺序应该是:C 轮的拖带费→某甲家属的人身伤亡赔偿请求→B 船的救助款项请求权→海底电缆损失的请求权和码头设施的赔偿请求权。

按照这种顺序可能会产生意外的困难。如我国《海商法》第 22 条规定的各项债权中,第 1 项发生在第 4 项之前,但第 2 项发生在第 4 项之后。按照正常顺序,应该是 1→2→4;但第 4 项发生在第 1 项之后,根据倒序原则,后发生的先受偿,就应该是 4→1;此时,第 2 项如果排在第 1 项之后,就比第 4 项后受偿了,而它发生在第 4 项之前,本来应该是先受偿的;第 2 项如果排在第 4 项之前,又比第 1 项先受偿了,而它本来的顺序应该是在第 1 项之后的。对这种困难,国外的一种做法是,将不同航次的船舶优先权分开。一个航次排定一次优先顺序。后一航次发生的先于前一航次的受偿。但这种做法也只是缓解而不能彻底解决问题。因为如果同一航次发生了多种船舶优先权,排序的困难仍然存在。我国广州海事法院审理的"菊石轮救助报酬纠纷案"[①]中涉及了这一难题,但解决方案仍有待完善。

四、船舶优先权的转让和消灭

船舶优先权可随海事请求权的转移或代位而转移。如保险公司赔偿了船舶侵权产生的财产赔偿请求,这一海事请求就转移给保险公司,该海事请求具有的船舶优先权也随之转移,保险公司因而取得船舶优先权。同样,如果定期租船合同下,出租人不能及时支付船员工资,承租人为完成货物运输任务,代出租人垫付了船员工资,则在船员工资请求权转移给承租人时,担保该项请求权的船舶优先权也同时转移给承租人。我国海商法的这种规定和国际立法是一致的。

船舶优先权消灭的原因有:

(1) 财产灭失:船舶优先权因船舶灭失而消灭。船舶灭失是指船舶沉没、失踪或拆解完毕。在一案中,船舶未付清所欠船员工资等,就被作为废钢船卖给了另一公司。船员向买方主张船舶优先权,买方以船舶是作为"废钢船"买入,已经从一艘船舶转化为船型物抗辩。但法院认为,买方所购仍然是海商法意义上的船舶,并非一般货物。判决仍可主张船舶优先权。

(2) 怠于行使权利:具有船舶优先权的海事请求,自优先权产生之日起满 1 年不行使而消灭。而且,这里的 1 年期限不得以任何理由中止或中断。

---

① 金正佳主编:《中国典型海事案例评析》,法律出版社 1998 年版,第 552 页。

(3) 司法拍卖：船舶经法院强制出售后，本来附着在船上的船舶优先权消灭。

作为优先权的一种，船舶优先权还会因为债权清偿、弃权或不可翻供、已经提供了其他担保、主权豁免等原因消灭。但提供其他担保是否可以消灭船舶优先权是可争议的。

在一个加拿大案例中，拖船的船东急于出售没有任何负担的拖船，因此希望能提供一份担保函，申明对所有可能的损害索赔负责赔偿，而要求法院宣布拖船上附带的损害索赔的船舶优先权消灭。联邦法院拒绝做这样的宣布，因其不相信提供担保就有完全消灭船舶优先权的效力，而且，为解决秘密附着在船舶上的船舶优先权已经有一个众所周知的办法，就是在买卖合同中规定适当的保证赔偿。但该案法官认为，提供担保后船舶优先权是否还存在，是否可能重新生效，是一个司法权自由裁量的问题，应根据具体案件的具体事实判断以达到公正的最终目标。

五、船舶优先权与船舶抵押权的关系

船舶抵押权和船舶优先权具有密切的关系，二者的相同点在于，都是以船舶为标的物的担保物权，二者的不同点主要是：

(1) 船舶抵押权是约定担保物权，而船舶优先权是法定担保物权；

(2) 船舶抵押权非经登记不得对抗第三人，而船舶优先权无需登记；

(3) 船舶抵押权人在船舶灭失时对因船舶灭失而得到的保险赔偿有优先受偿权，而船舶优先权因船舶的灭失而消灭；

(4) 担保物权的优先顺序不同，船舶优先权应先于船舶抵押权受偿。

船舶优先权的受偿位序比较靠前，但并非总能最先受偿。因行使船舶优先权产生的诉讼费用，保存、拍卖船舶和分配船舶价款产生的费用，以及为海事请求人的共同利益而支付的其他费用，应当从船舶拍卖所得价款中先行拨付。

第五节　船舶留置权

一、船舶留置权的概念、性质和立法理由

海商法上的船舶留置权，是特指船舶建造人、修船人在合同另一方未履行合同时，可以留置所占有的船舶，以保证造船费用或者修船费用得以偿还的权利。

船舶留置权也是一种法定的担保物权。但是和一般留置权不同的是，海商法所指的船舶留置权只限于造船人和修船人的留置权。如果因为其他原因占有船舶,能否产生对船舶的留置权是有争议的问题。有人认为,既然海商法已经明确将船舶留置权规定为造船人和修船人的留置权,则除此以外不能产生别的船舶留置权。但也有人认为,既然船舶是一种财产,就应该也可以作为民法上一般的物而成为民法一般留置权的对象。这包括我国《海商法》第 161 条规定的"被拖方未按照约定支付拖航费和其他合理费用的,承拖方对被拖物有留置权",《海商法》第 188 条第 3 款规定的"在未根据救助人的要求对获救的船舶或者其他财产提供满意的担保以前,未经救助方同意,不得将获救的船舶和其他财产从救助作业完成后最初到达的港口或者地点移走"等,以及其他海商法虽然没有明确规定,但根据民法、担保法的规定有权行使的其他船舶留置权。这种船舶留置权,可称为"民法上的船舶留置权"。以与上述造船人、修船人的所谓"海商法上的留置权"相区别。这种船舶留置权的范围比较广泛,具体行使条件等应依民法关于留置权的一般规定确定。

除以上两种船舶留置权外,还有人提出,由于大陆法系许多国家存在"商法上的留置权",英国法上也分"一般船舶留置权"和"特殊船舶留置权",我国应仿效而认定"商法上的船舶留置权",即船舶的占有与债权的产生即使没有关系,只要债权是产生在通常的商业活动中,也允许留置船舶。不过这种说法目前在我国尚无成文法的根据。

二、船舶留置权的行使

船舶留置权以造船人、修船人实际占有所建造或修理的船舶为行使条件,并在造船人、修船人不再占有船舶时消灭。但实际业务中,造船人、修船人常常在提出一份"留置声明"后允许船舶离开。这种留置声明具有保全留置效力的作用。

第六节 船舶担保物权的优先顺序

当同一船舶上有多个债权时,首先应清偿司法费用。我国《海事诉讼特别程序法》第 119 条第 2 款规定:"分配船舶价款时,应当由责任人承担的诉讼费用,为保存、拍卖船舶和分配船舶价款产生的费用,以及为债权人的共同利益支付的其他费用,应当从船舶价款中先行拨付。"其次是船舶优先权。第三是船舶留置权。第四是船舶抵押权。我国《海商法》第 25 条第 1 款规定:"船舶优先权先于船舶留置权受偿,船舶抵押权后于船舶留置权受偿。"最后是普通债权。

第三章 海上运输管理法

在本章中,我们将

　　——学习海上运输管理法的主要内容

　　——了解我国当前海上运输管理的现状

　　——分析我国海上运输管理法如何与国际海上运输管理规则接轨

第三章 海上运输管理法

海上运输管理法是对船舶和海上运输进行管理的国际、国内法律规范的总和。从内容上看,主要可分为三部分。其一是海运经济法,即旨在规范海运市场和促进国家商船队发展的法律,包括明确海运经营权主体资格的法律,调节货运量分配的法律,促进本国商船队发展的法律等。其二是海运安全法,即旨在维护船舶和海运安全的法律,主要有船舶登记的法律、船舶安全和航海安全标准的法律、有关船长、船员的资格和管理的法律等。其三是防止船舶污染的法律,即旨在防止和处理船舶造成的海洋污染的法律,这是为适应海洋环境保护的需要而新发展起来的部门。

第一节 海运经济法

一、海运经济法的主要内容

海运经济法是国家以及国际社会对海运经济进行调节和管理的法律。传统上,国家对海上运输主要是采取自由放任主义,认为它只涉及私人关系,如海上货物运输、租船合同、救助等,因此应由私法调整。但随着海运业在国民经济中的地位增强,国际海运竞争日趋激烈,为了能在激烈的竞争中生存下去,各国逐渐改变了传统的自由放任态度,转而采取海运保护政策。同时,为了协调各国的海运经济政策,国际社会也开始通过缔结双边或多边的国际公约来对世界海运经济的发展进行调节。

对海运经济进行管理的措施有许多,比较重要的如对本国海运业提供各种优惠、补贴;将本国的沿海运输权保留给本国商船;鼓励本国贸易商使用本国商船运输进出口货物等。

二、国际组织对海运经济的管理

1.《班轮公会行动守则》

《班轮公会行动守则》是1974年4月在联合国贸易与发展会议主持下制定的一个国际公约,1983年10月6日生效。该公约的宗旨是发展规范化、有效率的班轮服务,以适应有关贸易的要求,并兼顾班轮业务供需双方的利益,既不歧视船东、托运人中的任一方,也不歧视任何国家的对外贸易,并促进各方一起进行协商。

  该公约对海运经济的调节主要是通过对班轮公会的行动的约束和调整进行的。所谓班轮公会,是海运公司联合起来在固定航线上从事定期货运服务的集团,它通过建立某些标准、设定统一费率、选定航线、安排航次、分配货载份额、共享营运收入等方法控制其成员公司;同时,通过提供优惠运价、保证长期合作等方法控制托运人。从性质上看,班轮公会接近于一种行业协会。由于有明显的限制竞争的倾向,班轮公会一直承受着违反了反垄断法的指责。但由于海运中货量波动不可避免,并导致市场多变,如果运价再不稳定,很容易导致班轮公司的解体;同时,托运人某种程度上也愿意享受稳定的服务,并且在与固定的公会合作后换取优惠的价格或更广泛的服务。这样,班轮公会仍然被多数意见认为有相当的合理性从而能长期存在。历史上,班轮公会曾一度左右了国际定期船运输。据统计,在 20 世纪 50 年代的鼎盛时期,有 350 多个班轮公会存在。其中著名的跨大西洋航线运费同盟(Trans-Atlantic Conference Agreement, TACA)在其全盛时期总共控制了该航线 75%—80% 的装载量,掌握了市场的控制权,因而享有超级联盟(super conference)的美称。然而近年来,对班轮公会的容忍态度又有所转变。1996 年,欧洲联盟的欧洲委员会裁定 TACA 因设定共同内陆运送费率表(collective inland rates tariff)而违反了欧盟的反垄断法,并在 1998 年对其处以欧盟成立以来最高额的罚款。而美国 1998 年海运改革法生效后,传统性的美国航线运费同盟纷纷解散与改组,取而代之的是一些新的联盟机构。这种转变将使班轮公会受到严重考验。

  《班轮公会行动守则》的主要内容是规定了货载分配的原则,即有名的"4:4:2 原则"。根据该原则,除非另有协议,在公会所承运的由彼此相互贸易产生的货运量中,双方有平等参与运输的权利,在有第三国参与时,则可给予 20% 的份额。即航线两端的航运公司各得 40%,第三国航运公司可得 20%。这条规定对发展中国家非常有利,为发展中国家保留由本国船公司承运本国进出口货物的权利提供了法律依据。但该货载分配原则同时也被认为是全球海运业实现无歧视的一大障碍。

  除此以外,公约还包括其他一些促进竞争、限制垄断的规定,如规定班轮公会应就其活动向托运人或托运人代表提供年度报告,班轮公会同托运人首先要进行协商;班轮公会运价全面提高应有 15 个月的间隔等。

  我国是《班轮公会行动守则》公约的成员国,我国的中远集运公司参加了"泛太平洋航线运价稳定协议"(TSA)等多家航运公会。

  《班轮公会行动守则》是国际海上运输管理方面最有名的国际公约,它在规范班轮公会行动方面起到了积极作用。但也有人认为,由于班轮公会对货载的分配与禁止垄断的现代国际贸易基本原则存在根本性的矛盾,因此注定将走向衰亡。

2. 世界贸易组织(The World Trade Organization，WTO)对海运服务的规范

世界贸易组织是目前世界上最重要的全球性经济组织，它以消除关税和其他非关税贸易壁垒、实现全球自由贸易为己任。海运是世界贸易组织确定的可贸易服务的一种，也在世界贸易组织规范的对象之内。世界贸易组织调整服务贸易的法律文件主要是在该组织的乌拉圭回合谈判中谈成，1995年生效的《服务贸易总协定》。该协定共有八个附件，其中第六个是关于海运服务谈判的附件。

《服务贸易总协定》首次确立了有关服务贸易规则和原则的多边框架，以便在透明和逐步自由化的条件下扩展这类贸易，并促进所有贸易伙伴的经济增长和发展中国家的发展。它规定了适用于所有服务部门的普遍义务和规范，将最惠国待遇、透明度、促进发展中国家参与等原则首次从有形的商品贸易扩大到无形的服务贸易，同时就计划在市场准入、国民待遇方面作出承诺或附加承诺的部门的具体承诺作了规定，还建立了解决争端的机制。

关于就海运服务谈判的附件规定，在服务贸易总协定框架内海运服务部门的谈判应在自愿基础上进行，谈判在范围上应全面，目的是以在国际海运、辅助服务和港口设施的进入和使用方面作出承诺，导致在一固定的时间范围内取消限制。成立海运服务谈判组(NGMTS)来执行这一使命。NGMTS应定期报告谈判进展情况。谈判应对申明参加意向的所有政府和欧盟开放。

附件六还规定，缔约方政府不得经由引入不合理或差别性待遇，以限制市场开放或使用。不论其为公共或私有港口、码头等，而使市场准入、国民待遇的执行受到阻碍。

根据乌拉圭回合的安排，各国应该在随后进行海运服务谈判，讨论海运服务业开放等各项具体问题。但由于海运问题不仅与各国经济实力密切相关，还涉及各国国防工业与国防安全，难以达成一致意见。因此，迄今为止海运服务谈判还没有取得实质性的进展。

我国加入世界贸易组织后，在海运方面作出了相应的承诺，今后也必须受世界贸易组织有关法律规则的约束。

三、我国对海运经济的管理

目前，我国对海运经济的管理主要是通过一系列的行政法规进行。但一部旨在全面规范我国水路运输行政管理的《海运法》已经在起草过程中，并有望在近期完成，颁布实施。

我国对海运市场的管理比较宽松，我国国际海运市场基本上是开放的。

1988年以前，我国船队所承运的本国进出口物资份额，均由政府计划配给，

基本上实行国货国运的政策。而自1988年起,这种货载保留制度已经被取消,我国不再通过行政手段规定国内承运人对国货的承运比例,而是鼓励承运人和托运人依通常的商业做法直接商定运输合同。各国船舶通过双边海运协定或按照我国外籍船舶管理办法都可以按照租船、运输合同来中国装卸货物。

在商业存在方面,经过批准,外商可以与我国航商组建合资轮船公司经营国际航运。在互惠条件下,经过批准,外国海运公司也可以在中国设立在中国登记的子公司,从事母公司船舶在中国的海运业务活动。港口收费,特别是装卸费对国内外船舶按统一标准征收。对国际班轮运输和船舶、货运代理业制定了管理办法;长江包括武汉、九江、南京均已经向外轮开放;我国国际海运轮船公司已组建了190余家从事国际海运业务。

和世界上许多重要的海运国家一致,我国保留了对沿海运输的营运权。根据我国《海商法》第4条的规定,中华人民共和国港口之间的海上运输和拖航,由悬挂中华人民共和国国旗的船舶经营。但是,法律、行政法规另有规定的除外。非经国务院交通主管部门批准,外国籍船舶不得经营中华人民共和国港口之间的海上运输和拖航。

此外,我国航运企业已基本没有政府补贴,而美国、日本和韩国都还未取消政府补贴的政策。

加入WTO为我国海运企业提供了机遇,也带来了挑战。目前我国现有相关法规有的与WTO协议的条文及原则相违背,如《国际船舶代理管理规定》第4条规定,船舶代理业务只能由经交通部批准成立的船舶代理公司经营。船舶代理公司必须是中华人民共和国的国有企业法人。外国籍船舶需经我国船舶代理机构代为处理业务。但限于我国经济发展的实际水平,这种状况只能逐渐加以修正。

虽然没有《海运法》,但我国制定了许多行政法规管理海运经济。为了加强对国际班轮运输的管理,交通部于1990年6月颁布了《国际班轮运输管理规定》;为加强对国际船舶代理业务的管理,交通部于1990年3月颁布了《国际船舶代理管理规定》;1990年12月,国务院发布了《海上国际集装箱运输管理规定》,对集装箱运输业的开业审批、货运管理、交接、责任和罚则等都作了具体规定。1992年,对外经济贸易部发布了《关于国际货物运输代理行业管理的若干规定》,对在我国境内从事国际货运代理业务的企业的活动进行规范。1995年,外经贸部发布了《外商投资国际货运代理企业审批办法》,对接受进出口货物收、发货人的委托,以委托人或者以自己的名义,为委托人办理国际货物运输及相关业务的外商投资企业进行规范。1995年,交通部颁布了《水路货物运输管理规则》,以适应1987年以后沿海和长江干线水上运输由计划经济向市场经济过渡的现实。2002年,国务院颁布施行了《国际海运条例》。2003年,交通部又颁行了《国际海运条例实施细则》。2007年,交通部还制定了《国际海运集装箱运输提单登记和运价报备管理规定》。

在协调与其他国家的远洋运输业务关系方面,我国除加入《班轮公会行动守则》、《世界贸易组织协定》外,还和许多海运国家签订了双边海运协定,对双方船舶进入对方港口的条件,双方船舶在对方港口享受国民待遇或最惠国待遇,双方相互承认对方主管当局签发的海员证件,双方相互给遇难船舶进行援助等内容进行了规定。

第二节 海运安全法

一、关于船舶登记的法律

船舶登记是给予船舶国籍并赋予它相应的权利义务的行政行为。只有经过登记,船舶才能悬挂一国国旗、接受该国管辖并取得航行权利。船舶登记还有权利登记的作用。在许多国家,进行船舶登记时,船舶的产权、收益权、抵押权、担保权等将一并进行登记,并对船舶的转让产生影响。

与船舶登记有关的国际公约主要有1982年联合国《海洋法公约》和1986年联合国《船舶登记条件公约》等。《海洋法公约》确立了各国对船舶进行登记的一些基本原则。如规定船舶必须经过登记,悬挂一国国旗才能在公海上航行。无国旗、悬挂两国国旗或视方便选择悬挂不同国旗的船舶将被视为海盗船,可以被各国行政当局缉拿。船舶与其船旗国必须有真正的联系,船旗国应该对悬挂其国旗的船舶进行有效的行政、技术和社会事项的管辖和控制。但《海洋法公约》只对船舶登记作了一些原则性规定,而没有详细规定船舶登记的具体条件。为了弥补这一不足,联合国1986年又制定了《船舶登记条件公约》。该公约中详细规定了船舶登记必须具备的各种条件,首次提出关于船舶同其船旗国之间的真正联系的定义,并对船舶所有权、人员配备和船舶经营管理等问题作了详尽的规定。遗憾的是,该公约迄今还未生效。

我国是联合国《海洋法公约》的参加国,应遵守公约中的规定。我国与船舶登记相关的国内法规范主要有《海商法》、《船舶登记条例》等。《海商法》第5条规定,船舶经依法登记取得中华人民共和国国籍,有权悬挂中华人民共和国国旗航行。船舶非法悬挂中华人民共和国国旗航行的,由有关机关予以制止,处以罚款。① 第9条和第13条规定,船舶所有权的取得、转让和消灭,以及船舶抵押权的设定,应当向船舶登记机关登记,未经登记的,不得对抗第三人。《船舶登记条例》则详细规定了登记的手续等事项。

二、关于船舶安全和航行安全的法律

关于船舶安全的国际公约中最重要的是1974年制定并经后来修改的《国际海上人命安全公约》(SOLAS)。该《公约》大部分规定适用于从事国际海上运输,且航向两端港口至少有一个在缔约国内的船舶。公约主要就船舶检验与证书作出了规定。公约附则包括了一套船舶必须达到的技术标准,并规定了为保证船舶符合这些技术标准而应当对船舶进行的各种检验和检查,以及在检查合格后应发给船舶的安全证书。我国是该《公约》的参加国,在我国所有的船舶检验和证书的办理,都是依照该《公约》进行的。

1993年,国际海事组织第18届大会通过了《国际船舶安全营运和防止污染管理规则》(The International Management Code For The Safe Operation of Ships and For Pollution Prevention,简称ISM规则)。这是一个国际公认的关于船舶安全管理和营运及防止污染方面的国际标准,它要求负责船舶营运的公司和其所经营的船舶建立起一套科学、系统和程序化的安全管理体系,并要求船旗国主管机关或其认可的机构对公司和船舶的安全管理体系进行审核和发证,其核心是建立安全管理体系(SMS)。它对促进海运公司和船舶安全体系的建立和实施起着重要的作用。ISM规则在1994年被国际海事组织《国际海上人命安全公约》缔约国大会通过,成为该公约的第九章,从而成为一个强制性的国际规则,并因而在我国也取得了强制实施的效力。

围绕海上安全缔结的国际公约还有1972年《国际海上避碰规则公约》、1966年《国际船舶载重线公约》等。《国际海上避碰规则公约》适用于在公海和与公海相连接的可供海船航行的一切水域中的一切悬挂缔约国国旗的船舶和航行于缔约国管辖的与公海相连接水域的一切海船。它包括5章4个附则,对驾驶和航行规则、号灯和号型、声响和灯光信号、豁免等作出了规定,对防止船舶碰撞和其他航行事故的发生起到了重要作用。《国际船舶载重线公约》则本着保障海上人命安全和财产的宗旨,对国际航行船舶的载重限额进行了规范。我国是这两个公约的参加国,受公约规范的约束。

除参加了一系列国际公约以外,我国在船舶安全和航行安全方面还制定了一些国内法,其中最重要的是1983年制定的《中华人民共和国海上交通安全

---

① 有人提出,我国《海商法》对非法悬挂中华人民共和国国旗的船舶的处罚仅限于罚款是不够的,还应规定警告、扣留等其他处罚措施,因此建议修改我国《海商法》中的相关规定。

法》。该法共 12 章 53 条,对船舶检验和登记、船舶设施上的人员、航行停泊和作业、安全保障、危险货物运输、海难救助、打捞、交通事故的调查处理、法律责任等作了规定。此外,交通部还制定了《船舶交通管理系统安全监督管理规则》、《高速客船安全管理规则》、《船舶安全检查规则》等一系列安全方面的行政规章。

为了加强对船舶的安全管理,有关部门还在酝酿制定一部"船舶法",全面调整有关船舶安全和管理的关系。

三、关于船长、船员的资格和管理的法律

对船上人员的素质要求也是航行安全的保障之一。在这方面,国际社会缔结了 1978 年《关于船员培训、发证和值班标准的国际公约》及其 1995 年修正案,对船员培训、发证和值班诸方面的要求规定了最低标准。如其第 1 条规定,缔约国必须采取一切可能的步骤来保证海员合格,使其对海上人民和财产安全问题和保护海洋环境问题均能胜任职守。我国是该公约的参加国,应遵守公约的有关规定。同时,我国《海商法》第三章"船员"中也对船长、船员的任用资格及船长的职责权限等问题进行了简要规定。

四、港口国管制

港口国管制(port state control,简称 PSC),是指一国对其管辖水域内航行的外国商船进行监督和检查,通过强制纠正和扣留等手段使船舶在海上安全、工作条件和防止污染等诸多方面符合有关海运国际公约和国内法规定的一种制度。

根据国际法,有权对船舶进行管理的首先是船旗国。任何国家都有责任对悬挂该国国旗航行的船舶就行政、技术和社会事务等方面进行管理和管制,并采取必要的措施确保船舶在建造、维修、适航、船员配备、船员资格、工作条件、培训以及防止碰撞等方面符合海上安全的要求。但船舶在海上航行,往往不仅涉及船旗国,还会对其他国家的利益造成影响。如船舶一旦发生事故造成海域污染,受害的往往是相邻的多个国家。而且,船旗国对船舶的管理也是有一定限制的,如某些船舶常年在国外航行,船旗国往往很难进行及时有效的管理。有鉴于此,国际社会形成了港口国管制制度,即由港口所在的国家对所有进入港口的外国商船进行检查、管理,核实其是否符合有关国际公约规定的安全标准。具体做法,一般是在符合受检条件的船舶申请入港时,由港口国派检查人员登轮,检查船舶证书、船员证书等文件,并对船舶的设备状况等进行一般性查看,如果发现有问题,还可能进行进一步的详细检查。经过检查,如果船舶被发现不符合安全标准,港口国有权要求船舶在开航前消除其缺陷。对于不能及时消除缺陷而又威胁海上安全、海洋环境的船舶,港口国可以扣留。对于不能在当地消除缺陷,但缺陷还不至于影响海上安全和海洋环境的船舶,港口国可以放行,但应通知下

一港口国和船旗国采取行动。港口国管制能有效弥补船旗国对船舶管理的不足,确保国际公约的执行,是海上安全的一道重要防线。

国际法是港口国管制制度的主要法律基础。经修正的《国际海上人命安全公约》第四章第19条规定,任何船舶进入缔约国的港口都必须接受该国政府认可的官员的监督,港口国当局应对船舶进行检查,查核船舶证书的有效性。经1978年议定书修订的《1973年国际防止船舶造成污染国际公约》也作了类似的规定。最近制定的《国际船舶安全营运与防止污染管理规则》(ISM规则)等更是对港口国管制的运作与实施起了重要的支持作用。国际社会和海运国家把ISM规则当做是提高船岸管理安全意识的重要工具,港口国管制则把监督实施ISM规则当作其管制的重要内容。1997年2月1日开始实施的《海船船员培训、发证和值班标准公约1995年议定书》(简称STCW95)也给港口国管制增加了有力的依据。该公约第10条规定:凡受该公约约束的船舶在另一缔约国港口时,应受缔约国授权的官员的监督,以核实船上的公约要求具有证书的海员均持有适当的证书或适当的特殊证明。同时,该公约还规定了详细的港口国管制程序。

除了一般性的国际公约外,在港口国管制方面还制定了许多专门的地区性协定。全球第一个区域性港口国管制协议是签订于1982年的《巴黎备忘录》,其成员包括欧洲和北美的主要国家;1992年,《拉美协议》签订;1993年,覆盖面积和人口最多的亚太地区港口国管制协议——《东京备忘录》签订。《巴黎备忘录》、《东京备忘录》和《拉美协议》是世界上相对成熟的三个地区性港口国管制体系。可以预见,港口国管制在现有的组织和国家中将继续加强并不断地向非港口国管制的地区和国家扩展,最终将达到港口国管制全球化,全球港口国管制一体化的阶段。

港口国管制是一项需要各国合作的事业。对每一个港口国而言,对进入本国港口的船舶进行检查和管理既是一种权利,也是一种国际义务。许多港口国也制定有实施管制的国内法。如美国就是依靠其独特的海岸警卫队(Coast Guard)制度来实施港口国管制。1995年3月,我国国务院发布了《国际航行船舶进出中华人民共和国口岸检查办法》,以加强对国际航行船舶进出我国口岸的管理。该法规定对进出我国口岸的国际航行船舶,包括进出我国口岸的外国籍船舶和航行国际航线的中国籍船舶,边防检查机关、卫生检疫机关和动植物检疫机关依照有关法律、行政法规的规定实施检查并对违法行为进行处理。

第三节 防止海洋污染的法律制度

船舶总是在它们航行的水域处理生产过程的废料。以前这些废料包括垃圾和厕浴废水,现在还要加上含油废料如化学品船和油轮的洗舱水以及不洁的压舱水等。随着船舶越来越多,越来越大,船舶对海洋的污染已经越来越厉害,开始对人类的生存造成不良影响。同时,如果船舶在海上发生事故,还会使更多的油类物质或其他有毒有害物质溢出船舶,污染海洋。因此对船舶污染的防治和处理已经成为各国对海运管理的又一个重要方面。

对船舶污染的管理可以由船旗国进行,也可以由港口国和其他沿海国家进行。但起主导作用的还是国际组织。目前,防止海洋污染的国际立法主要是三类:有关污染的预防的国际立法、对公海上发生的污染进行干预的国际立法和在污染发生后明确责任和赔偿的国际立法。

在污染的预防方面,联合国《海洋法公约》首先规定了各缔约国有义务把"一般接受的国际规则和标准"作为防止、减少和控制船只造成海洋污染的最低要求。而所谓"一般接受的国际规则和标准",包括1954年《防止海洋油污的国际公约》等国际社会普遍接受的国际规则。这些规则从技术角度对船舶的构造以及船舶排污的数量、时间、地点等提出相应的要求,并由缔约国对其所属的和进入其海域的船舶进行统一的监督和管理,以防止海洋污染的发生。

在污染的责任确定方面,最重要的是1969年《国际油污损害民事责任公约》(简称CLC公约)。该公约对船舶所有人的免责、船舶油污损害的赔偿范围、船舶所有人的责任限制,以及强制保险制度作出了相应的规定。该公约制定后,又先后通过了1976年、1984年及1992年议定书。此外,针对有毒有害物质对海洋的污染,1996年在国际海事委员会的组织下通过了《有关海上运输有毒有害物质的责任和损害赔偿的国际公约》(简称HNS公约)。该公约对有毒有害物质的定义、损害的含义、公约适用范围、船舶所有人责任限制、强制保险、基金的设立与赔偿、摊款、生效条件等主要内容作了规定。

1969年《国际油污损害民事责任公约》制定后,为了保证重大油污事故的受害人得到充分赔偿,国际社会又通过了1971年《设立国际油污损害赔偿基金国际公约》,以设立责任基金的方式确保油污损害的赔偿。此前,英美七家最大的油船公司还发起签订了一项民间协定,即1968年《油船所有人自愿承担油污损害责任的协定》。该协定约定,参加协定的船东所属油船或其光船租入的油船,无论在任何海域或港口发生油污事件而污染了任何国家的海域或港口,都应主动承担因此而引起的损害赔偿责任,包括负担为排除油污威胁所采取的任何合理措施的费用。

在油污的干预方面,目前最重要的有1969年《国际干预公海油污事故的公约》及其1973年议定书。

作为航运大国,我国一贯主张并支持航运界采取适当措施保护海洋环境。1980年1月30日,我国参加了1969年《国际油污损害民事责任公约》,该《公约》于 1980 年 4 月 29 日起对我国生效。

  我国的国内法主要有《海洋环境保护法》以及《防止船舶污染海域管理条例》。这两部法律法规都是 20 世纪 80 年代制定的,需要进行适当修改。我国有一套比较完整的防止船舶操作不当引起污染的制度。在油污损害赔偿体系方面,由于我国没有加入有关的基金国际公约,也没有建立国内基金,因此,还没有一个完整的油污损害赔偿体系。我国以往船舶油污事故不少,对我国海洋环境破坏极大,这方面的法律还需继续加强。

第二编　海上运输与拖航

第二部 氷上花粉と花粉

第四章 提单下的海上货物运输合同

在本章中,我们将

——学习提单下的海上货物运输合同的特点

——理解海上货物运输法是如何进行运输各方的风险划分的

——分析海上货物运输法的特殊性及其发展前景

第一节　海上货物运输合同概述

一、海上货物运输合同的概念和种类

（一）海上货物运输合同的概念

海上货物运输合同，是指承运人收取运费，负责将托运人托运的货物经海路由一港运至另一港的合同。

海上货物运输合同是运输合同的一种，它是一种双务有偿合同，其标的是运输行为。

（二）海上货物运输合同的种类

根据不同标准，海上货物运输合同可以分成不同的种类：

1. 国际海上货物运输合同和国内海上货物运输合同

根据装卸港口的位置不同，海上货物运输合同分为国际海上货物运输合同和国内海上货物运输合同。在同一国家不同港口之间的运输是国内货物运输，又称为"沿海货物运输"；而将货物从一国港口运往另一国港口的是国际货物运输。在我国，两种合同中使用的运输单据不同，适用的法律也不同。

2. 租船运输合同和班轮运输合同

根据合同形式不同，海上货物运输合同分为租船运输合同和班轮运输合同。前者合同的形式是租船合同，而后者不订立租船合同而是以班轮提单作为口头或书面订立的运输合同的证据，所以又被称为"提单下的海上货物运输合同"。两种合同适用的法律不同，对班轮运输合同一般制定有强制性的法律规范，而租船合同一般没有强制性法律规定而适用一般合同法的原则调整。租船运输合同具体分为定期租船合同（又称为期租合同）和航次租船合同（又称为程租合同）。前者适用于一定期间，后者适用于一定航次。有的租船合同同时规定了租船的期间和将用于运输货物的航次，这种合同称为"航次期租"，是定期租船合同的一种。也有的租船合同规定的不是一个而是连续几个航次的租船，这种合同称为"连续航次租船合同"，是航次租船合同的一种。还有的合同规定的是一定期间内承运人负责将一定数量的货物分批运送到目的地，这种合同被称为"包运合同"或"货运总合同"，这种合同约定的内容主要集中于货物运输而不是船舶

的使用,承运船的装备和人员配置仍由承运人负责,因此从其性质看应是班轮运输合同的特殊种类,而不是租船合同。

3. 集装箱货运输合同、件杂货运输合同和散货运输合同

根据所运输的货物不同,海上货物运输合同分为集装箱货运输合同、件杂货运输合同、散货运输合同等。所谓散货是指货物在装运以前没有进行包装,而是直接装载在船上的通舱或货舱隔成的小舱中,如谷物、糖、油等。所谓件杂货是指包装成件或本身是可计数的货物,如一包货物、一辆汽车等。所谓集装箱货是指装载在集装箱这种新型的包装运输工具中的货物。由于货物性质和装运方式不同会直接影响到海上货物运输合同的诸多方面,因此这也是一种常常使用的重要分类方法。

4. 公共运输合同和私人运输合同

根据订立合同的当事人不同,海上货物运输合同分为公共运输合同和私人运输合同。所谓公共运输合同,是指承运人订立运输合同的要约是对社会公众公开发布的,针对的是不特定的多数人,是在做了广告之后才商定的运输合同。而私人运输合同则是承运人和特定人单独洽谈后订立的运输合同。从事公共运输的承运人即公共承运人往往是专业性公司或组织。公共运输合同与私人运输合同的区别非常接近于租船合同与班轮运输合同的区别。私人运输通常都是根据租船合同进行的,并且只有在为了运送特定货物而缔结了专门的合同时才会产生。而公共运输通常都是根据班轮提单即以定期班轮为基础的轮船公司所签发的提单进行的,其船舶在以广告形式公布的航线上从事营运。但是这两种区分的性质不同。公共运输的承运人有一种法定的社会性义务。如我国《合同法》规定,从事公共运输的承运人不得拒绝旅客、托运人通常、合理的运输要求,即承运人必须和任何提出通常、合理的要求的旅客、托运人订立运输合同。这种规定是对合同法的"合同自由原则"的明显例外,其合理性在于,公共运输对社会生活影响巨大,而且公共运输行业往往是垄断性行业,如果不对公共承运人加以适当限制,可能对社会经济生活产生不利影响。

公共运输和私人运输原为英美法系中的概念[①],我国《海商法》没有提到公共运输,而只进行了海上货物运输合同和船舶租用合同的划分,而且国际上现在一般也都认为,将海上货物运输分为公共运输和私人运输,不如将其划分为运输合同和船舶租用合同更合适。[②] 海上货物运输领域的三个重要国际公约——《海牙规则》、《海牙—维斯比规则》和《汉堡规则》的适用范围也都不是建立在公共运输和私人运输的区分上,而是建立在提单证明的运输合同和租船合同的

---

① 参见谢怀栻等著:《合同法原理》,法律出版社2000年版,第495页。
② 参见 William Tetley 著:《海上货物索赔》,张永坚等译,大连海运学院出版社1993年版,第8页。

区分上的,这三个规则对公共运输和私人运输都适用,其标准是只要是提单下的货物运输合同而不是租船合同。

二、海上货物运输合同的订立和解除

（一）海上货物运输合同的订立

1. 海上货物运输合同的成立时间

与一般商业合同一样,海上货物运输合同也是通过一方发出要约,一方承诺而缔结。在海上货物运输合同中,发出要约的可能是船方,也可能是货主。船方发出要约称为揽货,货主发出要约则称为租船定舱。

租船合同和班轮运输合同的缔结方式不一样。在租船合同中,一般是由船货双方就合同的具体条款进行逐条谈判,最后才缔结合同。而班轮运输中,双方很少就合同条件进行逐条谈判,最常见的做法是船公司先公布其船期表,然后感兴趣的货主以口头或电话、电报等方便的方式向船公司预定舱位,船公司如果愿意接受货物就在舱位登记簿上登记,然后货主直接把货物运到船边,船公司接受并装船。

在班轮运输中,人们常常把船公司公开发布的船期表视为要约。但这种观点是值得商榷的。如果船期表是要约,托运人根据船期表发运货物构成承诺,则船方不能拒绝任何根据船期表交运的货物。这种结果显然不符合船方的本意。而且,如果有超过船舶运量的货物被托运,船方势必不能满足所有托运人的要求。根据我国《合同法》的规定,一项希望订立合同的意思表示要构成要约,必须符合两项要求,一是内容必须具体确定,二是必须表明经受要约人承诺,要约人即受该意思表示约束。《合同法》还特别说明,希望他人向自己发出要约的意思表示不是要约而是要约邀请。寄送的价目表、拍卖公告、招标公告、招股说明书、商业广告等都是要约邀请。船公司发布的船期表往往注明"如有变更,承运人不承担任何责任",这充分表明船期表不是船方希望和他人订立合同的明确、肯定的意思表示,对船公司没有肯定的约束力。《合同法》对要约邀请的列举中没有包括船期表,但从性质上分析,船期表是向公众公布的,有告示的意味,其作用介于价目表和商业广告之间,因此应该视为要求邀请而不是要约。但如果船货双方是在船期表的基础上进一步谈判并达成一致,船期表上的内容应该和其后谈判的条件一起成为最终达成的合同的组成部分,承运人不能按船期表履行合同则要承担违约责任。

如果承托双方不是以船期表为依据,而是以托运人填制的"托运单"（booking note）为依据洽商合同,那么托运单是否构成要约呢？和船期表不一样,托运单不是向不特定的多数人发出,而是向特定的承运人发出的订立合同的肯定的意思表示,但托运单往往不包括运输合同的主要条件,也就是内容不够具体确定,因此应该认为也不一定构成要约。

不管是以船期表还是以托运单为基础进行谈判,在订立海上货物运输合同的过程中,承运人和托运人往往有多次函电往来,对船期表或托运单的内容进行修改补充,因此,船期表和托运单都不构成要约,在所有的重要内容都达成一致后发出的那一份文件才是要约,它可能是船方发出,也可能是货方发出,因此合同成立的准确时间只能依据具体案情确定。

在租船实践中,一般是双方当事人就合同条款进行逐步谈判达成基本一致后,再以一个"定租"信或电报(fixture)将其确定下来。最后再将所有合同条款打印在双方签字的租船合同上。这种"fixture"已经包含了合同的全部内容,应认为就是合同,而随后双方签字认可的正式租船合同文本只是合同的证明。但"定租"文件中往往包括有"细节未定"(subject to details)等未定规定,这些规定的效力如何有不同看法。英国倾向于认为合同尚未成立,而美国则认为已经成立。从我国合同法对承诺的规定来看,承诺应该是对要约实质性内容表示同意,因此如果在定租文件中只是对细节问题未规定,应认为合同已经成立。我国合同法清楚区分了合同成立和合同生效两个概念。合同生效,是指已经成立的合同在当事人之间产生了一定的法律拘束力。依法成立的合同,自成立时生效。但合同中可以规定一定的条件,把该条件的成就或者不成就作为当事人确定的合同权利和义务发生法律效力或者失去法律效力的根据的合同。租船合同中的"细节未定"条款,应视为合同中规定的生效条件,条件不成立不影响合同的成立,但影响合同的生效。

根据合同成立是否以交付标的物为条件,合同可分为诺成合同和要物合同。诺成合同是当事人意思表示一致即可成立的合同。要物合同是当事人意思表示一致以外,还需交付标的物才能成立的合同。运输合同在我国传统上被认为是要物合同,即托运人将货物交给承运人后合同才成立,不交货则合同不成立,虽然这时托运人仍应对承运人负责,但他的责任不是基于运输合同,而是基于订立运输合同的预约合同。我国《海商法》中没有规定海上货物运输合同在当事人意思表示一致时还是货物交付时成立。我国《合同法》对货物运输合同的规定中也没有提及这个问题。但《合同法》对合同成立的一般规定是合同在承诺生效时成立,可见诺成合同是一般情况,要物合同是例外情况。既然我国《海商法》没有对海上货物运输合同的成立时间另作规定,就应该理解为海运合同和一般合同一样是诺成合同,在当事人意思表示一致时合同即成立。

2. 签发提单与海上货物运输合同的成立

班轮运输中,承运人接受货物后一般会签发一份提单,有人主张提单签发时才是合同成立时。实际上,如前所述,海上货物运输合同在要约得到承诺时就成立,如果需要书面形式,则合同双方在书面合同上签字或盖章时成立。签发提一般是在运输合同已经成立,根据合同托运人已经将货物交给承运人后才进行,是为了履行已经成立的合同义务。因此提单虽然因载有运输合同条款而成为合同的最好证明,但其是否签发,什么时候签发对合同的成立并无必然影响。正如著名海商法学者 William Tetley 所说:"提单是一种单方面的文件并且只不过是合同的极好证明而已。真正的运输合同是要约、货载安排、承运人的广告、订载单、托运人的承诺、代理的申明等以及提单本身的全部总和。"①

有的情况下,提单中会包含一个"替代条款"(Substitute Clause),规定当事各方同意将提单视为构成了完整的合同,并且替代所有先前的协议。如一个典型的替代条款可能这样规定:"有关此票货物的全部协议或运输合同均由本提单所替代,即使可能存在与此相抵触的当地习惯或特约,托运人也完全接受本提单的全部条款并同意受其约束,就像托运人签署了本提单一样。"替代条款的效力如何取决于托运人是否了解这种条款的存在等因素。

我国《海商法》第 43 条明确规定电报、电传和传真具有书面效力,对电子邮件形式传输的合同是否是书面形式则没有说明。但我国《合同法》第 11 条规定,书面形式是指合同书、信件和数据电文,包括电报、电传、传真、电子数据交换和电子邮件等可以有形地表现所载内容的形式。这一规定也应该适用于海上货物运输合同。

3. 采用格式条款订立的海上货物运输合同

无论是租船合同还是提单证明的合同,都会涉及标准合同条款的使用问题。租船合同往往使用由船东或商人的国际性组织制定的标准租船合同条款,而班轮运输中往往使用承运人自己制定的或其他大的船公司制定的标准提单。

标准合同或称附从合同的广泛使用是 20 世纪以来合同方面的一个普遍现象。产生这种现象的原因主要有两个。一是由于随着垄断经济的发展,社会经济中出现了许多垄断巨头,他们在经济实力上远远超出其他人,因而,在与他人订立合同时,完全居于优势地位,可以单方面拟定合同条款,对方或者接受全部条件,或者失去缔结合同的机会。另一个原因是,随着规模经济的发展,人们发现使用固定的合同格式可能比逐个磋商每一合同更加快速,更加节约成本。从其产生原因可以看出,标准合同从一开始就有其两面性,它既有方便、快捷、促进交易进行的好处,又有不公平的缺点。因此,各国一般都允许标准合同的存在,但又在法律上对其加以种种限制。我国《合同法》也不例外,对采用格式条款订立合同作了一些限制性规定。

我国《合同法》对采用格式条款订立的合同的限制主要体现在三个方面。第一,是在订立合同时,如果一方是提供自己的格式条款作为订立合同的依据,

---

① 见 William Tetley 著:《海上货物索赔》,张永坚等译,大连海运学院出版社 1993 年版,第 37 页。

则应当遵循公平原则提请对方注意免除或者限制其责任的条款,而且应该按照对方的要求,对该条款予以说明。第二,如果合同已经订立,但发现格式条款具有根据《合同法》应使合同无效的规定,或者提供格式条款一方免除其责任、加重对方责任、排除对方主要权利的,该条款无效。第三,如果合同有效成立了,但对格式条款的理解发生争议,则应当按照通常理解予以解释。对格式条款有两种以上解释的,应当作出不利于提供格式条款一方的解释。格式条款和非格式条款不一致的,应当采用非格式条款。

我国《合同法》对采用格式条款订立的合同的这些限制是否应该适用于海上货物运输合同呢?

根据我国《合同法》第39条第2款,格式条款是当事人为了重复使用而预先拟定,并在订立合同时未与对方协商的条款。根据这一定义,标准租船合同条款和提单条款是否能构成格式合同是有疑问的。因为租船合同格式往往不是当事人预先拟定,而是当事人采用由第三方如商会、国际组织等拟定的条款。而提单虽然可能是承运人自己拟定的,但它又不是合同。而且,不管是租船合同还是提单,在订立合同时承租人或托运人都有机会与对方进行协商甚至修改标准格式中的某些条款。

其实,根据格式合同的主体可以把它们分为两类,一类是所谓的消费者合同,另一类是商业性合同。消费者合同是指那些直接与普通人的日常生活相关的合同类型,如日用消费品买卖合同。这些合同中,一方为供应商,另一方为普通消费者。由于这些消费者通常缺乏对某些专门信息的了解,因此在订立合同时往往是直接接受对方提供的合同条款,从而使此类合同表现出消费者一方的意思表示完全依附于供应商的特点。另一类合同是在专门的商人之间订立的,虽然由于其中一方势力强大,或双方长期进行同类交易,因而合同也逐渐走向定式化,条款大都由交易中的一方单独提供,长期不变。但这类合同的依附性明显不如消费者合同。法律对这两类格式合同的处理不应该是一样的。如果一定要将大部分海上货物运输合同视为格式合同,那么它们应该是商业性格式合同而不是消费者合同,在保护格式合同的接受一方的利益时不应该和消费者合同中对消费者的保护提到同一高度。

(二) 海上货物运输合同的解除

1. 海上货物运输合同的约定解除

根据解除条件的性质不同,合同解除可分为两种情况,一种是约定解除,另一种是法定解除。

所谓约定解除,是指合同的解除条件由双方当事人自由协商决定的合同解除。这可能是双方在合同成立后,履行完毕前协商决定解除合同,也可能是双方在合同中已经约定一定条件下单方可以解除,则在条件成就时,不需协商,有解除权的一方就可以径行解除合同。我国《海商法》没有对约定解除作出规定,但《合同法》规定,当事人协商一致,可以解除合同。基于这一规定和合同自由原则,在没有法律作相反规定的情况下,应该认为海上货物运输合同的双方约定解除合同是允许的。

2. 海上货物运输合同的法定解除

所谓法定解除,是指解除条件由法律直接规定的合同解除。我国《海商法》第四章第六节的标题即是"合同的解除",该节共有三条,其中两条规定了两种合同解除的情况。一种情况是,船舶在装货港开航前,托运人可以要求解除合同。另一种情况是,船舶在装货港开航前,因不可抗力或者其他不能归责于承运人和托运人的原因致使合同不能履行的,双方均可解除合同,并互相不负赔偿责任。该节的最后一条规定,因不可抗力或者其他不能归责于承运人和托运人的原因致使船舶不能在合同约定的目的港卸货的,除合同另有约定外,船长有权将货物在目的港附近卸载,视为已经履行合同。这一条虽然放在"合同的解除"这一节中,但规定的不是合同解除的内容。因为合同解除是合同没有履行完毕而不用再履行,是违约的一种后果,而这一条规定的是视为合同已经履行,是我国《合同法》规定的合同终止的七种情况的另一种,即债务已经按照约定履行,只不过这里的"已经按照约定履行"是法律的一种推定。

我国《合同法》也规定了合同的法定解除条件,该法规定的解除条件共有五种,比《海商法》规定的多。这就产生了《合同法》和《海商法》规定的合同解除条件之间的相互关系如何理解的问题。首先,是《合同法》规定的其他解除条件是否适用于海上货物运输合同。如《合同法》规定,在履行期限届满之前,当事人一方明确表示或者以自己的行为表明不履行主要债务,另一方当事人可以解除合同,但《海商法》中没有相应的规定。如果托运人在运输已经开始,但尚未到达卸货港前宣布将不交付运费,承运人是否有权解除合同呢?《合同法》规定,其他法律对合同另有规定的,适用其他法律。因此问题的答案似乎取决于《海商法》规定的解除条件是否是穷尽的。如果是穷尽的,即《海商法》只允许这样两种情况下的合同解除,则《合同法》的规定不能适用,因为已经有"其他法律另有规定"。但如果《海商法》的规定是不穷尽的,即《海商法》只是举出了合同的法定解除中的两种特殊情况,则《合同法》的规定能够适用,因为这是《海商法》没有规定的,应该适用《合同法》。两种解释方法似乎都是可行的,但仔细分析会发现第一种解释是不合适的,将会导致不合理的后果。因为《合同法》规定的法定解除条件对一般合同都适用,是合同解除的一些基本情况,没有特殊原因,这些情况下不允许当事人解除合同是不合理的。如当事人拒绝履行主债务,或因不可抗力导致合同目的不能实现,合同客观上已经不可能履行下去了,这时仍然不允许当事人解除合同不仅会严重损害当事人的利益,而且对社会经济的健康发展也不利。因此,应该认为《海商法》对合同解除的法定条件的列举是没有穷尽的,《合同法》规定的解除条件对海上货物运输合同同样适用。与此相关的一个问题是,《海商法》和《合同法》对合同解除条件的规定如有抵触应如何解决。基本原则很清楚,《合同法》是一般法,《海商法》另有规定,应该适用《海商法》。《海商法》规定,船舶在装货港开航前,因不可抗力或者其他不能归责于承运人和托运人的原因致使合同不能履行的,双方均可解除合同。这里的时间规定很清楚,是在船舶开航以前。那么在船舶开航以后发生了不可抗力或其他不能归责于双方当事人的原因致使合同不能履行呢?《海商法》的规定是否应该理解成"只有在开航以前"? 所谓不可抗力,《海商法》没有规定具体含义,但《民法通则》第153条规定:"本法所称的'不可抗力',是指不能预见、不能避免并不能克服的客观情况。"这种情况的发生不涉及当事人的主观过错,也不能通过当事人的努力而避免,它不管是发生在船舶开航之前还是开航之后,后果应该是一样的,如果不可抗力发生在开航以前就允许当事人解除合同,而不可抗力发生在开航之后就不允许当事人解除合同,这样既没有足够的理由,也是不公平的。因此,应该理解为开航以后发生不可抗力仍然可以导致当事人解除合同,只是这时当事人依据的不再是《海商法》而是《合同法》中的规定。

我国《海商法》第四章第六节关于合同解除的规定主要是适用于班轮货物运输合同。对航次租船合同和定期租船合同,《海商法》还规定了几种情况,如出租人没有及时或按约定交付船舶,承租人有权解除合同;航次租船的承租人提供的货物不符合合同约定,出租人有权解除合同等。这些规定也应该看做是合同的法定解除。关于租船合同的这些规定主要是在一方违约时赋予另一方解除合同的权利,但对违约的程度没有作任何规定,如果理解为不论严重程度如何都可以解除合同,就成为《合同法》关于违约严重到一定程度就可以解除合同的例外规定。

3. 合同解除的程序和后果

我国《海商法》规定了解除合同的条件,但没有规定解除合同的程序。《合同法》中对合同解除程序的规定应该适用于海上货物运输合同的解除。根据《合同法》,解除的程序是,当事人一方依照规定主张解除合同的,应当通知对方,对方有异议的,可以请求人民法院或者仲裁机构确认解除合同的效力。法律、行政法规规定解除合同应当办理批准、登记手续的,应当办理批准、登记手续。也就是说,解除合同的条件成立时合同并不自动解除,有解除权的一方必须将解除合同的意思通知对方才发生解除的效力。

关于合同解除的后果,我国《合同法》规定,合同解除后,尚未履行的,终止履行;已经履行的,根据履行情况和合同性质,当事人可以要求恢复原状、采取其他补救措施,并有权要求赔偿损失。根据这一规定,合同解除有溯及力,其后果是解除之前和之后的合同债权债务关系都归于消灭,当事人双方的权利义务回复到合同没有履行时的状态。

我国《海商法》对其规定的两种法定解除的后果也有所规定。这些规定和《合同法》的原则是基本一致的,但也有特殊性。如在开航前托运人要求解除合同时,《海商法》规定除合同另有约定以外,托运人应当向承运人支付约定运费的一半;货物已经装船的,并应当负担装货、卸货和其他与此有关的费用。这里支付一半运费的规定就具有特殊性。因为租船定舱后再解除合同,承运人很可能不再有时间和机会重新组织货载,损失的不是一半运费而是全额运费,而且由于改变积载可能影响船舶航行安全等,由此引起更多的损失。《海商法》的规定是否否认了承运人要求这些损失的赔偿权利不清楚。关于开航前由于不可抗力等原因解除合同,《海商法》规定,除合同另有约定外,运费已经支付的,承运人应当将运费退还给托运人,货物已经装船的,托运人应当承担装卸费用,已经签发提单的,托运人应当将提单退回给承运人。这也体现了《合同法》规定的合同解除的三种后果:终止履行、恢复原状或赔偿损失。其中退还提单不仅应视为合同解除的后果,还应视为合同解除的前提条件,如果签发了提单而托运人又不能退回提单,应认为合同不能解除,因为提单很可能已经转让,涉及第三人的利益,如果承托双方解除合同,必然会影响到第三方提单持有人的权利从而破坏提单的价值。

三、海上货物运输合同的当事人和关系人

(一) 承运人和托运人

提单下的海上货物运输中,运输合同的当事人是承运人和托运人。

所谓承运人(carrier),是指与托运人签订运输合同,承诺进行货物运输的人。承运人通常是拥有承运船舶的人,但也可能不是船舶所有人,而只是用租赁或其他方法获取到船舶的使用权的人。是否拥有船舶,不影响承运人在《海商法》下的权利义务。但鉴于不拥有船舶可能意味着清偿能力有限,有的国家将这种承运人称为"无船承运人",而对其进行特殊的行政管理。

所谓托运人(consignor),是指委托承运人从事货物运输的人。托运人通常是拥有货物的人(货主),但也可能不是货物所有人,而只是根据买卖合同或其他某种合同有义务安排货物运输的人。

(二) 收货人和提单持有人

收货人(consignee)是根据海上货物运输合同有权收取货物的人。收货人可能是托运人,但也可能是托运人以外的第三人。约定向托运人以外的第三人交付货物的运输合同是为第三人利益订立的合同,是"涉他合同"的一种。这种合同中的收货人不是运输合同的当事人,而是运输合同重要的关系人,它不参与运输合同的订立,也不直接享受运输合同下的权利或承担运输合同下的义务,但在接受货物事项上取得独立的权利。

在提单下的货物运输中,收货人必须持有提单才能提取货物。提单持有人(bill of lading holder)在运输合同下是收货人,而在提单关系中是当事人。

(三)出租人和承租人

出租人和承租人是租船合同的双方当事人。由于许多租船合同也是运输合同,如我国法律中将对航次租船合同的规定包括在对运输合同的规定中,因此这些租船合同的出租人和承租人其实也同时是运输合同的双方,虽然一般不称作承运人和托运人,但实际地位是相同的,这一点需要特别关注。我国《海商法》第94条规定:"本法第四十七条和第四十九条的规定,适用于航次租船合同的出租人。本章其他有关合同当事人之间的权利、义务的规定,仅在航次租船合同没有约定或者没有不同约定时,适用于航次租船合同的出租人和承租人。"由于第四章前几节的规定都是针对承运人、托运人和收货人的,如果不将航次租船合同下的出租人和承租人分别理解为承运人和托运人,则这一条的规定就毫无意义。不过由于运输合同涉及收货人,航次租船合同下的承租人是否也同时适用法律对收货人的所有规定不够明确。我国海商法虽然没有将定期租船合同规定在运输合同一章中,但定期租船合同的运输合同性质仍然是难以否认的。因此,实践中定期租船合同的双方被视为承运人和托运人的情况也并非不可能出现。

(四)船代和货代

船代(ship's agent)即船舶运输代理是货物运输中代理船舶在港口进行活动者,其业务内容主要包括和承运人与货方进行磋商,安排运输事宜等。

货代(freight forwarder)即货物运输代理是货物运输中代表货方与承运人接洽,安排货物运输、装卸、交接事宜,制作运输单证文件,从事与货物出运有关的业务活动,并相应地收取一定的代理费的人。其业务范围主要包括安排货物抵达港口、代理报关手续、订舱、签发提单、协调货物从始发地到船舶的运送等。新中国成立以前将货代称为"报关行"。目前,我国的货代有的有权代理报关,有的无权代理报关。可以报关的被称为一级货代,不能报关的则称为二级货代。为规范国际货物代理业的发展,我国外经贸部于1995年6月颁布了《国际货物运输代理业管理规定》,于1998年1月颁布了《国际货物运输代理业管理规定实施细则》。

船代和货代都不是运输合同的当事人,而是作为一方当事人的代理人,一般情况下不直接以本人身份承担运输合同下的权利义务,除非合同另有安排或代理法另有规定。

船代和货代都必须在委托人的授权范围内行事。在船代或货代以个人身份从事了代理权限范围以外的事务时,如果给运输合同的一方造成损害,应该负赔偿责任。

在实际业务中,货运代理人的地位往往比较复杂。他可能在代理货主的同时,也接受承运人委托处理一定事务,成为承运人的代理人,即成为"中介人";还可能充当起承运人的角色,成为所谓的"无船承运人"中的一员。

货运代理人作为代理人、中介人或承运人的权利义务是完全不同的。作为代理人,他仅为货物运输进行辅助性的安排,并从托运人处收取数额很小的服务费。他和托运人之间的关系是委托代理关系,受代理法的调整。而作为承运人,他承担的是整个货物运输的任务,要对货物的安全运到负全责,并按自己的运价本向托运人收取运费。他和托运人之间的关系是正常的运输合同关系,受海上货物运输法的调整。由于货运代理人一般没有自己的船舶,在作为承运人和托运人签订运输合同后,他还必须和有船的海运承运人签订运输合同。这时,海运承运人对托运人而言是实际承运人。而货运代理人对托运人而言是承运人,对海运承运人而言是托运人,他收取的运费是向托运人收取的运费和向海运承运人支付的运费之间的差价。

法院需要考虑货运代理人和货主之间交易的全部情况来判断货运代理人的真实身份。货物代理人和货主签订的合同的内容、双方的往来函件、以往的交易情况、货运代理人签发的单据的性质、费用的计算和支付方式、托运人是否知道存在实际运输货物的承运人等都是需要考虑的重要情节。由于同一家公司可能既是无船承运人,又是货运代理人,在具体案件中它究竟是代理人还是承运人可能很难判断。

货运代理人的身份不能仅仅根据他签发的单据的类型来判断。

在英国"The Oceania Trader 案"中,货运代理人负责将货物装入集装箱并签发了可转让的"托运单"(consignment note),法院判决签发的单据实际上是提单,从而《海牙规则》应适用。由于单据上有将责任期间延长到装前卸后的条款,货运代理人要根据《海牙规则》对他自己在集装箱内不适当装载货物引起的损失负责。

即使货运代理人签发了提单,也并不意味着他就一定是承运人。如果实际进行运输任务的一方同样签发了提单,货运代理人的提单可能只是内部单据,不具有真正提单的功能。

在上海海事法院审理的"苏州银梦服饰有限公司诉东方货运公司等海上货物运输合同案"中,原告与美国一家公司签订了货物买卖合同,价格条件为 FOB 上海。根据合同,原告将货物在上海交给东方货运公司设在上海的办事处,委托其运至美国。东方货运公司上海办事处签发以银梦服饰有限公司为托运人的提单给银梦服饰有限公司,同日又将货物交给美国总统轮船公司上海分公司承运,取得该公司签发的以东方货运公司为托运人的提单。货物由总统轮船公司运抵目的港后,总统轮船公司向东方货运公司收回正本提单后交货。而东方货运公司未收回其自己签发的提单就将货物交给美国的收货人,导致原告未收回货款而提起诉讼。

该案中,东方货运公司显然是承运人而不是货运代理人。虽然它没有直接进行货物运输,但以自己名义收取了运费,签发了提单,应该对货物运输负全部责任。

货物代理人不能享受承运人的免责和责任限制等保护。如果不能证明自己是以承运人身份出现的,在对托运人进行赔偿时他就必须负完全责任,这种责任有时是相当重的,和他收取的代理费不成比例。这产生了是否公平以及是否需要对货运代理人进行适当保护的问题。1980年《多式联运公约》在把货运代理人规定为多式联运经营人方面、在为了他们本身和公共利益而阐明其法律地位方面,都体现了保护货运代理人的一种政策取向。

第二节 调整海上货物运输合同的法律规范

一、国际公约

关于海上货物运输合同有三个著名的国际公约,即《海牙规则》、《海牙—维斯比规则》和《汉堡规则》。这三个公约在国际上的适用范围非常广泛,我国没有参加这三个公约中的任何一个,但这三个公约对我国的立法和司法实践影响非常大。

(一)《海牙规则》

1.《海牙规则》的制定

在海上货物运输发展的早期,运输被认为是承运人和货主共同进行的一次冒险活动,承运人的责任非常严格。根据19世纪早期为普通法和大陆法所共同接受的一般海商法原则,承运人对货物损害负绝对责任,除非他能证明,货物的损害不是由于他的过失造成,而是由以下四项法定免责事项之一造成的:天灾、公敌、托运人过失、货物潜在缺陷[①]。也就是说,如果存在四项免责事由之一,则承运人只在他有过失时才负责。其他情况下,不管有无过失,承运人都必须负责。这种严厉的无过失责任制度,使很多人认为当时承运人起的是货物保险人的作用。但是,虽然这种严格责任原则是公认的,各国法律一般并不禁止当事人以合同条款改变这种法定责任。在19世纪,合同自由原则特别盛行,反映在海上货物运输中,就是承运人利用其有利的谈判地位,在海上货物运输合同中加上

---

① 参见 John F. Wilson, *Carriage of Goods by Sea*, Pitman Publishing, 1988, pp.240—242.

各种免责条款,包括承运人有过失也可以免除责任的条款,尤其是在班轮运输中,班轮公司利用他们的合同自由来避免严格的公共承运人责任,而将所有货物运输的风险都转移给他们的客户,以致到了承运人在运输合同下只需收取运费,而没有任何责任可言的地步。[①] 如果完全根据合同自由原则执行这样的合同规定,必然导致对货方的不公平,最后也不利于海运发展。因此,限制海运合同中的免责条款的要求日渐强烈,引起了各国,特别是货主利益比较突出的国家的立法机关的注意。

1893年,货主利益比较突出的美国率先制定了对海上货物运输合同进行规范的法律,即1893年《关于船舶航行、提单以及与财产运输有关的某些义务、职责和权利的法案》,俗称《哈特法》(The Harter Act)。这部法律对承运人的合同自由进行了限制,规定承运人必须承担使船舶具有适航能力并妥善管理货物的义务,不得以合同约定减轻或免除这种义务。同时作为补偿,除承认承运人享有原有的普通法下的四项免责事由外,还规定了承运人对于航海技术和船舶管理上的过失也可免除责任,并规定承运人可以享受限制责任的权利。《哈特法》是处理海上货物运输中货损风险分担的第一部立法。该法通过后,得到许多国家的仿效。欧洲的传统海运国家害怕类似的国内立法会泛滥,因此谋求制定一个国际公约来确立一种共同的立场。

从1921年起,由国际法协会、国际海事委员会等组织牵头,国际社会开始酝酿一个关于海上货物运输的国际公约。到1923年,各国起草了《统一提单的若干法律规则的国际公约》,因为是在荷兰海牙制定的,因此简称《海牙规则》(The Hague Rules)。1924年8月,英国、美国、德国等14个重要的海运国家签署了这一公约。公约于1931年6月2日正式生效。

《海牙规则》的立法指导思想和《哈特法》一致,即海上货物运输合同中的合同自由原则必须在一定范围内加以约束。其采用的手段和《哈特法》也基本一致,即确定了承运人的最低义务、最高免责和责任限制。《海牙规则》第一次用国际公约的形式确定了海上货物运输合同中的权利义务分担规则,因此是一个巨大的进步;但另一方面,它又被称为是一个妥协案,因为它虽然限制了承运人的合同自由,但从另一个角度说,也给了承运人许多好处,甚至比没有公约时更好。如有了公约后,承运人不再必须求助于合同上的免责条款,而可以直接援引成文法赋予他的免责和责任限制的保护。后一方面后来成为人们批评公约的一个主要理由。

2.《海牙规则》的主要内容

《海牙规则》共16条,其主要内容包括:

---

① 参见 Michael F. Sturley, The History of Cogsa and the Hague Rules, JMLC, Vol. 22, No. 1.

（1）承运人的责任期间。由于公约第 1 条规定"货物运输：包括自货物装上船舶开始至卸离船舶为止的一段期间"，一般认为，这表示承运人只对货物装上船起到卸下船为止的一段期间负责。如果货物是使用岸上的装卸设备装卸，则从货物在装货港越过船舷时起到在卸货港越过船舷时止；如果货物是使用船上的吊钩装卸，则从货物装上吊钩起到离开吊钩止，简称为"舷到舷"（rail to rail）或"钩到钩"（tackle to tackle）。但也有人认为，第 1 条的规定使用了"包括"字样，而且第 2 条规定的承运人义务中有装载和卸载，因此承运人应该对其承担运输任务的全部期间负责，如果承担了货物装卸任务，责任期间应该延长到开始装货时起到结束卸货时止，而不应该单纯以货物是否越过船舷或接触吊钩为标准。关于这一点没有定论。①

（2）承运人的最低义务。公约规定了承运人最低限度的两项义务，即使船舶适航和管理货物，简称为适航义务和管货义务。这两项义务是强制性的法定义务，承运人不能用合同条款减轻或免除。公约对这两项义务的执行还规定了一系列标准。对适航而言，其时间要求是船舶开航以前和开航当时，主观要求是适当谨慎，内容包括使船舶坚固、水密，能抵抗预定航次的一般风险；给船舶配备适当的船员、设备和供应品；使船上的载货处所能适当收受和装运货物，简称为"适船"、"适船员"和"适货"。适航义务是承运人个人性质的，不能通过将工作交给其他人履行而免除。如承运人不能以船舶检验是雇请独立的检验机关进行的，由于检验机关的疏忽没有发现船舶不适航为由来抗辩应该承担的适航义务。

管货的主观标准是适当地、谨慎地，内容包括七项：装载、处理、积载、运送、保持、照料和卸载。这七项内容包括了货物从装船到运送、卸船承运人对货物进行处理的各方面。

（3）承运人的免责事由。在规定承运人最低限度的义务时，作为一种平衡，公约同时规定了承运人 17 项法定的免责事由。这 17 项免责分为两类：过失免责和无过失免责。其中的过失免责使承运人对其雇员的过失不承担责任，是一种很少见的规定，《海牙规则》下的承运人责任制度也因而被称为是"不完全的过失责任制"。

过失免责是指对由于承运人的雇佣人员在航行或管理船舶中的行为、疏忽或不履行合同而引起的货物损害，承运人不负责任。航行或管理船舶中的过失主要是针对船舶的，它和主要是针对货物的管理货物的过失必须分开。对前者引起的货物损失承运人可以免责，而对后者引起的货物损失承运人必须负责赔偿。过失免责的规定最初是考虑到海上航行的特殊风险，为鼓励海上货物运输行业的发展而制定的，但在实际适用中经常受到货主一方的批评。

---

① 参见 Devlin 法官在 Pyrene v. Sindia [1954] Lloyd's Rep. 案中的评论。

无过失免责是指对公约列明的一系列原因引起的货物灭失或损害,如果不涉及承运人过失,则承运人不负责任。这些原因包括火灾、海上风险、天灾、战争、公敌、暴乱、政府行为、检疫、托运人行为或疏忽、救助海上人命或财产、货物固有缺陷、包装和标志有缺陷、船舶潜在缺陷等共 15 项。最后还有一个总括性的规定,即对"其他不是由于承运人的实际过错或私谋引起的货物损失",承运人也不负责。总括性条款看起来包括范围很广,但实际适用时一般作限制性解释。

火灾是一种特殊的无过失免责,因为在援引这一规定时,货主必须证明火灾是由于承运人的实际过失或私谋引起的,否则承运人也不负责任。

(4) 承运人的责任限制。公约规定,承运人或船舶,在任何情况下对货物或与货物有关的灭失或损害,承担的责任以每件或每计费单位 100 英镑为限,超出的不负责,但托运人于装货前已就该项货物的性质和价值提出声明,并已在提单中注明的,则不在此限。

(5) 其他规定。在收到货物后,应托运人请求,承运人或船长或承运人的代理人应该签发提单,提单上应该记载三项基本内容:货物主要标志;货物包数或件数,或者数量,或者重量;货物表面状况。这种提单是其表面记载内容的初步证据。

托运人应向承运人保证由他提供的货物的标志、件数、数量或重量准确无误,否则应赔偿因此给承运人造成的损失。托运人对装载危险货而直接或间接引起的损害负责。

收货人应在卸货港将货物的灭失和损害的一般情况在收货之前或当时,或在灭失或损害不明显收货的 3 天以内,用书面通知承运人或其代理人。否则货物交付将作为承运人已经按照提单规定交付货物的表面证据。但如果收货时已对货物状况进行了联合检查,则无需书面通知。诉讼应该在交货之日或应交货之日起 1 年以内提出,否则任何情况下,承运人和船舶都被解除其对货物灭失或损害的一切责任。

(二)《维斯比议定书》

1.《维斯比议定书》的制定

《海牙规则》建立了一个船、货之间的风险分担的强制性的国际体制。它反映了不同商业利益间艰难达成的妥协,统一了各国法律,为海上货物运输带来了秩序。但随着时间推移,航运实践发生变化,《海牙规则》的一些不足显现出来。比较严重的一是航运安全的提高使承运人过失免责的规定越来越显得不公平而遭到越来越多的反对,二是集装箱的使用使承运人责任限制的计算出现新的问题,而且责任限额明显偏低。在发现《海牙规则》的这些问题后,就如何进行处理产生了不同意见。以发达国家为主的利益集团希望尽量保留《海牙规则》达成的船、货双方风险划分的基本框架,因此从 20 世纪 50 年代中期开始,呼吁对《海牙规则》的一些细节地方进行改动以免使整个体系崩溃。在《海牙规则》的制定中起了重要作用的国际海事委员会再次积极行动,最后推动国际社会在 1968 年起草通过了《关于协定统一提单若干法律规定的国际公约的议定书》,简称《维斯比议定书》(The Visby Protocol)。

《维斯比议定书》的主要目的是对《海牙规则》进行局部修正,它不是一个单独的文件,而必须和《海牙规则》一起使用。修正以后的文件称为《海牙—维斯比规则》(The Hague-Visby Rules)。该规则于 1977 年 6 月 23 日起生效。由于《维斯比议定书》没有被所有《海牙规则》的参加国所接受,所以其生效后,《海牙规则》和《海牙—维斯比规则》同时并存,各有一些参加国。

2.《维斯比议定书》的主要内容

《维斯比议定书》对《海牙规则》建立的船、货之间的风险分担模式基本没有触动,主要的改动是在以下几个方面:

(1) 确立了提单的最终证明效力。《海牙规则》规定提单是承运人收到货物的初步证明,《维斯比议定书》进一步规定,如果提单已被转让给善意第三方,便不能接受相反的证据,即提单成为最终证据。

(2) 修改了责任限制的规定。增加了当承运人的雇佣人或代理人的过错引起损失发生时,他们也可以享受责任限制。责任限制单位采用了双重标准,即从《海牙规则》的单一根据货物件数计算改变为以每件或每单位货物计算或以每公斤货物计算。限额从《海牙规则》的每件 100 英镑提高到每件 1 万金法郎或每公斤 30 金法郎,以高者为准。1979 年,一些国家又签订了修改《维斯比议定书》的决议,将《维斯比议定书》规定的责任限额的计算单位从金法郎改为特别提款权(SDR),以 15 金法郎等于 1 个特别提款权为标准,从而使承运人的赔偿限额变为每件 666.67 个特别提款权或每公斤 2 个特别提款权,以高者为准。该决议从 1984 年 4 月起生效。凡不能使用特别提款权的国家仍然使用金法郎为计算单位。

(3) 解决了集装箱货物的责任限制计算问题。《海牙规则》制定时,集装箱还没有出现,但到《维斯比议定书》制定时,集装箱已经很广泛地使用在航运中。一个集装箱中往往装载了多件甚至多个货主的货物,在《海牙规则》下根据货物件数计算承运人责任限制时,就会产生以每个集装箱为一件还是以每个集装箱内装载的货物的件数作为一件的问题。《维斯比议定书》规定提单上的记载初步推定是决定性的。如果提单上不提及集装箱内货物的件数,如记载"一只集装箱,据称装载鸭毛",则集装箱本身将被作为一件货物或一个装运单位。但如果提单上单独列明了每个集装箱内所装的具体货物,则具体货物的数量将作为货物件数。如提单记载"集装箱内装 10 箱啤酒、20 箱植物油",件数将是 30 件。

如果提单上只列明了部分货物,则其他货物将作为一件。如提单记载"集装箱内装10箱啤酒,其余为植物油",计算责任限制的件数应该是11件。

(4)增加了侵权之诉的规定。由于《海牙规则》约束的是运输合同,货主是否能通过对承运人或其代理人采取侵权之诉达到绕过公约规定的目的不明确。《维斯比议定书》特别规定,公约所规定的抗辩和责任限额,应适用于就运输合同下的货物灭失或损害对承运人提起的任何诉讼,而不论该诉讼是合同之诉还是侵权之诉。

(5)规定时效可以延长。对承运人索赔的时效仍规定为1年,但当事人可以协商延长。在向第三方责任人追偿时不受这种时效限制。

(6)扩大规则的适用范围。除了适用于《海牙规则》规定的当提单的签发地是公约缔约国的情况,又增加了对两种情况的适用,即当货物是从一个缔约国起运,或者当提单或提单证明的运输合同规定适用公约的情况。

(三)《汉堡规则》

1.《汉堡规则》的制定

《维斯比议定书》只是局部修正了《海牙规则》,并没有根本性地改变《海牙规则》的基本结构,因此《维斯比议定书》的制定和生效并没有完全平息人们对《海牙规则》的批评。以发展中国家为主的一些国家仍然坚持应对《海牙规则》进行全面彻底的修改。批评意见主要集中在这样一些问题上:前两个规则没有对举证责任进行明确的划分;前两个规则规定了一系列的承运人免责,特别是过失免责的规定,有违公平原则;前两个规则适用期间是"钩至钩",在转运和驳船运输情况下会引起争议;前两个规则没有明确规定延误引起的损失是否算在损失中;一年时效太短,货主来不及诉讼;规则只规定了承运人免除或减轻规则规定的最低责任的规定无效,但没有禁止在提单中包括这样的条款,这会使货主花费时间、精力在诉讼中进行抗辩。因此,有的国家,尤其是发展中国家认为公约对承运人有利,对货主不公平。[①]

第二次世界大战前,少数海运大国控制着国际贸易的绝大部分。第二次世界大战削弱了欧洲强国,减少了其海运实力和控制国际贸易的能力。战后非殖民化运动兴起,新成立的民族国家经济增长很快。而战前形成的旧的商业体系给这些新出现的国家的经济增长造成了负面影响。而《海牙规则》被认为是旧的商业和法律体系在海运中的一个代表,其存在是对发展中国家航运和贸易发展的一个障碍。发展中国家在积极进行建立国际经济新秩序的努力时,自然把《海牙规则》的修正作为一个大的目标。它们希望完全抛开《海牙规则》,而在公正考虑发达国家和发展中国家双方利益的基础上制定一个新的海上货物运输公

---

① 参见联合国贸易与发展委员会(UNCTAD)1971年《关于提单的报告》。

约。在发展中国家的力主下,以联合国贸发会议为主要机构开始起草一个新的运输公约。1978年,在联合国主持下通过了《联合国海上货物运输合同公约》,简称《汉堡规则》(The Hamburg Rules)。该公约在取得20个国家的批准后,于1992年11月2日正式生效。

总的来看,《汉堡规则》下承运人的责任更严格,因此相对而言对货主比较有利。但公约在起草中,虽然第三世界国家有足够的多数可以投票通过任何法案,但实际上受到很大牵制,因为发展中国家的经济实力不够执行其通过的规定,少数富国的合作至关重要。这样《汉堡规则》虽然很大程度反映了发展中国家的主张,但仍然是一个妥协的产物。

2.《汉堡规则》的主要内容

(1) 适用范围。公约适用于国际海上货物运输合同。公约认定国际性是以装货港和卸货港位于不同国家判断的。装货港或卸货港必须有一方位于公约缔约国。但提单或其他证明运输合同的单据在缔约国签发、当事人在合同中明确约定选择适用公约,或合同准据法是公约缔约国的法律时公约也应适用。公约适用于一切运输合同而不管是否签发提单,因此签发海运单或其他运输单据的海运合同也适用公约,但公约不适用于租船合同。公约不像《海牙规则》,没有排除甲板货和活动物,而是对一切货物都适用,但公约对这两种货物进行了特殊规定。甲板货只有在满足以下三个条件之一时才被认为是普通货物适用公约:① 如果航运惯例如此,如集装箱一般装载在甲板上;② 如果法律法规这样规定,如易燃易爆物品,法律一般规定必须装在甲板上;③ 如果当事人在合同中规定,并表明在相应的运输单据中。活动物的运输中,如果承运人能证明已经按托运人指示行事,货物损失的发生是由于货物本身特有的风险引起的,承运人不负责任。

(2) 责任期间。公约规定承运人的责任期间是从装货港承运人接受货物起到卸货港承运人交付货物起的一段期间。这样货物只要在承运人掌管下都应适用公约,公约的责任期间因而被描述为"港至港"。在使用驳船运输时,如果驳船是承运人雇佣的,则货物装上驳船承运人责任期间就开始了,但如果驳船是托运人雇佣的,则责任期间从货物从驳船装到海运船舶上时起算。如果货物运输途中发生转运,等待转运的期间也由承运人负责。

(3) 责任人。公约区分了承运人和实际承运人,规定承运人是"以其名义或代表其与托运人签订海上货物运输合同的任何人"。"实际承运人"是"根据承运人指示进行货物的全部或部分运输的任何人,包括接受转委托从事运输的人"。承运人对全程运输负责,实际承运人对他实际进行的运输区段负责,但如果承运人签发的提单中已经注明货物将由其他承运人进行运输并表明承运人的名称,则承运人对该区段的运输不负责任。

(4) 责任基础。公约对承运人责任的规定采用统一的"推定过失"的标准，即不再规定承运人的最低义务和允许的免责，而是规定承运人对货物在其掌管期间的任何灭失、损害、延迟交付应该负责，除非承运人能证明他或他的雇佣人、代理人已采取合理措施防止损失的发生。损失发生时，举证责任首先在承运人一方，但火灾时举证责任转移到货方。除非货主能证明火灾的发生是承运人或承运人的雇佣人、代理人的过错引起的，承运人不负责任。公约对承运人责任的规定是强制性的，不允许当事人用合同规定免除。承运人可以自愿承担超过公约规定的义务和责任，但除非实际承运人书面同意，这种增加的责任或义务不适用于实际承运人。

《汉堡规则》摒弃了前两个公约采用的承运人过失免责的规定。在货物通过木制帆船运输的时代，由于存在船舶一出海就面临大风浪，缺乏可靠的海图，缺少有效的助航设备，船东不能和海上的船舶联系等问题，海外贸易是一项危险的共同冒险，船东以其船舶，船长和船员以其生命，托运人以其货物进行冒险。这时在合同中加入承运人免责的一些规定是可以理解的。但有了当今的高科技的复杂的航行设施，海上风险已经大大减少了，仍然保留这些免责，而且在免责和不免责的事项中有很多含糊，不免给承运人以太多逃避责任的机会。而且，《海牙规则》下承运人的免责还可能使他们不再关注对货物的谨慎管理。针对这一指责承运人一般主张他们自己在船上的投资已经足以构成他们谨慎处理的动力。但这种动力也许足以使其提供雷达以及其他助航设备，采取有效的防止碰撞和搁浅的措施，却并不一定能使他们在防止海水浸入货舱、适当积载等方面进行最大的努力。实际上，近年来由于船员低水平和训练不足造成的货损在全部货损中占很大比例。《汉堡规则》在制定时经过激烈讨论，终于还是废除了承运人驾驶和管理船舶中的过失免责这一最受攻击的免责条款。但《汉堡规则》的这一突破也使其很难被传统的海运国家所接受。

(5) 延迟交付。《汉堡规则》首次确认了承运人对延迟交付的责任，并规定，如果货物未在明确约定的时间内，或没有这种约定时，未在按照具体情况对一个勤勉的承运人所能合理要求的时间内，在海上货物运输合同规定的卸货港交付，便是延迟交货。

(6) 责任限制及其丧失。公约仍然采用双重责任限额制度，但规定承运人的责任限额大大高于前两个公约。每件或每运费单位 835SDR 或毛重每公斤 2.5SDR，以高者为准。如果货物装载在集装箱中，装运单据中必须表明每个集装箱中货物的具体件数，否则以一个集装箱为一个运费单位。集装箱如果是货主提供的，一个集装箱可以视为一件货物。延误的情况下，承运人的责任以运费的 2.5 倍为限，并不得超过承运人应收全部运费的总数。

如果货物灭失、损害或延误是由于承运人有意或明知而进行的行为或不行为引起的,承运人不得享受责任限制。同样地,如果货物损失是由于承运人的雇佣人、代理人的过错引起的,承运人的雇佣人、代理人也不得享受责任限制。

(7)单据。承运人应托运人请求应该签发提单。提单应该记载包括签发人、签发地点在内的15项内容,提单在托运人手中是记载内容的初步证明,在托运人以外的第三方善意提单持有人手中是最终证明。

(8)托运人的权利义务。托运人必须提供关于货物标志、重量、数量的准确信息给承运人,并承担由于信息不准确而引起的承运人的损失。托运人必须将货物危险性质通知承运人并在货物上适当标明,否则就要承担承运人由此遭受的任何损失。即使提单已经转让也是如此。如果承运人在不知情的情况下装运了危险物品,他可以将货物卸载、销毁或采取其他措施使其无害而不向托运人承担任何责任。即使承运人知道货物的危险性质,如果这种危险成为对生命、财产的实际危险时,承运人仍然有权卸载、销毁或采取其他措施使其无害而不负赔偿责任。

(9)法律程序。公约规定关于运输合同提起的任何法律程序,包括诉讼和仲裁,必须在货物交付或应该交付两年内提起。当事人可以在一定范围内选择诉讼或仲裁的地点。①

(四)《鹿特丹规则》

1. 统一国际海上货物运输法的需求

《鹿特丹规则》第十四章"管辖权"和第十五章"仲裁"可以选择性参加,即这两章只对根据公约声明受其约束的缔约国具有约束力。这是因为对这两部分分歧意见较大,为了避免影响公约通过,而采取了折中办法。此外,公约还对时效等重要问题作了相应的规定。

《鹿特丹规则》在借鉴已有的海运公约的基础上,对海运法律又有所发展。特别是,新公约制定中考虑了现有各公约通过以来在海运中发生的技术和商业发展情况,包括集装箱化运输的增长、对单一合同下门到门运输的渴望,以及电子运输单证的编制等。新公约试图成为约束海上货物运输合同的唯一公约,因而规定在参加公约时必须退出以前参加的《海牙规则》、《海牙—维斯比规则》或《汉堡规则》。然而,由于不同意见仍然广泛存在,也有人担心即使公约最终生效,也很难完全取代所有旧公约,而可能成为海运领域的"第四公约"。我国参加了《鹿特丹规则》的磋商过程,但尚未在公约上签署,也未表态是否会批准公约。

---

① 可以选择的诉讼地点是:被告营业地所在地,没有营业地时被告惯常居所所在地;合同缔结地,如果被告在该地有营业地、分支机构和代理人并且是通过这些机构签订的合同;装货地;卸货地;双方在合同中选定的地点;装货船同一船东的其他船只被扣留的缔约国。当事人可以选定仲裁的地点和诉讼中基本一致,但不包括最后一项即扣船地。

2. 《鹿特丹规则》的制定和主要内容

2002年,在联合国国际贸易法委员会(UNCITRAL)的组织下,国际社会开始了制定新的国际货物运输公约的努力。从2002年4月到2008年1月,国际贸易法委员会运输法工作组历经十三届会议,最终拟定了公约草案,并于2008年12月在联合国大会第六十三届会议上通过。新公约全称是《联合国全程或部分海上国际货物运输合同公约》,因为从2009年9月23日起在荷兰鹿特丹举行的签署仪式上开放供签署,因此又被称为《鹿特丹规则》(The Rotterdam Rules)。截至2011年12月31日,已经有24个国家在公约上签字,一个国家批准了公约。公约将在第20个国家批准后生效。

《鹿特丹规则》旨在为海运提供一套更统一的法律制度,对船、货双方之间的利益平衡更加公正,同时更符合当代航运实践的需求。公约共18章96条,对海上货物运输合同进行了比较全面细致的规定。公约的主要内容包括如下方面:

(1) 适用范围。公约适用于收货地和交货地位于不同国家且海上运输装货港和同一海上运输卸货港位于不同国家的运输合同,条件是运输合同约定以下地点之一位于一缔约国:收货地、装货港、交货地、卸货港。公约的适用不考虑船舶、承运人、履约方、托运人、收货人或其他任何有关方的国籍。

(2) 责任期间。公约规定,承运人的责任期间,自承运人或者履约方为运输而接收货物时起,到货物交付时止。由于不再将交接货物的地点限制在船边或者港口,因此公约的责任期间有可能延伸到内陆,从而使公约调整的地域范围扩展到"门到门"。但是,根据公约第26条,如果货物灭失、损坏或造成迟延交付的事件或情形发生在承运人的责任期间之内,但发生的时间仅在货物装上船之前或卸离船之后,在满足公约规定的条件时,公约的规定不得优先于其他本应适用的强制性国际文件。但本应适用的强制性国内法规并不优先于公约。《鹿特丹规则》因而被称为是采用了所谓的"最小网状责任制"。

(3) 当事人。公约不再采用"实际承运人"的概念,而是创设了"履约方"、"海运履约方"等新概念。在根据单证记载识别承运人发生困难时,允许根据船舶所有权登记等推定承运人。公约将托运人限定为"与承运人订立运输合同的人",但在托运人之外,又规定了"单证托运人",即托运人以外的,同意在运输单证或电子运输记录中记名为"托运人"的人。同时,还对"持有人"、"收货人"、"控制权人"等其他可能参与运输的各方分别规定了在运输合同下的权利义务。

(4) 承运人的义务和责任。承运人需要承担适航义务和管货义务。但适航义务的时间,是在开航前、开航当时和海上航程中。管货义务的要求,是在责任期间内妥善而谨慎地接收、装载、操作、积载、运输、保管、照料、卸载并交付货物。《鹿特丹规则》对承运人的责任采用了"过失责任制",同时对举证责任作了详细规定。如果索赔人证明,货物灭失、损坏或迟延交付,或造成、促成了灭失、损坏或迟延交付的事件或情形是在承运人责任期内发生的,承运人应对货物灭失、损坏和迟延交付负赔偿责任。如果承运人证明,灭失、损坏或迟延交付的原因或原因之一不能归责于承运人本人或其应对之负责的任何人的过失,可免除全部或部分赔偿责任。同时,如果承运人证明公约第 17 条第 3 款列明的一种或数种事件或情形造成、促成了灭失、损坏或迟延交付,也可免除全部或部分赔偿责任。在列明的免责事由中,废除了"航海过失免责"和"管船过失免责"两项争议最大的免责规定。

(5)托运人的义务和责任。托运人在运输合同下的义务主要包括将货物交付运输,向承运人提供信息、指示和文件,以及在托运危险品时将货物的危险性质通知承运人并按规定对危险货物加标志或标签等。托运人的责任基础也是"过失责任制"。对于承运人遭受的灭失或损坏,如果承运人证明,此种灭失或损坏是由于违反托运人在公约下的义务而造成的,托运人应负赔偿责任。

(6)责任限制及其丧失。承运人的责任限额,按照索赔或争议所涉货物的件数或其他货运单位计算,每件或每个其他货运单位 875 个计算单位,或按照货物的毛重计算,每公斤 3 个计算单位,以高者为准。但货物价值已由托运人申报且在合同事项中载明的,或承运人与托运人已另行约定高于法定赔偿责任限额的,不在此列。货物载于集装箱、货盘或拼装货物的类似装运器具内,或载于车辆内运输的,合同事项中列明的载于此种装运器具内或车辆内的货物件数或货运单位数,视为货物件数或货运单位数。未列明的,载于此种装运器具内或车辆内的货物视为一个货运单位。迟延造成经济损失的赔偿责任限额,相当于迟交货物应付运费两倍半的数额。如果索赔人证明,损失是由于声称有权限制赔偿责任的人本人故意造成此种损失的作为或不作为所导致的,或是明知可能产生此种损失而轻率地作为或不作为所导致的,则承运人或其他根据公约应负责的人无权享受限制赔偿责任的利益。

(7)批量合同。"批量合同"是指在约定期间内分批装运约定总量货物的运输合同。货物总量可以是最低数量、最高数量或者一定范围的数量。公约对承运人、托运人等各方的义务的规定都是强制性的,不能用合同条款排除或限制,但在承运人与托运人之间,满足一定条件时,批量合同可以约定增加或者减少公约中规定的权利、义务和赔偿责任。有关批量合同的规定,是对海运公约强制性责任体制的一种突破。

(8)货物交付。公约赋予收货人收取货物的强制性义务,当货物到达目的地时,要求交付货物的收货人应在运输合同约定的时间或期限内,在运输合同约定的地点接受交货,无此种约定的,应在考虑到合同条款和行业习惯、惯例或做法以及运输情形,能够合理预期的交货时间和地点接受交货。公约还对无单放货作出规定,将航运实践中承运人凭收货人的保函和提单副本交货的习惯做法,改变为承运人凭托运人或单证托运人发出的指示交付货物,且只有在单证持有人对无单放货事先知情的情况下,才免除承运人无单放货的责任。如果单证持有人事先对无单放货不知情,承运人对无单放货仍然要承担责任,此时承运人有权向上述发出指示的人索要担保。公约为承运人实施上述无单放货设定了条件,即可转让运输单证必须载明可不凭单放货。

(9) 控制权。公约首次在海上货物运输领域规定货物的控制权。货物控制权是指根据公约规定按运输合同向承运人发出有关货物的指示的权利,具体包括就货物发出指示或修改指示的权利,此种指示不构成对运输合同的变更;在计划挂靠港或在内陆运输情况下在运输途中的任何地点提取货物的权利;由包括控制方在内的其他任何人取代收货人的权利。在符合一定条件时,承运人有执行控制方指示的义务;在无人提货的情况下,承运人有通知托运人或单证托运人请其发出交付货物指示的义务。

(10) 权利转让。签发可转让运输单证的,其持有人可以通过向其他人转让该运输单证而转让其中包含的各项权利,主要是请求提货权、控制权。权利转让的同时,义务并不当然同步转让。作为运输单证的受让人,即非托运人的持有人,只有其行使运输合同下的权利,才承担运输合同下的责任,并且这种责任以载入可转让运输单证或可转让电子运输记录为限或者可以从中查明。

二、国内法规范

1.《海商法》

我国关于海上货物运输合同的法律规范主要是《海商法》第四章"海上货物运输合同",第六章"船舶租用合同",以及《合同法》第十七章"运输合同"和其他关于合同的原则性规定。

《海商法》第四章是关于海上货物运输合同的规定,具体又分为八节,即第一节"一般规定",第二节"承运人的责任",第三节"托运人的责任",第四节"运输单证",第五节"货物交付",第六节"合同的解除",第七节"航次租船合同的特别规定",和第八节"多式联运合同的特别规定"。定期租船合同没有规定在这一章,而是和光船租船合同一起规定在第六章"船舶租用合同"中。另外第十三章"时效"和第十四章"涉外关系的法律适用"也有一些关于海上货物运输合同和租船合同的规定。

我国没有参加关于海上货物运输的三个国际公约中的任何一个,也没有像有的国家一样,直接将公约的内容转化为国内法。① 我国《海商法》是根据我国国情独立制定的,但根据海商活动国际性强的特点,也参照了许多国际公约或国际惯例的规定②,其中关于海上货物运输合同的规定,基本是以《海牙规则》和《海牙—维斯比规则》为基础,适当吸收《汉堡规则》的先进内容制定的。这种立法方式具有现代气息浓厚、与国际接轨的好处,但也表现出一些不足之处,其中较为突出的一是和我国现有的民商法体系和基本理论不能很好地衔接;二是参照公约时对某些规定没有完全正确理解,有断章取义之嫌。这些问题有待将来修订《海商法》时再加以改进。

2.《合同法》

除《海商法》外,我国1999年3月15日通过,1999年10月1日起施行的《合同法》也是我国调整海上货物运输合同的重要法律规范。

和许多国家的法律不同,我国在沿海运输合同和国际海上货物运输合同中适用的法律是不同的。国际海上货物运输合同主要适用《海商法》第四章。而根据《海商法》第2条第2款,第四章不适用于我国港口之间的海上货物运输即沿海运输。以前,沿海运输适用的是约束国内水上运输的法律法规,主要是《经济合同法》以及根据该法制定的《水路货物运输合同实施细则》、《水路货物运输规则》等。1999年,我国《合同法》通过后,《经济合同法》被废除,沿海运输也相应地转为由《合同法》调整。

如果货物运输是从我国港口到另一国港口,但中途在我国的另一港口经过了转船,则转船以前的运输视为沿海运输,适用沿海运输的法律,而转船以后的运输视为国际货物运输,适用《海商法》第四章的规定。即使转船前后的承运人是同一家公司也是如此。由于《海商法》第2条明确规定第四章不适用于沿海运输,因此沿海运输合同不能用合同约定适用第四章。

沿海运输合同只受《合同法》调整,但《合同法》不是只调整沿海货物运输合同。国际货物运输合同除受《海商法》调整外,同样也受《合同法》的调整。就对合同的规定而言,《合同法》是普通法,而《海商法》是特别法。作为特别法,《海商法》对海商合同的规定是不全面的,特别是海商合同作为合同共性的一些问题基本没有规定或规定很有限,而且在这些有限的规定中,又有不少不够清楚的地方。这些《海商法》没有规定或规定不清楚的地方,都需要依据作为普通法的《合同法》进行补充、解释、完善。而且《合同法》是一部关于合同的基本法律,它

---

① 如英国参加《海牙规则》后制定了1924年《海上货物运输法》,将公约的内容转化为国内法。1968年《维斯比议定书》通过后,英国又制定了1971年《海上货物运输法》,将其内容转化为国内法。其他如美国、加拿大、澳大利亚等国也都采用了相似的方式。

② 参见郭日齐:《我国〈海商法〉立法特点简介》,载《〈海商法〉学习必读》,人民交通出版社1993年版,第29页;金正佳:《〈海商法〉特点浅见》,载《海事审判》1993年第1期。

对《海商法》中关于海商合同的规定还有统领、指导作用，其基本原则应该在海商合同的各项制度中得到体现和贯彻实施。因此，《合同法》对《海商法》的适用有重大影响。根据《合同法》第123条，其他法律对合同另有规定的，依照其规定。《海商法》对海上运输的专门问题作了规定，《合同法》是对各类运输合同的共性问题所作的规定。因此，如果对国际海上货物运输合同中的问题《海商法》有规定的，就应该依照《海商法》的规定处理，《海商法》没有规定的，才适用《合同法》的相关规定。

《合同法》分为总则和分则两部分，其中总则规定了"诚实信用"等合同的基本原则和合同的成立、变更、履行、违约责任等一般规则，这些规定在《海商法》没有规定时对海上货物运输合同都应适用。《合同法》分则规定了15类列名合同的特殊规则，其中包括对运输合同的规定，这些规定对沿海货物运输合同都适用，而对国际货物运输合同，在《海商法》没有规定时也应适用。

我国《海商法》将定期租船合同和航次租船合同分别规定在不同的章中，显然是将两类合同作了一定的区别对待，但不能根据这种安排就断言在我国定期租船合同不是海上货物运输合同。正确的理解应该是定期租船合同是一种特殊的货物运输合同，是运输合同和租赁合同的混合型合同。《合同法》分则中，规定了几种主要的合同类型。其中包括租赁合同和运输合同。在《海商法》没有规定时，航次租船合同应该适用《合同法》中关于运输合同的相关规定，而定期租船合同，则应看涉及的问题是租赁合同性质的还是运输合同性质的，如果是运输方面的问题，也应该适用《合同法》中关于运输合同的相关规定，如果是租赁方面的问题，则应该适用《合同法》中关于租赁合同的相关规定。

3.《合同法》对运输合同的主要规定

根据《合同法》第十七章"运输合同"的规定，运输中承运人的权利义务包括：

（1）从事公共运输的承运人不得拒绝旅客、托运人通常、合理的运输要求。

（2）及时交付货物。第290条规定："承运人应当在约定期间或者合理期间内将旅客、货物安全运输到约定地点。"这里，比国际海上货物运输多了"在合理期间内"的规定。

（3）不绕航。第291条规定："承运人应当按照约定的或者通常的运输路线将旅客、货物运输到约定地点。"这里，比国际海上货物运输少了关于合理绕航的规定。

（4）通知提货。第309条规定："货物运输到达后，承运人知道收货人的，应当及时通知收货人，收货人应当及时提货。收货人逾期提货的，应当向承运人支付保管费等费用。"这是国际海上货物运输中承运人没有的一项义务。第316条接着规定，收货人不明或者收货人不支付运费的，承运人可以提存货物，但没有规定逾期提货货物损失的风险,包括交错对象的风险谁负。

托运人的权利义务包括:

(1) 支付运费。我国交通部颁布的内河与沿海货运规则中还直接规定,托运人要在承运人承运货物的当天一次性付清运费。这样规定比远洋运输中更为清楚。

(2) 正确申报收货人名称及货物情况。《合同法》第 304 条规定,托运人办理货物运输,应当向承运人准确表明收货人的名称或者姓名或者凭指示的收货人,货物的名称、性质、重量、数量、收货地点等有关货物运输的必要情况。因托运人申报不实或者遗漏重要情况,造成承运人损失的,托运人应当承担损害赔偿责任。

(3) 办理手续。货物运输需要办理审批、检验等手续的,托运人应当将办理完有关手续的文件提交承运人。

(4) 正确包装货物。托运人应当按照约定或法律规定的方式包装货物。否则承运人可以拒绝运输。

(5) 妥善处理危险货物。托运人托运易燃、易爆、有毒、有腐蚀性、有放射性等危险物品的,应当按照国家有关危险物品运输的规定对危险物品妥善包装,作出危险物标志和标签,并将有关危险物品的名称、性质和防范措施的书面材料提交承运人。

我国沿海运输和国际海上运输的法律制度的不同主要体现在几点。第一,使用的运输单据不同,前者使用运单,而后者使用提单。运单和提单一样,是承运人接收货物的初步证据,也是运输合同的证明,但和提单不一样,运单不能转让,也不必在承运人交付货物时出示,承运人在目的港只需核对收货人的身份和已签发的运单的记载是否一致,一致就应交付货物,而不一定要检验或收回运单。由于沿海运输中很少有在运单签发前先口头约定,因此有人主张运单就是运输合同本身。第二,当事人的权利义务不同。前者承运人责任制度是严格责任制,而后者承运人的责任制度是不完全的过失责任制。根据《合同法》第 311 条,承运人对运输过程中货物的毁损、灭失承担损害赔偿责任,但承运人证明货物的毁损、灭失是因不可抗力、货物本身的自然性质或者合理损耗以及托运人、收货人的过错造成的,不承担损害赔偿责任。而根据《海商法》第四章,承运人对货物运输负适航、管货、不作不合理绕航等基本义务,但可享受包括驾驶和管理船舶中的过失免责等 12 项免责权利,其中驾驶和管理船舶的过失免责使承运人即使有过失也可以不承担责任,背离了一般合同法的过错责任原则。第三,形式上的要求不尽相同。根据我国《水路货物运输合同实施细则》,沿海运输合同除可以及时清结的以外必须用书面签订,而国际海上货物运输合同可以不用书面订立,但租船合同除外。

三、海上货物运输法的强制性

(一) 强制性的表现

强制性是海上货物运输合同法和其他运输合同法律最大的不同之处。并非所有的海上货物运输合同法都是强制性的。以是否具有强制性作为标准,海上货物运输合同法可分为两大部分,一部分是对班轮运输合同进行规范的法律,即强制性的这一部分法律。另一部分是对租船合同进行规范的法律,这一部分的法律都是任意性的。一般调整合同的法律都遵从合同自由原则,都是任意性的,即合同有约定从约定,合同没有约定才适用法律规定。但在班轮运输中,作为合同自由原则的例外,海上货物运输法规定了承运人强制性的权利义务,当事人双方只能通过合同加重承运人的责任,而不能减少。正是这一特点将海上货物运输法从一般合同法或运输合同法中区别出来。然而,这种强制性也并非一开始就是如此,而是经过了一段历史演变的过程。

《海牙规则》最大的特点是规定了承运人不得用合同条款减轻或免除自己的法定最低责任,作为一种补偿,同时又规定了承运人得享有17项免除责任的权利,包括过失免责,并可在应该赔偿时享有限制赔偿责任的权利。《汉堡规则》的最大特点是废除了承运人的过失免责,也不再规定承运人的适航、管货等基本义务,而代之以承运人对一切由于自己的过失引起的货物灭失或损坏负责的完全过失责任制。这就和一般运输合同的规定很接近了。但《汉堡规则》保留了《海牙规则》对海上货物运输合同中的合同自由原则的限制。承运人的义务仍然是强制性的,合同约定只可以增加,但不可以减少承运人的法定义务。

(二) 强制性的原因

海上货物运输法形成强制性的法律规则是有其内在原因的。

首先,是出于保护可转让提单的善意受让人的需要。由于海运时间较长,为了方便货主处理在运输途中的货物,海运中采用了可转让的提单作为运输单据,这是海上货物运输和其他货物运输最大的不同之处。提单持有人在得到提单时也得到提单下的权利,包括对承运人的债权。但提单持有人不参与合同缔结,不可能就合同条件进行磋商,如果不限制承运人的合同自由,最终必将损害提单持有人的利益。

其次,是为了减少标准合同所附带的风险。海上货物运输合同往往是根据承运人的标准合同条款缔结。根据标准合同条款向其顾客提供商品或服务的人通常没有兴趣甚至没有可能去磋商其合同条款。处理这个问题有不同方法,如标准条款应被确认为可以被普遍接受等。法院有各种技巧将不公平的标准合同条款判决为无效,如用针对欲得利一方解释的原则。在我国,没有这样的合同解释原则,但可用显失公平原则达到同样的效果。同时,当不公平合同条款的危险特别明显时,用强制性立法来约束这种商业活动,成为一种更有效的武器,来防止标准合同所附带的风险。

再次,是为了保护合同双方中的弱势一方。在海上货物运输中,承、托双方的谈判地位往往是不平衡的。英国1855年成立第一家船东互保协会,但第一家现代意义的互保协会出现在1874年。显然,船东是很好组织起来的。而托运人显然没有这么好地组织。从1874年开始,另一种对船东的保护发展起来,这就是班轮公司的班轮公会体系。班轮公会的核心是达成不对运费费率进行竞争的协议。这是明显的垄断行为,但各国都把公会的反竞争行动当作反垄断法的一项例外。

最后,是便于衡量风险分担。国际层面上的海商法的统一的重要性很大程度上体现在它创造了可预见性因而方便了衡量落在各缔约方身上的风险。这是正确确定可承保的风险,如货物灭失或损坏的保险费率的必要基础。尤其是,知道承运人的最大可能的风险有极其重要的意义。承运人可以通过滥用合同自由而全部或部分地逃避其责任的情形不会创造需要的稳定性,因为世界上绝大部分地方的法院都会将显然不公平的条款判为无效,从而给风险分担带来了不稳定的因素。毫无疑问,《海牙规则》和《海牙—维斯比规则》的强制体制在这方面起到了非常重要的作用,它在国际层面上将运输合同双方的风险分摊固定下来,不仅在规则强制适用的范围内如此,在强制适用范围以外通过首要条款也达到了同样效果。然而,强制性规则的这种好处需要全球接受,否则不同的法律体制将摧毁适当评估风险划分的可能性。

(三)强制性的缺点

强制性体制虽然有其存在的原因和好处,但缺点也是明显的。

首先,它可能妨碍更有效益的风险划分体制的形成。现代社会中,经济上的考虑在立法过程中扮演了越来越重要的角色,法律和法律体制的成本效益被认为是衡量法律好坏的一个重要标准。而现有的海上货物运输法对承运人加以强制性责任,让承运人和托运人分担货物运输中的风险,主要是从社会公众的立场出发的,如果仅仅从经济的角度来看,也许将所有的货物灭失或损坏的风险由缔约方中的一方承担可能比分摊更简单,也更符合成本效益的原则。市场经济的基本假设是参与经济活动的各方最清楚自己的需要,自由选择才能达到效益最大化。但由于强制性体制的存在,承运人必须承担一个确定份额的风险,让海运市场在市场的经济运作中找到一个承运人和托运人之间的最有效益的风险划分方法就不再可能了。

其次,是增加了立法的困难。这主要体现在界定强制性体制的范围的难处上。这从三个公约的发展历史上可以清楚地看出来。一是,是强制性体制适用于哪些主体。《海牙规则》主要是适用于承运人和提单持有人,而《维斯比规则》

在其基础上增加了对"承运人的雇佣人、代理人"的规定,《汉堡规则》更增加了实际承运人的概念,并对托运人作了广义的解释。但承运人的雇佣人、代理人、实际承运人、托运人这些概念的范围有多大一直都是不断发生纠纷的问题。二是适用于哪些合同类型。《海牙规则》和《海牙—维斯比规则》都是规定适用于提单,而《汉堡规则》适用于"海上货物运输合同"。三个公约都将租船合同明确排除在外。但租船合同和运输合同的区别不像看上去那么明确,将租船合同排除在强制体制以外的理由也不像看上去那么充分。如包运合同,很难有理由说明它为什么应该被包括在强制性体制以内而租船合同应被排除在外。另一个困难产生于运输的类型。《海牙规则》、《海牙—维斯比规则》和《汉堡规则》适用于不仅包括海运,还包括其他运输方式的运输吗？同样,我们可以看看单据。如果在前两个规则下提单被使用,问题看来就解决了。但承运人是否必须根据第3条第3款应托运人的要求签发提单呢？承运人能否说他准备在即将进行的运输中采用海运和海运以外的其他运输方式,从而拒绝签发提单或要求签发公路运单呢？如果答案取决于进行的运输中海运距离长还是陆运距离长,可能就应签发公路运单。把运费分为海运运费和陆运运费也是如此。《汉堡规则》第1条第6款宣称"只有在和海运相关"时可以视为海上运输。这是否意味着《汉堡规则》在海运阶段替代了同为强制性的公路运输公约？相同的难题产生于1980年《多式联运公约》。在该公约的第1条第1款规定："单一运输方式合同下的货物接收和交付不应视为多式联运。"这里,有必要区别多式联运合同下的附属活动和在多式联运两端发生的附属的单一方式的运输。当主要的运输方式结束于海运时,问题是承运人必须将货物从港口运多远才能使该运输成为一项附属的单一方式的运输。在《港站经营人责任公约》的第1条A项,规定当活动是关于"涉及国际运输"的货物时公约适用。但是,如果经营人在运输前后处理货物时如承运人一样活动时,将适用与货物运输有关的适用法。虽然一个不是承运人的经营人与运输没有关系,调查货物将或已经在何种程度上介入国际运输对他而言仍然是很重要的。然而,可能比较容易知道货物是否将进行国际运输或从国外运来。但是可能有很困难的边缘性案例,让强制性公约的适用范围取决于合同内容,而该合同应对经营人没有关系,是不够令人满意的。

　　再次,由于存在不同的海上货物运输合同公约,而公约又都是强制性的,便会产生公约冲突的危险。将运输合同和相关的合同受制于不同的强制性法律体制,除了让运输法变得更复杂,还导致了公约间互相冲突的危险。《多式联运公约》的起草导致了更多的问题,因为必须解决哪一公约适用的问题。如《公路运输公约》就不仅适用于单一的公路运输方式,还适用于其他附属的运输方式。一种解决方法是将多式联运视为一种自成一体的运输方式,而不是包括多种运输方式的集合体,这样多式联运公约就取代了其他公约。但这种划分方法不免武断,如果不存在一个统一适用的多式联运公约,肯定没有人同意一段运输由于是多式联运中的一段就不受制于本应适用于它的公约。如果多式联运可以视为一种独立的运输方式的话,那就意味着合同自由原则可以全部重新引入整个运输领域,人们要做的只需将或长或短的一种其他运输方式并入主体运输就行了。

(四)强制性的发展趋势

关于强制性体制的优劣比较很难迅速得出一个准确的结果。但从历史发展来看,从《海牙规则》到《汉堡规则》,大致可以看出一个减少对海上货物运输合同中的合同自由的限制的趋势。海运立法和其他货物运输法的根本性区别之一就在于强制性。如果取消了法律中的强制性规范和作为其代价的过失免责和责任限制,海运法规和其他运输法就更统一了,适航、绕航、驾驶过失免责这些海上货物运输法中最为重要的概念,很快将失去其重要性。实际上,《汉堡规则》已经不再强调这些概念。也许在不远的将来,会建立一个适用于全部货物运输领域的更系统的法律体系,以便取得法律的协调。但在此之前,显然还有很长的一段时间要度过。

第三节 承运人的义务和责任

一、承运人的最低法定义务

我国《海商法》第四章第二节规定了承运人的三项法定义务,即适航、管货、不作不合理绕航。海上货物运输合同条款不能减轻或免除这三项义务,否则该条款无效。但运输合同可以再增加承运人的其他义务。因此,这三项义务被称为承运人的"最低法定义务"。

(一)适航

我国《海商法》第47条规定:"承运人在船舶开航前和开航当时,应当谨慎处理,使船舶处于适航状态,妥善配备船员、装备船舶和配备供应品,并使货舱、冷藏舱、冷气舱和其他载货处所适于并能安全收受、载运和保管货物。"这条规定的就是承运人的适航义务。

1. 适航义务的内容和标准

适航义务要求承运人用于进行货物运输的船舶应该处于适于航行的正常状态,能够安全收受、载运和保管货物。它的内容主要包括三方面。其一是针对船体本身的,即船舶应该坚固、水密、各种航行设备处于良好状态,简称"适船"。这方面不适航的实例如船舶舱口漏水,主机或发电机工作不正常,管道破裂,助航设备配备不齐等。其二是针对船上人员的,船长、船员应该数量充足、经过良好训练,取得适当资格证书并有必需的技能,简称"适船员"。这方面不适航的实例如船员没有经过消防训练,船长有酗酒误事的不良记录,船员不了解所在船舶的特殊性能等。其三是针对船上的载货处所的,船舱应该清洁安全,适于装载特定的货物,简称"适货"。这方面不适航的实例如装载冰冻货时制冷设备有毛病,货舱没有打扫干净以致污染货物等。

适航义务三方面的内容都是针对特定航次的,航次不同、装载的货物不同,运输中的风险不同,这三方面的要求标准也就不同。如船舶没有冷藏设备,对于需要冷藏的货物就是不适航,而对于无需冷藏的货物则不构成不适航。

船舶适航不是要求船舶绝对安全,也不要求船舶配备所有最现代化的安全设备[①],而只要求船舶达到行业内正常的安全水平。一些国际组织如商会等制定的人员培训等标准不是船舶是否适航的标准[②]。如1993年由国际海事组织制定、1998年7月1日生效的《国际船舶安全营运和防止污染管理规则》(简称ISM规则),该规则规定了船舶在安全方面必须达到的一系列技术指标。这些指标是船舶是否适航的重要参照,但不应该作为判断船舶是否适航的唯一依据[③]。

2. 适航义务的时间

班轮运输中,承运人适航义务的时间是开航之前和开航当时。在开航以后发生的船舶不适航不是承运人的责任。"开航"是指整个载货航次的首次开航,不包括运输途中停靠中途港后再次开航。国际海运历史上曾有过"阶段论"的观点,即船舶在航次的每一阶段,都必须对该阶段适航。但《海牙规则》制定后这一理论已被废弃,不再有人采用。这样如果船舶在中途港停靠后,继续开航前或开航时即使存在安全问题,也不影响船舶的适航性。[④]

航次应该是指载货航次,如果船舶在相邻港口装货,对每批货物的开航之前和开航当时应该是该批货物的装货港的开航而不是船舶最初的开航。

在我国上海海事法院审理的"'大丰'轮案"中,船舶在美国查尔斯顿港装载了1.8万吨钢材,在中途港洛杉矶港又装载了20台精密机床,并添加燃油。由于船员操作不慎,燃油混入海水,导致该轮在驶离洛杉矶后发生海损,船、货都遭到损失。承运人辩称开航是始发港的开航,中途港添加了有缺陷的燃料是船员

---

① 在 India Government v. West Cast Steamship 案中,一轮由加拿大温哥华装运小麦到印度加尔各答,在途经菲律宾附近海域时,触礁搁浅,致使货物严重受损。货主认为如果该轮装了雷达和其他一些电子助航设备就不会发生这种情况,主张船舶不适航。但法官审理该案时指出,当时在定期货轮上配备雷达还不是很普及,因此判决船舶是适航的。

② The Derby, [1985] 2 Lloyd's Rep. 案中,由于船舶不符合国际运输工人联盟制定的人员配备标准、工资水平和雇佣条件,而招致装卸工人罢工,船舶因而在港口延误了21天,但法院判决船舶并不构成不适航。

③ 参见岳岩:《试析 ISM 规则实施对船舶适航标准的影响》,载《海事审判》1998年第1期。

④ [1966] 2 Lloyd's Rep. 如在英国法院审理的"The Chyebassa 案"中,船上的止回排水阀盖板在中途港被盗,法院判决这一事实不影响船舶在开航时的适航。

管理船舶不当,承运人不应负责。承运人的主张显然是不全面的。因为对1.8万吨钢材而言,其始发港是查尔斯顿港,在该港开航时船舶是适航的;而对20台机床,其始发港则是洛杉矶港,在该港开航时船舶是不适航的。

对什么是准确的"开航",法律没有进一步的解释。学理上有几种影响广泛的观点。一是认为船舱已全部封妥,开航命令已经发出时是开航。二是认为"动车时",即主机发动时为开航。三是认为解揽就算开航了。正常状态下这三个时间是很靠近的,但如果一定要区别的话,应该认为动车时为开航之时更准确,因为开航应该是船舶不可逆转地离开了港口,而船舶解揽以后并不一定立即开动,同样,开航命令发出和船舶开动之间也有时间差,而且开航命令是可能被收回的。动车才是船舶已经开动了,如果再停止,只能说船舶在开航中停止,甚至是又驶回港口,而不能说还没有开航。

一般认为,适航的时间要求对所有具体的适航事项都是一致的,但也有判例认为,如果货物已经全部装妥然后载货处所才发生问题,如冷冻设施在装货时完好,但装好货后随即就发生故障,即使船未开航,也不构成不适航。[①] 即对船体、船员的适航要求和对载货处所的适航要求的时间范围是不一样的,我国海商法对这一点没有规定。

当使船舶适航的某些措施已被妥善安排在海上实施,即使这些措施本可以在船舶开航前实施,没有实施也不使船舶不适航。

3. 适航义务的主观要求

适航是承运人不可推卸的责任,但不是绝对的责任。承运人只要做到适当谨慎就可以了。适当谨慎是对一个客观的合格的承运人所能要求的主观状态。但做到怎么样就算达到了适当谨慎是一个纯粹的事实问题,必须在具体案件中结合具体案情才能知道。如水从污水管漏出并损害了货物,船员在开航前检验船舶时只对水管进行了目测检查,而没有使用任何工具,如果对这种部位的这种水管通常的检查方法就是目测而不使用工具,则承运人可能被认为尽到了适当谨慎的义务,水管的缺陷是无法查知的潜在缺陷。但如果对这种部位的这种水管的常规检查方法就是要使用工具检验,则承运人很可能被认为没有尽到适当谨慎的义务。适当谨慎不要求做到尽善尽美,只要求做到合理。这正如一位英国法官在一个案例中谈到的:"我本人无法相信,在任何情况下都必须去敲打每一颗铆钉,以便查看它是否有缺陷。"

如果承运人是将适航任务交由其雇员或代理人,或独立第三方履行,则承运人的雇员和代理人、第三人也必须适当谨慎,否则,即使承运人在委任他人时做

[①] 参见英国法院审理的 McFadden v. Blue Star Line,[1905] 1 K. B.案。该案中,货物安全装上船后,由于舱门关闭不好进水受损,虽然船舶尚未开航,但法院判决船舶是适货的。

到了适当谨慎,仍必须对不适航负责。这方面的一个典型案例是在英国法院审理的"The Muncaster Castle 案"①。该案中,船舶载运一批牛舌从悉尼出发,中途海水从船舶防浪阀的盖板处进入,损坏了货物。经查,船舶几个月前曾检查并重换过防浪阀,重换工作是由船东雇请的一家著名的修船厂的合格的维修人员在劳氏船级社的监督下进行的。但维修人员在工作中由于疏忽没有拧紧防浪阀盖板上的螺丝,而后经过几个航次的颠簸,螺丝滑落才造成了进水。判决结果是,船东要对其雇佣的维修人员的不谨慎负责。审理该案的法官在解释判决原因时指出,船东赔偿后还可以向其雇佣的人追究责任。而且,如果认为货物因为船舶不适航而遭受了损失时,货主能否得到赔偿要取决于他完全不能控制的承运人的某些情况,这将是不合理的。

上案判决的精神被许多国家的法院广泛接受。但是承运人的这种不可推卸的责任是有时间限制的,他只对船舶在其掌握之下的状态负责。如果问题发生是由于造船时或买船前的工作人员的不谨慎造成的,承运人不应负责。除了船舶的潜在缺陷,承运人或其雇佣的人员都谨慎处理了船舶仍然不适航的情况是比较少见的。

适当谨慎不能用证书来证明。经检验合格取得适航证书的船舶仍然可能最终被认为不适航。

4. 适航和船级社的责任

由于适航证书本身不能证明船舶确实适航。在船舶取得了适航证书但实际上不适航时,如果货主不能从承运人处得到赔偿(如单船公司船舶沉没),一个自然的选择就是追究不适当地出具了适航证书的船级社。当然船东也可能希望就不适航造成的损失起诉船级社。以前这类因为船舶不适航而起诉船级社的事例很少,而近年来在英国和美国却接连发生了数起②,这可能和世界航运的不景气有关。

船级社是检验船舶的机构,它们的任务是检查船舶是否达到国家政府或国际组织提出的各项安全、防污等方面的技术标准,既为政府服务,也为船东、保险人、船舶买方、租船人等提供其所需要的信息服务。世界上目前约有 45 家船级社,其中 10 家最大的船级社包揽了全球 90% 以上船舶吨位的检验,我国的中国船级社即属于这 10 大船级社之一。关于这些船级社的法律地位和责任没有统一的国际法规范,我国《海商法》对这个问题也没有明确规定。因此,在船舶不适航造成货物损害时,船级社是否应该负责缺乏明确的法律依据。

---

① The Muncaster Castle,[1961] A. C.
② 如英国法院审理的 The Nicholas H [1994] 1 Lloyd's Rep.,美国法院审理的 The Sundance,[1994] 1 Lloyd's Rep. 等。

不管是船东还是货主,向船级社追究责任都遇到一个首要的问题,即船级社的工作有行政性质,因而似乎不应被追究民事责任。[①] 除此之外,货主还遇到另一个重要障碍,即船级社对船舶的检验是应船东要求进行的,船级社和货主不存在直接的合同关系,因而货主对船级社也不具备合同诉权。而如果是以侵权起诉,由于国际上早就公认适航证书不能作为适航的证据,即使船级社检查中有过失,其过失和货主的损失之间也没有因果关系,因为货主没有也不可能依赖于船级社的证书而行事。因此侵权之诉也不成立。

从已有的几个英美判例来看,虽然意见并不完全一致,但法院在判决船级社承担责任,尤其是对货主承担责任时都非常谨慎。反对让船级社承担责任的理由有很多,一个非常重要的原因是,现有的国际公约通过对承运人加以最低义务和最高免责,已经在承运人和托运人之间建立了一个风险划分的合理机制。如果判决船级社对船舶不适航也要承担责任,则货主将尽可能绕过公约的规定追究船级社的责任,这将极大破坏公约达成的风险划分体制。而且,对承运人和船级社而言,海上风险都是一样巨大的,但承运人在承担适航责任后可以享受公约赋予的种种特殊保护,船级社却没有这些保护,这对船级社是不公平的,尤其是考虑到船级社收取的只是少量的费用,而面临的货损赔偿却可能是非常巨大的时更是如此。船舶不适航引起货损的主要原因是船舶存在缺陷,而不是船级社没有发现缺陷,因此货主应该向船东索赔而不是向船级社索赔。从船级社工作的性质来看,它承认的"适航"和海商法中对承运人的适航要求不是同一概念。船级社所称的适航只是船舶经检验达到了国家或国际上的一系列强制性的安全标准。除规定的检查项目外,不涉及其他实际情况。仅仅是船舶取得了适航证书但在某些方面不适航不能确定船级社就有责任。船级社没有承担担保船舶实际适航的责任。但持相反意见的人认为,认为船级社只收取了有限的费用就否认它的责任是不正确的,在责任保险如此盛行的今天,船级社完全可以为自己投保责任险。这个道理和承运人收取的运费不一定能和货物价值相当但不影响它承担货损责任是一致的。船舶实际有缺陷和船级社没有发现这种缺陷都是引起货损的理由,船东向货主承担的责任并不排除船级社应向货主承担的责任。船级社虽然没有向货主担保船舶适于航行,但如果不适航的船舶没有它颁发的适航证书是不可能出海航行的,从而也就不可能引起货损发生。因此,只要在检验船舶和颁发适航证书中船级社没有尽到谨慎的义务,就是有过失,而这种过失和货主的货损是有因果关系的,货主可以向它追究侵权之责,船东在赔偿了货主的损失后也可以向它追偿[②]。

[①] 参见李科浚:《船级社的法律地位》,载《海商法研究》1999年第1辑。
[②] 参见 P. F. Cane, The Liability of Classification Societies, LMCLQ 1995.

在船舶不适航时追究船级社的责任虽然目前还是少数情况,但却显示了一种发展趋势。如何处理这个问题对整个海上货物运输法的结构都有可能产生很大影响,因此值得进一步研究。

5. 不适航的后果

适航是海上货物运输中的一个重要而特殊的概念。历史上,违反适航义务曾经被作为一种特殊的违约行为而进行特殊处理。如英国普通法下认为所有海上货物运输合同的承运人都有适航的默示义务,而大部分租船合同又用明示条款加强了这种默示义务的效力。承运人使船舶适航的义务是绝对的,一旦船舶不适航承运人就要对货主负责,而不能以没有过错为理由进行抗辩。另一方面,承运人的义务不是提供一条完美无缺的、不会发生任何事故的船舶,而是提供相对即将进行的航次、所载运的货物等而言合理的适当的船舶。而在美国《哈特法》下,如果船东提供了不适航的船舶,即使货物遭受的损失与该不适航之间没有因果关系,船东仍然必须负责。但传统法下适航义务虽然比较严格,但合同当事人可以用明确的语言排除这项义务。《海牙规则》下,适航义务不再是绝对的,而是限制在"适当谨慎"的范畴内,即只要承运人及其代理人适当谨慎处理了船舶,即使船舶实际上并不适航,承运人也不负责。有人形象地描述为"《海牙规则》根本不要求船舶适航,而只要求适当谨慎使船舶适航"。同时,《海牙规则》下即使船舶不适航,承运人也只在不适航引起了货损发生时才负责。即在适航与损失之间要求有因果关系。但是根据《海牙规则》,适航义务是强制性的,即当事人不可再通过合同约定排除这项法定义务①。对违反适航义务是否可以使货方有权解除合同有不同看法。在"Hong Kong Fir Shipping Co. v. Kawasaki案"②中,英国上诉法院判决适航义务既不是条件,也不是担保,而是"中间条款",其违反并不必然导致解除合同,而只有在其违反使合同另一方被实质上剥夺了合同的全部好处时才会导致合同解除,否则另一方只能要求违约赔偿。

根据我国《海商法》,适航只是承运人义务之一,违反适航义务的后果和任何其他违反合同的行为是一样衡量的。违反适航义务的后果是承运人应对由此引起的货物灭失或损坏负责。损失和船舶不适航之间必须要有因果关系。如船上雇佣了没有经过适当训练的船员,但船长是合格的,而船长在航行过程中的某项过错导致了货物灭失或损坏,虽然船舶不适航,但损失不是由不适航引起的,不应由承运人承担。不适航也并不必然构成"根本违约"或使另一方得到解除合同的权利。

---

① 见《海牙规则》第3条第8款。
② [1961] 2 Lloyd's Rep.

6. 集装箱与适航

集装箱可能由货主自备,也可能由承运人提供;可能被视为船上的载货处所之一,也可能被视为货物的外包装。如果将集装箱视为由承运人提供的船上的载货处所,集装箱如果存在问题,就有可能影响到船舶的适航。但集装箱毕竟不同于一般的载货处所,它可以搬离船舶,并可以由货主自行检查甚至装箱。这样,如果托运人自行装箱,在装箱前他是否有检查箱体义务?如果有,这种义务和承运人的适航义务如何协调?对这个问题,目前法律还没有明确的规定,海事审判实践中也在不断探求合理的解决方法。

在上海海事法院审理的"人保浙江省分公司诉广州远洋运输公司、上海外贸运输公司案"中,原告的被保险人委托上海外贸运输公司将750箱袋装红茶从上海运至德国汉堡港。上海外贸运输公司租用广州远洋运输公司"塘河"轮的舱位,并指定了3个20英尺的集装箱,装箱条件为FCL(整装集装箱)。1987年10月15日,船方代理人签发清洁提单。发货人向原告投保战争险和一切险。货到目的港后,拆箱人发现茶叶串味变质,经检验,250箱红茶受精萘污染。后查明承运船舶的上一航次曾经运载精萘,货损系集装箱残留余味所致。原告根据保险合同向收货人赔付后代位索赔。法院判决两被告分别承担60%和40%的责任。

上案中,货物损失是由于集装箱本身缺陷所致,而集装箱是承运人提供的。法院没有判决承运人广州远洋运输公司承担全部责任,而是判决其与托运人上海外贸运输公司分担责任,可见在司法实践中,并没有简单地将集装箱缺陷等同于船舶不适航。

(二) 管货

除了保证其用于运输货物的船舶的安全性外,承运人的第二项义务就是在接收货物后适当管理,使货物能够在良好状态下到达目的港。我国《海商法》第48条规定:"承运人应当妥善地、谨慎地装载、搬移、积载、运输、保管、照料和卸载所运货物。"这项义务被简称为"管货义务"。

1. 管货义务的内容

我国《海商法》列举了七项管货的内容。首先是装载。海上货物运输合同订立后,承运人应该在约定的时间,将船舶驶往约定的装货地点,将货物安全装上船。他还必须给予托运人以适当的通知和足够的时间,以便其将货物交到装货地点。其次是搬移和积载。搬移是指货物自装载后到积载之间的一切活动。积载是指将货物在船舱内适当妥善地加以堆积配置。积载必须保持船舶良好的稳性以及货物安全。相互会起化学反应的货物堆放在一起、堆码过高而压坏底层货物等都属不当积载。再次是运输、保管和照料货物。承运人应该将货物从起运地安全运抵目的地。为了在运输途中妥善照料货物,承运人在装货前就应该仔细研究货物,以一切手段确保适用适应所运输的货物的性质和特征的照料手段。发生海难或其他可免责的事由并不当然解除承运人随后对货物的照料义务。如果船舶遭遇海难,承运人应该在可能的情况下采取措施保护货物。如装运乳酪的船舶在航行中遭遇海难而致使船舶在中途港滞留,承运人应根据实际情况将乳酪出售或冷冻起来,否则乳酪变质承运人就难逃其责。由于照料货物是针对具体货物的,是否妥当要根据货物情况判断。最后是卸载。承运人应该采用安全和合适的方法将货物卸下船,以使其能被收货人检查和收取。船上没有积载图造成货物不能迅速卸下,或为了赶船期而不顾货物怕潮的特性在雨天卸货等都是不恰当的卸载。

2. 管货的主观要求

管货义务和适航义务一样不是绝对的而只需要承运人做到妥善地、谨慎地处理。由于加上了一个形容词"妥善地",管货的主观要求是否应该比对适航的主观要求有更高标准可能产生争议。以下英国案例中英国法官对管货的主观要求进行的分析可作参考。

在"Albacora v. Westcott and Laurance Line 案"[1]中,承运人承运了一批咸鱼。装咸鱼的藤条箱上注明"远离发动机和蒸汽机"。除此之外,托运人未对货物应如何装运发出任何指示。货物运到目的地后已腐烂变质。经调查,这种货物在进行这种航次的运输时必须进行冷藏,但承运人不知道这一点也没有采取措施。承托双方就货损是由于承运人照料货物不当还是货物本身缺陷引起各执一词。法院判决,在本案中承运人已经尽到"妥善地"管理货物的义务。"妥善地"不要求承运人对货物的处理能够避免特定货物的所有弱点,而只要求合理有效的处理。它要求采用在承运人知道或应该知道的所有相关情况下合理的措施。

3. 管货义务的时间

管货义务的时间应该是从装货到卸货整个货物运输期间。在我国《海商法》列举的七项管货内容中包括装载和卸载说明了这一点。但这一义务和承运人责任期间的法律规定的协调可能产生问题。《海商法》规定的承运人责任期间对集装箱货是从承运人接受货物起至交付货物止,对非集装箱货是从货物装上船起至货物卸下船止,货物处于承运人掌管之下的期间。对集装箱货不发生问题,但对非集装箱货,由于责任期间从货物装上船时起,而承运人在此之前为集中装船可能已经先接受了货物,这样,承运人接收货物的时间比货物实际装上船的时间早,在这段期间货物的照管是否包括在法定的承运人的"管货义务"中不清楚。如果在装载过程中发生问题,由于货物尚未装上船舶,责任期间尚未开

---

[1] [1966] 2 Lloyd's Rep. 53.

始,是否应由承运人负责也不清楚。在一个著名的案例①中,货物在装上吊钩,但越过船舷以前从吊钩上滑落海中灭失,是否应由承运人负责曾引起激烈争执。这个问题的答案取决于对"责任期间"这一概念的理解。责任期间只是承运人要承担法律的强制义务的期间,而不是合同期间。"管货义务"适用于整个运输合同的合同期间,但在责任期间内,这项义务是不可通过合同改变的,而在责任期间以外则可通过合同减轻或解除。

4. 管货义务是否可以解除

管货义务包括七项具体内容,涵盖了货物在海上运输的全过程。其中有些过程可能不是由承运人亲自操作而是由独立第三方如装卸工人,甚至是托运人自己操作。也有些行为是必须要托运人合作的。如货物积载涉及船舶稳性等,是完全由船长控制的,但船长的经验只限于普通货物,如果是特殊货物需要特殊照料,则托运人应该给承运人以指示,否则可能产生不适当积载。

不管是否有托运人的实际参与,管货始终是承运人的法定义务,不能因为托运人的参与而解除。有的运输中提单包括"FIO"(FREE IN AND OUT,不管装卸)等条款。在航次租船合同中这种条款是否足以将装卸的费用和责任一起转移给承租人有争议。但在提单下的运输中,这种条款显然不能将装卸责任转移给托运人或收货人。因为《海商法》规定承运人的管货义务是强制性的,承运人不能用合同条款将法定义务免除或减轻。

但如果托运人履行了部分承运人应该履行的管货义务,而且由于托运人的过错引起货物灭失或损坏,责任应该由承运人还是托运人承担呢?由于我国《海商法》规定管货是承运人不可减免的责任,但同时在承运人免责事项中,又规定了一条是"托运人、货物所有人或者他们的代理人的行为",这两个条款如何协调成为问题。我国《海商法》对承运人管货义务和免责事项的规定基本是参照《海牙规则》和《海牙—维斯比规则》制定的。这两个规则对管货和免责的规定与我国法基本一致,但在规定管货义务的第 3 条第 2 款前却有一句"除第 4 条另有规定外",第 4 条是关于免责的规定。因此在两个规则下非常清楚,当管货义务和承运人免责事由的规定发生冲突时,免责的规定优先。我国法采用了两项规定却没有明确两项规定之间的关系,无疑是一种遗憾。从公平原理分析,当托运人在进行本应由承运人进行的管货义务造成自己的货物的损失时,承运人对托运人不应负责。

但承运人对托运人进行货物装卸、照料等行为引起的货损依据"托运人、货物所有人或他们的代理人的行为"免责只限于对托运人本人而言。如果托运人装载时损坏了自己的货物,同时还损坏了船上其他货主的货物,承运人不能对其

---

① Pyrene v. Sindia Navigation Co., [1954] 1 Lloyd's Rep.

他货主免责。同样,承运人也不能对收货人主张这项免责。

5. 积载和适航

承运人管货义务的重要内容之一是适当积载货物。但对货物的不恰当积载既可能是管理货物中的问题,也可能是适航问题,要视具体情况而定。如果积载影响了船舶的稳性,或直接对这样积载的货物或其相邻货物造成损害,这样的积载就使船舶本身不适于安全航行或其载货处所不适于安全收受货物,是不适航。但是如果船舶分别在不同港口装载货物,后一港口装载的货物的不恰当积载对前一港口装载的货物造成损害,就不属于不适航,因为对前一港口装载的货物而言,船舶的这种问题发生在"开航以后"。简单的例子是,如果船舶在 A 港妥善装载了货物,又驶往 B 港装货。在 B 港装的货没有适当积载,造成船舶不稳定。离开 B 港后船舶又在 C 港装载了一批货物,并在离开 C 港不久就因为 B 港装载的货物影响船舶稳性而最终倾覆,船货全损。承运人应该对 B、C 港的货物负责赔偿,因为对这两批货而言,船舶在开航之前或开航当时不稳定,是不适航的。但对 A 港的货,由于船舶稳性发生问题是在开航之后,不存在适航问题,以后的积载不当只能认为是船长在驾驶和管理船舶中的过失,因此承运人可以免责。

(三) 不作不合理绕航

承运人的第三项法定义务是不作不合理绕航。我国《海商法》第 49 条规定:"承运人应当按照约定的或者习惯的或者地理上的航线将货物运往卸货港。船舶在海上为救助或者企图救助人命或者财产而发生的绕航或者其他合理绕航,不属于违反前款规定的行为。"

1. 绕航的概念

所谓绕航(deviation),是指船舶有意脱离约定的或者习惯的或者地理上的航线。绕航必须是明知而有意为之。如船长为了让随船的多余人员下船而离开预定航线停靠中途港,这就构成了绕航。而如果是发生了海难事故,船舶在大风的吹动下被迫偏离了航线,则不属于绕航。

绕航是海上货物运输中最重要和最有特色的概念之一,它是一个古老的概念,被认为是货物运输中的一件很严重的事,可能导致承运人承担严重的责任。在有的国家,绕航这个概念还被扩大化了,除了包括偏离航线这种所谓"地理上的绕航",还包括超载、错误交付、未经申明的甲板运输等这些严重违反海上货物运输合同的"非地理上的绕航"或"准绕航"(quasi-deviation)。但在我国,绕航仅指偏离航线的行为。

和不绕航义务相联系的,在英美法下还有另一个重要概念——合理速遣(reasonable dispatch)。合理速遣要求承运人尽快在合理时间内完成合同义务。我国海商法中没有明确使用合理速遣这个词语,但是管货义务和不绕航义务已经包含了这方面的要求。

2. 绕航的后果

航线的选择是海上航行中最重要的事项之一,离开特定航线一方面可能影响船舶迅速到达,另一方面可能招致额外的风险,而且船舶或货物的保险人还会因为船舶脱离了其承保的航线而拒绝赔偿,因此绕航一直被视为非常严重的违约行为。

英国普通法下,承运人未经许可驶离规定的航线,货物失去了已投保的保险的保护,承运人就被当成了货物的保险人,即使货物发生的灭失或损害与绕航无关,承运人仍然被剥夺了抗辩的权利。即货损与绕航之间不需要存在因果关系,而且绕航使承运人丧失运输合同下的一切权利。

《海牙规则》保留了传统海商法理论中的绕航概念。该规则第 4 条第 4 款规定:"为了救助或企图救助海上人命或财产而发生的绕航,或者任何合理绕航,都不得被认为是对本规则或运输合同的破坏或违反。承运人对由此引起的任何灭失或损害,都不负责。"虽然这一条款规定的是合理绕航,而没有规定不合理绕航的定义和后果,但条款的言外之意显然是不合理绕航应被认为是违反了该规则或运输合同,承运人对由此引起的任何灭失或损害应该负责。

《海牙规则》下一个有争议的问题是,如果不合理绕航引起货物灭失或损害,承运人是否还受公约或合同规定的免责或责任限制的保护。一种说法是,不合理绕航是一种超出合同和《海牙规则》范围的行为,通过绕航,承运人已经处在合同和公约规范的范围以外,因此也就丧失了公约和合同规定的任何权利,包括:单位责任限制、1 年诉讼时效、《海牙规则》第 3 条第 1 款关于在适航方面已经谨慎处理的抗辩、免责条款抗辩,等等①。根据这种说法,除了在绕航和损害后果之间要求具有因果关系以外,《海牙规则》对不合理绕航处理的严厉程度和英国普通法下是一致的。另一种说法是,不合理绕航虽然是违反规则和合同的行为,但《海牙规则》规定的时效期间适用于"任何情况下",这个强烈的措辞应该包括绕航的情况。因此,即使绕航也不能剥夺承运人享受短期时效的权利。

《维斯比议定书》在绕航方面没有对《海牙规则》进行直接修正或补充,但在责任限制的规定中,增加了"任何情况下"的措辞,有人主张这足以使责任限制的规定适用于任何一种违约,包括绕航的情况。《维斯比议定书》还规定,如果货物损失是承运人蓄意造成,或明知可能造成损害而轻率采取行为造成,则承运人丧失单位责任限制。因此,在《海牙—维斯比规则》下,就责任限制的适用而言,绕航的后果可分为两种情况:如果是有意造成损害的不合理绕航,则会使承运人丧失责任限制的保护;如果不是有意造成损害的不合理绕航,则承运人仍能

---

① 参见 William Tetley 著:《海上货物索赔》,张永坚等译,大连海运学院出版社 1993 年版,第 586—587 页。

享受责任限制的规定。但《海牙—维斯比规则》规定的其他抗辩权利,包括1年诉讼时效的抗辩、免责抗辩和谨慎处理的抗辩是否适用仍然是有疑义的问题。

《汉堡规则》在绕航这个问题上没有作出新的规定。

我国《海商法》对绕航的规定和《海牙规则》基本一致。《海商法》与《海牙规则》一样,也没有说明发生不合理绕航时承运人的责任如何承担,对不合理绕航只是一种普通的违约行为,还是"根本违约"或超出合同约定的侵权行为没有任何规定。

3. 合理绕航

并非所有绕航都导致承运人的责任。如果绕航是合理的,承运人不承担责任。合理绕航的情况最典型的是为救助或者企图救助人命或者财产而进行的绕航,但《海商法》还规定了其他合理绕航承运人也不负责。什么是其他合理绕航取决于具体案情,一般来说,只有考虑了同一航程船方和货方各方的利益后进行的绕航才可能是合理的。正如一位英国法官所说:"我认为,'合理绕航'是指,不管从船方,还是货主或者是从双方利益出发,作为一个通情达理的货主不会对此绕航提出任何反对意见。"

4. 自由绕航条款

有时,运输合同会规定承运人有权根据需要偏离既定航线,这种条款即"自由绕航条款"。如金康合同第3条规定:"船舶有权为任何目的按任何顺序停靠任何港口……"这种条款的效力如何是有争议的。有人主张这种条款是多余而无效的,因为法律规定了承运人为救助人命和财产以及其他合理绕航才是合法的,不可能有其他理由。如果"自由绕航条款"赋予承运人比法律规定的更大的绕航权利,这一规定就增加了承运人的权利,根据《海商法》第44条的规定应该是无效的。不管是否有"自由绕航条款",承运人的权利只能根据是否是法律认定的合理绕航来判断。但另一种说法是,"自由绕航条款"的目的是确定运输合同航程的范围,和法律对合同范围内承运人的责任的强制性规定并不矛盾。如一个英国法官所说"规则的目的不是规定合同服务的范围,而是这种服务应该进行的条件"。而自由绕航条款的目的则是规定合同服务的范围。自由只能是用来更好地履行合同。

5. 绕航理论的发展

绕航理论被认为是海商法中最有特色的理论之一。但最近几年,整个绕航理论遭到了众多非议,在该理论的发源地——英国,对该理论是否还有存在的必要提出了疑问。不合理绕航不管是在英国普通法下还是在《海牙规则》等公约下,都是被当作一种性质特别严重的错误对待的,承运人要对货损货差承担更严重的责任。这种严格态度的合理性,很大程度是建立在一个事实上,即英国和美国以往的保险实践中,不合理绕航会使货物运输保险合同被解除,因而运输合同法应使承运人负责使货主得到合理的保障。但现在两个国家的保险法都发生了一定变化,"视为承保"(held covered)条款被广泛适用在保险合同中。根据这种条款,即使发生了绕航,只要追加保费,仍然认为保险合同有效。这种实践使绕航这一概念的重要性大大降低了。

二、承运人的最高法定免责

(一) 承运人的法定免责事项

虽然航行和货物运输都是承运人负责的事情,但我国《海商法》中又规定了一系列承运人对于货物在其责任期间发生的灭失或者损坏可以免责的事项,这些事项是法定的,可以减少或放弃,但不能用合同约定增加,因此又被称为"最高法定免责事项"。

我国《海商法》第51条规定了以下12项免责事项:

(1) 船长、船员、引航员或者承运人的其他受雇人在驾驶船舶或者管理船舶中的过失;

(2) 火灾,但是由于承运人本人的过失所造成的除外;

(3) 天灾,海上或者其他可航水域的危险或者意外事故;

(4) 战争或者武装冲突;

(5) 政府或者主管部门的行为、检疫限制或者司法扣押;

(6) 罢工、停工或者劳动受到限制;

(7) 在海上救助或者企图救助人命或者财产;

(8) 托运人、货物所有人或者他们的代理人的行为;

(9) 货物的自然特性或者固有缺陷;

(10) 货物包装不良或者标志欠缺、不清;

(11) 经谨慎处理仍未发现的船舶潜在缺陷;

(12) 非由于承运人或者承运人的受雇人、代理人的过失造成的其他原因。

以上免责事项中有两项涉及承运人过失,即第1项规定的"船长、船员、引航员或者承运人的其他受雇人在驾驶船舶或者管理船舶中的过失",和第2项规定的"火灾,但是由于承运人本人的过失所造成的除外"。第1项的免责又被称为"航行过失免责",第2项的免责又被称为"火灾免责"。在承运人本人或其受雇人、代理人有过失时赋予其免责的权利是为了照顾到海上运输中承运人的特殊风险。但随着航行安全的提高,这种过分偏袒承运人的规定日益受到批评。其他免责事项主要是属于可归于不可抗力或托运人过失的事项,在一般商业合同中通常也构成免责理由。

我国《合同法》规定大部分合同都实行严格责任制,即有违约行为、损害后果和因果关系即应承担违约责任,不考虑当事人有无主观过错。与此不同,《海商法》下海上货物运输合同实行的是"不完全的过失责任制",即一般情况下承运人在有违约行为、主观过错、损害后果和因果关系时才承担违约责任,而且在特定情况下,有过失也不承担责任。

(二) 航行过失免责

1. 含义

航行过失即船长、船员、引航员或者承运人的其他受雇人在驾驶船舶或者管理船舶中的过失,具体又分为"驾驶过失免责"和"管船过失免责"两种。驾驶过失,指在采取船舶移动措施时判断发生错误,如船长、船员疏于瞭望,致使船舶触礁、搁浅、与他船相撞等。管船过失,指船舶航行中在对船舶进行管理时出现疏忽,如船长、船员忘记给锅炉加水、应该通风的时候没有打开通风设备等。

2. 管船过失与管货过失

实务中比较容易发生的一个问题是,有些情况下管船和管货义务难以区分。根据法律规定,承运人对管船中的过失是可以免责的,但对管货中发生的过失则不能免责。一项行为是针对船或货的并不表明这项行为中的过失就是管船或管货的过失。如船舶尾轴发生故障,船员为进入船舱修理尾轴而揭去了用于遮盖货物的帆布,结果雨淋湿了货物。这里修理尾轴的行为是针对船舶的,但在修理过程中发生的疏忽——忘记盖好帆布却是针对货物的,因此这是一项管货过失,承运人不能免责①。

假如货物损失的发生既有管船中的过失,又有管货中的过失,如果能够区分损失分别是什么过失引起的,则承运人只对管货过失引起的损失负责而对管船过失引起的货损可以免责。但承运人要对其主张的管船过失引起的损失负举证责任。如果不能区分,承运人应对全部损失负责。如果一项过失既是管船过失,又是管货过失,则承运人对由此引起的损失是否负责任就要取决于上述如何认定管货义务和免责条款之间的关系。如果认定履行管货义务是援引免责条款的前提条件,则承运人必须负责。如果认定"除非免责条款另有规定,承运人应该适当谨慎管理货物",则承运人不应负责。海难或其他可免责的事项的发生并不当然解除承运人对货物的照料。在美国"Lekas & Drivas v. Basil Goulandris 案"②中,承运人运输一批乳酪,遭遇君主限制,致使航程延误,乳酪变质。货主认为在船舶受到延误的中途港,承运人本应将乳酪出售或冷冻起来。法院判决承运人不负责任,但仅仅是由于货主没有完成承运人对乳酪处理不当的举证责任。如果能证明承运人没有适当照料货物,则作为免责条款之一的君主限制就不能免除承运人的责任。

---

① The Canadia Highlander, [1927] 1 Lloyd's Rep.
② 1962 AMC 2366.

3. 航行过失免责制度的发展趋势

航行过失免责自从在《海牙规则》中规定以来,一直是各主要海运国家的海上货物运输法中普遍采用的一种制度。但目前,这一制度已经受到越来越多的批评。理由主要是,免除有过失一方的责任不符合公正合理的法律原则。如果说在以往的航运条件下,由于海上运输给承运人带来极大的风险,用航行过失免责来减轻这种风险还有一定的合理性,那么现在航运条件已经发生很大变化,海上风险已经大大减轻,再让承运人享受这种额外的保护就没有必要了。但由于在这个问题上,承运人和托运人的利益有很大冲突,双方都不愿意妥协,使许多国家在是否废除航行过失免责制度上犹豫不决。还有专家提出,由于管船过失和管货过失之间的界限极不明确,为了防止纠纷,废除管船过失免责是必然的趋势,但驾驶过失免责仍可保留。《汉堡规则》制定时,主要听取了代表货方利益的意见,废除了航行过失免责的规定。我国制定《海商法》时,在这个问题上采纳了《海牙规则》的做法,但许多人仍然呼吁,《海商法》中的相关规定应该修改,以与《汉堡规则》的规定和我国的航运实践相符合。

(三) 火灾免责

火灾免责严格说不是过失免责,因为法律明确规定"承运人本人的过失造成的"火灾承运人不能免责。但由于"承运人本人的过失"对过失主体加以了严格限制,承运人不对其代理人、雇佣人员的过失负责,我国《海商法》第 51 条最后一句特别规定,承运人主张火灾以外的其他各项免责应该负举证责任,即主张火灾免责时承运人不负举证责任,这使货主在火灾造成货物损失时很难成功索赔,因此被认为具有过失免责的性质,是对承运人特殊保护的一条规定。

由于承运人往往是一家航运公司,谁是承运人"本人"是一个难以判断的问题。实践中大致有狭义和广义两种观点。狭义观点认为,"承运人"仅指公司的董事会成员或有所有权的经理人,而广义观点认为,"承运人"指参与公司的主要经营管理的人,包括所有在陆上或船上的公司的高级雇员或高级职员。对这个问题目前尚无统一接受的观点,需要参照我国《公司法》等相关法规,以及其他国家的司法实践来解决。如一个英国判例中提出:"(公司的)过失或私谋是指这样一种人的过失或私谋,他不仅仅是指该公司根据从属关系原则要为之负责的受雇人或代理人,而且是指由于他的行为就是该公司本身的行为因而公司要为其负责的人。"这些提法无疑值得我们参照。

(四) 类似于"不可抗力"的免责

其他各项免责中,一部分是属于一般合同中通常会列入"不可抗力"条款的事项,这些包括天灾、海上或者其他可航水域的危险或者意外事故、战争或者武装冲突、政府或者主管部门的行为、检疫限制或者司法扣押、罢工、停工或者劳动受到限制。

所谓"海上或者其他可航水域的危险或者意外事故"通常被称作"海难"。天灾和海难的区别在于天灾是指来自于空中的灾难,如暴雨、雷电等,而海难是指来自于海面的灾难,如海水、海浪、触礁、撞到冰山等。也有人认为海难是天灾的一个特别构成事实。海难不包括海上航行中一般会遇到的风险。"海难"被称为"承运人最难以信赖却又是最为亲密的伙伴",因为由于航行过程中难免会遇到恶劣天气、风浪等,一旦发生货损货差,承运人总是习惯于首先声称是发生了海难。然而各国审判实践证明,要依靠海难免责是很困难的。就一特定航次而言,海难与适航有着密切的联系。船舶装备恰当可能就更具有抵御海上风险的能力。"战争或者武装冲突"不仅包括两国间的战争,也包括内战,不仅包括正式宣战的战争,也包括没有正式宣战的战争。"政府或主管部门的行为"是指因为政府命令、禁止或限制货物的输出或卸载、禁运、封锁港口、检疫、拒捕、管制、征用、没收等行为而导致货物的损害后果,"司法扣押"限于政府通过高压手段进行干预的情况,不包括通过正常的司法程序而对船舶进行的扣押,因此承运人和托运人之间由于发生纠纷进行诉讼而导致船舶被扣押不属于免责事项。"罢工、停工或者劳动受到限制"包括因劳资纠纷而发起的罢工或同情罢工或其他不能正常进行工作的情形。

根据我国《民法通则》第107条,因不可抗力不能履行合同或者造成他人损害的,不承担民事责任,法律另有规定的除外。我国《海商法》把这些事项规定为承运人免责事项,和民法的规定完全一致。但是海上运输中的这些风险是否应达到民法对不可抗力的要求的同样标准,即不能预见、不可避免、不能克服;《海商法》的规定给了承运人比法律已经规定的更多的权利,还是只是强调、重申了既存的权利仍然是值得研究的问题。

（五）基于货方原因的免责

还有一部分免责事项是属于货方原因造成的,包括托运人、货物所有人或者他们的代理人的行为,货物的自然特性或者固有缺陷,以及货物包装不良或者标志欠缺、不清。这些免责与托运人义务的规定是互相配合的。

自然特性是指货物固有的或自然的或正常的品质,如水果经过长时间的运输会发生腐烂变质。固有缺陷是指货物已经存在的缺陷,随着时间流逝,这种缺陷会自然引起货物变质、损耗等,即使承运人已经按运输合同的要求对货物进行适当的照料也不能避免,如面粉中有虫卵,虽然通常情况下不易发现,但经过一定时间以后面粉就会生虫。另一种常见的"固有缺陷"是散装货在运输途中损耗。谷物、水泥、散装酒等散装货由于没有包装而是直接装载在货舱内,而且往往采用特殊的装卸手段,不可避免地会发生少量的损耗,这种损耗承运人可以免责。可以允许的自然损耗的幅度是一个事实问题,应根据货物性质、旅途长短、天气情况等多种因素进行判断。而且如果要利用这一点免除责任,承运人应该证明损耗是不可避免的。

包装是否不足需要根据具体案情确定,应该权衡能合理要求托运人达到的包装程度和能合理要求承运人照料的程度,必须找出包装品质和照料标准之间的界限。如桶装货物,桶的尺码不对造成积载的困难,并最终由于积载的不善造成货物损失,到底是这样包装的货物不适于该航次,还是积载不善是损害的真正原因会有很大争议。

货方行为造成货损的情况也很多。如托运人为了少交运费谎报货名,将钢缆谎称为钢丝,结果承运人按钢丝安排卸货,结果导致吊钩断裂,货物受损。

我国《海商法》第 51 条赋予承运人对货方过失造成的货损的免责权利,与第 66 条对托运人责任的规定是一致的。该条规定托运人托运货物,应当妥善包装,并向承运人提供货物的正确资料,否则对承运人造成的损失,托运人应当负赔偿责任。但该条同时规定,承运人因此享有的受偿权利,不影响其根据货物运输合同对托运人以外的人所承担的责任。在海上货物运输中,货损索赔通常是由收货人提出的,收货人当然是托运人以外的人。那么第 51 条规定的免责只是免掉承运人对托运人的责任,还是对所有索赔人的责任?从第 51 条看应该是对所有索赔人都免责,但从第 66 条的规定看,则似乎是即使货损是由于包装不善、标志不清等引起的,承运人仍然不能免除对第三人的责任。答案看来和提单的记载情况有关。如果提单已经记明包装不足或标志不清,承运人对收货人也不承担责任。但如果提单是清洁提单,承运人对相信了清洁提单价值的收货人和提单持有人就不能提出包装不足、标志不清的抗辩了,这是"禁止反言"原则适用的自然结果。但一个进一步的问题是,承运人签发的清洁提单只能证明货物外表状况和第 51 条、第 66 条所指的货物包装、标志等情况是否一致。如货物包装上存在轻微缺陷,这种缺陷不属于船长"目力所及的外表状况",因此不影响承运人签发清洁提单。但这种缺陷最终却造成了货损。对持清洁提单的提单持有人,承运人能否主张第 51 条赋予的免责权利?这里"禁止反言"的原则不能提供任何帮助,因为提单根本没有说明货物的外包装的所有情况,而引起损失的正是法律规定提单可以不说明的情况。

如果承运人知道或者应当知道货物存在的缺陷,则该货物就不属于"有缺陷的货物",因为其中并不存在潜在缺陷或内在瑕疵。承运人在这种情况下应对所引起的损害负责。

包装不足等情况下承运人能免除的只是对有缺陷的货物本身的责任。有缺陷的货物造成其他货物的损失,承运人仍然应当承担责任。这实际上是承运人适航或管货的问题。如果包装有缺陷的货物在装载时就明显存在缺陷,承运人应对其他货物负责。如果缺陷不明显,除非将两种货物装载在一起本来就是不合适的,承运人不应负责。如一些袋装奶粉在装船时已经明显潮湿,结果造成同船的其他袋装奶粉受损,承运人应该负责。

(六) 法律推定承运人无过失的免责

还有一部分免责事项是法律推定承运人无过失的,包括在海上救助或者企图救助人命或者财产,以及经谨慎处理仍未发现的船舶潜在缺陷。船舶潜在缺陷一般指船体结构上有瑕疵,它和承运人的适航义务是一致的,承运人既可以依据船舶缺陷是谨慎处理仍未发现的来主张对船舶的不适航不负责任,也可以依据"船舶潜在缺陷"这一理由来主张免责。

(七) 总括性免责

最后是一个总括性条款:并非由于承运人或者承运人的受雇人、代理人的过失造成的其他原因。在《海牙规则》和《海牙—维斯比规则》的免责条款中也有这一条。英国普通法下合同解释原则中有一条基本原则是"同类规则"(ejusdem generis rule),即概括性的免责条款只能解释为和已经列举的免责同类的事项。有人主张这一规则应该适用来解释《海牙规则》和《海牙—维斯比规则》的总括性免责条款。但另一种普遍接受的观点是,《海牙规则》和《海牙—维斯比规则》明确列举的 16 项免责范围广泛,性质各异,不能找到和它们性质同类的事项,因此同类规则没有适用的可能性,属于总括性免责条款的那些原因无需属于前边列举的免责条款的基本种类。如并非由于承运人或其受雇人、代理人的过错的第三人偷盗造成的损失可根据这一条款免责。我国应如何解释没有明确规定,但对总括性免责条款作一般性解释似乎更为合理。

(八) 免责与适航义务

《海牙规则》下,承运人在援引规则规定的各项免责条款时,必须先就所发生的损失证明已经尽到谨慎处理使船舶适航之责。这是因为,《海牙规则》的第 3 条第 1 款规定了适航义务,第 3 条第 2 款规定了管货义务,第 4 条规定了免责事由。而在第 3 条第 2 款开头是这样规定的:"除第 4 条另有规定以外,承运人应当……"这样的规定在第 1 款中没有。由此可以推定,在《海牙规则》下,承运人的管货义务受制于免责规定,但适航义务则不。如果已经发生了不适航,则承运人不再能援引免责规定免除责任。除非承运人证明就某种损失,他已经尽到了谨慎处理使船舶适航,否则所有可免责的除外条款,对他都不适用。即适航是援引任何免责条款的前提条件。因为这样,适航义务的效力要高于管货义务,适航义务也因此被称为"首要义务"。这种观点在许多公约缔约国得到了判例的支持。如在英国法院审理的"Jemple Bar 案"中,法院裁定:"……无论如何,如果事实表明不适航是由于船舶所有人未尽谨慎处理使船舶适航所致,并且在造成灭失方面与航行过失同时起作用,那么在这种情况下船东就要负责。这就是说,不能为了逃避对于船舶或货物的灭失所要承担的责任,而将不适航演变成不良船艺。"在"Maxine Footwear Co. Ltd. v. Canadian Government Merchant Marine案"[①]中，船员在装船结束后，指示一独立合同人的雇佣人员用火融化排水管道上的冰，结果导致起火。法院判决，虽然货损是火灾造成的，而且火灾不是由于承运人本人的"实际过失或私谋"引发的，但承运人仍不能援引火灾免责，因为这是一个适航义务的问题。法官指出，适航义务是首要义务，如果适航义务没有履行并引起损失，则关于免责的规定不能被依靠。在加拿大"Goodfellow Lumber Sales Ltd. v. Verreaut 案"[②]中，加拿大最高法院也曾判决："即使这种损失是由于海难所引起的，但是如果船舶所有人没有在该航次的开航之前谨慎处理使船舶适航，并且这种不适航又是造成该损失的决定性原因，那么该船舶所有人还是要对这一损失负责。"

免责与适航的关系在我国法下是不同的。虽然我国仿照《海牙规则》和《海牙—维斯比规则》规定了承运人适航和管货的义务，但在规定这两项义务的条款中没有行文上的区别，都没有提到这些义务与免责的关系，因此应该认为这两项义务没有效力高低的差别。而且和《汉堡规则》相同，我国《海商法》第54条明确规定："货物的灭失、损坏或者迟延交付是由于承运人或者承运人的受雇人、代理人的不能免除赔偿责任的原因和其他原因共同造成的，承运人仅在其不能免除赔偿责任的范围内负赔偿责任；但是，承运人对其他原因造成的灭失、损坏或者迟延交付应当负举证责任。"因此，如果损失是不适航和能免责的原因共同引起的，只要承运人能完成举证责任，他仍然能要求免除部分责任。

三、承运人的单位赔偿责任限制

（一）几种不同的单位赔偿责任限制制度

即使承运人根据合同或法律应当对货损货差负责，我国《海商法》和三个公约一样，还赋予了承运人另一项特殊权利，即可以将对单位货物的赔偿责任限制在一定数额以内。在这一点上，海上运输中显然和陆地运输不一样。陆地运输中根据合同法的规定，对违约责任是以无限责任为原则，有限责任为例外。而海运中，显然是以有限责任为原则，以无限责任为例外。限制承运人责任的合理性植根于对海上货物运输特殊风险的承认和对承运人的特殊保护，同时，在与古代相比海上风险已经减轻或发生性质变化的今天，它仍然因为能够帮助承运人衡量最高责任，避免未披露的高价货带来的风险，建立统一的责任基础以制定统一、低廉的运费率而保留了存在的价值。

由于关于海上货物运输的三个国际公约对承运人责任限制的规定各不相

---

① ［1959］2 Lloyd's Rep.
② ［1971］S. C. R. 522.

同,而且公约的参加国在适用公约时可能还会加入本国的因素,再加上有的国家根本不采用公约或是采用混合制度,因此目前世界上同时并存着多种承运人责任限制制度。这些制度下,不仅限制赔偿的具体数额不同,采用的货物数量单位和计价单位也都不同。最常用的承运人责任限制制度主要有:(1)《海牙规则》下的责任限制制度,即每件货物 100 英镑。(2)适用《海牙规则》,但用本国货币进行赔偿的,即根据本国货币和英镑的兑换率进行计算。(3)《海牙—维斯比规则》的责任限制制度,即每件 1 万金法郎或每公斤 30 金法郎,以高者为准。集装箱货以提单中注明的货物数量为准,如果提单列明每个集装箱内所装货物件数,则以这些件数为计算依据。如果提单只记载集装箱及其大致所载货物,则以集装箱为计算单位。(4)适用《海牙—维斯比规则》1979 年特别提款权议定书的,即每件 666.67 个特别提款权或每公斤 2 个特别提款权。(5)适用《汉堡规则》的,即每件 832 个特别提款权或每公斤 2.5 个特别提款权,以高者为准。货物延误的责任限额为运费的 2.5 倍,但不能超过根据运输合同规定的可支付的运费总额。

(二)我国《海商法》规定的单位赔偿责任限制制度

我国《海商法》第 56 条规定,承运人对货物灭失或者损坏的赔偿限额,按照货物件数或者其他货运单位计算,每件或者每个其他货运单位为 666.67 个计算单位,或者按照货物毛重计算,每公斤为 2 个计算单位,以二者中限额较高的为准,即基本采纳了《海牙—维斯比规则》1979 年议定书的规定。

表 4-1　　　　　　　　　承运人单位赔偿责任限制比较

《海牙规则》	每件或每单位 100 英镑
《海牙—维斯比规则》	每件或每单位 1 万金法郎,或每公斤 30 金法郎,以高者为准;集装箱货以提单记载为准
《汉堡规则》	每件或每单位 835 个 SDR,或每公斤 2.5 个 SDR,以高者为准;集装箱货以提单记载为准,货主的集装箱视为 1 件;迟延交付为运费的 2.5 倍
《中华人民共和国海商法》	每件或每单位 666.67 个 SDR,或每公斤 2 个 SDR,以高者为准;集装箱货以提单记载为准,货主的集装箱视为 1 件;迟延交付为运费的本身

1. 货物数量单位

单位赔偿责任限制是以特定单位的货物为基准计算赔偿限额的。我国《海商法》采用了"件数或者其他货运单位"为基准计算货物数量。其中何为"件数"比较容易理解,但何为"其他货运单位"则比较难理解。其实《海商法》这种提法是从公约中来的。在《海牙规则》中,是以"件或单位"为货物数量单位,其中的"单位"含义如何没有作进一步规定。欧洲各国将"单位"解释为"装运单位"

(shipping unit),即装运时的独立单位。如承运人承运500桶葡萄酒,每桶600公升,限制责任的货物数量单位就是"桶"而非"公升"。美国法则将"单位"解释为"习惯上的运费单位"(freight unit),即承运人用以作为计算运费的基础的单位。如承运人承运38万公斤原油,分装在船上两个油舱中,运费率为每千公斤22美元,限制责任的货物数量单位就是"一千公斤"而非"公斤"。由于采用不同单位计算出的承运人赔偿责任限制有很大不同,为达统一目的,《汉堡规则》将货物数量单位改为"每件或其他装运单位",表明"单位"并不是运费单位,而是"装运单位"。我国《海商法》中的"其他货运单位"应该和《汉堡规则》下的"装运单位"作同一解释。由于"单位"一词容易引起混淆,还有学者主张,应该放弃使用每"件"或每"单位"为计算责任限额的基础,而是改用"运费基准",即以货物所付运费的一定倍数,如10倍、20倍,作为责任限额,并认为这样更公平、更明确①。不过虽然这种提法在《海牙规则》制定时就曾被提出过,但始终没有被采纳。

货物的件数或单位,应以提单记载为准,即使提单记载和实际情况不符也是如此。如果提单上对货物的记载是有保留的,如有"托运人计数"、"据称内装"等所谓的"不知条款",这种条款虽然在计算货损赔偿时可能有意义,但在决定单位赔偿责任限制时变成无意义的,即使有"不知条款",提单上记载的数字仍然有效。

集装箱货,从《维斯比议定书》开始,是根据提单中是否载明装运器具内的货物件数决定是以装运器具还是内装货物件数作为计算单位。《汉堡规则》比《维斯比议定书》增加了一点,规定当集装箱或其他运输工具是货主提供的,在遭受灭失或损坏时,可把该运输工具本身作为一个装运单位。集装箱可能是承运人装箱,也可能是托运人装箱。如果是托运人装箱,承运人对集装箱内所装货物的实际数量无法检查。这样,如果仍然完全按照提单记载的集装箱内装货物数量计算,就会造成托运人的内包装方法,以及其申报和在提单上记载的方法左右着承运人责任限制金额的不合理结果。

在我国台湾地区的一个案件中,甲有限公司向乙运输公司托运了一批货物,提单记载为755箱,采用CY/CY的集装箱运输方式。货物中途落海灭失,甲公司向乙公司索赔。乙公司主张,由于货物是由甲公司自行装箱,承运人无法得知集装箱内货物的情况,因此只能以每只集装箱作为一件货物计算赔偿限额。法院审理结果,第一审及第二审都是甲公司败诉,但第三审改判甲公司胜诉。

2. 计价单位

我国《海商法》中计算赔偿限额时采用的计价单位是"计算单位"。所谓计

---

① 参见尹章华:《海上运送人单位责任限制改进刍议》,载台湾《中兴法学》1989年11月号。

算单位,根据《海商法》附则中的规定,是指国际货币基金组织规定的特别提款权;其人民币数额为法院判决之日、仲裁机构裁决之日或者当事人协议之日,按照国家外汇主管机关规定的兑换率得出的人民币数额。我国《海商法》采用的这种计价单位和《汉堡规则》是一致的。采用特别提款权作为计价单位,具有币值稳定、与国际接轨的优点。

3. 双重责任限额

随着船舶装载单位的大型化(长大件、机械等),以及集装箱运输的普及化等,《海牙规则》制定当时的每一件或每一单位的标准,已经不适合现代海上运输的实际情况。为了避免不公平的结果,从《维斯比议定书》开始,在计算责任限额时并用重量标准,形成"双重责任限额"(the two-tier liability system),货主索赔时可以根据对自己有利的方法选择采用件数或重量作为基础计算赔偿限额。这种方式在《汉堡规则》中保留下来,在我国《海商法》中也被沿用。

4. 迟延交付的赔偿限额

延迟交付造成经济损失的赔偿限额,为延迟交付的货物的运费数额。货物的灭失或者损坏和延迟交付同时发生的,承运人的赔偿责任限额适用一般货物灭失或损坏的赔偿限额。迟延交付的特殊赔偿限额有效限制了承运人对运输迟延的责任,但由于赔偿限额过低、损害货主利益而遭到许多人的反对。从司法实践看,虽然我国《海商法》规定了迟延交付的责任,但由于这种责任的过低的责任限额,使货主无人愿意仅为了得到运费本身数额的赔偿而向承运人追究迟延交付的责任,目前各海事法院还没有受理一起仅基于迟延交付索赔的案例。

5. 责任限制的例外情况

两种情况下不适用责任限制。第一种情况是有特约。根据我国《海商法》第56条规定,如果托运人在货物装运前已经申报货物的性质和价值,并在提单中载明的;或者承运人与托运人已经另行约定高于该条规定的赔偿限额的,则应按提单所载或双方约定的标准进行赔偿。托运人申报时,货物的性质和价值必须同时具备,缺一不可。而且,申报内容必须记载在提单上。如果提单上仅仅记载了货物性质,即使从该记载上很容易推知货物的市价,也仍然只能适用法定责任限制。

第二种情况是承运人丧失责任限制的权利。根据我国《海商法》第59条,如果货物的灭失、损坏或延迟交付是承运人故意或明知可能造成损失而轻率地作为或者不作为造成的,承运人不得援引限制赔偿责任的规定。这一规定和《海牙—维斯比规则》的规定是一致的。对什么是"故意"或"明知可能造成损失而轻率地作为或者不作为",《海牙—维斯比规则》的参加国已经作过很多解释。这是一个不很明确的标准,在我国如何解释还有待于在司法实践中逐步确立可行的标准。在《海牙规则》下,没有明确规定承运人在什么情况下丧失赔偿限额的保护,相反,该规则第4条第5款规定"不论任何情况下",承运人的赔偿责任都不超过每件或每单位100英镑,似乎责任限制是永远不会丧失的。但专家一般认为,这一规定不能从字面上理解,在《海牙规则》下,如果承运人有根本违反合同的行为,则承运人不能享受责任限制的保护。因为"不论任何情况下"是在运输合同存在的前提下的提法,如果发生了根本违反合同,运输合同已经不复存在,则整个《海牙规则》,包括其中的责任限制的规定,就都不再适用了。《维斯比议定书》增加了责任限制丧失的规定,但其中的"承运人故意或者明知"是否就等于或起码包括《海牙规则》下的根本违约还是另有所指是一个很有争议的问题,迄今没有定论。我国《合同法》也建立了根本违约制度,但只规定根本违约使另一方有权解除合同,而没有规定是否合同约定的免除或限制责任的条款不再有效。海上货物运输中,承运人没有取得托运人同意也不是依据国际惯例而擅自将货物装在甲板上,不合理绕航,无单放货等都常常被认为是根本违约行为,这些行为是否都应使承运人丧失责任限制,还是丧失的条件是一个事实问题,需要根据每次违约的具体情况具体分析。应该认为,不管是根据我国《海商法》第59条,还是根据我国《合同法》根本违约的理论,都不能仅仅根据违约的种类,而应根据违约的主观意图或违约后果的严重程度来决定是否剥夺承运人的责任限制权利。实践中有的法官只要看到无单放货或不合理绕航等就判决不适用责任限制是不妥当的。

只把承运人本人的故意或重大过失作为丧失责任限制的理由,而不包括承运人的雇佣人、代理人的故意等,这和航空运输的《海牙议定书》、《国际公路运输公约》等不同。后两个公约不仅把承运人本身,还把其雇佣人、代理人的故意或重大过失作为妨碍承运人援引责任限制的事由。但雇佣人、代理人的故意等,仅以他们在执行职务中所犯的故意为限。有人主张把承运人和其雇佣人、代理人都包括在内,这样做的理由在于,现代法人企业的场合,承运人本人及其雇佣人员之间的界限未必是明确的,所以废除他们之间的区别,并在雇佣人员等的行为中,加上在执行职务中的限制。提到作为法人的承运人时,是指陆上处于监督地位的职员,如海务监督等人员以及比他们地位高的上级人员,而船长和船员则不包括在其中。什么是职务范围之内可能发生纠纷。如在海上运输中,除船公司本身的从业人员之外,装卸公司雇佣的装卸工人,以及其他许多承包业者的雇佣人员参与运输,由于国情及地域的不同,要有效防止他们偷窃货物,实际上是不可能的。利用执行职务的方便行窃,是否算"职务范围"以内呢?如果算并因此剥夺承运人的责任限制权利,对承运人来说将产生重大的风险。

我国《海商法》的规定和《汉堡规则》的规定是一样的。第59条第1款规定承运人只在其本人的故意或重大过失引起货物灭失、损坏或迟延交付时丧失责任限制。但该条第2款接着规定,如经证明,货物的灭失、损坏或迟延交付是由于承运人的受雇人、代理人故意或者明知可能造成损失而轻率地作为或不作为造成的,承运人的受雇人、代理人不能享受责任限制。第 2 款适用于对承运人的受雇人、代理人提起诉讼的场合。

《维斯比议定书》开始,《汉堡规则》进一步扩展了措施,使责任限制根本上不可改变,从而保护责任限制条款的可预见性和确定性。如果货物的灭失或损害是由于承运人故意造成此种损害的行为或疏忽造成的,承运人的责任限制权利就将被剥夺。但索赔人证明承运人的意图通常是不可能的。因此,条款应包括承运人以一种可以推知其意图的方式轻率地、明知地引起货损的情况。

在"'三江口'轮货损货差纠纷案"中,被告广州远洋运输公司所属"三江口"轮在巴基斯坦装载一批白糖。装船工程中,船长先后向托运人和装货人发出书面声明和抗议,指出货物堆放于码头无任何遮盖物并发生了污染,宣布货物不清洁,且理货员理货不准确,货物数量有差异。但在托运人保证承运人不需对货物短少负责的情况下,承运人仍然签发了清洁提单。船到目的港卸货时,发现货物大量短少并因包装破损受损。收货人提出索赔,法院判决,承运人对货物损害应该负责,而且,由于本案中承运人在装船时和装船后,已经明知货物短少及破损,并向托运人提出过抗议,但仍然签发了清洁提单,承运人明知这样做的结果是在目的港不可能向收货人交付提单记载的货物,而放任这种结果的发生,根据《海牙规则》和我国《海商法》,承运人丧失了限制责任的权利。承运人的赔偿数额应该以货物的实际价值计算。

上案中的判决值得商榷,因为,根据我国《海商法》的规定,在责任限制丧失的条件里,承运人的故意或重大过失应该是引起货损的原因。如果并没有直接造成货物的灭失、损坏或者迟延交付,而是在履行合同中存在其他违约行为,即使是很严重的违约行为,如上案中的不实签发清洁提单,也不应该导致责任限制丧失。

四、承运人的责任期间

(一) 责任期间的不同规定

关于海上货物运输合同的三个国际公约都有承运人责任期间的规定。《海牙规则》规定承运人的责任期间是从货物装上船时起至货物卸下船时止,即所谓的"钩至钩,舷至舷"(tackle to tackle, rail to rail);而《汉堡规则》规定承运人的责任期间是从承运人接收货物时起至交付货物时止,即所谓的"港至港"(port to port)。

我国《海商法》第 46 条也规定了承运人的责任期间。这一条将承运人责任期间分为两种,集装箱装运的货物的责任期间是从装货港接收货物起至卸货港交付货物时止,货物在承运人掌管之下的全部期间。非集装箱装运的货物的责任期间是从货物装上船时起至卸下船时止,货物处于承运人掌管之下的全部期间。在责任期间发生货物灭失或损坏,除非法律另有规定,承运人应当负赔偿责任。我国法律的这条规定是综合了《海牙规则》和《汉堡规则》这两个国际公约的规定,对集装箱货和非集装箱货分别采取了"港至港"和"钩至钩"的责任期间,这与我国的航运实践是相符合的。

当初制定《海牙规则》时,代表们不愿意将该规则用在装运前和卸货后的期间,因为他们认为在这些期间内,货物处在具体某一国的单一管辖内,所以不需要国际公约的调整,而只需要像美国《哈特法》之类的国内法调整就足矣。而且,各国海运承运人的经营方式差别很大,有的在海运以外,还兼营货运代理或仓储等业务,如果不将规则的适用期间限制在海上,则很难取得一致意见。但运输合同下,承运人从收受货物起就有保管义务直至在目的港将其交付,这是理所当然的。这样的结果是,承运人在进行某一次海上货物运输时,要受国际、国内两个法律体系的调整,这给承运人和托运人都带来了很大的不便,当事人只好再用别的办法来解决这个问题。如在美国,为解决两个责任体系的问题,提单上通常清楚地要求整个运输适用1936年《海上货物运输法》,包括装运前和卸货后的期间。但这种解决方式并不总是有效的,因此"钩到钩"责任期间的规定总是招致大量的批评。

到《汉堡规则》制定时,参与起草的人一致同意将承运人的责任期间在《海牙规则规定》的基础上加以延长。结果是,《汉堡规则》规定承运人的责任期间是不论是在船上、驳船上还是港口,承运人掌管货物的全部期间,即港至港。条文中对"在装货港、运输途中和卸货港"的规定,是附加了地理上的限制。如果承运人在港口外区域,即内陆地点接管货物,或者交付货物,那么仍以货物运入所谓的港口区域(不一定划分得很明确)时起至运出港口区域时止为限,即排除了承运人在港口外接管货物到港口外交付货物的陆上运输期间。因为承运人或其委托的人履行超出港口区域至内陆的陆上运输,则合同已经超出了海上货物运输合同的范围,而成了所谓的联运合同,规则对这种联运的陆上运输区段不适用是很正常的。条文中还对"货物在承运人掌管期间"下了详细定义,具体表明了所说的从货物的接管到交付的接管方法和交付方法。定义中所说的当局,就是在亚洲、非洲、南美等发展中国家中广泛使用的接受或交付货物的方法,即考虑了排他地集中实施港口、海关等国家机关,关于定期船的装货或卸货,从托运收货或向收货人交付的方法。这些机关不能说是承运人的转包人,而是独立的第三者,对在那些机关掌握中发生的货物的灭失、损坏,认为是承运人的责任是不公平的,因此,应明确那样的损害应由收货人负担。"将货物置于收货人支配之下",是指例如向仓库业者寄存,通知督促收货人提货等。

表 4-2　　　　　　　　　　承运人责任期间比较

《海牙规则》	钩至钩,舷至舷
《海牙—维斯比规则》	钩至钩,舷至舷
《汉堡规则》	港至港
《中华人民共和国海商法》	集装箱货:港至港 非集装箱货:钩至钩,舷至舷

(二) 责任期间的含义

责任期间是海上货物运输合同的一个特殊概念。在一般合同中是没有责任期间规定的,合同存续的期间就是合同双方应根据合同约定负责的期间。海上货物运输合同中的这个特殊概念主要是为了适应海上货物运输法的强制性,它不是合同双方应该负责的期间,而是双方必须负海上货物运输法规定的强制性责任的期间,因此称为"强制责任期间"也许更准确。[①]

对责任期间的理解是有很大争议的。在 1954 年以前,基本上将它作为承运人承担运输任务的期间和《海牙规则》或《海牙—维斯比规则》适用的时间段,所谓"钩到钩"、"舷到舷"的提法主要是基于这种理解产生的。按这种观点,虽然《海牙规则》是适用于提单所证明的特定海上货物运输合同,但并非整个运输合同的履行都受规则管辖,而只有和海上运输阶段相关的合同部分才受管辖。从规则的目的来看,"运输合同"不是从签订开始,至履行完全部义务结束,而是从"货物装上船到卸下船"的一段期间,在这段期间以外,即使货物仍在承运人掌管之下,也不适用规则。但英国 1954 年的一个典型案例,即"Pyrene v. Sindia 案"中的判决对这种传统提法进行了挑战。按该案法官的观点,《海牙规则》不是适用于哪一具体的时间段,而是适用于整个运输合同。承运人在运输合同下的义务也不是必须包括规则列明的装载、记载等六项管货义务,而是可以由承托双方自由约定,只不过在约定由承运人承担后承运人就必须按妥善的、谨慎的标准来完成。按这种观点,货物是否越过装卸港的船舷对规则的适用以及承运人责任的判定都没有实质性的作用。这种观点在英国以后的判例中得到了确认和遵循,并对其他许多重要的海运国家产生了重要影响。但是这种观点也是有一定问题的。首先,如果认为《海牙规则》列明的六项管货义务不是承运人必须承担的义务,后果对托运人可能非常不利,如承运人可能会约定他不仅不对装、卸行为负责,也不对积载甚至照料货物等负责,这大大违背了旨在给承运人设定最低限度的义务的《海牙规则》制定的本意。其次,这种观点也使责任期间丧失了意义。在《海牙规则》下由于并没有明确使用"责任期间"这个词,而是学理上的一种归纳,但在《汉堡规则》和我国法下都明确提出了责任期间的概念,如果完

[①] 参见郭瑜:《合同期间与责任期间》,载《海事审判》1993 年第 3 期。

全不考虑它的效力不免违背了立法的意图。

要理解责任期间,应注意"责任期间"、"合同期间"和"法律适用期间"是三个不同的概念。责任期间,如上所述,严格地应该称为"强制责任期间",因为这段期间内承运人应当承担法律规定的适航、管货等强制性义务,如果货物发生灭失或损坏,必须负责赔偿,而不能用合同约定减轻这种责任。"合同期间"是整个海上货物运输合同存续的期间,它应该包括从合同签订到货物交付的全部时间,这段期间承运人都应尽合同约定的义务以及合同虽然没有约定但法律规定承运人一般应尽的义务。而"法律适用期间"是指特定的法律适用于合同的特定期间。如《海牙规则》规定的"货物运输合同"是指从货物装上船到货物卸下船为止的一段期间,这段期间就是《海牙规则》的适用期间,或者说是《海牙规则》调整的合同的期间,但这个期间并不是合同期间,因为即使适用《海牙规则》的合同,也是从订立合同时开始,到货物交付时为止的,只不过装前卸后这一段期间在《海牙规则》适用的意义上不被规则看做是运输合同的组成部分,但从民法和合同法的角度看,装前卸后当然还是在运输合同内。我国《海商法》第四章的标题是"海上货物运输合同",一目了然地指出了本章的调整范围,紧接着又对"海上货物运输合同"下了定义:"是指承运人收取运费,负责将托运人托运的货经海路由一港运至另一港的合同。"这个定义显然和《海牙规则》不同,没有对"海上货物运输合同"从时间上进行限制性的规定,因此应该认为我国《海商法》第四章的适用期间就是海上货物运输合同的全部合同期间,即从合同订立时起到货物交付时止,这个时间既是运输合同的期间,也是我国《海商法》第四章的适用期间,对集装箱货和非集装箱货都是如此。

责任期间可能只是运输合同期间的一部分。在责任期间以内,我国《海商法》对承运人权利义务的规定强制性适用,当事人不能用合同改变;而在责任期间以外,当事人可以自由约定双方的权利义务。但如果没有约定并不是就没有责任,而是仍然应该适用《海商法》中的规定来确定责任。承运人通常在提单中加上一个装前卸后不负责任的条款,即"装前卸后条款",这种条款对非集装箱货应该是有效的,对集装箱货则因触犯了法律的强制性规定而无效。

我国台湾部分学者提出的"运输责任单一说"和"运输责任分割说",其分歧的焦点就在于对承运人在海商法规定的"责任期间"以外应该如何适用法律的理解不同。按"运输责任单一说"的观点,承运人与托运人之间只有一个海上货物运输合同,而这个运输合同是一个整体。在承运人具体履行运输合同的过程中,除了海上运输部分以外,承运人从接收货物到装船,以及从卸船到交付的期间,也是海上货物运输合同的一部分,整个运输期间都应该适用同一的法律。而按"运输责任分割说"的观点,运输合同在"责任期间"以外或者不存在,或者应该由其他法律来约束。①

（三）责任期间的起止

1. 非集装箱货

对非集装箱货，我国《海商法》规定的责任期间是"从货物装上船时起至卸下船时止，货物在承运人掌管之下的全部期间"。对接收货物和交付货物的具体的时间点如何判断，从《海牙规则》开始就形成了"钩至钩，舷至舷"的说法，意思是，如果是使用岸上的装卸设备装卸货物，则货物在装货港越过船舷时就算装上船，而在卸货港越过船舷时就算卸下了船。如果是使用船上的装卸设备装卸货物，则货物在装货港挂上吊钩时就算装上船，在卸货港卸离吊钩时就算卸下船。

关于责任期间还有一个问题是，如果货物经过了转运，在转运过程中卸下船等待装上下一程船的期间，是否属于承运人的责任期间。一种说法是不属于，因为在岸上时货物与海上运输无关。但1984年"Mayhew Foods v. O. C. L案"②中，英国法官判决，如果转船运输中使用的是一张提单，而且货主并不知道货物一定会被转船，则即使发生了转船，在中途港等待装船的期间仍然属于《海牙规则》适用的期间。我国法律下应作同样解释。

货物装卸前往往要存在港口仓库。根据具体情况不同，货物存仓的这段期间可能在合同期间以内，也可能在合同期间以外。如果是合同期间以外，则不适用海商法而适用民法和合同法的一般规定。我国《合同法》对仓储合同进行了专门规定。根据该法，仓储合同是保管人储存存货人交付的仓储物，存货人支付仓储费的合同。它是一种特殊的保管合同，和一般的保管合同不同之处体现在两点：一是仓储合同自成立时起生效，而一般保管合同是自保管货物交付时生效；二是有偿合同，存货人要支付仓储费，而一般保管合同是否交付保管费由当事人约定。我国《合同法》仓储合同一章对仓储合同有特殊要求的问题作了规定，没有规定的，适用保管合同的有关规定。存货人交付仓储物的，保管人应当给付仓单。仓单是提取仓储物的凭证，可以通过背书并经保管人签字或盖章转让提取仓储物的权利。第三人对保管物主张权利，除依法对保管物采取保全或者执行以外，保管人应当履行向寄存人返还保管物的义务。第三人对保管人提起诉讼或者对保管物申请扣押的，保管人应当及时通知寄存人。保管人应当妥善保管保管物，保管期间，因保管人保管不善造成保管物毁损、灭失的，保管人应当承担损害赔偿责任。

---

① 参见杨仁寿：《论海牙规则对我国海商法之影响——从海牙规则看我国海商法就"海上运送单一说"有关理论之实践》，载《航运与贸易》第350期。

② [1984]1 Lloyd's Rep.

2. 集装箱货

集装箱货的责任期间是"从装货港接收货物时起至卸货港交付货物时止，货物处于承运人掌管之下的全部期间"。对具体的起止时间，形成了"港至港"的说法，即货物进入装货港时就算责任期间开始，离开卸货港时就算责任期间结束。但由于法律规定的责任期间起止的判断，除了装货港、卸货港以外，还有"在承运人掌管之下"这一标准，如何理解这两个标准的关系可能形成问题。如在"港至港"期间，货物已经脱离了承运人掌管，是否属于承运人责任期间内。

但实际业务中承运人往往在装货港或卸货港以外接收或交付货物，因此装、卸港口以外货物在承运人掌管之下的期间承运人是否以及应该负何种责任就成为了问题。而且，如果合同另有约定，应该如何看待约定的效力。

集装箱货的交接和装载与一般散装货物有很大不同。通常集装箱货有四种装载方式:CY/CY,CFS/CFS,CY/CFS,CFS/CY。所谓 CY 是集装箱集散场的简称(Container Yard)，是专供集装箱集散、存放的场所。所谓 CFS 是集装箱货物集散地的简称(Container Freight Station)，是专供利用集装箱运输的货物集散、存储的场所。一般情况下，如果托运人的货物足够装满一只或多只集装箱，他往往在自己的工厂、仓库等将货物装入集装箱后，再雇佣车辆将货物运输到集装箱集散地，经驻在该集散地的海关官员验关后，贴上封条，将整个集装箱交给承运人运往国外。这种装箱方式被称为"整装"。如果托运人的货物不足以装满一只集装箱，他往往将货物运到集装箱货物集散地，经驻在该集散地的海关官员验关后，交给承运人或货运代理人，由后者将货物与其他货主的货物合并装入一只集装箱运往目的地。这种装箱方式被称为"拼装"。与此相应，如果一只集装箱内只装了一个收货人的货物，则承运人往往在集装箱集散地就将货物交给收货人，由其自行将集装箱运到最终目的地自行拆开，这被称为"整拆"。如果一只集装箱内装载了多个收货人的货物，则承运人往往在目的地的集装箱货物集散地先行拆箱后再将货物分发给各位货主运回，这被称为"拼拆"。在欧洲航线，往往使用 FCL(FULL CONTAINER LOAD,整箱装载)或 LCL(LESS CONTAINER LOAD,拼箱装载)这样的缩写。其中 FCL 和 CY,LCL 和 CFS 基本是一致的。根据我国《海上国际集装箱运输管理规定》及其《实施细则》，承运人与托运人或收货人应当根据提单确定的交接方式，在码头堆场、货运站或双方商定的其他地点办理集装箱、集装箱货物交接。也就是说，采用何种装拆、何种交接方法，是由双方当事人自由约定的。《实施细则》规定，"站到场"交接方式下，"托运人将货物运至海上承运人指定的装货港集装箱货运站按件交货；海上承运人在装货港集装箱货运站按件接货并装箱"。但是这种规定是否是强制性的？是否提单注明"整装"或"整拆"就意味着货物一定是由货主或其代理人装箱或拆箱，提单注明"拼装"或"拼拆"就意味着货物一定是由承运人或其代理人装箱或拆箱？看来不应该得出这种结论。如果提单仅仅注明"CY/CFS"等,只是指明装卸地点,还是同时指明装卸责任的分担?如果提单注明"CY/CY",但同时注明"托运人装箱理数",是否能免除承运人的装箱理数责任?

在我国法院审理的"中国福建对外贸易中心集团诉中海发展股份有限公司案"中,1997年11月,华裕公司与万荣公司签订了四份进口合同,进口一批氨纶丝。1997年12月,该批进口货物由中海公司承运到港。提单记载运输方式为CFS/CY,货物为A级氨纶丝,货物装在20号集装箱内。提单上作了"托运人装箱和点数"和"据说装有"的批注。本案原告经合法转让取得提单后,向承运人要求提货。但海关查验货物时发现集装箱内装载的货物不是氨纶丝而是涤纶丝。又经查,承运人交付的集装箱箱体无损,铅封完好,集装箱内有纸箱,纸箱正面标有涤纶丝字样。原告因集装箱内装货物与提单记载不符,拒绝接收该批货物并向法院起诉。厦门海事法院一审判决,被告在提单上注明"CFS/CY"字样,表明所承运的货物为站到场交接方式。根据国际集装箱运输惯例和我国《海上国际集装箱运输管理规定实施细则》的规定,在站到场交接方式下,承运人员有在装货港集装箱货物站按件接货并装箱的义务,被告在提单上作"托运人装箱点数"和"据说装有"的批注,表明其未尽该项义务,最后判决被告败诉。本案经福建省高级人民法院二审后维持原判。

五、迟延交付的责任

(一)迟延交付责任的确立

海上货物运输合同是一种合同,一方应对违反合同造成的另一方损失进行赔偿。承运人违反合同时,货方因此而遭受的损失有两种主要形式,一种是实际损失,即货物发生实际灭失或损坏;另一种是经济损失,即货物虽然没有发生灭失或损坏,但货主应该得到的利益没有得到,最典型的就是迟延交付,货物虽然完好运到目的地,但超过了合同约定的时间,导致货物无法继续出售或无法实现本应实现的利润。

根据我国民法的基本原理,实际损失和经济损失都是违约方应该赔偿的。但在货物运输中,这个一般原理曾有一些例外情况。我国《经济合同法》第41条曾规定,承运人对在运输过程中发生的货物灭失、短少、变质、污染、损坏,按货物的实际损失赔偿。这一条规定实际上免除了承运人对货主经济损失的赔偿责任。这样规定的原因主要是考虑到运输中承运人承担的风险较大而对其作出的特殊优惠。不过,现在《经济合同法》已经被《合同法》所取代。而《合同法》第113条第1款规定,当事人一方不履行合同义务或者履行合同义务不符合约定,给对方造成损失的,损失赔偿额应当相当于因违约所造成的损失,包括合同履行后可以获得的利益,但不得超过违反合同一方订立合同时预见到或者应当预见到的因违反合同可能造成的损失。该法第十七章对运输合同的特别规定中,又在第 311 条规定:"承运人对运输过程中货物的毁损、灭失承担损害赔偿责任,……"因此,可见《合同法》下已经改变了对承运人不追究经济损失的规定。

从世界范围看,历史上海运中的迟延在许多国家都不能得到赔偿。《海牙规则》和《海牙-维斯比规则》都规定承运人应该对"货物的灭失或损坏"负责赔偿。围绕两规则所指的货物"灭失或损坏"是否包括因为货物延迟运到造成的经济损失曾经产生很大争议,许多学者认为,在这两个规则下迟延交付引起的的损失也不在承运人赔偿范围之内。实践中,两个规则的参加国往往是根据本国法律对违约赔偿的规定进行处理。有的国家如英国认为货物损坏包括经济损失,有的国家则认为不包括。《汉堡规则》第 5 条和第 6 条专门提到因迟延交付产生的损失,首次在国际公约中明确了承运人对迟延交付造成的损失应该负赔偿责任,但同时又为迟延交付的赔偿责任规定了特殊的责任限度,即承运人对迟延交付的赔偿责任,以相当于该项迟延交付货物应付运费的 2.5 倍金额为限,但不超过海上运输合同中规定的应付运费总额。《汉堡规则》对迟延交付的这种规定,顺应了国际运输立法的大趋势。因为虽然历史上各国对运输中承运人是否应对迟延交付负责有不同看法,但 1929 年航空运输的《华沙公约》、1962 年《国际铁路运输公约》、1956 年《国际公路运输公约》等都明确规定了承运人应对迟延交付所造成的损害负赔偿责任。

我国制定《海商法》时,在迟延交付问题上仿效了《汉堡规则》的做法。《海商法》第 46 条规定,在承运人责任期间内,货物发生灭失或损坏,除法律另有规定,承运人应当负赔偿责任。第 50 条又特别规定,除法律规定承运人不负赔偿责任的情形外,由于承运人的过失,致使货物因迟延交付而灭失或者损坏的,承运人应当负赔偿责任。即使货物没有灭失或者损坏,但货物因迟延交付而遭受经济损失的,承运人仍然应当负赔偿责任。

(二) 迟延交付的构成

我国《海商法》第 50 条第 1 款规定,货物未能在明确约定的时间内,在约定的卸货港交付的,为迟延交付。对这一规定有两种理解的可能。一种理解是,这一规定是给迟延交付下了一个定义,根据这个定义,只有明确约定了交付时间,才会发生迟延交付。没有约定则没有迟延交付,不存在交付超过合理时间的问题。另一种理解是,《海商法》第 50 条第 1 款并非对迟延交付所下的定义,而只是规定了迟延交付的一种情况。由于这一条款只对明确约定了交付时间而发生了迟延交付的这一种情况进行了规定,对没有约定交付时间的情况没有规定,承运人在这种情况下是否负责需要根据《海商法》其他条款的规定,或《合同法》等其他法律来确定。我们认为,对《海商法》的规定做第二种理解比较合理。因为正常情况下,所有运输合同都应该有一个交付货物的合理时间,超过合理时间交付就是违约,造成经济损失就应该进行赔偿。《海商法》规定承运人有管货的基本义务,其中妥善、谨慎地运输货物就应该包括在合理时间内将货物运到目的港。同时,《海商法》第49条还规定了承运人应该按照约定或习惯或地理上的航线将货物运往卸货港,没有在合理时间将货物运到往往是违反了这项义务。也就是说没有在合理时间将货物运到即使没有违背第50条,但仍然是违反了运输合同和《海商法》对承运人的义务的规定,是对管货和不绕航义务的违反,根据这两条义务也应承担责任。而且,《合同法》第290条也规定,承运人应当在约定期间或者合理期间内将旅客、货物安全运输到约定地点。因此即使《海商法》不适用,根据《合同法》,在没有约定交付时间的情况下,承运人仍然有在合理期间交付货物的义务,如果没有在合理期间交付就应当承担赔偿责任。

我国《海商法》对迟延交付的规定是仿效《汉堡规则》,而《汉堡规则》第5条第2款规定"如果货物未在明确约定的时间内,或者在没有这种约定时,未在按照具体情况对一个勤勉的承运人所能合理要求的时间内,在海上运输合同规定的卸货港交付,便是迟延交付"。即与《海商法》第50条不同,《汉堡规则》明确了该规则下迟延交付包括当事人明确约定了交付时间以及没有明确约定交付时间两种情况。有人主张,《海商法》与《汉堡规则》的这种差异是立法者有意而为的,其目的就是要排除承运人在没有约定交付时间时的迟延交付责任,从而为承运人提供更高程度的保护[①]。但是这种主张被许多学者所批判[②]。

(三)迟延交付的赔偿

迟延交付造成的损失可以分为两种情况。一种情况是迟延交付导致了货物的实际灭失或损坏。另一种情况是迟延交付只造成了货主的经济损失。根据我国《海商法》第50条的规定,承运人对这两种情况都应当进行赔偿。但是,两种赔偿责任的限额是不一样的。迟延交货导致货物实际灭失、损坏的情况,与迟延交付以外的原因所造成的灭失、损坏的情况适用同样的责任限额计算方式。而延迟交付导致发生货物灭失或损坏以外的形态的经济损失的情况下,经济损失的赔偿限额是以该批货物运费为限。如果延迟交付既导致了货物实际灭失或损坏,又导致了经济损失的发生,则两项损失赔偿的总和不得超过货物发生实际灭失或损坏时的责任限额。由于承运人对货物因迟延交付造成经济损失的赔偿限额,为所迟延交付的货物的运费数额。运费额往往是很小的,与迟延交付造成的经济损失的数额往往不成比例,因此这一规定在很大程度上限制了承运人的赔偿范围,是在承认承运人对经济损失的赔偿责任的前提下对承运人作出的又一

[①] 交通部政策法规司、交通法律事务中心编:《海商法学习必读》,人民交通出版社1993年版,第37页。

[②] 参见张明远、傅廷忠:《论国际海运货物迟延交付损失索赔的有关要素》,载《中国海商法年刊》(1994年),大连海事大学出版社1995年版;赵德铭主编:《国际海事法学》,北京大学出版社1999年版,第280页。

有限的保护。

由于我国《海商法》第 50 条规定的迟延交付只包括有明确约定的交付时间一种情况，而现在又一般都认为即使没有明确约定的交付时间，即不符合第 50 条规定的情况下，承运人仍然要对超过合理时间交付货物引起的损失负赔偿责任，这种责任或者是依据《海商法》的其他条款，或者是依据《合同法》等其他法律存在。但根据这种理解在实际进行赔偿时会产生一个问题，迟延交付的责任和一般违约责任的后果是不一样的。如果是适用《合同法》和《海商法》的一般规定来确定承运人没有在合理时间交付货物的责任，这种责任就不是第 50 条定义的"迟延交付"的责任，相应地承运人也就不能援引第 57 条关于迟延交付的赔偿责任的特殊限额。这样适用法律的后果很可能就是，承运人在明确约定交货时间，按道理应该负更重的责任的情况下，反而会由于享受特殊的责任限制而承担比没有明确约定交货时间的情况下更轻的责任。

迟延交付应该是承运人过失引起的。如果承运人承诺一定时间内将货物运到，但由于托运人未办妥出口手续以致延误了装船和船舶开航的时间，最后导致货物未能在约定的时间内运到，承运人不应负责。同样，如果由于港口拥挤等原因，在承运人无可奈何的情况下发生延迟的情况，责任不在承运人，即使超过了约定的交付期限，承运人如能完成举证责任，也不用负责。而如果船舶迟延开航，但承运人应托运人要求倒签了提单，由此引起的延误是否要负责？

在上海海事法院审理的"江阴市对外贸易公司诉嘉德货运有限公司货物运输合同纠纷案"中，被告承运原告的一批货物从我国上海港到孟加拉国吉大港。被告在和原告签订运输合同时告知原告出运时间为 5 月 15 日，运输大约需要 15 天。实际上，由于报关拖延等原因，货物没有在预定的时间装上船舶而是 5 月 23 日才装船离港，为满足信用证的需要，被告应原告请求倒签了提单。收货人最后于 7 月 15 日提走货物。原告托运人就迟延交付导致的损失向被告承运人索赔。最后，审理法院认为托运人无权对迟延交付进行索赔，因而以原告不具有诉讼主体资格为由驳回了原告的诉讼请求

上案涉及一系列迟延交付引起的索赔的典型问题。首先是责任问题。承运人对迟延交付负责的前提是自己对迟延的造成负有责任。如果迟延是由于托运人的过错造成的，如上案中，如经查明托运人未及时办妥报关手续是迟延的唯一原因，则承运人不应对迟延后果负责。其次是迟延交付的构成问题。由于我国《海商法》规定的迟延交付是以有明确约定为前提的，是否有明确约定就成为判断承运人责任的一个关键问题。约定不一定要记载在提单上，如果在运输合同签订时承运人口头或书面承诺了，也应该认为是有明确约定。第三是托运人能否对迟延交付进行索赔。在上案中，审理法院是以原告不具有诉讼主体资格为由驳回了起诉。但从本书以下对提单债权关系的论述可以看出，这种仅以收货

人具有对承运人的索赔权利的判决是值得商榷的。

六、特殊货物的责任

我国《海商法》对两种特殊货物的责任作了特殊规定。这两种货物即第52条规定的活动物和第53条规定的舱面货,或称"甲板货"。这两种货物的运输风险特别大,因此承运人的责任相应有所减轻,以适当保护承运人。我国《海商法》规定由于这两种货物固有的特殊风险造成的货物灭失或者损害,承运人不负赔偿责任。但要主张这种权利必须满足一定条件。对活动物,承运人必须证明业已履行托运人关于运输活动物的特别要求,并证明根据实际情况,灭失或者损害是由于此种固有的特殊风险造成的。对甲板货,承运人将货物装在甲板上必须是同托运人达成了协议,或者符合航运惯例,或者符合有关法律、行政法规的规定。

对活动物和甲板货进行特别规定是从《海牙规则》就形成的传统。在最初就《海牙规则》进行谈判的时候,代表们不愿意将该规则适用于甲板货,因为甲板货运输是十分危险的,根据当时的情况不应当要求承运人遵守《海牙规则》的高标准要求。代表们也不愿意将规则适用于活动物,因为活动物运输同样有特殊危险,而且这种运输很少,没有必要改变规则去调整它。最后《海牙规则》签订时,排除了规则对活动物和甲板货的适用,但被排除的甲板货被加上了严格的定义。只有在运输合同中载明装于甲板上并且确实已照装的货物才是规则所指的甲板货。如果货物实际装于甲板上,但运输合同没有相应记载;或运输合同载明货物装于甲板上,但实际装在甲板下,都不能算甲板货,规则都应适用。

在运输合同没有载明的情况下将货物装于甲板上,这种运输仍然受《海牙规则》调整。《海牙规则》下将这种行为视为"根本违约"行为,承运人不能援引运输合同或《海牙规则》中对其有利的责任限制和免责的规定。《海牙—维斯比规则》基本沿袭了《海牙规则》对甲板货的规定,但根据第4条第5款第5项,只有当未经授权的甲板运输是故意造成损害或明知损害可能发生而毫不在意地行为时,承运人才丧失单位责任限制。而且由于《维斯比议定书》在时效的规定中增加了"在任何情况下"的字样,《维斯比规则》所规定的1年诉讼时效的抗辩永远不会丧失,因此甲板货运输即使构成根本违约也受1年时效限制。

《汉堡规则》对甲板货也有相应规定,但它并没有将甲板货排除在公约的适用范围以外,而是规定,承运人只有在依据和托运人签订的协议或者贸易习惯或者法律规定时,才有权将货物装在甲板上。否则,承运人对完全是由于货物装在甲板上而遭受的损失负赔偿责任,这种责任不能以承运人或其代理人已经为避免事故发生及其后果采取一切能合理要求的措施这一理由进行抗辩。《汉堡规则》对活动物没有特殊规定。

我国《海商法》对是否构成甲板货的标准的规定与《海牙规则》和《海牙—维斯比规则》基本是一致的。但处理方式不同。《海牙规则》和《海牙—维斯比规则》不适用于甲板货和活动物，而我国《海商法》适用，只是承运人在满足一定条件下，在运输这两种货物时可以享受特殊权利。

提单中有时会包括一条"甲板货条款"，即规定承运人有权利自由决定是否将货物装载在甲板上。在《海牙规则》下，提单包括这种条款并不必然使承运人可以享受甲板货运输的豁免，因为这种条款并不是符合规则要求的"运输合同上的载明"，它只是赋予承运人一种将货物装在甲板上的选择权，而没有说明货物是否确实装在甲板上。只是有这条条款，没有其他关于货物装载位置的说明，则装在甲板上进行的运输仍然会被视为根本违约。因为甲板货条款只赋予一种选择权而并不能表明承运人和托运人已经就将货物装载在甲板上达成了协议，因此也不足以使承运人享受法律规定的甲板货运输的特殊权利。

七、承运人与其他责任主体的责任分担

（一）承运人与承运人的雇佣人、代理人的责任分担

1. 喜马拉雅条款

根据代理法中的代理人在代理权限内的行为后果由被代理人负责的"雇主负责"原理，如果承运人的雇佣人或代理人的过错导致货物损失，承运人应该负责。一般涉及代理的情况下，受代理人行为损害的一方总是希望被代理人承担责任，因为被代理人往往比代理人实力更强，更有能力承担责任。但在海上货物运输中，情况有些不同。因为承运人在海上货物运输合同中有很多免责，不能免责时还有责任限制，货主诉承运人也许不能得到赔偿或只能得到有限的赔偿，但如果直接起诉代理人却可以绕过运输合同的规定，也许可以得到更好的结果。这种情况在1954年英国法院审理的"Adler v. Dickson案"中发生了。该案中一位乘客Adler在船上由于舷梯倒塌而受伤，如果该乘客起诉承运人，将因为运输合同中的免责条款的约束而得不到赔偿。结果她直接起诉船长Dickson和水手长，并得到了赔偿。审理该案的英国上诉法院同时指出，在旅客运输和货物运输中，法律不仅允许承运人为自己利益，也允许他为自己雇佣的具体履行合同的人的利益而订立合同。但本案中客票上既没有明示也没有默示地赋予承运人的受雇人或代理人任何利益，因此Dickson等必须因其侵权行为而负赔偿责任。这个案子又因为涉案船舶的名字被称为"喜马拉雅案"[①]。该案判决后，承运人纷纷试图通过在运输合同中增加适当的条款以保护其雇佣人员。最典型的做法是在合同中规定，承运人的雇佣人和代理人，包括承运人雇佣的独立合同人，对其

---

① Adler v. Dickson, [1954] 2 Lloyd's Rep.

在受雇过程中的任何过失不向货方负责,并且享受运输合同中承运人享受的一切权利和免责。这一类条款被称为"喜马拉雅条款"(The Himalaya Clause)。

"喜马拉雅条款"虽然在运输合同中广泛适用,但其有效性却一直受到怀疑。这种怀疑首先基于法律理论上的原因:合同只约束合同双方当事人是公认的法律原则,承运人的雇佣人和代理人不是运输合同一方,"喜马拉雅条款"却是试图使并非合同一方的当事人得到运输合同条款的保护。虽然"为第三方利益订立的合同"也是为许多国家的法理所承认的,但"喜马拉雅条款"不是赋予第三方利益,而是赋予其否决权,即在被起诉时才能行使的权利。其次,还有人从实际效果上表示异议:"喜马拉雅条款"限制了从事实际工作的人的责任,但在商业社会中更可取的办法是让造成货物损害的人对该损害负责,要不然,他们会继续疏忽大意,对其做法不加任何改变。由于这样的怀疑的存在,虽然"喜马拉雅条款"的效力在很多国家得到了承认,但其稳定性却难以保证。

2.《海牙—维斯比规则》的相关规定

承运人在海上货物运输合同中享有若干免责或责任限制的合理性植根于海上运输业的巨大风险,而这种风险对实际从事运输工作的雇佣人、代理人等同样存在。如果认为对承运人进行特殊保护是合理的,则对承运人的雇佣人、代理人等加以特殊保护也应该是合理的。但是这种保护显然不能仅仅依靠"喜马拉雅条款"达到,而应该用更严密、更合法的手段来达到。

出于以上考虑,《维斯比议定书》在对《海牙规则》进行修改时,特别增加了一条重要规定,即:如果就运输合同中所载货物的灭失或损害对承运人的雇佣人或代理人(该雇佣人或代理人不是独立的订约方)提起诉讼,不管该诉讼是基于违约还是侵权,该雇佣人或代理人都有权适用承运人按照该规则所可援引的各项抗辩和责任限制。这条规定基本上和"喜马拉雅条款"希望达到的效果一致,但却具有后者不具备的法律规定性。①

3. 我国《海商法》的相关规定

我国《海商法》在承运人的雇佣人、代理人的责任问题上,基本上采纳了与《维斯比议定书》一样的立场。根据《海商法》第 58 条规定,就海上货物运输合同所涉及的货物灭失、损坏或者迟延交付对承运人提起的任何诉讼,不论海事请求人是否合同一方,也不论是根据合同或者是根据侵权行为提起的,都适用《海商法》第四章关于承运人的抗辩理由和限制赔偿责任的规定。如果这种诉讼是对承运人的受雇人或者代理人提起的,只要承运人的受雇人或者代理人证明其行为是在受雇或者受委托的范围之内,则也同样适用关于承运人的抗辩理由和限制赔偿责任的规定。

---

① 《维斯比议定书》第 3 条。

我国《海商法》与《维斯比议定书》有一点不同,没有特别规定独立的订约方(independent contractor)除外。《维斯比议定书》所排除的"独立的订约方",主要是指装卸公司、港口经营人等以本人的身份与承运人订有一般性的商业合同而非雇佣合同或代理合同的人。我国《海商法》在这一点上没有完全仿效《维斯比议定书》,主要是"独立的订约方"的提法在我国民商法理论上并不常用,规定在法律中会造成理解中的混乱,并没有要将"独立的订约方"包括在内的意思。实际上,由于明确规定是"承运人的受雇人或者代理人",并要求其证明是在"受雇或者受委托的范围之内",我国《海商法》中的相关规定,应作与《维斯比议定书》相同的解释。至于《维斯比议定书》特别排除的装卸公司、港口经营人等的法律地位,一般认为在我国《海商法》下,应该由"实际承运人"这一概念去解决。

我国《海商法》与《维斯比议定书》还有一点不同,是《维斯比议定书》中允许承运人的雇佣人、代理人援引的承运人的抗辩理由中包括一年的短期诉讼时效,而我国《海商法》由于将所有海事诉讼时效都集中规定在第十三章"时效"中,仅仅规定承运人的受雇人或者代理人可以援用《海商法》第四章规定的承运人的抗辩理由,就将一年的短期诉讼时效排除在外了。但这种不同明显不是立法者的本意,而更像是一次法律起草中的疏忽造成的,有待将来修改《海商法》时加以补正。

(二) 承运人与实际承运人的责任分担

1. 承运人和实际承运人的识别

承运人识别是海上货物运输法中的一个特殊而重要的问题。

《海牙规则》是第一次在国际公约中对海运承运人作一定义。该规则第1条第1款规定:"承运人包括和托运人缔结运输合同的船舶所有人和租船人。"这个定义被认为有缺陷。首先,由于定义中使用了"包括"一词,在船舶所有人和租船人以外,是否还应该有其他承运人,如果有,是什么,这一点不明确。其次,当与托运人缔结运输合同的不是船舶所有人而是租船人时,是船舶所有人还是租船人是承运人,谁应该对货方负公约上的责任,这一点也不明确。《维斯比议定书》在对《海牙规则》进行修改时没有涉及承运人的定义,因此这个问题被保留下来。到制定《汉堡规则》时,为解决这一问题曾提出三种主要的方案。第一种方案是,将承运人定义为单纯是指以自己的名义与托运人缔结运输合同的所有的人,即将公约下的承运人与以前所称的"合同承运人"赋予相同的含义。第二种方案是,加重承运人的条件,即以收取货物,承运货物,并签发提单的单一的人为承运人,这样必须全部履行了三项工作的人才是承运人,如果工作被不同的人分担,则没有承运人。第三种方案是,尽可能把接受运输的人、实行运输的人都包括在承运人这一概念之内,一次运输的承运人包括多数人。在讨论中代表们发现不管是多个承运人还是没有承运人都不利于承运人的概念的统一,因此最后决定采用第一种方案来定义承运人,而在承运人之外,又另外设立了一个实际承运人的概念与其配套使用。因此,在《汉堡规则》下,承运人是指与托运人签订海上货物运输合同的人,而实际承运人是指接受承运人委托,从事货物运输或者部分运输的人①。

我国《海商法》基本采用了《汉堡规则》对承运人的定义。该法第 42 条第 1 项规定:"承运人,是指本人或者委托他人以本人名义与托运人订立海上货物运输合同的人。"也就是说,与托运人订立运输合同是承运人的根本特征,其他因素,如是否拥有船舶,是船舶的所有人,是否实际进行货物运输任务,是否签发提单等都是无足轻重的。实践中,常常根据谁签发提单或提单上的记载判断谁是承运人,但提单是根据运输合同的规定签发的,从时间顺序上看,运输合同成立在先,提单签发在后,运输合同成立时谁是承运人就已经确定了,其后谁实际签发了提单不能影响已经确定的承运人的地位。提单上的记载只是识别承运人的一个线索,却不是唯一标准,如果提单记载与实际情况不符,即提单上记载的"承运人"并不是实际与托运人签订运输合同的人,则应该以实际情况为准。当然签发提单或提单上记名的人也可能基于无权代理、不可翻供、欺诈等法律原理而必须对提单持有人负提单上的责任,为方便起见,我们不妨将这种人称为"提单表面的承运人"。

如果承运人订立了运输合同,但不拥有船舶,或不实际进行运输任务,他常常被称为"合同承运人",用以和拥有船舶或实际进行了运输任务的人相区别。实际履行运输任务的人常常被称为"实际承运人"。拥有船舶的人可能是实际承运人,但也可能和运输合同毫无关系,如光船租船中的出租人。

我国《海商法》第 42 条第 2 项规定:"实际承运人,是指接受承运人委托,从事货物运输或者部分运输的人,包括接受转委托从事此项运输的其他人。"根据该条规定,实际承运人的成立有两个要件:实际进行货物运输、接受承运人委托或转委托。

一般认为,实际承运人主要发生在三种情况下:根据提单上的自由转运条款,由承运人根据情况决定将货物在运输途中交给其他船舶转载;在联运提单下进行转运;与托运人缔结运输合同的承运人不是用自己所有的船舶或光船租赁的船舶,而是预先以租船合同等备妥船舶,用其他船公司的船舶进行自己承揽的运输。这些情况下,实际进行了货物全程或部分运输,但却与货主之间没有运输合同的人,都是实际承运人。

除承运人和实际承运人外,运输合同中作为托运人的相对方,常常还涉及承运人的雇佣人、代理人为承运人服务的"独立订约人"等。这些人与实际承运人

---

① 见〔日〕樱井铃二著:《汉堡规则的成立及解释》,张既义等译,对外贸易教育出版社 1985 年版。

的关系如何是一个复杂的问题。应该说,所有这些各方都是接受承运人委托从事承运人在运输合同下承担的全部或部分运输任务。与承运人的雇佣人、代理人一样,实际承运人也是接受承运人委托履行部分承运人在运输合同下的义务。但实际承运人不是雇佣人或代理人,它和承运人之间签订的不是雇佣合同或委托代理合同,而是一般的商业合同。承运人只对雇佣人或代理人在受雇或者受委托的范围内的行为负责,但在对实际承运人的行为负责时,则不受该行为是否在受雇或者受委托范围内的约束。承运人始终不能解除对其受雇人或代理人进行的部分运输的责任,但在实际承运人,如果运输合同已经明确指定特定部分的运输由指定的实际承运人履行,承运人可以用合同约定对这一部分特定的运输不负责任。

装卸工人和港站经营人等通常不被视为承运人的雇佣人或代理人,而是被视为"独立订约人",因为他们和承运人之间签订的不是雇佣合同而是独立的商业合同。实际承运人这一概念里是否包括传统上被称为"独立订约人"的这些装卸公司、港站经营人等不是非常明确。一般认为不包括,但也有相反意见。这似乎主要取决于实际承运人定义中的"运输"一词的范围大小。如果"运输"是只包括海上航行,则实际承运人当然只指海上承运人。如果"运输"不仅包括海上航行,还包括海上航行前后的辅助工作,只要它是承运人在运输合同下的义务,那么就很难将装卸公司等排除在实际承运人的定义之外。现有的法律在这一点上不是很清楚。这一缺陷在美国正在起草的新海上货物运输法中似乎得到了纠正。在这部新法规的草案中,实际承运人被定义为履行或承诺履行合同承运人根据运输合同承担的任何义务的人,包括履行或承诺履行或组织履行便利货物运输的任何辅助服务,这个广泛的定义包括了海上承运人、内陆承运人、装卸公司、港站经营人、集运人、包装公司、仓储公司和他们的受雇人、代理人。这样的定义显然将传统所称的"独立订约人"都包括在实际承运人中了。但我国实际承运人概念可能很难作如此宽泛的解释。

船舶在英美法中被拟人化处理了。根据英国普通法,船舶本身也应该是承运人,在发生货损货差时可以被追究责任,即可以进行"对物诉讼"。所谓追究船舶的责任只是程序上的方便说法,其实后果是由船舶所有人直接承担的。因此,将船舶视为承运人,实际上是将船舶所有人视为承运人。这导致了英国法下不管是否是在租船合同下,船舶所有人都很难逃避承运人责任的后果。在我国没有对物诉讼的做法,船舶自然也不具备承运人的地位,但和《汉堡规则》一样,我国法中对实际承运人的定义往往就包括了租船合同下的船舶所有人。不过在实践中,这常常是一个引起很多争议的问题。

在"五矿国际有色金属公司诉海南通连船务公司再审案"中,承运船错误卸货,被告通连公司作为承运船的注册船东,在一审中被海口海事法院判定作为承运人负责,在二审中则被海南省高级人民法院判定作为实际承运人负责,而在最高人民法院再审时,又被认为既不是承运人也不是实际承运人,不需对错误卸货负责。①

2. 承运人与实际承运人的责任划分

区分承运人和实际承运人概念的一个核心问题是,当和托运人订立运输合同的合同承运人和实际进行运输任务的实际承运人不是一个人时,究竟谁是运输合同的主体,谁应该负法律规定的承运人的责任。关于这一点,《汉堡规则》制定时提出的意见包括:(1) 两者均应负责;(2) 如果在提单上没有表明合同承运人的名称,或者没有正确表明时,仅由船舶经营人(所有人或光船租船人的意思)对收货人等负责;(3) 公约上的责任只由合同承运人负担,对于实际承运人,只依据国内法可追溯其责任。但多数人认为,当合同承运人或实际承运人的任何一方如果资信不足,或者难以掌握时,保证追溯另一方,对保护收货人来说是非常重要的。因此,《汉堡规则》最后基本采纳了第一个观点的主张。而我国《海商法》在这个问题上,也基本采用了《汉堡规则》的立场。

根据我国《海商法》第 61—65 条的规定,如果承运人将运输的部分或全部委托给实际承运人执行,不管根据海上货物运输合同是否有权这样做,承运人仍须按照法律规定对全程运输负责。对实际承运人承担的运输,承运人应当对实际承运人的行为或者实际承运人的受雇人、代理人在受雇或者受委托的范围内的行为负责。只有在满足以下三个条件时,承运人才可以不对实际承运人的行为负责:(1) 运输合同明确约定,合同所包括的特定的部分运输由承运人以外的指定的实际承运人履行;(2) 运输合同明确指出实际承运人是谁;(3) 运输合同明确约定,货物在指定的实际承运人掌管期间发生的灭失、损坏或者迟延交付,承运人不负赔偿责任。接受委托从事全部或部分运输的实际承运人,按照法律规定对自己履行的运输负责。这种责任与承运人在《海商法》下的运输责任是一样的,即《海商法》第四章规定的承运人的法定责任、责任限制和免责也都适用于实际承运人。实际承运人就自己履行的运输部分对托运人是直接负责。由于实际承运人不是和托运人缔结合同的人,所以他的责任不是基于运输合同的责任,而是基于法律规定的责任,可以说是成文法上的责任。其结果是,就实际承运人履行的部分而言,承运人和实际承运人双方分别对货方直接负责任。而货方对他们中的任何一方都可以追究责任。这样在两者之一丧失偿付能力时,货方可向另一方追偿,这是对货主利益进行保护的规定。

---

① 案情见《最高人民法院公报》1999 年第 6 期。对该案的评述,参见郭瑜:《海南通连船务公司与五矿国际有色金属贸易公司海上货物运输纠纷再审案评析》,载《海商法研究》第 2 辑,法律出版社 2000 年版。

承运人和托运人之间如果有特约,不论是负超过法律规定的责任,还是放弃法律赋予的权利,虽然约束承运人,但除非实际承运人书面同意,不能约束实际承运人。在承运人和实际承运人都应负责的情况下,两者的责任是连带责任。即货方有权从任何一方得到全部赔偿。从承运人、实际承运人和他们的雇佣人和代理人处取得的赔偿金额的总和,不能超过法律规定的责任限制。但是,他们中的任何人,根据法律丧失了责任限制的权利时,对于这个人又另当别论。承运人和实际承运人之间的内部求偿,根据两者间订立的运输合同或租船合同或其他合同的条件进行。

承运人和实际承运人的责任并不完全相同,如应托运人请求签发提单的权利和义务就应只属于承运人,实际承运人即使签发提单也不构成其与货主之间的关系。同理,对无单放货负有责任的通常只是承运人,实际承运人即使负责全程运输,但由于没有凭提单交付货物的义务,所以不对无单放货负责。

在"南京轻工工艺品进出口股份有限公司诉上海捷达国际运输有限公司、东方海外货柜航运(中国)有限公司海上货物运输合同纠纷案"中,原告是 CIF 买卖合同的卖方,委托第一被告上海捷达将货物出运。上海捷达将货物交给 NBM 公司承运。NBM 公司签发已装船提单给上海捷达,并委托第二被告东方海外实际运输。东方海外签发收货人为 NBM 公司的记名提单给上海捷达。上海捷达将 NBM 公司签发的已装船提单转交给原告南京轻工,但保留了东方海外签发的记名提单。东方海外在目的港收回其签发的记名提单后将货物交给记名收货人指定的人。南京轻工结汇不成,持正本提单起诉。上海海事法院审理认为,东方海外公司是实际承运人,仅对自己签发的提单负责。当全部正本提单收回,并收到记名收货人的放货指示后,向指名提货人放货并无不当,判决驳回起诉。本案经上诉到上海市高级人民法院后被维持原判。

联运的情况,即在海上货物运输合同中明确规定了特定部分的运输由特定实际承运人承担,合同可以同时规定,承运人对这一部分运输期间货物的事故不负责任,但是,这种约定有效的前提是货方对实际承运人必须能在有管辖权的法院提起法律诉讼。损失发生在实际承运人掌管下的运输区段的举证责任由承运人承担。

第四节　托运人的义务和责任

我国《海商法》第四章第三节规定了托运人的责任。主要是妥善包装货物并正确申报货物资料;办理货物运输手续;托运危险品的责任;支付运费等。

一、妥善包装货物并正确申报货物资料

包装货物是托运人的基本义务。良好的包装应该是正常的或习惯的包装，在通常的照管和运输条件下，能够保护货物避免几乎绝大多数轻微的损害。托运人没有义务使用可能的最安全的包装而导致额外的费用。承运人应根据货物的包装情况进行适当的装卸和照料。但这种适当的装卸和照料不应超过运输此类货物一般应负的谨慎责任。货损发生时，是由于包装不良还是承运人照料货物不适当有时非常难以判断。应该认为对双方的要求都应该根据通常标准来确定。如果货物包装不良或者标志欠缺、不清，由此引起货物本身的灭失或损坏，承运人可免除对托运人的赔偿责任。但如果货物的这些不良状况引起其他货主的损失，承运人应该负责赔偿，然后再向托运人追偿。

托运人在交付货物时，应将货物的品名、标志、包数或者件数、重量或者体积等相关资料申报给承运人。托运人必须保证其申报的资料正确无误，有的学者将这种责任称为一种"法定担保责任"。托运人对申报不实造成的承运人的损失要负赔偿责任。申报不实造成的损失一般分为两种，一种是由于不实资料直接造成的承运人的损失，如托运人为少交运费将2000公斤重的货物谎报为1000公斤，由此造成承运人起重设备的损坏；另一种是由于不实资料造成的承运人对第三方的责任，如托运人错误填写货物标志，致使承运人在目的港错误交货，由此造成收货人的损失。根据我国《海商法》规定，承运人因托运人包装不良或申报资料不正确享有的受偿的权利，不影响其根据货物运输合同对托运人以外的人所承担的责任。

所谓对托运人以外的人承担的责任，主要是指对托运人以外的第三方提单持有人的责任。我国《海商法》规定，承运人接收货物后，经托运人申请，应当签发提单，提单上必须注明诸如货物的包数或件数、数量或重量等内容。但是虽然提单是承运人签发的，但实际上提单上关于货物详细情况的记载一般都是根据托运人提供的资料进行，甚至是由托运人自己直接填写在提单上，再由承运人签发的。承运人往往无法核实货物的真实情况。如集装箱货，在不打开集装箱的情况下，承运人通常是不可能确定集装箱内的包数或件数，而打开铅封又是各方最不愿意看到的事情。对于非集装箱货物同样存在承运人不能确定其内容的情况。在一些港口和某些时候，承运人甚至不能确定货物重量。虽然我国《海商法》免除了承运人在没有适当方法核实记载的准确性时记载货物件数、数量或重量的义务，但因为独立的商业原因，托运人希望提单中记有此内容，所以承运人仍然会依靠托运人提供的信息而作相关记载。对这样的记载，承运人对第三方提单持有人必须负责，不能以实际上记载的内容是托运人记载的作为抗辩。但赔偿第三方提单持有人后，承运人可向托运人进行追偿。

二、办理货物运输手续

我国《海商法》规定,托运人应当及时向港口、海关、检疫、检验和其他主管机关办理货物运输所需要的各项手续,并将已办理各项手续的单证送交承运人;因办理各项手续的有关单证送交不及时、不完备或者不正确,使承运人的利益受到损害的,托运人应当负赔偿责任。

但应当由承运人办理的手续没有办好的,承运人同样应当对托运人负责。

三、托运危险品的责任

《海牙规则》第4条第6款和《汉堡规则》第13条都对承运人运输危险货物时的责任作了特别规定。我国《海商法》第68条也规定了托运人托运危险货物时的基本义务。根据该条规定,托运人托运危险货物,应当依照有关危险货物运输的规定,妥善包装,作出危险品标志和标签,并将正式名称和性质以及应当采取的预防危害措施书面通知承运人。

根据我国《海商法》第68条,没有通知会导致两项严重后果。首先,承运人不对任何灭失或损坏负责,这种免责不仅可以对托运人主张,对无辜的第三方收货人也同样可以主张。这和提单记载不准确不能对抗第三方的规定不一样[①]。其次,托运人在承运人因此遭受损失时还应负责赔偿。这样的后果不要求托运人有过失,因此是过失原则的一个例外。

即使托运人尽到了通知义务,而且承运人明确同意装运危险品,但承运人在承运的危险货物对于船舶、人员或者其他货物构成实际危险时,仍然可以将货物卸下、销毁或者使之不能为害。承运人这样行动不对该危险货物的损失负赔偿责任。但危险货物仍负有分摊共同海损的义务。

我国《海商法》对危险品运输的规定有一些不足。首先,第68条没有规定托运人没有妥善包装或在货物上作出危险品标志和标签的责任,这是一个缺憾。第二,第68条也没有规定在涉及实际承运人时,如果托运人将货物的危险性质和预防措施通知了合同承运人,却没有通知实际承运人,同时合同承运人也没有通知实际承运人,实际承运人能否主张托运人没有通知产生的权利。第三,如果托运人没有通知承运人,但承运人仍从其他渠道得知了货物的危险性质,那么托运人是否仍然承担法律规定的没有通知的后果不清楚。

在一个典型案例中,某土畜产公司委托中化公司代理出口某危险化学品。中化公司向韩进公司订舱并交付装有该化学品的集装箱两只。韩进公司收到货

---

① 参见 William Tetley 著,《海上货物索赔》,张永坚译,大连海运学院出版社1993年版,第362—363页。

物后签发了两套已装船清洁提单,提单中记载土畜产公司为托运人。根据国际海上危险货物运输规则的有关规定,本单货物属于4、2级危险品,强还原剂,需第2、3类气密包装。但托运人的包装不符合标准。在运输过程中,一个集装箱突然冒出浓烟,经查起火原因是由于该化学品的自热性造成,未经隔绝空气密封使货物达到燃点后接触氧气而发生燃烧。在通知某土畜产公司和中化公司接收货物未果后,承运人在香港环境保护署的指示下焚烧处理了货物,承运人的集装箱基本全损。至此,承运人韩进公司向法院起诉,要求某土畜产公司及中化公司赔偿经济损失。①

海上危险品货物运输,承托双方应当严格按照国际海上危险货物运输规则的规定进行运输和包装,否则应当承担相应的责任。本案中货物发生自燃,实际危险已经产生,承运人有权销毁货物而不承担责任。由于货物自燃是由于托运人交付货物时未对货物进行妥善包装所致,托运人对承运人因此遭受的损失应该负责赔偿。中化公司是将货物实际交给承运人的人,某土畜产公司是委托他人为自己订立海上货物运输合同,并且是提单中列明的托运人,两者都是我国海商法中规定的托运人,他们应当对由其包装不当给承运人造成的损失承担共同的赔偿责任。

四、支付运费

支付运费是海上货物运输合同下托运人最基本的义务。班轮运输和航次租船合同中都有运费,但定期租船合同中货方支付的对价不是运费而是租金。运费是为将货物从一地运往另一地而支付的,而租金则是为了在特定期间内使用船舶的权利支付的,与承租人将船舶使用于货物与否无关。

运费通常是根据货物数量计算的。货物运输合同中一般包括一个运费率条款规定运费计算的基础。运费单位可能采取很多形式,如根据重量、包数、立方等。由于装卸港口的计量结果可能不一致,因此在合同中规定清楚是根据装货港还是卸货港的计量结果计算运费很重要。

运费的支付时间一般有两种:预付或到付。预付一般是在签发提单的当时或随后支付,而到付一般是在目的港交货时支付。运输合同可能明确约定全部或部分运费预付。在使用信用证的商业实践中常常作此要求。如果合同没有明确约定运费支付时间,英国普通法认为运费应在承运人在目的地将货物交付给收货人时支付。支付运费和交付货物被视为对流条件(concurrent condition)。不交货就不能支付运费,即使不交货并非由于承运人过失引起或是承运人可以

---

① 参见"山东韩进海运有限公司诉烟台土畜产进出口集团有限公司、中化山东烟台进出口公司包装不当损失赔偿案",载金正佳主编:《中国海事审判年刊》(2001年),人民交通出版社2001年版。

免责的过失引起。唯一的例外是不交货是由于托运人的过失引起的。如果货物到达港口时处于受损状态，或发生了短卸，仍然应该支付全额运费，收货人无权扣减。在"Aries Tanker Corp. v. Total Transport 案"①中，英国法官指出："关于货物的索赔不能从运费中扣减是一个在英国早就建立的基本原则。"但这种扣减的权利可通过运输合同中的明确约定得到。关于这一原则的合理性是有疑义的。英国法官 Denning 试图解释这一原则的合理性为："良好的商业行为要求根据运输合同支付运费。不能仅仅因为据称货物在运输途中受损就不支付运费。否则，不法商人就会利用一切没有根据的据称货损来拒绝支付。即使是合法商人，它也会导致支付延误。"第二个理由是改变现有法律会打乱船东的运费保险人和保赔协会之间的风险分担。目前，由于没有对运费的抗辩，任何船东对货主的责任都是由保赔协会承担的。如果对运费有了抗辩，至少可能提出会产生应由船东的运费保险人承担的运费损失。但是货物达到后已经严重受损以致已经不再是原来的货物则不用支付运费。

在我国，支付运费和交付货物应视为同时履行的义务，双方在对方履行前都可以拒绝履行。《海商法》第69条规定："托运人应当按照约定向承运人支付运费。托运人与承运人可以约定运费由收货人支付；但是，此项约定应当在运输单证中载明。"即除非运输单据另有记载，运费支付的主体是托运人。提单上通常会用简单的文字记载运费支付情况，如"运费预付"或"运费到付"，能否说运费预付的记载就表明交付主体是托运人，而运费到付的记载就说明交付主体是收货人？虽然实践中一般都这样理解，但理论上并无坚实的根据。

运费支付也有例外情况。第一是解除合同。根据我国《海商法》第89条，船舶在装货港开航前，如果是托运人要求解除合同的，除非合同另有约定，托运人应当向承运人支付约定运费的一半；如果是因不可抗力或者其他不能归责于承运人和托运人的原因致使合同不能履行的，双方均可解除合同，托运人无需支付运费，已经支付的，承运人应当退还。我国《海商法》没有对开航后解除合同的情况作出规定。但根据我国《合同法》，应认为如果开航后发生法定情形，仍然可以解除合同，解除后运费不用支付。第二是发生绕航后，有人主张绕航使原合同终止了，托运人支付运费的任务也就解除了。但如果货物仍然被运到了目的港，托运人应支付合理的费用。第三是合同履行不能。运输合同是提供劳务的合同，如果货物在运输途中已经全部灭失，则不可能继续履行，运费也就不用支付。我国《合同法》第314条也规定："货物在运输过程中因不可抗力灭失，未收取运费的，承运人不得要求支付运费；已收取运费的，托运人可以要求返还。"英国法下有承运人"放弃"航程的理论。如果运输航程受阻，或货物发生严重变

---

① [1977] 1 Lloyd's Rep.

质已不再适于继续运输等,承运人可以放弃航程,这时承运人无权索取运费,但是运费如果已付也不用交还。如果在可以放弃航程的情况下,承运人安排另外的船舶将货物继续运抵目的地,承运人仍然有权得到全部运费。

支付运费是托运人的义务。但由于我国《海商法》规定了两种托运人,就产生了哪一种托运人应该支付运费的问题。应该认为当签订运输合同的人和将货物交给承运人的人不是同一方时,有义务交付运费的是签订运输合同的托运人。因为支付运费是运输合同下的基本义务,和交付货物并没有直接关系。

提单上通常有"托运人"一栏。这一栏记载的通常是将货物实际交给承运人的人,或者是其他人。如果提单上记载的托运人不是真正的托运人,承运人是否有权向记名的人要求预付运费?应该不能。提单记载并不足以使本来和运输合同无关的人承担运输合同上的义务,这是合同只约束合同当事人这一原则的自然结果。持相反意见者提出的一种设想是,一方可以不是运输合同下的托运人,但可以通过提单记载成为提单关系中的托运人。这种设想经不起推敲。首先我国法律规定的提单关系只存在于承运人和收货人、提单持有人之间。托运人本来就不是提单关系的一方。其次,虽然一方可能不是运输合同下的承运人,但却因为提单上的记载成为对提单持有人负责的"提单表面的承运人",但这种情况只发生在提单上的"承运人"通过某种行为使这种记载有一定根据,如表面授权或不可翻供等时。在托运人的情况下,提单上的记载完全是承运人所为,托运人对这种记载没有任何控制或影响的能力,因此不应对其负责。

在英国法院审理的"The Cho Yang Success 案"①中,CIF 卖方委托货运代理人 A 安排运输事宜,该货运代理人又委托另一货运代理人 B 安排这批货的运输。B 将货物装载在一家航运公司的船上并取得提单。B 在向航运公司支付运费前就破产了,但此时卖方已经将运费支付给了 A,A 又根据他和 B 的合同完成了向 B 的支付。由于提单托运人一栏记载的是卖方的名称,航运公司向卖方起诉索要运费。法院根据卖方向货运代理人支付的是运费而不是代理费等因素认定两个货运代理人都是以承运人身份出现的,因此在和航运公司签订的运输合同中货运代理人 B 是托运人。卖方从未授权他的合同对方即货运代理人 A 用另一个合同或文件上的记载来约束他,也从未同意承担向原告支付运费的义务。最后,法院判决卖方不用支付两次运费。

这个案子遗留下一个有意思的问题,即如果 CIF 卖方尚未支付运费前,货运代理人 B 就已经破产了,实际进行运输的承运人是否也无权向卖方或货运代理人 A 主张运费呢?

---

① [1997] Lloyd's Rep.

五、托运人对承运人的赔偿责任

我国《海商法》第70条规定,托运人对承运人、实际承运人所遭受的损失或者船舶所遭受的损坏不负赔偿责任;但是此种损失是由于托运人或托运人的受雇人、代理人的过失造成的除外。这条规定与《海牙规则》和《海牙—维斯比规则》的第4条第3款是一致的。所谓承运人、实际承运人或船舶遭受的损失典型的有:在装货和卸货过程中,由托运人雇佣的装卸工人对船舶和货物所造成的损害;有缺陷的货物对船舶和其他货物造成的损害;危险货物对船舶、货物、船员以及其他第三方造成的损害。托运人由于装卸迟延导致承运人承受高额滞期费也是损失的一种形式。

承运人签发清洁提单而对第三者进行欺诈时,承运人不得向托运人追及履行保证责任。

六、两种托运人的责任分担

(一)两种托运人

托运人是海上货物运输合同的另外一方当事人。

实践中,"托运人"这一概念一直是在不同意义上使用的,订立运输合同、交付货物,或承担了货物运输中其他某些义务的人都可能被称作托运人。这种用法不是很严谨,但实践中甚至一些国家的立法中都没有进行严格界定。如在英国,常常使用"shipper"来表示发运货物的人,而用"consignor"来表示和承运人订立运输合同的人。但这种区分并不严格,交叉使用的情况也很常见。这不免引起实践中的一些混乱局面。为解决这个问题,《汉堡规则》特别设置了"托运人"的定义,但如何下这个定义在起草规则时就引起了很大争议,最后是根据妥协的结果作出了定义,而这个定义又在我国制定《海商法》时被几乎原样引用了。根据我国《海商法》的规定,托运人是指:(1)本人或者委托他人以本人名义或者委托他人为本人与承运人订立海上货物运输合同的人;(2)本人或者委托他人以本人名义或者委托他人为本人将货物交给与海上货物运输合同有关的承运人的人。[①] 根据这个定义,托运人的判断有两条标准,即订立运输合同或交付货物。由于我国《海商法》在两个条件之间没有使用任何关联词,因此理论上存在需满足两个条件还是其中一个条件的争议,但实际上只有理解为满足条件之一就是托运人才符合常理,否则会出现一个合同中不存在托运人的情况,因此并不会产生真的歧义。但随即产生的一个问题是,如果交货和订立运输合同是由不

---

① 《汉堡规则》在这一点上与我国略有不同。《汉堡规则》在两个条件之间使用了"或"(or)作为连接词,因此很明确只要满足条件之一就符合"托运人"的定义了。

同方作出的,这两方是否都是"托运人",他们之间的关系应如何确定。《汉堡规则》和我国《海商法》对这一点都没有明确规定。

有的国家如北欧四国的海商法仿照承运人与实际承运人的区分,将与承运人订立运输合同的人定义为契约托运人,而将实际交付货物给承运人的人定义为实际托运人。我国很多学者主张仿效这种立法例,在我国《海商法》中增加"实际托运人"的概念,并指出符合我国《海商法》规定的托运人第二条标准的就是实际托运人[①]。

提单上一般都有"托运人"一栏,但其记载的托运人不一定和法律规定的或通常理解的托运人的概念一致。这时提单记载的人是否能视为托运人,本来应该视为托运人的人是否会因为未在提单上记名而不再被视为托运人是个争议较大的问题。既然法律已经明确规定了托运人的定义,应该认为,符合法律规定的两个条件之一的人就是托运人,法律没有将在提单上记载作为条件之一,因此应该认为是否在提单上记载并不影响一方成为托运人。反之,如果一方并不符合法律规定的条件,仅仅是在提单上被记名为"托运人"并不能使他成为真正的托运人。当然,提单上的这种不实记载也许会使相信提单记载的人遭受损失,这就要结合提单上的记载出现错误是谁的过失引起的以及相信提单上的记载是否合理等因素来追究责任。

(二) 两种"托运人"的权利义务

如果承认实际上可能在一个运输合同下同时存在两个独立的托运人,则会产生这两个托运人如何承担运输合同下的权利义务,以及他们相互之间的权利义务如何的问题。《汉堡规则》和我国《海商法》对这个问题同样没有规定。可能的解决办法无外乎几种:双方对运输合同下的权利义务都负责,并相互承担连带责任;双方只负责与己方的行为有关部分的运输合同下的义务,相互之间不负连带责任;参照法律对实际承运人的规范方法,规定与承运人签订运输合同的"合同托运人"对运输合同负全责,而将货物实际交给承运人的"实际托运人"只对与货物交付有关的事项负责,除非合同中明确规定且注明"实际托运人"的名称,"合同托运人"对"实际托运人"的行为也要负责。比较有吸引力的是最后一种解决方法。但这种方法有一个很大的难题,就是如何区分哪些行为是与交货有关的,哪些不是。

设置"实际托运人"的考虑和设置"实际承运人"的考虑应该是一致的,即尽可能地将海上货物运输的各环节以及各当事方都包括在法律规定的强制性体制

[①] 参见翁子明:《实际承运人和实际托运人的法定性》,载金正佳主编:《中国海事审判年刊》(1999年),人民交通出版社1999年版;张明远:《论提单项下两种托运人诉权的区别》,载《中国海商法协会通讯》1996年第2期。

中,防止法律的强制性被种种规避措施所损害。

第五节 货物交付的责任分配

一、货物交接的义务

（一）承运人交付货物的义务

海上货物运输合同中承运人是否有义务交付货物是一个有争议的问题。否认承运人有交付货物的义务的原因主要有两个。首先,我国《海商法》规定的承运人管货义务中,只列举了装载、照料、卸载等七项,而没有包括交货,因此似乎《海商法》下承运人没有义务将货物交付给收货人。其次,我国《海商法》规定承运人的责任期间,对非集装箱货是从货物装上船起到货物卸下船止,而货物交付往往发生在卸下船以后,因此似乎交付已经是责任期间以外,从时间范围看是承运人不必负责的。

交付货物是海上货物运输合同中承运人的基本义务。法律明确规定的管货等义务只是承运人的最低法定义务,是承运人不得用合同规定减低或排除的义务,但并不是承运人在运输合同下的义务的全部。作为运输合同,一个基本的义务应该就是在目的港将货物交付货主。因此,承运人的义务应该包括适当交付,它应该是每个运输合同的默示条款。在承运人签发了提单的情况下,提单的定义说明承运人承诺了对特定人即提单持有人交付货物。而且,对货物的保管、照料就应该包括在目的港将货物交给收货人。但由于交付往往发生在责任期间以外,不属于法律规定的强制性义务,因此这项义务可以通过在运输合同中加以规定而免除。[①]

为解决司法实践中围绕货物交付引发的若干争议,最高人民法院于2009年发布了《关于审理无正本提单交付货物案件适用法律若干问题的规定》[②]。根据该规定,承运人违反法律规定,无正本提单交付货物,损害正本提单持有人提单

[①] 根据美国法律,在卸货"时"和卸货"后"有三种照料货物的制度。第一种制度是在卸货时,这一期间承运人的责任是以1936年海上货物运输法为准。第二种制度是在卸货后但交付或象征性交付以前,这一期间承运人的责任是以哈特法为准。第三种制度是在象征性交付货物以后,这一时间承运人是作为货物的受托人承担一般受托人的责任。海上货物运输法中关于承运人免责和责任限制的规定是否适用于卸货以后取决于各州法律的规定。虽然运输合同中一般规定仍然适用,但由于法院已经作出裁定,当海上货物运输法的适用范围超出钩到钩时,它仅仅是作为合同条款来适用,因此当州法律与合同条款抵触时,州法律优先。

[②] 法释[2009]1号,2009年2月16日由最高人民法院审判委员会第1463次会议通过,自2009年3月5日起施行。

权利的,正本提单持有人可以要求承运人承担由此造成损失的民事责任。正本提单持有人可以要求承运人承担违约责任,也可以要求承担侵权责任。这种责任的追究适用《海商法》的规定;《海商法》没有规定的,适用其他法律的规定。承运人因无正本提单交付货物承担民事责任的,不适用《海商法》第56条关于限制赔偿责任的规定。

（二）收货人接收货物的义务

与承运人交付货物的义务相对应,收货人也有收取货物的义务。货物交付是需要承运人和收货人双方配合才能完成的行为。收货人应该主动查明船舶到达港口的时间,并及时安排人力和工具接收货物。如果收货人收货不及时给承运人造成损失,如租船合同中的船舶产生的滞期费、将货物存仓产生的仓储费等,收货人应该进行赔偿。

二、货物交付时的检验

收货人从承运人处收取货物时,有义务对货物进行检查。如果货物处于不良状态,则应及时用书面通知承运人。如果货物的灭失或损害是显而易见的,通知应当场作出。如果不是显而易见的,应该在货物交付的次日起连续7日内作出。如果是集装箱装运的货物,应该在交付的次日起连续15日内作出。对不通知的制裁是,初步认定交付的货物处于良好状态,对于货物在交付时的状态与提单记载不一致的原因的举证责任由承运人转至收货人。但是如果货物交付时,收货人已经会同承运人对货物进行了联合检查或检验的,则无需就已经查明的灭失或损坏的情况提交书面通知。

承运人和收货人都可以在目的港交接货物前申请检验机构对货物状况进行检验,要求检验的一方应当支付检验费用,但有权向造成货物损失的责任方追偿。在对货物进行检验时,承运人和收货人双方应当相互提供合理的便利条件。如果是迟延交付,收货人必须自交货次日起连续60日内提出延迟造成经济损失的书面通知,否则承运人不负赔偿责任。

三、货物交付的形式

交付的形式不止一种,它可以是实际交付,如将货物交给收货人或其指定的人,也可以是象征性交付,如将货物置于一个适当的场所并通知收货人领取。我国《海商法》第86条规定,在卸货港无人提取货物或者收货人迟延、拒绝提取货物的,船长可以将货物卸在仓库或者其他适当场所,由此产生的费用和风险由收货人承担。这一规定即是关于象征性交货的规定。

两种交货方式中,实际交付是一般原则,象征性交付是例外情况,即在实际交付不可能时才能采用。如果收货人明确拒绝提取货物,承运人无疑可以进行象征性交货。但如果是卸货港无人提取货物或收货人迟延提取货物,承运人是否应该等待一段合理期间再进行象征性交付,如果是,合理期间应该多长,这些问题是我国《海商法》没有规定而实际工作中必须回答的。在许多国家或港口都有一个免费期间,在此期间对卸在码头的货物不收码头费,但英美判例一般否认这个期间和是否妥善交付货物有关。在合理时间以内,承运人的运输任务仍然没有终止。一个案例中,承运人在船舶到港的第二天即将货物卸在码头,结果卸船24小时内货物由于火灾而焚毁,法院判决货物并没有被适当交付,承运人的责任仍然延续。交付的地点除非另有约定应该在船边。在一个英国案例中,合同规定应将货物卸入驳船,收货人提供了驳船并开到船边,但驳船上没有足够的人手因而没能在约定的时间内接收货物。承运人为由此引起的迟延损失起诉。法院判决,承运人没有义务将货物装到驳船上。他的义务是将货物置于越过船舷收货人可及处。

象征性交付是在收货人没有正确履行其收取货物的义务时,法律赋予承运人的一项权利。但具体行使这项权利时,承运人会遇到许多障碍。最常遇到的问题是,承运人无法如法律规定的那样,"将货物卸在仓库或者其他适当场所"。如在实行贸易管制的国家,进口货物需要经过报关获海关放行才能卸下船舶。有的情况下,港口当局还要求对货物进行处理如熏蒸后才能卸下。还有的情况下货物根本就不能卸下,如有的港口对用稻草包装的货物不允许进港。这些本来应该是由收货人处理,而且可能也只能由收货人处理,如报关,只有收货人手中才有各种报关所需的文件。船长在这些情况下根本不可能将货物卸下船。最后,即使满足了权利行使的前提,也能行使该项权利,后果仍然未必符合承运人利益。因为虽然法律规定"由此产生的费用和风险由收货人承担",但要收货人承担责任必须要确定谁是收货人。如果收货人始终不出现,由此产生的高额卸货、仓储费用应由谁承担?由承运人承担对承运人不公平,但由仓库承担更是毫无根据。而且,如果货物是危险品,在仓储期间对仓库造成损害,责任谁承担?唯一合理的解释只能是在收货人提货以前,承运人的运输合同尚未结束,仍然要承担运输合同下的管理货物的义务。将货物存放在仓库只是请人代管性质。

承运人应将货物完整地交给收货人。如果由于承运人可以免责的原因,不同货主的货物发生了混同,承运人只需将混同的货物按比例分给各货主就完成了交货义务。如果是多份提单下运输的同一种货物在航程中发生了损坏,承运人无需将到港的货物按比例分给各货主,而只需将货物交给第一位来提货的人就算完成了交货义务。但如果混同或货物损坏是由于承运人的过失造成的,承运人当然就应负赔偿责任。

承运人交货无需事先通知收货人。在提单上往往有一栏记载着"通知方"的地址名称,这个记载是为了承运人需要通知货主时可以找到通知对象,但并不表明承运人就承诺了要将货物到港的消息通知通知方。

在我国上海海事法院审理的"上海埃澳达建材配件有限公司诉上海外轮代理公司海上货物运输合同纠纷案"中，原告埃澳达公司从国外进口了一批设备，外方船公司通知埃澳达公司船于1996年4月29日抵港。5月11日，埃澳达公司收到上海外轮代理公司于5月8日发出的提货通知书。5月16日，埃澳达公司前往办理报关手续，获知产生集装箱超期使用费、转栈费及其他费用共计人民币2027元。埃澳达公司随即以上海外轮代理公司失职，未及时发出提货通知书，致使其无法知道提货地点为由起诉，要求上海外轮代理公司赔偿损失。上海海事法院认为，原告所主张的被告负有必须通知的义务，否则就是严重的工作失职的观点与提单背面条款及班轮运输通行惯例不符，原、被告之间并无直接的合同关系，因此驳回了原告的诉讼请求。此案经原告上诉到上海市高级人民法院，上海市高级人民法院也认为，被上诉人通知货方提货并非基于法定义务，上诉人持有提单不及时提货，损失应该自负，因此驳回了上诉，维持原判。

承运人一般不用通知货物到达，在国际海上货物运输中，这一点几乎是共识。但对这一点我国《海商法》并无明确规定，实际业务中一般是援引国际惯例作为依据。但我国《合同法》第309条明确规定："货物运输到达后，承运人知道收货人的，应当及时通知收货人，收货人应当及时提货。收货人逾期提货的，应当向承运人支付保管等费用。"由于我国《海商法》对这一点没有规定，因此我国《合同法》的这一规定不仅适用于国内货物运输合同，也适用于国际海上货物运输合同。在签发了可转让提单的海上货物运输中，由于承运人对提单最终将转让到何方手中不知道，因此可以以不知道收货人为由不履行通知义务。但在签发记名提单或不适用提单的情况下，承运人可能就必须履行通知义务了。

四、留置货物

承运人在交付货物前，可能由于一些原因留置货物。这种做法满足一定条件时是合法的。承运人可以合法留置货物的情况有两种，一种是法律有明确规定，另一种是运输合同有明确规定。

我国《海商法》第87条规定，应当向承运人支付的运费、共同海损分摊、滞期费和承运人为货物垫付的必要费用以及应当向承运人支付的其他费用没有付清，又没有提供适当担保的，承运人可以在合理的限度内留置其货物。

和民法上的其他留置权的行使一样，承运人留置货物的前提是货物在其控制之下。如果货物已经脱离其控制则不能再主张留置。但货物并不一定要留在船上，如果货物卸下后存于承运人的仓库或能控制的第三方仓库，则仍能留置货物。

承运人留置货物必须是在合理限度内，即货物价值和欠付款项相当。如果留置的货物价值大大超过应付款项，承运人要对由此引起的货方的损失负责。

承运人留置货物时必须查清货物的所有权人是否是债务人。这是一个复杂的问题。因为在运输途中的货物的所有权的归属往往不容易简单查清。而从民法关于留置权的规定来看,留置是一种债的担保方式,只能由债权人向债务人主张,同时只能对债务人的财产主张。如果应该向承运人支付运费的是托运人,而货物的所有权已经转让给了收货人,承运人就不再能在收货港留置收货人的货物,虽然承运人对应支付而未支付的运费本来可以留置货物。我国《海商法》规定可以留置"其"货物,这里的"其"指代不是很明确,但应该认为它是"债务人所有的"的意思。

承运人与托运人之间签订有运输合同,因此,承运人的债务人通常是托运人。但收货人在提单有相应规定时,也有义务向承运人支付运费或其他费用,这时收货人是承运人的债务人。收货人支付的运费一般是到付运费,即提单上注明在货物运到目的港后才支付的运费。如果提单规定的运费是预付运费,而实际上托运人并没有预付,收货人也不负责。其他应由收货人支付的运费通常包括卸货费、卸货港滞期费、共同海损分摊等。

有人主张,收货人向承运人承担义务的前提是向承运人主张权利。如果收货人不向承运人主张提取货物或损害索赔的权利,则承运人也不能向收货人主张权利。这种观点不尽合理。如在收货人不提取运输货物造成承运人损失的情况下,即使收货人不主张权利,承运人也应被允许向收货人主张赔偿。这样,在类似"洋垃圾"的案件中,如果国内不法商人假借进口货物之名,委托承运人运输国外工业废料等,在货物到港后又不去提取,则承运人可以直接要求收货人承担处理废料的费用,或在代其支付后直接向收货人索赔,而无需再向托运人追偿。

我国《海商法》对承运人留置货物的地点没有特别规定,实践中,对承运人只能在目的港留置货物,还是也可以在中途港进行留置常产生争议。不过一般认为,只有在目的港才能留置货物。

对承运人可否为了上一航次的债务留置本航次的货物,应区分两种情况。根据我国《担保法》第82条,是不可以的。但如果通过法院按法定程序采取诉讼保全措施则应认为可以。

运输合同中也可以对留置权进行专门规定。这种权利是合同留置权。和法定留置权不同,合同留置权只能在合同当事人之间行使。如租船合同规定出租方在承租人不付租金的情况下有权留置其货物,但如果货物是第三方托运人的,则即使租金未付,出租人也不能留置货物。

对留置货物的处置视货方的反应可作不同处理。如果货方及时付清了欠付款项,承运人应交付货物。如果仍不支付,根据我国《海商法》第88条,自货物抵达卸货港的次日起满60日无人提取的,承运人可以申请法院裁定拍卖,货物易腐烂或者货物的保管费用可能超过其价值的,还可以申请提前拍卖。拍卖所得价款用于清偿保管、拍卖费用和欠付费用,不足部分还可以向托运人追偿,多余部分退还托运人,如果1年内无人领取,则上缴国库。我国《海商法》的规定将对留置货物的处置限制在申请法院拍卖一种方法上,这和我国民法规定的债权人可将留置财产折价或者以变卖该财产的价款优先得到偿还的规定不一致。而且根据民法规定,债权人在变卖货物前应通知债务人,这种通知义务是否适用于海商法中的货物留置权也不清楚。而且债权人留置货物后,在船舶抵达卸货港60天以内不能申请法院拍卖,在这段期间债权人不仅不能得到赔偿,还要承担额外的费用。此时债权人往往转而申请诉前保全。

在"利比里亚海洋航运有限公司诉前申请扣押土耳其玛迪租船公司货物案"中,申请人与被申请人之间签订有航次租船合同,由申请人所属"贡诺森"轮装运钢材从土耳其到上海港。船到上海港后,被申请人仍未支付运费,申请人对其承运的1.08万吨钢材进行留置。但将货物留置在船上造成船舶滞留港口,由此引起船舶维持费、港口费等额外费用。为减少损失,申请人将货物卸下船并同时申请上海海事法院扣留其中5000吨钢材。法院受理了扣货申请,被申请人随即付清了所欠款项。

留置货物在实践中可能遇到特殊的困难。如没有人收货就不可能得到进口货物的文件。在许多国家的海关都规定没有相关文件货物不能进关。如没有动植物检疫证书,船长根本无法卸货。在要求接收货物需要特殊工具或技能的情况下,如易腐烂货物或需要输油管的油货,船长也无法独立将货物卸下船。即使卸下,港务局也不敢接收。这时应该规定承运人有权申请法院强制卸货,从而绕过海关的规定。或者承运人有权将货物卸到可以卸下的地方,如运回装货港,并要求货方承担全部费用和损失。

第六节　国际货物多式联运

一、多式联运的概念

多式联运是指承运人采用多种运输方式,负责将货物由一地运往另一地的货物运输方式。多式联运中的承运人一般称为多式联运经营人(multimodal transport operator, MTO)。

多式联运虽然是近年才发展起来的一种新的运输方式,但由于具有简便、安全、快捷等特点,展示了强大的生命力,发展十分迅速,已经在国际货物运输量中占了不小的份额。

多式联运的发展与集装箱的使用关系密切。正是因为在运输中广泛采用集装箱包装、运输货物，使货物从一种运输转到另一种运输更为方便，才使多式联运的发展具有了更坚实的物质基础。但多式联运与集装箱运输是两个不同的概念，多式联运可以使用而且最好使用集装箱装运货物，但也可以不使用。同样，集装箱可以用在多式联运中，但也完全可以用在其他单一运输方式中。

由于多式联运要经过不同的运输区段，在不同运输区段可能存在不同的运输公约或约束承运人责任的强制性国内法，以致同一批货物的运输在不同阶段面临不同的运输条件和承运人责任体系，依据哪个法律决定承运人权利义务便成为问题。目前多式联运下的承运人责任制度主要有两种，即"单一责任制"（Uniform Liability System）和"网状责任制"（Net Work Liability System）。单一责任制下，多式联运经营人的责任为一种，或是现有的公约中的一种，或是创设一种新的责任体系。网状责任制下，多式联运经营人的责任由现有的约束每一区段运输的法律确定，不同区段的运输责任不同。

二、1980年《多式联运公约》

早在20世纪30年代，国际社会就已经开始考虑制定有关多式联运的法律。长期以来，国际商会、国际统一私法协会、国际海事委员会等组织为此作出了很多努力，也曾经制定出一些公约草案，但都未能成功。1973年，联合国经社理事会要求联合国贸发会议设立政府间筹备委员会，负责起草联运公约草案。联合国《多式联运公约》（UN Convention on International Multimodal Transport of Goods）1980年签订，有67个国家的代表在最后文件上签了字。这是世界上第一个多式联运方面的公约，但至今尚未生效。

公约共8章42条。第一章总则，包括定义、适用范围和对多式联运的限制。第二章多式联运单据，第三章多式联运经营人的赔偿责任，第四章发货人的责任，第五章索赔与诉讼，第六章补充条款，第七章海关事项，第八章最后条款。

公约对承运人责任的规定采取了"单一责任制"原则，和联合国主持制定的另一项公约——《汉堡规则》的责任体系非常接近。公约下，多式联运经营人的责任期间从货物接受时起到货物交付时止。责任基础是推定过失责任制，即多式联运经营人应对货物在其掌管期间的灭失或损坏负责，除非他能证明已经采取了所有合理措施防止货物的灭失或损坏发生。如果多式联运的多个运输方式中包括海运，则多式联运经营人的赔偿责任限制在每件或每运输单位920个特别提款权，或损坏或灭失的货物的毛重每公斤2.75个特别提款权，以高者为准。如果运输方式中不包括海运，则责任限制是损坏或灭失的货物的毛重每公斤8.33个特别提款权。

三、1992 年 UNCTAD/ICC《多式联运单规则》

由于《多式联运公约》迟迟不能生效而且可能永远也不能生效,为了解决多式联运中的法律问题,国际贸易法委员会转而和国际商会合作,在 1992 年起草制定了《多式联运单规则》(UNCTAD/ICC Rules for Multimodal Transport Documents)。这套规则作为标准合同条款供当事人自由选择适用。但当事人如果选择适用该规则,则规则优先于多式联运合同中任何与规则不一致的规定,除非这些规定增加了多式联运经营人的责任和义务。

多式联运单是指任何签发成可转让或记名收货人因而不可转让的形式的,只要适用的法律允许,可以采用电子交换信息代替的单据。除非单据另有规定,单据是多式联运经营人接收货物的初步证明,但在单据转让或电子信息转移并被接受者确认后就成为最终证据,相反证据不能被接受。

规则采用了典型的"网状责任制"原则。根据规则,多式联运经营人对所有区段的运输负责。多式联运经营人的责任从接受货物起到交付货物时止,他对货物灭失、损坏以及迟延交付负责,除非能证明损失不是由于他或他的雇佣人、代理人或其他他请来履行合同的人的过错或疏忽引起的。但只有在托运人已经申明货物及时运到的重要性并被多式联运经营人接受时,多式联运经营人才对货物的迟延交付负责。迟延交付是指货物没有在明确约定的时间或没有明确约定时应该要求一个谨慎的多式联运经营人交付的时间内运到。如果货物没有在应该交付的时间连续 90 天后运到,应该视为货物已经灭失。在有海运的情况下,如果货物灭失、损坏或延误是由于海运中承运人的船长、船员、引水员或其他雇佣人在航行或管理船舶中的行为、疏忽或过错引起的,或没有承运人的实际错误或知情的火灾引起的,多式联运经营人不负责任。经营人的责任限额是每件或每单位 666.67 个特别提款权,或毛重每公斤 2 个特别提款权,以高者为准。除非托运人对货物的性质和价值另有申明并记载在多式联运单上。如果联运中不包括海运或内河运输,多式联运经营人的责任限制为每公斤 8.33 个特别提款权。如果货物的灭失或损坏发生在某个特定阶段,该阶段的运输如果单独签订运输合同,该合同将受某个适用于该阶段的国际公约或强制性的国内法的约束,则多式联运经营人对这种灭失或损坏的责任限制将根据该公约或国内法确定。经营人累加的责任不应超过货物全部灭失时的责任。如果能证明货物的灭失、损坏或延误是由于多式联运经营人有意或明知损失会发生而严重疏忽的个人行为或不行为引起的,他不能享受责任限制。

四、我国《海商法》对多式联运的规定

我国《海商法》第四章第八节对多式联运合同作了特别规定,但这些规定只

适用于多式联运中的一种情况，即通过两种以上的不同运输方式，其中一种是海上运输方式的情况。

根据我国《海商法》，多式联运经营人是指本人或者委托他人以本人名义与托运人订立多式联运合同的人。多式联运经营人负责履行或者组织履行多式联运合同，并对全程运输负责。他的责任期间是从接收货物时起至交付货物时止。

我国《海商法》中多式联运的责任体系采用了"网状责任制"。如果能够确定货物的灭失或者损坏发生于多式联运的某一运输区段的，多式联运经营人的赔偿责任和责任限额，适用调整该区段运输方式的有关法律规定。如果不能确定灭失或者损坏发生的运输区段，则多式联运经营人的赔偿责任和责任限额，适用我国《海商法》中关于海运承运人的相关规定。

如果多式联运中的某些区段是由多式联运经营人雇请实际承运人进行的，多式联运经营人和实际承运人可以另以合同约定相互之间的权利义务，但这种合同不得影响多式联运经营人对全程运输所承担的责任。

第五章　提单和其他海上货物运输单据

在本章中,我们将

——了解提单在海上货物运输和国际贸易中的作用

——学习提单的主要功能

——分析提单制度面临的问题和其他运输单据代替提单的可能性

第一节 提单概述

一、提单的概念和发展历史

提单,是指用以证明海上货物运输合同和货物已经由承运人接收或者装船,以及承运人保证据以交付货物的单证。提单中载明的向记名人交付货物,或者按照指示人的指示交付货物,或者向提单持有人交付货物的条款,构成承运人据以交付货物的保证。[①]

提单在海上货物运输中的使用已经有很长的历史,其形式和内容也经过了几次重大改变。最初的提单在公元12世纪到14世纪之间出现。当时由于海上贸易的形式经历了从船商合一到船商分离的变化,而且商人不再派遣自己的代表随船出海,商人在将货物交给船主运输时,希望船主能出具一份表明收到货物的证明文书,由此形成了提单的雏形。早期的提单形式很简单,功能也很单一。到公元17世纪,随着海上运输向规模化发展,承运人开始将他与托运人签订的运输合同的条款记载于提单背面,并且为方便起见,不再为每笔货物逐一制定提单,而是制定统一的标准格式提单,提单背面印制好运输合同条款,收货时只在提单正面记载每笔货物的情况后就发给货主。以后,提单又被做成一式两联,从骑缝处分开,承运人和托运人各执一联,在目的港拼接起来,能对上就交货,提单因此成为承运人在目的港交付货物的凭证。现在,提单已经成为海上货物运输中使用最多、最为重要的单据,而且在国际货物买卖的其他环节中都发挥着重要作用。

二、提单的业务流程

(一)提单在海上货物运输中的业务流程

提单是在海上货物运输中签发的。一般的业务流程是:承运人揽货或托运人定舱,根据定舱单,承托双方达成一致意见后签订运输合同。根据运输合同,托运人将货物运交承运人指定的地点或直接交到船上。承运人签发装货单。装货单一般由三联组成。一联是作为留底,供承运人编制装船清单之用,又称作"装货清单"。一联是装货单正本,返还给托运人作货物出口报关之用,故又称作"关单"。另一联是收货单,返还给托运人作为承运人已收取货物的凭证,由

[①] 参见我国《海商法》第71条。

于其上有船上大副的签字,习惯上又称为"大副收据"。托运人凭大副收据向承运人换取提单。托运人取得提单后,即将提单寄交目的港的收货人,以便收货人能凭提单提取货物。实际业务中,承运人还往往要求收货人凭提单先到承运人在目的港的代理人处换取一份交货单(俗称小提单),再凭交货单提货。

图 5-1　　　　　　提单在海上货物运输中的流程

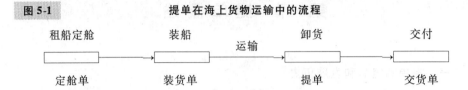

(二) 提单在国际货物买卖中的业务流程

目前在涉及海运的国际货物买卖中,以最常见的跟单信用证付款的 CIF 买卖合同为例,最典型的形式是:买卖双方签订一份 CIF 买卖合同,买方根据合同向一家银行申请开立信用证,然后把信用证寄交卖方。卖方收到信用证后,与承运人签订一份运输合同,把买卖合同下的货物交给承运人,承运人收到货物后,签发一份提单给卖方,卖方持提单和其他运输单据到银行结汇。银行审核单据无误,则依据信用证的规定付款给卖方,再将全套单据转交给买方,由买方付款后,买方持提单在目的港向承运人提货,承运人将提单注销或收回。这是最简单的情况,在其他涉及海运的买卖合同,如 CFR 或 FOB 条件下,或在涉及货物在运输途中转卖的情况时,会涉及更多的当事人、更多的合同关系,但提单的基本流程是一样的。

图 5-2　　　　　　提单在国际货物买卖中的流程

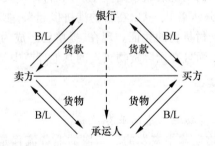

三、提单的分类

提单根据不同标准可以分成不同种类。

1. 已装船提单和收货待运提单(shipped bill of lading/on board bill of lading; received for shipment bill of lading)

根据签发时间不同,提单可以分为已装船提单和收货待运提单。已装船提单是在货物已经由承运人接受并装上船后签发的提单,收货待运提单则是承运人已经接受货物但尚未将货物装上船时签发的提单。收货待运提单在货物实际装上船后可以换成已装船提单。

2. 记名提单、空白提单和指示提单(straight bill of lading; bearer bill of lading; order bill of lading)

根据提单上的抬头不同,提单可以做以上划分。记名提单是记载了收货人名称的提单。空白提单是在收货人一栏未作任何记载的提单。指示提单是记载凭指示交货的提单。根据是否记载指示人的名称,又分为记名指示提单和不记名指示提单。不记名指示提单一般理解为凭托运人指示交货。

图 5-3　中国远洋运输集装箱运输有限公司的标准格式提单的正面

1.Shipper Insert Name, Address and Phone

许可证号:JTL0008

B/L NO

中远集装箱运输有限公司
COSCO CONTAINER LINES

TLX: 33057 COSCO CN
FAX: +86(021) 6545 8984

ORIGINAL

2.Consignee Insert Name, Address and Phone

3.Notify Party Insert Name, Address and Phone
(It is agreed that no responsibility shall attach to the Carrier or his agents for failure to notify)

Port-to-Port or Combined Transport
BILL OF LADING

RECEIVED in external apparent good order and condition except as otherwise noted. The total number of packages or units stuffed in the container the description of the goods and the weights shown in this Bill of Lading are furnished by the Merchants, and which the carrier has no reasonable means of checking and is not a part of this Bill of Lading contract. The carrier has issued the number of Bills of Lading stated below, all of this tenor and date, one of the original Bills of Lading must be surrendered and endorsed or signed against the delivery of the shipment and whereupon any other original Bills of Lading shall be void. The Merchants agree to be bound by the terms and conditions of this Bill of Lading as if each had personally signed this Bill of Lading.

SEE clause 4 on the back of this Bill of Lading (Terms continued on the back hereof, please read carefully)

*Applicable Only When Document Used as a Combined Transport Bill of Lading.

4.Combined Transport* Pre-carriage by	5.Combined Transport* Place of Receipt
6.Ocean Vessel Voy. No.	7.Port of Loading
8.Port of Discharge	9.Combined Transport* Place of Delivery

Particulars Furnished by Merchants

Marks & Nos Container / Seal No.	No. of Containers or Packages	Description of Goods(If Dangerous Goods, See Clause 20)	Gross Weight Kgs	Measurement
		Description of Contents for Shipper's Use Only(Not part of This B/L Contract)		

10.Total Number of containers and/or packages(in words)
Subject to Clause 7 Limitation

11.Freight & Charges	Revenue Tons	Rate	Per	Prepaid	Collect
Declared Value Charge					

Ex. Rate:	Prepaid at	Payable at	Place and date of issue
	Total Prepaid	No. of Original B(s)/L	Signed for the Carrier, COSCO CONTAINER LINES

LADEN ON BOARD THE VESSEL
DATE　BY
(COSCON STANDARD FORM 9803)

3. 清洁提单和不清洁提单(clean bill of lading; foul bill of lading)

这是根据提单上对货物外表状况的记载不同所做的划分。清洁提单是未对货物表面状况作不良批注的提单。清洁提单表明承运人在接受货物时，货物的状况良好。但该状况仅指货物的外表状态，是承运人目力所及者，不涉及目力所不及的货物内容。不清洁提单是记载了货物外表状况不良的提单。承运人在目的港交货时，对于提单批注内的货物损坏，不负责任。在以信用证为付款方式的国际贸易中，不清洁提单一般不被接受。

4. 运费预付提单(prepaid bill of lading)和运费到付提单(received bill of lading)

根据提单上记载运费是在装货港支付还是在目的港支付，分成运费预付提单和运费到付提单。

此外，还有依照运输方式区分的直达提单(direct bill)、联运提单(ocean through bill)和多式联运提单(multimodal transport bill)等。

四、提单的法律性质

提单是有价证券。作为有价证券，提单既是物权证券又是债权证券，同时它还是要式证券、流通证券、设权证券和缴还证券。提单的这些性质在以下的分析中可以看出。

第二节 提单的签发、转让和注销

一、提单的签发

(一) 签发提单是承运人的法定义务

应托运人请求签发提单是承运人的基本法定义务之一。承运人必须依照法定规则签发提单，而不能通过运输合同的规定减轻或取消这一法定义务。

实际业务中承运人可能由于未收到本应预付的运费或由于与托运人的其他商业纠纷而拒绝签发提单或者"扣押"提单。这样的做法使托运人不能及时得到提单，妨碍提单及时进入流通领域，因而是违反法律规定的错误行为。

签发提单的只能是承运人或其授权的人。未经授权签发的提单不能约束承运人。

船长签发提单，法律推定为承运人签发，即使没有经过实际授权，也要约束承运人。

(二) 提单签发的对象

我国《海商法》规定托运人有权要求签发提单，因此提单应该签发给托运人。实践中，一般是用大副收据换取提单，但当持有大副收据的人和托运人不同时，提单应签发给托运人而不是持有大副收据的人。

在英国"Nippon Yusen v. Ramjiban Serowjee 案"[①]中，买卖合同的出口商签订了运输合同并交付运费，但出口商的供应商由于直接交付货物取得了大副收据。供应商和出口商约定凭大副收据支付货款，但出口商不能支付货款，而是凭保函从承运人处取得了提单。供应商凭大副收据起诉承运人。法院判决，和提单不同，大副收据不是物权凭证，也不可以转让。持有大副收据并不能赋予交付货物的一方以任何权利。承运人有权把提单签发给托运人。大副收据是换发提单的证明之一，但不是唯一或最终证明。如果有其他证据证明有权得到提单的人是其他人，则大副收据的效力就结束了。

我国《海商法》规定有两种托运人。FOB 合同下，由于是卖方将货物实际交给承运人，而买方与承运人订立运输合同，此时买卖双方都符合"托运人"的定义，提单应签发给谁就成为一个争议很大的问题。

FOB 条件下，卖方交货给承运人时，是以本人的独立的身份，而非买方代理人的身份。卖方交付货物给承运人，并非当然等同于交给了买方，而仍可根据自己的心愿保留或不保留控制权。卖方只要提出要求承运人签发可转让提单，就表明自己准备继续控制货物。承运人可以拒绝接收货物，拒绝签发提单，但不可以接收货物，却又拒绝向卖方签发提单。如果卖方因此对买方违约，并导致买方对承运人违约，那是卖方与买方的问题。其他价格术语下，实际交货的人是代表买方行事，故无此问题。买方/托运人，就是交货的人。买方与承运人签订合同，并不当然取得要承运人签发提单的义务，还得交付货物后才能取得这个权利。而卖方是否同意代其将货物交给承运人，仍是未知数。FOB 条件本身并不能说明卖方的同意。承运人更不知其约定，交给卖方，比交给买方安全。如果不要求签发可控制货物的提单，则可以视为已经交付，因卖方已放弃控制的可能性。

(三) 提单签发的时间

提单签发的时间是承运人接收货物或者将货物装上船舶以后。承运人接受货物以前签发的提单被称为"预借提单"（advanced bill of lading），是不合法的提单。接受货物以后，货物装上船以前签发的提单被称为"收货待运提单"，这种提单只能证明货物已经由承运人接收，而不能证明货物已经实际装上船，证明作用较弱，在有的国家如英国曾被认为不是真正意义上的提单。我国《海商法》承认收货待运提单是提单的一种，但第 74 条特别规定："货物装船前，承运人已经

[①] [1938] A. C. 429.

应托运人的要求签发收货待运提单或者其他单证的，货物装船完毕，托运人可以将收货待运提单或者其他单证退还承运人，以换取已装船提单；承运人也可以在收货待运提单上加注承运船舶的船名和装船日期，加注后的收货待运提单视为已装船提单。"提单上必须真实记载提单签发的日期，如果记载的日期早于实际签发的日期，则称为"倒签提单"。

倒签提单和预借提单都是违法的错误行为，但行为的性质是违约还是侵权曾引起我国海商法界的广泛争论。定性不同，将引起适用法律、处理后果的诸多不同。

主张违约的观点认为，按实际情况签发提单是海上货物运输合同下承运人的基本义务，承运人不履行这项义务，当然是一项违约行为。还有人认为预借提单和倒签提单是违约行为，但这种违约行为性质比一般的违约严重，而构成了"根本违约"，因此承运人不能享受合同规定的免责、责任限制等权利。

主张侵权的观点则认为，从侵权构成的四个要素，即行为或不行为、行为的违法性、损害后果和因果关系来看，倒签提单和预借提单都是符合的。我国《海商法》第72条明确规定了承运人应该在货物被接收或者装船后签发提单，在此之前签发或没有如实记载提单签发时间的提单违背了这一法定义务，由此引起收货人不能得知货物正确装运日期的损失，承运人应对此负侵权之责。而且，预借提单和倒签提单从其签发开始就是非法的，它所证明的合同也是无效的。所有附属于提单的权利和义务都不存在，即在收货人和承运人之间根本不存在有效的合同，当然也就不可能违反合同。

还有一种观点是"竞合说"，认为预借提单和倒签提单既是违约，又是侵权，因此一项行为兼具两种性质，产生了民事责任的"竞合"。根据民法责任竞合的理论，应由受害人选择根据违约还是侵权追究责任。

在我国海事司法实践中，一般将预借提单和倒签提单作侵权处理。①

提单签发必须及时进行。如果超过合理时间仍未签发，承运人必须负责。但什么是合理时间，没有明确的法律规定，而是一个事实问题。

在英国"Forman and Hlams Ltd. v. Blackvurn案"中，船舶在装货后先开到其他港口，然后再折回装货港，在再次离开装货港时签发了提单，这时离装货已经有7个星期了。法院判决这样的提单不是通常要求的提单，货主有权拒绝接受。

只有应托运人请求，承运人才有义务签发提单。托运人不及时提出请求，也可能影响承运人及时签发提单。虽然我国《海商法》规定托运人在交付货物后

---

① 上海海事法院审理的"福建宁德地区经济协作公司诉日本国日欧集装箱运输公司预借提单案"是这方面的典型案例。在该案中，法院判决"被告在货物装船前签发了已装船提单，是对原告的侵权行为，应对由此产生的后果负担责任"。这一案件在判决以前曾经广泛征求专家意见，判决后又召开研讨会讨论，因此在我国影响较大。

有权要求承运人签发提单,但任何权利的行使都有一个合理时间问题,不可能是无限制的。如货物已经到港再提出要求签发提单,显然已经超出了合理时间。因为提单的作用是用来提货的,如果货物已经到港再签发提单,势必影响承运人迅速交货。

(四) 对提单的批注

1. 承运人正确批注的义务

签发提单时,承运人必须谨慎地在提单上对货物的外表不良状况进行描述,即进行批注,没有批注的提单被称为"清洁提单",它是货物表面状况良好的初步证据。

实践中,关于提单批注经常发生纠纷。纠纷产生的一个根本原因是批注应该如何进行没有一个严格的法律标准,而是否有批注的提单的价值截然不同,对当事人的权利义务关系重大,当事人双方都希望从对自己有利的一方影响提单批注的进行。目前关于海上货物运输合同提起的诉讼中,提单批注纠纷占了很大的份额。

在"金马轮提单纠纷案"中,原告五洋运输公司派"金马"轮运输被告中国土畜产进出口公司某分公司出口的木薯片。开始装货后,起初船长发现货物表面有轻微的发霉痕迹,进而发现货物发霉严重,估计有 50% 的货物有霉迹。为此,船长签署了不清洁提单,提单上注明"托运人须对已装船的大约 30% 的发霉的货物负全部责任"。被告认为货物装运前已经过检验并取得符合买卖合同约定的质量证书,因此拒不接受有批注的提单,而原告坚持认为船长有权在提单上作实事求是的批注和保留。结果导致船舶不能如期开航而引发诉讼。海事法院审理认为,原告有如实签发提单的权利,但在装运时没有及时提醒货方货物的缺陷以使货方失去调换货物的机会,因此要负 30% 的责任;而被告发运的货物虽然符合买卖合同约定,但表面有霉迹也是事实,因此要负 70% 的责任。

上案中,海事法院认为不能用买卖合同中的货物质量标准来决定承运人是否应该签发清洁提单,这无疑是正确的。按现行法律规定和国际通行做法,签发清洁提单的衡量标准是"船长目力所及的货物表面状况",与其他合同中对货物的要求无关。但法院认为承运人在签发不清洁提单以前应该通知货方以使其有调换货物的机会,这一点则值得商榷。因为法律没有规定承运人这样的义务,而且在货物种类繁多、装船时间紧迫的情况下,这也是不符合商业现实的。

2. 提单批注与保函

国际货物买卖合同中,买方一般都要求卖方提供清洁提单,国际商会的《跟单信用证统一惯例》也规定,只要没有相反指示,银行不接受不清洁提单。但由于批注标准的不明确,很多时候承运人对不能确知是否会对货物的价值产生真实影响的状况也进行批注,这会妨碍贸易的顺利进行。① 如上述"金马轮提单纠纷案"中,由于货物虽然表面有霉迹却仍然符合买卖合同的质量标准,如果承运人签发的是清洁提单,托运人/卖方将顺利完成货物买卖,买方也不会受到任何损失;但承运人签发不清洁提单,整个货物买卖合同就难以继续履行下去了。

实务中解决提单批注纠纷的一种变通方法是承运人接受托运人出具的保函后签发清洁提单。托运人在保函中承诺对承运人因为签发清洁提单可能受到的损失进行赔偿。由于承运人有如实签发提单的义务,在明知货物可能不清洁的情况下签发清洁提单,承运人必须对提单持有人负责。保函的存在不能改变这种责任,否则,提单作为有价证券的信誉就会受到损害。但保函本身的效力如何则有争议。一种观点认为,保函本身是不合法的合同,因为违法而无效。承运人在保函下签发了清洁提单,在提单持有人索赔时不仅必须对提单持有人赔偿,赔偿后也不能依据保函向托运人或其他出具保函的人进行追偿。但另一种观点认为,由于签发提单时存在实际的困难,出具和接受保函的双方都不一定是出于恶意,因此应该认为保函虽然不是承运人对抗提单持有人的理由,但应该是承运人向保函出具人索赔的依据。

如果货物的缺陷对商品价值有重大影响,承运人一定不愿签发清洁提单。因为承运人签发可转让的清洁提单后,相当于对国际货物买卖的买方负起了保证其买到完好货物的作用。可是在更多的场合,承运人对货物缺陷是否严重影响商品价值不是很清楚,有时甚至对货物是否确实存在缺陷也不清楚,如一艘船舶在装货过程中为了货物交接而进行理货时,对包括许多件的一票货物发生件数短缺的争议时,再重新进行理货复查在操作上是不可能的。而且当发现一部分货物包装有破损时,不装运那些有破损的货物,在不准许部分装运的买卖合同条件下也是不可能的,而掉换完好货物通常情况下也难以做到。在这些情况下承运人如果坚持签发不清洁提单,由于不清洁提单在买卖合同和信用证条件下都是不可能被接受的,其结果必然是停止装货。而如果承运人接受保函签发清洁提单,对国际货物买卖的圆满进行应该说是有好处的,保函在这种情况下起了一种润滑剂的作用。因此,完全否认保函的效力从经济角度看是不可取的。

为从法律上明确保函的地位,《汉堡规则》第 17 条明确规定了托运人为换取清洁提单出具的保函的效力。根据该条规定,保函对包括受让提单的收货人在内的第三方,一概无效。但除非承运人或代其行事的人签发清洁提单是为了对包括收货人在内的第三方进行欺诈,这种保函或协议,对托运人而言,应属有

---

① 1951 年 4 月,国际航运公会 ICS 作出载有某些批注的提单不构成不清洁提单的规定。这些批注包括:(1) 不明显指出货物包装不令人满意;(2) 强调由于货物或包装引起的风险,承运人不予承担;(3) 不知条款。

效。在发生欺诈的情况下,不仅承运人不能依据保函向托运人索赔,也不能在对第三方进行赔偿时享受公约规定的责任限制的利益。这是在保函无效以外,对承运人又附加了制裁。我国司法实践中对保函的处理和《汉堡规则》很接近,一般是否认保函对第三者的效力而根据出具保函时是否善意来确定它在承运人和托运人之间是否有效。遗憾的是我国《海商法》对保函的效力问题没有明确规定。

关于承运人和托运人之间保函效力的纠纷的一个典型案例是英国法院审理的"Brown Jenkinson & Co. v. Percy Dolton (London) Ltd.案"①。在该案中,对于一批桶装浓缩果汁,承运人准备在提单上加上"旧桶"、"有的有泄漏"的批注,但在托运人出具保函的情况下签发了清洁提单。收货人因货物重量不足起诉承运人。承运人赔偿后,根据保函起诉托运人。法院判决,当承运人和托运人对货物情况有善意纠纷时,保函是有效的。但在本案中,货物的缺陷是清楚的,签发清洁提单是托运人和承运人的共谋,对提单的受让人构成了欺诈。这种以违法为目的而签发的保证合同是无效的,因此法院驳回了承运人的请求。

有人认为,由于是否对第三者构成欺诈是很微妙的,有效保函和无效保函之间的界限不明确(可以说所有场合承运人都知道记载的不正确),将保函的效力取决于法院的判断可能会损害保函这种惯例的基础。而且,如果欺诈使保函无效,那么,申请签发清洁提单的托运人将不承担签发这种提单的责任,其结果是应托运人的要求,托运人得到好处,但却只有承运人受到惩罚。

二、提单的转让

(一)提单转让的规则

提单是可以转让的单据。我国《海商法》第 79 条对提单的转让规定了三种情形:"提单的转让,依照下列规定执行:(一)记名提单,不得转让;(二)指示提单,经过记名背书或者空白背书转让;(三)不记名提单,无需背书,即可转让。"

根据以上规定,提单转让分为两种情况:背书转让或不经背书直接转让。背书又分为两种情况:记名背书和空白背书。记名背书是指有权指示的人在提单上记载自己和被背书人双方的名字,又称为完全背书。空白背书是指指示人只在提单上记载自己的名字而不记载被背书人,又称为不完全背书。有权指示的人是指提单正面"收货人"一栏记载的人。有的提单收货人一栏只记载"凭指示"而没有记载指示人的名字,这种提单是空白指示提单,有权指示的人是托运人。

根据有价证券转让的基本法则,背书必须连续才构成正当的转让,才能转让证券代表的权利。我国《海商法》没有明确规定提单的背书转让中背书必须连

---

① [1957] 2 Lloyd's Rep.

续,但根据法律原理可以推知提单的背书也是要求连续的。对不连续背书的法律效果如何可能有三种情况,第一种是完全不影响持有人的权利,这种做法等于是否定了提单背书必须连续的要求,很少有人采用。第二种是规定背书不连续则得不到任何权利。第三种是规定背书不连续则不能正常地主张权利,但允许持有人举证,如果能证明其取得提单是通过正当途径,并且能补齐缺少的背书环节,则仍可主张权利。三种方法中,看来第三种更公正也更符合商业需求。因为要求背书连续本来就是起一种简单直观的证明作用,证明提单转让的程序一切正常。如果背书不能提供这种证明,但当事人能通过其他复杂一点的方法来证明,仍然不影响实体权利的行使。

提单转让必须通过背书,但背书并不必然导致提单转让。有的在提单上的记载并不是以转让为目的。如委托代理人提货时在提单上记载代理人的名字,或在将提单质押给银行时将提单记载上银行的名字。这些背书以委托或设质为目的,被称为非转让背书。转让背书和非转让背书的目的和法律效果完全不同。因为非转让背书取得提单的人虽然持有提单,却不是真正意义上的提单持有人,他只能取得背书所指明的权利,如质权或代理提货的权利,而不能主张其他提单持有人的权利,如对承运人的诉权等。提单背书是单方民事行为,提单持有人在进行背书时如果是非转让背书一定要将非转让的意图在提单上表明清楚,否则承运人根据提单记载行事后,后果由原提单持有人自行承担。

在跟单信用证交易中,银行往往要求在提单指示人或收货人一栏内记载银行的名字,或要求托运人将提单先背书给银行。这种背书是转让背书还是非转让背书呢?一般背书时没有其他说明,即形式上和一般的转让背书是一样的。但是从当事人真实意思分析,银行在跟单信用证下接受提单并非为了买入提单,而是为了以提单及提单所代表的货物作为预付货款的担保物。即提单是充当了质物,银行是提单的质权人而不是所有人。银行是金融专家而非货物专家,对买入货物不感兴趣。

背书转让和不经背书交付转让两种提单转让方式是可能互换的。记名背书后要进一步转让必须经被背书人再次背书,但空白背书后要进一步转让则无需背书,取得提单的人只需交付提单就能转让提单。即空白背书后的提单和不记名提单一样了。而不经背书就可交付转让的不记名提单,如果提单持有人在收货人一栏记载上了自己或他人的名字,则必须经过记名人背书后才能转让,即空白背书变成了指示提单甚至记名提单。

"记名提单,不得转让"的真实含义有争议。有人认为不得转让就是绝对禁止转让。有人则认为不得转让是针对托运人而言的。托运人取得承运人签发的记名提单后只能交给记名的收货人而不得转让给他人。但记名收货人收到提单后,仍然可以背书后转让。按后一种理解,记名提单和记名指示提单的用法基本一致。这种说法因为没有足够的说服力在实践中较少被采纳。实践中，在签发了记名提单后又希望转让货物时，常用的做法是另外签订一份货物买卖合同和转让提单下的收货权的合同。

（二）提单转让的效力

提单转让的后果是提单代表的债权和物权同时转让给受让人。

提单转让是提单的关键问题之一。通过一纸单据的转让达成某些权利的转让是提单转让的实质。提单转让的权利主要是两种：对货物的物权和对承运人的债权。只有提单签发时能代表这两种权利，才能通过提单转让来转让这两种权利。而且权利有一些随附的义务。要主张权利就必须承担义务。如果提单签发时其代表的权利就有缺陷，如不能代表货物的物权或承运人对原始提单持有人有抗辩权，则提单转让效力如何呢？实践中常常将提单的转让称为"流通"，学理上，流通是一个专用的字眼，特指后手权利不受前手权利缺陷影响的债权转让。如果提单是可流通的，则受让提单者的权利不受其前手权利缺陷的影响。而如果提单仅仅是可转让的，根据转让的本意，受让者得到的只能是出让者所有的权利，转让只能转让已有的东西而不能转让本来没有的东西。由于流通是法律赋予某些有价证券的特点，提单要是可流通的必须有相应的法律依据。遗憾的是我国《海商法》只规定了提单的"转让"，而且没有对转让作任何专门的定义，只能依据一般意思来理解。唯一的例外是如果能证明提单的转让在海运实践中就等于流通是一个既存的国际惯例，但这一点很难证实。实际上也确实没有。因为即使英国法，也在提单的转让和流通上保持着含糊的规定。关于提单转让的真正法律含义的争论没有停止过。如果提单是可转让的而不是可流通的，其法律含义是：首先，如果提单签发时有缺陷，提单持有人的权利就始终是有缺陷的。其次，如果提单持有人的前手权利有缺陷，提单持有人受让提单时也就继承了这种缺陷。如虽然提单记载"运费预付"，但托运人实际上并没有支付运费，如果托运人向承运人要求提货，承运人可以未收运费为由进行抗辩。如果提单转让到了善意的第三方手中，即使第三方并不知道运费未付，而且已经对托运人支付了包括运费在内的所有费用，承运人关于运费的抗辩仍然能对托运人主张。但如果是这样的，提单的信用就要大打折扣。因为提单是一种国际贸易和航运都要广泛使用的单据，在提单的业务流程中，买卖方、银行等各方都有可能要处理提单，都不同程度依赖提单的价值行事，而这种依赖仅仅来自于对提单表面记载的确信。如果提单并不一定能代表其本应代表的权利，则这种确信就受到了伤害，其直接后果是，各方接受提单时都会有所疑惧，在可能情况下都希望先进行一番调查，而这样的后果是增加费用和延误时间。实际上，提单的转让可看做在转让和流通之间。它比转让更前进一步，提单的受让人得到的可以是比出让人更多的权利，或者是不一样的权利，如口头签订的运输合同和提单记载不一致时,托运人的权利依据口头的运输合同,而受让提单的第三人的权利却依据提单。又如托运人未付运费时,承运人可以向托运人抗辩,却不能向第三方提单持有人抗辩,因为承运人和第三方提单持有人的权利义务依据提单确定,提单记载运费已付,就是收货人不需付运费的最终依据。但是,提单的转让又比一般的流通少一些,也就是说提单并没有达到流通票据的流通程度。简单的例子是,提单签发时就是无效的,则转让的提单也不能赋予其受让者任何权利。这和票据流通显然是不一样的。票据签发后,不管票据据以签发的合同是否有效或最终有无履行,对票据的价值都不产生影响。这使票据具有极大的可信度。而且,提单转让不仅转让债权,还转让物权,不仅转让权利,还转让义务。如果提单的价值和基于提单价值形成的国际贸易和运输的现行方式应受到鼓励的话,保护提单受让人,确保提单受让人得到提单记载的权利的全部就显得很重要。

提单可以连续转让。提单转让的效力还包括提单转让后,曾经持有提单的人即提单的中间持有人是否应对提单记载的真实性承担连带责任,以及在提单转让后是否还有一定的提单上的权利义务。法律对这一点规定得不够清楚。这种情况在我国天津海事法院审理的"德国五矿诉天津远洋运输公司倒签提单案"中发生了。

在"德国五矿诉天津远洋运输公司倒签提单案"中,原告是 CIF 合同的卖方,被告倒签提单,导致收货人根据买卖合同向原告索赔。原告在赔付后向被告索赔。天津海事法院经审理认为,德国五矿将提单背书转让后,不再对提单下的货物具有所有权,德国五矿和天津远洋运输公司之间不存在权利义务关系,德国五矿对天津远洋运输公司倒签提单没有诉权,因而驳回起诉。德国五矿对自己作为提单的前手是否应对后手负责不理解,并即而以赔付后手时存在重大误解,即误以为自己作为前手应负责,向我国海事仲裁委员会提出仲裁,请求后手返还已赔付的倒签提单的损失,但其主张也被仲裁庭拒绝接受。

三、提单的注销

提单是承运人交付货物的唯一凭证。承运人在凭提单交付货物后,应将提单收回或在其上做注销的批注,从而终止提单的效力。如果没有注销提单,承运人即使已经实际交付货物,仍然要对提单持有人负责。

第三节　提单的效力

海运提单有诸多法律效力。首先,它被公认为是关于货物被承运人接受或装船的书面证据,同时也是运输合同条款的书面证据。其次,它代表一定的权利。持有提单的人拥有对承运人的一定的合同权利和对货物的一定的物权。这两项权利都是和提单本身结合在一起的,拥有提单才拥有权利,没有提单就没有权利,而且权利的行使必须以出具提单为条件。

一、提单的证据效力

(一)提单证明的内容

提单通常起码能证明三项内容:承运人收到货物的基本情况;承运人和托运人间运输合同的基本条款;持有提单者得到的权利。提单对货物运输合同条款的证明是由于提单背面一般有印制好的承运人标准合同条款,但这项证明作用并不总是存在的,因为提单虽然常常有背面条款,但也可以没有,如常见的短式提单即没有背面条款。提单能证明其持有人对提单项下货物的权利,这是由提单的性质决定的,是法律赋予提单的基本功能,不需要提单上作特殊记载就具有。提单对承运人所收到的货物的情况的证明则不同,它是肯定存在的,因为法律规定提单上应记载货物的相关情况,但它的效力有多大,却又很大程度上取决于承运人在提单上如何记载。

1. 提单的法定记载事项

提单是承运人在收到货物后签发的,其上记载了承运人收到货物的基本情况。关于货物的情况有很多,提单不可能记载所有情况,承托双方可以协商记载他们认为最需要记载的内容。但有些内容,法律规定是必须记载的。这是因为提单要起到法律规定的货物收据作用,就必须要对货物作最小限度的记载。

我国《海商法》规定,提单上必须记载以下内容:

(1) 货物的品名、标志、包数或者件数、重量或者体积,以及运输危险货物时对危险性质的说明;

(2) 承运人的名称和主营业所;

(3) 船舶名称;

(4) 托运人的名称;

(5) 收货人的名称;

(6) 装货港和在装货港接收货物的日期;

(7) 卸货港;

(8) 多式联运提单增列接收货物地点和交付货物地点;

(9) 提单的签发日期、地点和份数;

(10) 运费的支付;

(11) 承运人或者其代表的签字。

我国《海商法》虽然规定了11项承运人必须记载的事项,同时又规定缺少其中一项或几项并不影响提单的效力,只要提单上的记载能满足法律对提单定义的要求，即能具有提单所应具有的基本功能。

提单上缺少哪些记载就会影响到提单的性质因而是不可欠缺的，对这一点法律没有明文规定，因此实践中不免引起争议。一般认为，货物表面状况、货物数量是必须记载的，因为缺少这些记载事项，提单就完全不能起到证明承运人接收货物情况的收据作用。关于货物数量的记载，包括包数或件数、重量或体积，其中只要记载一项就够了，因为已足以说明承运人所收到的货物的多少，但如果提单上有多项货物数量方面的记载，承运人就应该对所有记载负责。

2. 提单上的"不知条款"

我国《海商法》规定，对托运人申报的货物品名、标志、包数或者件数、重量或者体积，承运人如有适当的根据怀疑其正确性时，或无适当方法进行确认时，便没有在提单上将它们记载的义务。但是，在实际业务中，为了满足买卖合同的需要或其他需要，承运人往往仍对托运人申报的事项在提单上记载，然后再对这些记载事项批注保留字句，如"据申报重量"(said to weight)，"托运人装船、铅封和计数"(shipper's load, seal and count)等，这就是所谓的"不知条款"。不知条款不能否认所有关于货物数量的记载的效力，但对货物的品名、标志等，承运人可以用不知条款有效地摆脱责任。

（二）提单的不同证明力

对于其上所记载的内容，提单在托运人手中和在托运人以外的第三方手中的证据效力是不同的。根据我国《海商法》第 77 条，在托运人手中，提单是承运人已经按提单所载状况收到货物或者货物已经装船的初步证据，即如果能提出相反证据是可以推翻提单记载的。但承运人向善意受让提单的包括收货人在内的第三人提出的与提单所载状况不同的证据，不予承认，即提单在第三方手中时构成其记载内容的最终证据。

提单作为货物收据的作用体现在当货方和承运人就货物灭失或损坏的原因产生争议时可以起到证据作用。货方要证明承运人没有交付他接收的东西，这需要证明两件事情：承运人接收的货物是什么样的、承运人交付的货物又是什么样的。起诉承运人的一般是收货人，他比较容易证明承运人交付的货物是什么样的，但要证明承运人在装货港接收的货物是什么样的则比较困难。这样他就需要某种证明，而提单正是承运人自己签发的这样的证明。但是如果只是将提单视为一般的证明文件，对收货人的作用仍然是很有限的，因为承运人可以举出相反的证明来推翻提单的记载，而承运人的位置决定了他可以比较方便地取得各种装船时的证据，收货人很难抗衡。法律规定提单是最终证据解决了这个问题。

在一个典型案例中，厦门 A 公司与香港 B 公司在香港订立钢材购销合同，由 B 公司向 A 公司供应总金额为 95.95 万美元的钢材。合同规定由卖方向买方提交空白背书全套已装船清洁提单,提单应注明"运费已付"字样。A 公司按合同规定将货款如数汇至 B 公司账上。随后,这批货物在德国汉堡港装上 C 公司所属"美星"轮。C 公司签发了已装船清洁提单。提单正面记载:RST37-2/DINl 7100 线材 809 件,重 1047.42 吨,BS4449/1978 12 米螺纹钢 1199 捆,重 3104.91 吨,合计 2008 件,4152.330 吨。托运人是德国 D 公司,收货人凭指示提货,装货港汉堡,卸货港厦门,运费已在汉堡港预付。背面首要条款规定本提单适用中国《海商法》的有关规定。"美星"轮抵中国厦门港卸货时,经理货,发现该轮短卸 43 捆钢材。厦门进出口商品检验局对货物检验后出具《检验证书》,确认"捆数短少 43 捆,重量短少 102.02 吨,系发货前漏装所致"。A 公司持提单起诉 C 公司。[1] 提单一经签发,即对承、托双方及收货人具有约束力。但提单在托运人与托运人以外的第三方手中时效力不同。本案承运人签发的是清洁提单,"美星"轮应按提单正面记载的货物数量,将货物完好地交给原告。厦门进出口商检局的《检验证书》认为"美星"轮短少的货物系发货前漏装所致,该轮船东如果可以提出确切证据证明已装船货物与提单记载不符,则如果是托运人起诉,承运人可以事实情况对抗提单记载。但本案原告是托运人以外的第三方提单持有人,因此被告不得以任何证据对抗,而必须按提单记载承担责任。

二、提单的债权效力

(一) 提单债权效力的确立

提单代表提单持有人和承运人之间的债权债务关系。由于签发提单,承运人除了和托运人之间存在的运输合同关系,又产生了和提单持有人之间的特殊关系。这种关系是海上货物运输中特有的。我国《海商法》第 78 条第 1 款规定:"承运人同收货人、提单持有人之间的权利、义务关系,依据提单的规定确定。"

提单背面载有运输合同的条款,承运人和收货人、提单持有人之间的权利、义务关系依据提单的规定确定,意味着提单上记载的运输合同条款不仅约束承运人和托运人之间的关系,还同时约束着承运人和收货人、提单持有人之间的关系。有人将后一种关系称为"提单合同",但这种说法是不准确的,因为合同是当事人之间设立、变更、终止民事关系的协议。提单持有人和承运人之间不存在协议,其关系是由法律规定直接决定的,不是一种合同关系。更准确地说应该是一种法定的债权债务关系。

---

[1] 类似案情可参见"厦门经济特区物资供应公司诉欧洲海外班轮公司货物运输短损赔偿案",案件来源:"律典通"经典案例库,国务院法制办公室信息中心和北京律典科技有限公司联合开发研制,2002 年版。

（二）提单债权效力的性质

1. 提单债权效力的独立性

提单债权关系是一种独立的法定关系。提单持有人得到的对承运人的权利不是通过运输合同转让，也不是因运输合同的规定而作为合同的第三方受益人得到的。

承运人和提单持有人之间的法律关系内容完全取决于提单。但提单记载内容又不完全是自主的，它必须遵守法律对提单记载的强制性规定。我国《海商法》对提单表面必须记载的内容和提单背面运输合同中的承运人权利义务的记载内容都有规定。根据对承运人权利义务的规定，提单上不能减轻承运人的法定义务，也不得增加其法定以外的权利。除了法定内容外，其他内容则可自由约定。当然，这种约定不是承运人和提单持有人之间进行的，而是承运人和托运人之间进行的。不过承托双方之间的约定要约束托运人以外的提单持有人必须体现在提单上。提单记载以外的约定也许也是运输合同的内容，但只能约束托运人而不能约束其他提单持有人。同样，如果提单记载和商定的运输合同条款不同，承运人和托运人之间可以通过举证证明这种不同而按照运输合同条款执行，但承运人和提单持有人之间则没有举证机会，如果不同只能按提单记载执行。

2. 运输合同与提单债权效力的相互影响

由于提单的签发是以运输合同存在为前提的，因此提单关系和运输合同关系又存在相互影响的关系。运输合同对提单关系的影响主要体现在两个方面。首先，如果运输合同没有有效成立，签发的提单是否有效？从我国法律的规定来看，承运人在接受货物交付或将货物装上船以后才能签发提单。如果运输合同不成立，就不存在承运人，也不会有货物的交付或装船，因此这种情况下签发的提单应该认为是无效提单。其次，如果运输合同成立了但没有履行，如没有交付货物，签发的提单是否有效？这个问题即通常所说的"空单"是否有效的问题，学理上有不同的主张，从我国现有法律来看，这种提单也是违背法律规定签发的，也应该认为无效，但应允许提单持有人追究承运人不当签发提单的责任。

运输合同和提单关系的影响是双向的，提单关系成立后对运输合同也有影响。由于提单签发并转让后，承运人交付货物的对象变为提单持有人，托运人似乎已经不再有利害关系。但如果托运人坚持要主张运输合同下的权利是否可行呢？或者反之，如果承运人仍向托运人主张运输合同下的权利又是否可行呢？关于后一个问题最简单的例子是提单记载运费到付，提单已经转让，承运人根据提单关系本应向持有提单的收货人主张运费，但收货人拒绝支付运费。承运人是否可要求托运人支付？即托运人是否要对收货人不履行义务负责？我国《海商法》对这个问题没有明文规定。这可以有几种解决方法。一种是尊重提单记载，既然记载是到付，付款人应该是收货人，承运人就不得再向托运人主张收取运费。收货人不交运费的风险应由签发运费到付提单的承运人承担。在签发这种提单时他就应该预料到有这样的风险。另一种做法是，尊重承运人和托运人之间的运输合同这一事实。运输合同的核心是一方提供运力，一方支付运费。交运费是托运人的基本合同义务。合同规定由第三方即收货人支付只是一种付款方式，如果根据这种方式顺利进行了交付，则托运人的义务得以解除；如果根据这种方式进行的支付没有实现，则托运人的义务仍然存在，他仍然必须采取其他方式交付运费，即只有运费实际交付了才能解除托运人的合同义务。第三种方式是，承认托运人可以命令第三方交付运费，但只有在第三方表示接受了这种命令时，托运人才解除义务，以后第三方是否实际执行命令就由承运人负担风险了。收货人表明接受支付运费的命令的方式可以有各种形式。最直截了当的是向承运人出示提单接收货物。由于依赖于其持有的运费预付提单行事并得到了好处，就应该负担提单上记载的义务，权利义务是相连的。这三种做法中，第三种看来更公正一些，也更符合"向第三方履行的合同"的一般做法。我国《合同法》第 65 条规定，当事人约定由第三人向债权人履行债务的，第三人不履行债务或者履行债务不符合约定，债务人应当向债权人承担违约责任。当然提单由于不是合同，不能直接援引这一合同法的规定，但基本原理应该是一致的。但这种做法的一大弊端是托运人的权利义务将有一段较长的期间处于不稳定状态。特别是在多次转让提单的情况下，他一定要知道收货人实际收货了，才能解除义务。这是提单和一般约定第三方履行的合同不同的地方。一般约定第三方履行的合同第三方是明确的，而提单中第三方即收货人在提单签发时并不明确，在签发后也可能不断改变。

托运人在提单转让后再向承运人主张运输合同下的权利的情况并不常见。因为运输合同下承运人的主要义务是运输和交付货物。而在提单关系成立后，这项义务的指向对象变成了收货人而不再是托运人。收货人可以向承运人主张这项权利，托运人一般不会主张这项权利，因为在转让提单时他一般已经得到了货款，已经对货物是否安全运到并交付没有实际利害关系了。但总是存在例外情况的。如托运人没有收到货款，或在运输途中发生了货损货差，收货人不是向承运人主张权利，而是去找托运人，而托运人出于商业上的原因或出于对自己地位的误解进行了赔付，就会产生向承运人追偿的动机。他是否可向承运人起诉呢？由于签发可转让提单的运输合同规定的就是向提单持有人交货而不是向托运人交货，因此托运人即使根据运输合同也不能要求承运人向自己交货。他需要主张的往往只是一种程序上的权利，即起诉承运人要求其对收货人交货。从法律原理上看，似乎找不出不允许托运人这么做的理由。因为托运人作为运输合同一方，当然有权要求合同另一方履行合同。而提单关系的存在并不当然使这种权利丧失。因为虽然有的国家法律规定提单关系成立后运输合同关系处于休止状态，这种规定毕竟没有形成国际惯例。而我国《海商法》对这一点也没有规定。既然运输合同成立了，又没有什么法律认可的因素使它失效或效力中止，那么运输合同下的权利就应该一直可以行使。我国《合同法》第64条规定，当事人约定由债务人向第三人履行债务的，债务人未向第三人履行债务或者履行债务不符合约定，应当向债权人承担违约责任。签发了提单的运输合同是约定承运人向提单持有人交付货物的合同（即履行运输合同下的义务），如果承运人不向提单持有人交付，托运人应该可以依据合同法的这一规定要求承运人承担责任。

在上海海事法院审理的"上海宝联泰电子电器有限公司诉日本川崎汽船株式会社海上货物运输合同案"中，原告上海宝联泰电子电器有限公司委托被告承运一批节能灯到美国，被告签发了清洁提单。1994年10月6日，收货人在目的港收货时发现货损货差，即拒付原告短少、残损货物的货款，给原告造成13968美元的经济损失。原告认为被告承运人没有履行好管货义务，故要求被告赔偿损失。法院审理认为，海上货物运输合同纠纷中，有权依据提单就货损向承运人索赔的应是正本提单的持有人。本案收货人已凭正本提单提货，作为托运人的原告已不是提单持有人，不能因收货人拒付部分货款而依据已提取货物的提单向承运人进行货损索赔。原告的诉讼请求被驳回。本案经上诉上海市高级人民法院后被判决维持原判。

上案中法院认为托运人转让提单后就丧失了向承运人就货损货差索赔的权利，从上面的分析可以看出，这种观点显然是值得商榷的。

提单关系和运输合同关系的互动的另一个问题是承托双方在签发并转让提单后能否再协商改变运输合同的主要内容。在我国外贸代理中，有时会产生托运人串通承运人在未收回提单的情况下将货物交给了最终用户，但国际货物买卖中的买方却支付了货款，得到了提单，而不能得到货物的情况。这是卖方和最终用户对买方的欺诈行为，但承运人应否承担责任呢？在英国"The Future Express案"①中，法院判决，托运人有权改变运输合同条件。另一种情形是，不是托运人和承运人串通，而是提单持有人也知道运输合同条款被改变的事实，甚至还同意了这种事实，但提单条款并未改变，这时是否应以运输合同为准。如果这样，提单总是依附于运输合同，受运输合同约束的程度很大。

三、提单的物权效力

（一）提单代表的物权属性

1. 提单代表货物的占有

我国法律并没有对提单的物权性作明确规定。只有从提单的定义和实际使

---

① ［1993］2 Lloyd's Rep.

用情况中推知其权利属性。

除了和承运人产生直接的权利义务关系外,提单持有人还因为提单的持有而同时取得可以对所有人主张的对货物的物权。一旦签发提单,对货物的处置就必须通过提单持有人的同意。货物运到后必须交给提单持有人。

提单转让的是对货物的推定占有权而不是货物所有权。货物所有权的转让主要是买卖合同关心的问题,运输合同更关心的是货物的占有权和支配权,即谁有权对在途货物的运输进行指示并最后在目的港提取货物。

提单代表和转让的是货物所有权还是占有权在我国曾引起很大的争议。认为提单代表所有权的主要是从提单作为物权凭证是国际惯例,而物权凭证就是所有权凭证出发得出的结论。这种观点混淆了物权和所有权的区别。提单作为物权凭证只说明一个问题,就是提单能代表货物本身,提单的交付相当于货物本身的交付。用形象的话说,就是如果船舱是装载着货物的海上仓库,提单就是打开这座海上仓库的钥匙。我国《海商法》对提单的定义中规定提单是承运人交付货物的凭证,也是对这种商业现实的认可。而这种得到提单就得到货物本身的事实用占有权来解释很恰当,用所有权来解释则很牵强。实际上,持有提单而不具有所有权的情况非常多。如银行持有提单作为贷款抵押时,就不具有货物所有权。又如在买卖合同规定所有权在支付货款时转移,即使提单在买方交付货款前为提货方便等原因已经转移给了买方,但货物所有权仍然属于卖方。认定提单代表所有权就等于否定了买卖双方签发了提单的情况下另行约定货物所有权转移时间的权利,而这种否定是没有法律依据的。所有权的转让应该是由买卖双方约定的,如果认为由提单决定,提单是承运人签发的,变成了承运人或承运人和托运人共同决定,这混淆了权利的归属,侵犯了货物所有权人的权利。

2. 提单物权性的法定性

提单的物权性是必然而不是或然的,即只要依正当程序签发了提单,该提单就代表了货物的推定占有权,并不再取决于当事人赋予它该项属性,而且当事人也不能通过约定取消它的这项属性。这是保护提单流转性所必然要求的,如果作出相反解释,接受提单的人无法知道自己所接受的提单是否就是能赋予提取货物、支配货物的权利的单证,则接受提单的积极性就会受影响,而且转让和受让提单的人都将对自己的权利义务无法确知。同时,从法律对提单的定义来看,提单一定要是承运人凭以交付货物的单证,这就确保了提单的物权性。不具有这项属性的单证即使叫提单,也不再是真正意义上的提单。而在要求提单的场合,提交这种并非真正意义上的提单的单据的行为应该认为是违约行为。

(二) 在途货物的处置权

签发提单后,只有提单持有人有在途货物的处置权。托运人不交回全套正本提单无权指挥承运人对货物进行处置。这一点我国《海商法》中没有明文规定,但可认为已经形成国际惯例。

在途货物的处置权,在签发了可转让提单的情况下,就应该是在提单转让之前,托运人有权;在提单转让后,提单持有人有权。但不管是托运人还是其他提单持有人,要行使这些权利都必须首先向承运人交回全套提单,以便承运人在提单记载上作相应修改。

承运人在接受指示对货物作新的处理时,一定要保证收回全套正本提单。否则提单进一步转让后,对新的提单持有人提出的提单以外的抗辩很难被采纳,因为承运人和提单持有人的关系只依据提单记载确定。在有一份以上的正本提单时,还要确定收回的是有效的那一套正本提单。在我国青岛法院审理的一个案例中,承运人将货物运到后没有人提货,又根据托运人指示将货运回装货港,结果被收货人起诉。在另一个案例广州海事法院审理的"富河轮提单纠纷案"中,已收到全套提单中的两份的未付货款的收货人指示在中途港交货,承运人没有收回全套正本提单就改变交货港,结果引发纠纷。不过在该案中法院判决即使中途港交货,承运人也只需收回一套正本提单就履行了义务。

（三）无单放货

提单是物权凭证,是"提取货物的单据"。承运人如果已经签发提单,在收货港就必须收回提单后才能交付货物,否则会承担无单放货的责任。

对提单放货是非常严格的义务,没有折衷或变通的方法。实务中曾流行过用副本提单提货或用保函提货的做法,但这些做法都没有合法性。目前唯一可以免除无单放货的责任的理由是这么做符合港口习惯。但承运人要主张这一理由必须负证明习惯存在的举证责任。认定港口习惯也是一个十分困难的问题。如短途货物运输中无单放货几成普遍做法,但很难认为已经形成惯例。但卸货地法律明确约定不用提单则情况不同。

无单放货后果十分严重。第一,承运人可能丧失责任限制的保护,因为凭提单放货是众所周知的基本规则,无单放货很可能被认为是承运人或其雇佣人、代理人故意或者明知可能造成损失而轻率地作出的行为,依法不能援引限制赔偿责任的规定。[1] 第二,在很多国家,承运人还将丧失适用于海上货物运输合同的短期时效的保护,因为这些国家将无单放货视为根本违约行为,导致承运人不再能享受合同下的任何好处。不过在我国,最高人民法院已经用司法解释的方式明确了对无单放货仍然适用一年时效。[2] 第三,承运人在向货方承担责任后,可能还不能从保险公司得到赔偿,因为这是他的过失造成的损失,属于免赔范围,甚至保赔协会也不承保无单放货的损失。

---

[1] 参见最高人民法院《关于审理无正本提单交付货物案件适用法律若干问题的规定》第4条。
[2] 参见最高人民法院《关于审理无正本提单交付货物案件适用法律若干问题的规定》第14条。

记名提单是否需要凭单交货,是一个有争议的问题。由于记名提单不能转让,因此理论上提单上的记名人也就应该是提单持有人,即有权提货的人。因此有的国家如美国法律规定,记名提单的记名人只要能证明身份,不用提单也有权提货。美国认为记名提单在性质上与海运单没有区别。但也有国家如英国认为,即使是记名提单,也必须凭提单才能提货。

在英国典型案例"The Rafaela S 案"[①]中,麦克威廉公司从英国利物浦康尼斯顿国际机械有限公司购买一批打印机设备,价格条件为 CIF 波士顿。瑞士地中海航运公司通过光船租赁租入 Rosemary 轮和 Rafaela S 轮运输该批货物。瑞士地中海航运公司在 1989 年 10 月 18 日签发了一份记名提单,载明康尼斯顿国际机械有限公司为托运人,麦克威廉公司为收货人。仲裁员认为,记名提单并非英国 1971 年《海上货物运输法》中所指的提单。但上议院认为,记名提单尽管不具有流通性,也应该被认定为提单。该案判决具有里程碑意义,不仅对英国各级法院审理类似案件有约束力,而且对其他国家处理类似问题也提供了重要借鉴。

我国《海商法》第 71 条明确规定提单是交付货物的凭证,而记名提单被作为提单的一种加以规范,因此,记名提单也应凭单交货。鉴于法学理论和司法实践中存在不同认识,最高人民法院在相关司法解释中明确指出[②],正本提单包括记名提单、指示提单和不记名提单。承运人违反法律规定,无正本提单交付货物,损害正本提单持有人提单权利的,正本提单持有人可以要求承运人承担由此造成损失的民事责任,从而为争论划下了一个句号。

第四节 其他海上货物运输单据

一、海运单

(一)海运单的概念和发展历史

海运提单正在经历一次重大的变革。直到 20 世纪 60 年代,大多数反映单证买卖的条款的商业信用证,还要求可转让的海运提单转让或背书给银行以作担保。银行将提单视为一种很有效的担保,是付款的第二来源。但现在这种情况已经变化。在过去的二十多年里,越来越多的银行将提单视为一份普通的单据。信用证的签发者不再将自己视为提单的购买者,而只是检查其表面是否与信用证相符。现在银行决定是否签发信用证,已很少再完全依赖于能取得清洁、

---

① [2003] 2 Lloyd's Rep.
② 参见最高人民法院《关于审理无正本提单交付货物案件适用法律若干问题的规定》第 1 条、第 2 条。

已装船、可转让的提单。很多信用证不再要求对提单放款,而要求货运代理人签发的货物收据。货物收据不具有提单的重要特性,它们的普及使用是由于从降低运费的需求出发,货运代理人将数个不同货主的货物放入同一集装箱,或在先租好的船上载货处所。而从船东实践看,它们似乎更愿意使用海运单。电子提单等也开始使用。这些都和传统提单有很大不同。金融市场是否接受某种法律工具往往取决于其客户如何看到其公正性和确定性。使提单成为一种公正和确定的可流转物权凭证的因素很多。但目前不一定还适用。

运单最初是使用在空运和陆运中的。由于运输过程相对短暂,在货物运输过程中收货人不太可能再转让或出售货物,因此不是可转让的。运单和海运提单最大的不同就在于,它不能转让,也不必在货主提货时向承运人出示。最初将运单使用于海运中也正是因为希望利用它的这一特点。因为它可以避免提单比货物迟到港口引起的各种麻烦。海运单的使用历史较短,是市场为了对付货物运输中的技术进步带来的一系列问题而采用的。它和提单很相似,但给提单的法律规范的确定性带来了冲击,尤其是买方对承运人的诉权。使用海运单的往往是商人运输自己的货物时,或将货物卖给与其有密切联系的公司时,或卖给一个肯定将自己使用货物的买方时。商人在这些情况下使用海运单有两个主要原因:首先,买方要从承运人处取得货物时并不用出具单据,而只需证明自己确实是单据表面记载的收货人,这样,单据邮寄中的延误就不会带来货物提取中的困难。其次,因为海运单没有内在的商业价值,不会赋予其持有者提货的权利,它们不会像提单那样成为欺诈的对象。而且,海运单由于不是物权凭证,不需在收货港出具,比提单更适于电子信息交换系统下的资料传递。虽然有这些优点,但大家也普遍认识到尚有一些法律问题不能解决。这些问题包括:海运单在买卖合同下可以被有效提交吗?海运单下的货物的买方是否有就货损货差诉承运人的合同权利,如果有,这种合同是否受《海牙规则》约束?海运单是否只是承运人和托运人双方间的合同,收货人无法以本人身份对承运人起诉?海运单能在跟单信用证下被有效提交吗?在许多年中,海运单都不被银行认为是一种合法的运输文件。因此,虽然海运单的实际使用已经有许多年了,但始终有一些货主对海运单能否如传统提单一样保护其权益有所怀疑。海运单的收货人是否可改变?当货物已经装船运输而货主的海运单被银行接受并取得货款后,货主可能合法指示承运人更改收货人或改成货主本人,使原收货人受骗而权益受损。可是,如果货主从承运人处取得海运单后就放弃更改收货人的权利并在海运单上注明这种放弃,对货主而言有威胁。如果银行拒收海运单或其他付款文件,货主可能就领不到货款,而又不能阻止货物运送到指定的收货人手中。一种解决办法是,在海运单上记载,一旦银行接受海运单,则货主即丧失更改收货人的权利。

关于海运单的准确定义,各国有不同规定。英国 1992 年《海上货物运输法》规定:"本法所称海运单是指任何不是提单但是符合以下要求的单据:(1)包括或证明海上货物运输合同的货物收据;(2)明确根据上述合同承运人应将货物交付与谁。"

(二)海运单的法律性质

海运单和记名提单的关系是一个容易混淆的问题。

在美国,海运单和记名提单被认为是一样的。而美国 1916 年《联邦提单法》第 2 条对记名提单的定义规定"载明货物是发运或指定交给特定人的提单是记名提单"。但也有学者指出,将海运单和记名提单相提并论充满了困难。

在我国,海运单和记名提单是两种性质截然不同的单据。记名提单仍然是提单,它具有提单的一切特征,也必须在卸货港出示给承运人。海运单则是"提单以外的用以证明收到待运货物的单证",它不能转让,也无需在卸货港出示。记名提单和海运单唯一的相同之处是都不可以转让。但转让性被认为并非提单的本质属性。一份运输单据是记名提单还是海运单完全取决于它怎么命名自己。但根据英国 1992 年《海上货物运输法》,提单不包括任何不能通过背书或交付转让的单据。

在国外,虽然记名提单大量使用,但关于其法律性质却缺乏准确的定位。作为和指示提单相对应的一种单据,它应该是不可转让的,将货物运给记名人,往往在不会再发生转卖的情况下使用。它和海运单显得难以区分,使人产生关于指示提单的法律规则是否适用于它的疑问。在最近的几个案例中涉及这个问题。在"Olivine Electronics v. Seabridge Transport 案"[①]中,记名提单的收货人没有在承运人交付货物时出示提单。未收货款的卖方起诉承运人无单放货。新加坡高级法院的法官认为承运人提出的记名提单不是物权凭证,因此无需在交付货物时出具的观点是不可信的。但他并没有就记名提单是否必须出示作出判决。出示提单的要求是基于提单作为普通法上的物权凭证赋予其持有人对货物的推定占有,因而持有提单的人有权通过向承运人提交提单而换取对货物的实际占有这一原理。记名提单不是物权凭证,因此也就不具备转让给其持有人推定货物占有权的功能,承运人因此只要将货物交给能证实身份的记名收货人就可解除责任。由于不是有了提单才有权提货,因此是否提交提单就被看做是很表面的,不应起决定作用。

海运单被认为是不需提交的。这是它被认为优越于提单的一个重要方面。记名提单和海运单被认为从概念上到实际功用上都基本一致。如果记名提单必须提交,则构成了和海运单的一大差别。英国 1992 年《海上货物运输法》对待海运单和记名提单是一样的。但也有人认为记名提单也是一种物权凭证,如施

---

① [1995] 3 SLR 143.

米托夫认为:"记名提单和海运单相似,除了海运单通常不在交付时出具这一点。"和海运单不同,记名提单通常都会寄给收货人。

当使用指示提单或海运单时,都可能产生在提单转让或货物交付前,托运人指示承运人将货物交给记名收货人以外的其他人的情况。在记名提单下也会产生这种情况。在指示提单下,未收货款的托运人只有在仍然保留提单的情况下才能指示另外交付。在记名提单下,由于记名提单更像海运单而不是提单,因此可以不用保留提单也可改变指示。但如果托运人已经收到货款,仍然作了关于货物交付的第二次指示,要求出示提单就会遏制这种做法,因为另一方不可能得到提单。

海运单是否是物权凭证?如果不是,买方就不能取得对承运人的合同诉权,而这会导致海运单难以被接受。一些学者认为是。海运单下,买方要求承运人交货的权利从何而来呢?由于单据本身的提交是不必要的,因此不会是随着单据的转让而转让给买方的。一种说法是,海运单下的卖方对货物保持着更强的控制。因为签发海运单的情况下卖方有"中途停止交运权",必要时可指示承运人将货物运回装货港。而在签发指示提单的情况下,除非提单确证未转移,否则不能行使。但有学者指出,在海运单下对货物的控制权也已有效转移到了买方。海运单也是证明对货物的控制权的单证。

(三)《国际海事委员会海运单统一规则》

1983年,国际海事委员会在威尼斯召开了关于提单的研讨会,会议认为"在不需要可转让单据的情况下,签发提单的做法不应受到鼓励",并决定准备制定一个关于海运单的统一规则以鼓励和规范海运单作为提单的替代品的使用。

1990年,国际海事委员会第34届大会讨论通过了《国际海事委员会海运单统一规则》。该《规则》分为8条,分别是适用范围、定义、代理、权利与责任、货物说明、支配权、交货和效力。根据《规则》,托运人代表自己和收货人订立运输合同。在签发海运单的情况下,承运人凭收货人出示适当的身份证明交付货物,在交付货物以前,货物的支配权由托运人行使。托运人在适当通知承运人并补偿承运人的额外费用的情况下,可以在交货前的任何时候改变收货人。《规则》在合同采纳时适用。

国际商会《跟单信用证统一惯例》规定除非另有规定,海运单是可以接受的装运单据。但海运单虽然已经是肯定可以提交的,它能否给银行提供传统提单能提供的同样的保障却没有那么确定。因此,银行在接受海运单的同时往往规定应将银行记作海运单上的记名收货人,或同时记为托运人和收货人,以便确保银行取得希望的担保。因为如果买方被记为收货人,则承运人只有在托运人指示的情况下才能将货物交给银行。在买方破产的情况下,银行实现其担保权益的方法只能是取得货物或通过出售海运单出售货物。而没有托运人的合作,持有海运单的银行将不能提取货物。而通过海运单出售货物则根本是不可能的。如果银行被记名为收货人,理论上银行有权从承运人处提货,虽然银行仍然不能通过出售单据出售货物。

关于海运单是否真的不是物权凭证是有争议的。由于海运单往往明确记载是不可转让的,有人认为这就是不是物权凭证的证据。但单据的转让性和物权凭证性是有区别的概念。弄清这个概念很有必要。因为如果海运单不是物权凭证,就有一系列的后果。首先,它不能赋予其持有人从承运人处收取货物的权利。其次,1855年英国提单法不能适用。再次,如果海运单不能赋予其持有人收货的权利和对承运人的诉权,则它就不是买卖合同下可接受的提交。这三个后果将对海运单的使用造成很大困难。由于交货不依赖于提交海运单,因此不可能是单据的转让赋予了买方提取货物的权利。但也有人认为,和提单的使用是商人们都认可的通过提单转让和提交而将收取货物的权利从卖方转让到买方一样,海运单的使用也是商人们都认可的转让同样的权利,但形式是通过证明收货人的身份。二者唯一的不同是交货时所要求的单据程序不同,对提单是出具单据,对海运单是证明身份。一般的假设是使用海运单的卖方对在途货物保留着比使用提单时更多的控制权。因此,购买或以其为担保的买方和银行处于相应较弱的地位。实际上,将海运单转移给买方是将改变对承运人关于交付货物的指示的权利也转让给了买方。

交付时不需要出示单据只表明证明收货人身份比在提单下简单而不是单据不转让权利;海运单暗示着权利只转让一次只表明它是生命比较短暂的物权凭证。海运单和记名提单一样也应该是物权凭证。虽然海运单表面都注明是不可流通的,但从海运单持有人可能得到比前手更好的权利来讲,它也是可流通的。在卖方尚未将海运单交给买方,而将货物再次出售,并改变了对承运人的交货指示的情况下,如果根据无权者不能转让权利的原则,第二买方应该得不到对货物的权利。但如果海运单是可流通的,第二买方就能得到比卖方更佳的权利。海运单代不代表运输合同呢?我国《海商法》只规定提单下承运人和收货人、提单持有人的权利义务依据提单记载,对海运单没有规定。英国1992年《海上货物运输法》解决了这个问题。买卖合同的买方有权期待卖方交给他一个能赋予其对承运人的合同诉权的单证。

二、电子提单

(一)提单的电子化

近年来,和运输工具的改善同步,通讯方式的改善也十分迅速。用电传、传真、计算机网络等先进的通讯方式传送运输方面的指示已经是正常的商业行为。多数运输单据,如海运单等包含的信息都可以通过电子方式传递,从而使书面单据的传递不再必要。但在提单,情况比较特殊。因为提单不仅是包括一组信息的书面文件,它同时还是一种代表。持有提单不仅可以了解提单上记载的信息,同时还拥有了提单所代表的某些权利,而这种权利的拥有是以物质上占有提单为条件的。电子方式的通讯手段可以传递提单包含的所有信息,但却不能传递提单这一物质本身。因此,如何使用现代手段加快提单传递成为一个棘手的问题。但是航运技术的进步又使提单的电子化成为急需解决的问题。

(二)《国际海事委员会电子提单规则》

对解决提单的传递问题,学术界和商业界都先后提出过一些设想,其中一些还进行了试验,但都不够理想。目前影响最大,也被认为是迄今为止最能被人接受的,是国际海事委员会提出的电子提单的设想。

在制定《国际海事委员会海运单统一规则》的同时,国际海事委员会倡议组成了国际海事委员会电子提单专题委员会。该委员会于 1989 年 5 月 31 日在英国伦敦召开了第一次会议,后于 1990 年 1 月 16 日在法国巴黎又召开了第二次会议,会议结果产生了题为"在运输途中电子转让货物所有权"的规则草案。1990 年 6 月 24 日在巴黎召开的国际海事委员会第 34 届大会电子提单专题委员会上对该草案进行了逐条审议,并由大会最终通过。规则定名为《国际海事委员会电子提单规则》(CMI Rules For Electronic Bill of Lading),共 11 条,尽量模仿传统书面提单,设计了一种技术性、程序性的电子转让物权的方法。根据该《规则》,提单将被简化为一组数据由承运人的计算机保存。承运人交给托运人一个密码,托运人可凭该密码控制在途货物。如果要进行转让,托运人只需将转让的意图和对象通知承运人,并告知自己的密码。承运人核对无误后,设计一个新的密码通知买方,并将托运人手中的密码作废。这样通过密码的改变就实现了提单的转让。最后收货人凭密码提货。国际海事委员会的这套《规则》基于完全自愿的基础,只在当事人同意的前提下适用。它仅对由于采用电子数据交换系统转让货物所有权而直接引起的问题作出规定和解释,不改变现行法律适用,因此不需特别立法,由本《规则》产生的法律问题,暂由各国国内法解决。《规则》是合同性质而不是法律性质的,它的效力来自于当事人的自愿采用。但《规则》规定,如果当事人自愿采用了规则,则不能再提起合同不是书面的主张。

电子提单的设想具有诸多好处,如提高速度、降低成本。但要推广使用还面临许多障碍。目前来看,障碍主要来自两方面。一方面是技术上的,买卖双方和承运人都要有合适的计算机和相应的软件配置,才可能进行电子提单的收发;信息在传递过程中必须完全保密才能保障货物交付给真正的收货人;等等。另一方面是法律上的,目前很少有国家有关于电子提单的法律规范,这使电子提单的法律保护非常薄弱;电子提单本身不能适应传统法律对书面、签字等的要求;电子签名能否被认为是签字,电子信息能否被承认是"文件"都是有疑问的。这个问题不是技术问题而是法律问题。以前认为签字能证明文件的真实性,而电子签名则比较困难。但现在国际海事委员会的密码完全能起到签名的证明作用,但法律却没有作相应的改进。联合国贸发会议在 1990 年曾就电子数据交换(electronic data exchange, EDI)的法律问题作过一次调查。根据其研究报告,许多国家对纸面文件的法律要求已经阻碍了 EDI 的使用。合同法中书面文件主要起三个作用:一是表示一种合同的存在;二是起到证据的作用;三是起除了表明合同意图以外的法律作用。目前,关于电子提单还没有广泛接受的统一的国际立法。技术上和法律上的这种难题使电子提单的使用非常不稳定。许多国家还要求清关时提交纸面提单。而且如果由于网络服务商的过错出了问题,所有使用网络的人,包括承运人、银行、买卖方等都可能受损,而并非所有各方都和网络商有合同关系,而且错误可能是硬件或软件提供者的,更不会有合同关系,如何通过合同索赔?没有合同诉权,受害者可能无法索回经济损失。而且,保险人也很可能不愿为这种风险提供保险。目前法律已对电子提单提供了一定依据。如关于运输的法律中,英国 1992 年《海上货物运输法》、《汉堡规则》第 14 条第 3 款都对电子提单问题提供了解决依据。关于买卖合同的法律中,1990 年《国际贸易术语解释通则》对电子提单作了规定。《跟单信用证统一惯例》第 20 条也为信用证环节的电子提单的采用提供了一定依据。

(三) BOLERO 的电子提单设想

BOLERO 关于电子提单提出了最新尝试。它不是利用 20 世纪 70 年代开始使用的电子数据交换,而是利用国际互联网来处理和传递提单,因此被认为是真正意义上的"电子提单"。

BOLERO 是以一个承运人、贸易商、银行和信息公司,由欧盟部分支持的大的公司。这个计划的各方加入一种俱乐部,它们同意使用电子通讯的承诺被制定成约束各方的统一的规则。BOLERO 是电子商务的大力提倡者,它呼吁的电子提单基于国际海事委员会的电子提单规则。根据它的设想,提单的背书由各方自己进行而不是各方直接交流。它有两个登记机构。一个从各方接受信息并传递出去,记录电子提单的持有人的情况。另一个在安全和真实性方面进行工作,像一个受委托的第三方,登记用来描述成员发出的信息的公用密码。密码由登记处加上自己的电子签名来证实真实性。

BOLERO 现在已经开始努力谋求进入商业实践,但其一系列的法律问题尚待研究。例如,BOLERO 虽然代表许多大公司,包括航运、银行、货主各行业的利益,但它毕竟是一个在英国注册的公司,它的公正性是否有保障?如果由于它的过错引起数据泄密、传递迟延或其他问题造成损失,应否对受损者进行赔偿?应该依据何国法律判定其责任?而且,它的计划是在一个封闭的环境中进行的,即参加者都是成员。但实际业务中进行交易的并不会只限于会员之间。如果希望将电子提单转让到非成员手中,则应如何完成交易?总的看,BOLERO 的电子提单并不是和纸面提单对应的电子化,而是有不同的体系。在这个体系中,承运人被牵涉进提单的转让中。接受和传递影响控制权利转让的登记机构是承运人的代理人。也许这样在承运人和新的"提单持有人"之间就产生了新的法律关系。但是否能这样认为取决于适用于交易的法律。

可以部分克服这些弱点的是另一种设想,即建立一种封闭性的计算机网络,只有取得身份和密码的人才能使用,并且每一次提单转让都由网络中心记录在案。这样信息被盗用的几率会大幅度下降。但由于是封闭性的,交易的灵活性将受到破坏。

(四)电子提单和电子商务

电子提单的设想是在电子商务的大背景下提出的。所谓电子商务,是指随着国际互联网的发展,全球将形成一个由网络连接起来的、与地域、空间无关的一体化市场,在这个市场中,传统的买卖方式将由新的商业运作模式取代,商人、消费者、运输者、金融机构等市场主体通过电子手段进行业务往来、在线支付等。贸易活动电子化、网络化和数字化的最后结果,是信息流、资金流和物流形成一个封闭系统,从而使商业活动得以更加高效、高速和安全地进行。

电子提单在电子商务活动中主要是解决物流的在线传送问题。电子货币的设想经过试行到目前已经比较成熟,如果提单能实现电子化,国际贸易中传统的提单和货款对流的"交单付款"等交易方式就将彻底被电子货币和电子提单在计算机网络上的对流所代替,国际贸易在从实物交易过渡到单证交易后又将经过一次向信息交易过渡的巨变。

电子商务对现有法律提出了严峻的考验。电子信息巨大的信息量、高速流动的特性使传统法律意义上的时空、当事人、证据、确定性等面临挑战。法律的稳定性、确定性开始丧失其原有的价值。因此电子提单的很多问题不仅是电子提单本身的问题,而是整个电子商务的问题。

第六章　租船合同

在本章中,我们将

——学习租船合同的概念和分类

——了解租船合同中常用术语的含义

——学习航次租船合同和定期租船合同中出租人与承租人的主要权利义务

第一节 租船合同概述

一、租船合同的概念和种类

租船合同即船舶租用合同,它是船舶出租人和承租人之间签订的一方支付租金,一方提供船舶的使用权的合同。

实务中,租船合同主要有三种形式,即光船租船合同、定期租船合同和航次租船合同。

航次租船合同(voyage charterparty)是出租人将船舶交给承租人用于特定航次的运输,出租人负责船舶航行和货物运输,承租人负责货物的部分管理工作,并按约定支付运费的合同。

航次租船合同的主要特点是:(1)船舶的驾驶、管理和货物运输的主要工作都由出租人全面负责,承租人只在货物装卸等少数环节负有一定责任。(2)船舶营运中的各项费用都由出租人支付,承租人除了支付运费以外,只在例外情况下支付费用。(3)主要由出租人承担航程中的时间损失。因为航次租船合同的运费是根据完成的航次的数目而不是船舶用于完成运输任务的时间决定的,不管是多快或多慢完成一个航次,承租人支付的运费都是一样的,这样完成一个航次的时间越短,船舶营运的效率就越高,出租人的利润就越高,因此航次租船合同中很重要的一点是规定承租人如何配合出租人以便尽快完成航次租船合同中的运输任务。(4)主要由出租人承担航程中的风险。

定期租船合同是船舶所有人将船舶在一定期间内交给承租人,由承租人按约定的用途进行使用并支付租金的合同。在租船期间内,出租人负责船舶的人员和物品的配备,以及船舶的航行和管理,而承租人负责安排船舶的商业使用。

定期租船合同的主要特点是:(1)由双方分享对船舶的管理。出租人主要负责船舶本身,包括机械、补给、人员等的配备和航行安全,承租人主要负责船舶的商业使用,包括货物运输的起运地和目的地的指定、货物的提供、货物的装卸、保管、处理等。(2)由双方分担船舶营运的费用。出租人主要负担船舶的每日营运成本,包括船舶建造成本、船员工资、船舶保险费、船舶保养及维修费用、机械备件及补给和船舶管理费等,而承租人主要负担航程使费,即因为本航次运输而发生的费用,如货物装卸的费用、港口费、拖轮及领港费、运河费、运费税等。(3) 主要由承租人负担租期内的时间损失。即在不是由于任何一方的过错引起时间损失时,将由承租人承担后果。(4) 主要由出租人负担租期内的航行风险。

光船租船合同,是指船舶出租人向承租人提供不配备船员的船舶,在约定的期间内由承租人占有、使用和营运,并向出租人支付租金的合同。

光船租船合同下,出租人只负责提供船舶,其他一切驾驶、管理、货物运输事宜都完全由承租人负责,所有航行中的费用和风险也由承租人承担。

二、租船合同的法律性质

租船合同性质上是否是海上货物运输合同是一个有争议的问题。依据有的国家,如法国的法律,运输合同是指收到货物而成立的合同,而租船合同是并不包括在运输合同之内的另一种合同。但更多国家的法律不承认这种区别。如英国等大多数国家都认为租船合同,起码航次租船合同和定期租船合同,是属于一种运输合同。我国《海商法》将航次租船合同安排在第四章"海上货物运输合同"中,而将定期租船合同和光船租船合同安排在另一章"船舶租用合同"中,有人主张这种安排说明在我国只有航次租船合同被视为特殊的海上货物运输合同,定期租船合同和光船租船合同都不是货物运输合同而是财产租赁合同。但是这种观点不具有足够的说服力。从性质上看,定期租船合同与航次租船合同而不是光船租船合同更为接近。如果将航次租船合同视为运输合同,没有理由不将定期租船合同也视为运输合同。从形式上看,定期租船合同确实有一些租赁合同的特点,如合同一般约定出租人有"交船"的义务,而承租人支付的费用不称为运费而称为"租金"。但定期租船中的交船和一般租赁合同中的交付租赁标的物有根本的不同,在定期租船中,交船只是一个约定俗成的用语,实际上出租人并没有把船舶交付给承租人;相反,船舶自始至终在出租人掌握之中,出租人只是承诺根据承租人的指示使用船舶,船舶的占有权并没有转移给承租人。有英国法官曾指出,在定期租船合同中使用"交船"这样的字眼只是受到光船租船合同的影响而形成的,不具有其表面所显示的内涵。同样,承租人支付的虽然是"租金",但这个费用也不是因为取得了船舶的全部使用权而支出的费用,而是为出租人使用自己的船舶为承租人运输货物而支付的费用,船舶的控制、占有仍然由出租人通过其雇佣的船长、船员掌握。而且,在定期租船合同中,出租人并不是交付符合合同约定的船舶就完成了合同义务,他还要负责船舶的安全航行,要承担驾驶和管理船舶的人员的行为的后果。也就是说,出租人要对货物的安全运到负责,即使不是负全部责任。因此,定期租船合同也是运输合同,只不过在这种运输合同中出租人承担的货物运输任务比一般的货物运输合同中少,承租人承担了部分运输任务。当然,不可否认的是定期租船合同作为货物运输合同有其特殊性,它部分地体现了一些租赁合同的特征,因此也可以说是一种同时兼有运输合同和租赁合同特点的混合合同。与定期租船合同相反,光船租船合同则基本上体现的是租赁合同的特点而不是货物运输合同的特点,光船租船的出租人将船舶交给承租人以后就完成了合同义务,对货物运输基本上不用过问,因此可以将光船租船合同排除在货物运输合同之外。但是在有些情况下,即使是光船租船的出租人,也会因为是船舶所有人的关系而被当作承运人或承担其他货物运输合同下的义务,不过这基本不会影响光船租船合同的性质。

三、租船合同的标准格式合同

租船实务中大量使用各种标准合同格式,这已成为租船合同最突出的特点之一。航次租船合同中,目前最有名、在国际范围内使用最广的是由著名的国际船东组织波罗的海航运公会制定的"统一杂货租船合同",简称"金康合同"(Uniform General Charter,GENCON)。另外,为适应不同航线和不同货物的运输,还有许多专门性的标准格式合同,如用于谷物运输的北美谷物租船合同,用于木材运输的波罗的海木材租船合同,用于油轮运输的油轮航次租船合同等。根据合同自由原则,双方当事人可以自由决定使用哪一种标准合同格式,或者在某一标准合同格式的基础上进行改动,或者完全自主磋商决定自己的合同条件。

定期租船中使用的各种标准合同格式中,最知名的有由波罗的海国际航运公会制定的"波尔的姆"租船合同格式(Baltic and International Maritime Conference Uniform Time Charter,BALTIME)和由纽约土产交易所制定的"土产格式"(Time Charter approved by the New York Produce Exchange,NYPE)。由于前者被认为比较偏重于保护船东利益,目前在实践中的使用远不如后者广泛。有的统计数据显示当前90%的定期租船合同是以 NYPE 格式为基础的。其他还有一些专用于特定货物的定期租船合同格式,如油轮定期租船合同格式(Tanker Time Charter)和一些公司自行拟定的标准格式如中国租船公司的中租期租格式(SINOTIME)。

光船租船合同则一般采用波罗的海航运公会的 1989 年《标准光船租赁合同》。

不论采用标准合同格式订立合同,还是单独磋商起草订立合同,租船合同一般都包括一些共同性的条款,如航次租船合同中的"船舶描述条款"、"预备航次条款"、"装卸条款"等。这些条款,尤其是著名的标准合同格式中的条款,许多都曾被法院反复分析、解释,有许多判例说明其含义。由于关于租船合同的法律大部分是任意性的,租船合同当事人双方的权利义务主要取决于合同条款的规定,因此合同条款的统一给租船合同的法律带来了相当的确定性和稳定性。

第二节 航次租船合同的主要内容

航次租船合同的主要内容是对出租人与承租人的权利义务进行分配,而这种分配可以简单地概括为:由出租人提供并驾驶、管理船舶,由承租人支付运费,并协助完成货物运输任务。航次租船合同主要的条款都是围绕这三个方面进行的规定。

航次租船合同的履行可以划分为三个阶段:船舶驶往装货港口的预备航次阶段;货物进行装卸的阶段;货物从起运地运往目的地的运输阶段。一般情况下,预备航次阶段和运输阶段都是由出租人单独负责的,而货物装卸阶段则是由出租人和承租人共同负责,但一般是在承租人的主要控制下进行。

我国《海商法》第 94 条第 2 款规定:"本章其他有关合同当事人之间的权利、义务的规定,仅在航次租船合同没有约定或者没有不同约定时,适用于航次租船合同的出租人和承租人。"

这里所指的"有关合同当事人",应是指运输合同的当事人,即承运人和托运人。第四章中有关承运人和托运人相互之间权利、义务的规定,在航次租船合同没有约定或没有不同约定时,适用于出租人和承租人。此时,出租人相当于承运人,承租人相当于托运人。第四章中除了承运人和托运人权利义务的规定,还涉及其他一些人,如实际承运人、收货人等的规定。这些规定并不当然适用于航次租船合同。在一个案例中,货主与 A 公司之间签订了航次租船合同,而 A 公司与 B 公司签订了定期租船合同。B 公司的船长向货主签发了提单。货主依据航次租船合同起诉,但将 B 公司列为实际承运人。法院驳回了这样的起诉。

一、关于船舶的权利义务

(一) 船舶描述

船舶状况对运输任务的完成好坏有直接影响,因此,航次租船合同一般都会有专门的条款对租用船舶的状况进行详细描述,这种条款被称为"船舶描述条款"(description of vessel)。

航次租船合同中对船舶的描述主要包括船名、船籍、船级、吨位、载重量等。对承租人而言,最重要的是载重量。因为船舶运输主要是由出租人负责的,船舶的缺陷引起船舶不能正常营运的风险主要是由出租人承担。但船舶载重量与合同约定不符则会直接影响承租人商业目标的实现。船舶载重量一般由载重吨描述,意为当船舶达到其最大吃水时的载重量。这种描述是对船舶载货重量最大可能性的描述,而不是船舶一定能实际装载的货物的重量的保证,因为实际载重往往受特定货物的积载情况等因素影响。如一艘船可能能装载足量的煤，但却不能装下同等重量的棉花。

我国《海商法》规定，出租人实际提供的船舶如果与航次租船合同中对船舶的描述不符合，承租人可以要求出租人替换，或解除合同。如果是出租人的过错造成不符合，承租人还可以要求损害赔偿。但我国《海商法》没有明确是任何细微的不符合都可以导致承租人合法解除合同，还是不符合必须达到一定严重程度才可以解除合同。从公平合理出发，似乎应理解为重大不符才能解除合同。在其他一些国家，如英国也是这样处理的。英国合同法中将合同条款分为条件、担保和中间条款。如果一方违反了合同的条件条款，另一方有权解除合同；如果违反的是担保条款，则另一方不能解除合同，只能索取损害赔偿；如果违反的是中间条款，则将视违反的严重程度决定另一方是否有权解除合同。英国判例法将航次租船合同中关于船舶描述的条款一般视为中间条款[1]，只有严重违反这种条款才能导致合同解除，但合同条款中有其他措辞使法官相信该合同是将船舶描述作为条件条款对待的除外。

（二）船舶适航问题

我国《海商法》中关于航次租船合同的规定大部分都是任意性的，只在航次租船合同没有约定或者没有不同约定时才适用。但航次租船合同的出租人也有两项强制性义务，即航次租船的出租人必须在船舶开航前和开航当时，谨慎处理，使船舶适航；以及除非为救助或者企图救助人命或者财产或者有其他合理原因，不得绕航。

航次租船合同中出租人的强制性义务只有两项，比一般运输合同下承运人的四项最低法定义务少。由于第四章规定的管货和签发提单两项强制义务不适用于航次租船合同，理论上出租人可以在合同中任意约定减少或免除管理货物等方面的责任，同时承租人也可以在合同中约定出租人不得享受法定的责任限制和免责的好处。但由于航次租船合同下合同一般经由双方自由协商，而且往往采用不带明显偏向性的标准合同格式，因此实际上发生问题并不常见。

在通常的货物运输合同中，承运人的适航义务时间是在开航前和开航当时。在航次租船合同中，如果是连续航次租船，一个合同下包括多个航次，承运人的责任应该是在第一个航次开始之前和开始当时使船舶适航，还是在每一航次之前，法律没有明确规定。但理解为每一航次应该更合理。因为根据合同履行的每一个航次都是合同航次。每一个航次都要重新装货，对每批货物而言，这都是一个新的航次，承运人都应该有义务使船舶适于装载和运输这批货物。连续航次租船合同往往对承运人的适航义务有明确规定。如果规定为在每一航次开始

---

[1] 参见 The Hong Kong Fir, [1961] 2 Lloyd's Rep. 478.

前承运人都有适航义务,这种约定是和法律一致的。但如果规定只在第一航次开始前有适航义务,则应认为是无效的,因为它减轻了法律规定的强制性的承运人适航义务。

航次租船合同往往包含一条允许出租人为若干理由绕航的自由绕航条款。如金康合同第3条即规定:"船舶有权以任何顺序、为任何目的挂靠任何港口,不带领航员航行,在任何情况下可以拖带和/或帮助其他船舶,为救助人命和/或财产绕航。"这类条款由于违背了我国《海商法》的强制性规定,因而在我国法下是无效的。

(三) 及时交船

1. 受载期限和解约日

航次租船合同中,出租人准时将船舶驶往指定地点对承租人来说非常重要。航次租船合同中一般都会写明船舶应该到达的时间、地点和最后期限等。由于很难精确估算船舶到达的日期,航次租船合同往往规定一个出租人最早可以要求承租人开始装货的日期和承租人必须接受船舶进行装货的最晚日期,这一段期限就是受载期限(laydays)。通常对承租人来说,受载期限越短越好,因为这样他可以避免不必要的仓储费用;而对出租人来说,受载期限则是长一些好,因为这样他可以避免因为预备航次中的延误而轻易地失掉租船合同。

航次租船合同还可能规定一个船舶到达的最晚日期,超过这个日期承租人就可以解除租船合同。这个日期就是解约日(cancelling date),它往往是受载期限的最后一天。即使合同没有明确规定一个解约日,我国《海商法》第97条也规定,出租人在约定的受载期限内未能提供船舶的,承租人有权解除合同。

2. 船舶现处位置

为了交船顺利,航次租船合同中往往还会写明租船合同签订时船舶所处的位置,从而使承租人便于掌握船舶动态以做好装货准备。出租人如果不愿写明以免除对自己的限制,则可能将船舶位置描述为"正在营运中"(now trading)。

3. 不及时交船的法律后果

船舶不能及时到达装货港口,会产生两个问题,即承租人是否有权解除租船合同,以及承租人是否有权获得赔偿。和许多国家的法律一样,我国《海商法》把因船舶迟延到达而解除合同的权利和索赔的权利分开来。根据我国《海商法》的规定,出租人在约定的受载期限内未能提供船舶的,承租人有权解除合同。承租人的这项权利是绝对的,与不能及时提供船舶的原因无关。即使船舶迟延到达不是出租人的过错引起,而是不可抗力或其他通常可以解除合同责任的原因引起的,承租人仍然有权解除合同。

但解除合同后不一定能得到损害赔偿。只有在船舶迟延到达是由于出租人的过失引起的时,出租人才应对其过错行为致使承租人遭受的损失负赔偿责任。① 而什么是过失,应该根据合同规定确定。

4. 解除合同权利的行使

船舶迟延到港,承租人有权解除合同。但承租人没有义务在解约日到期后立即宣布是否解除合同,而可以等待到合适的时机再宣布。如英国法下,承租人可以在解约日与船舶抵达装货港之间的任何时候解除合同②。实践中,承租人从维护自己利益出发,总是尽量延迟宣布的时间,在运费上涨时就不解除合同,而运费下跌时则解除原合同重新以低价洽谈一个新合同。这样,出租人的权利义务在承租人宣布前始终处于不稳定状态。而且在英国法下,出租人甚至没有权利催促承租人早日作出决定③。为避免这种情况,租船合同中往往会包括一条"询问条款"(interpellation clause),规定出租人在赶不上解约日时,可以询问承租人是否愿意继续履行租船合同,承租人必须在一定时间以内作出回答。④我国《海商法》第 97 条也规定,出租人将船舶延误情况和预期抵达装货港的日期通知承租人的,承租人应当自收到通知时起 48 小时内,将是否解除合同的决定通知出租人。这一条规定和租船合同中的"询问条款"一样,都是赋予出租人询问承租人是否解除合同的权利,这种权利不限制在解约日过后才能行使。出租人在合同订立后的任何时间都可以通过作出通知要求承租人回答是否接受迟到的船舶。

(四) 转租船舶

我国《海商法》第 99 条规定:"承租人可以将其租用的船舶转租;转租后,原合同约定的权利和义务不受影响。"该条未对转租设置任何条件。实践中,承租人租入船舶后又将其转租出去的情况十分常见。船舶转租后,出现了原租船合同和转租合同两个租船合同关系。两个合同的当事人不同,合同内容也可能不完全相同。各当事人的权利义务分别根据自己所签订的那个租船合同确定,不受另一个租船合同的影响。出租人与转租承租人之间没有合同关系,出租人不能因承租人未付运费而留置转租承租人的货物,转租承租人也不能因为与转租出租人(原承租人)之间的纠纷而扣押属于出租人的船舶。

---

① 我国《海商法》的这种规定和英国法对解约日的理解是一致的。参见 The Democritos, [1976] 2 Lloyd's Rep. 149.

② 参见 The Madeleine, [1967] 2 Lloyd's Rep. 224; The Mihalis Angelos [1970] 2 Lloyd's Rep. 43 等案。

③ 参见 Moel Tryvan Ship Co. v. Andrew Weir & Co., [1910] 2 K.B. 该案中解约日已过船舶仍然未能到达,出租人催促承租人决定是否解除合同,但承租人未加理会,直到 6 个月后船到装货港才宣布解除合同。法院判决承租人有这样的权利。

④ 如金康格式合同 1994 年版第 10 条规定:"如果船东预料到即使谨慎处理船舶也不能在解约日前备妥装船,应立即将船舶预计达到的时间通知承租人,并询问承租人是准备解除合同还是商定一个新的解约日。承租人必须在收到船东通知后 48 小时内决定是否解除合同。如果承租人不解除合同,则船东通知的新的预计到达时间后第 7 天是新的解约日。"

如果出租人不希望承租人将船舶转租,可以在租船合同中明确约定。

二、关于运费支付的权利义务

(一) 运费计算

航次租船合同的运费计算一般是规定一个运费率再按装运货物的数量计收。如"每长吨5美元"。作这样的规定时,应该明确货物的数量是指装船时还是卸船时的。因为货物通常在装船和卸船时都要称量,而货物在运输途中难免发生泄漏、蒸发等引起的数量减少,或由于装卸港口使用的计量工具的准确性不同而发生差异。

另外一种计算运费的方法是根据航次规定一个一揽子运费。这种方法计算的运费与货物具体数量无关,可避免上述货物称量引起的问题,在港口称量不方便或承托双方订立合同时对货物数量还不清楚时非常适用。

(二) 运费支付的时间

运费可以是在接收货物、签发提单后预付,也可以是在货物运到目的港后再支付,具体取决于合同规定。合同无规定时,根据航次租船合同的性质,承租人有权在出租人在租船合同下的主要义务——货物运输已经履行完毕后才支付。

由于没有规定时运费应在运输完成后才支付,如果当事人希望在运输开始前支付运费,一定要用非常明确的合同条款加以规定。而且,运费支付的时间并不等同于运费赚取到的时间。英国普通法认为运费作为承运人提供运输服务的对价,只有在货物运抵目的地准备交付时才算赚取到。运输合同条款可以作相反规定,但仅仅规定"运费预付",只是指明运费支付时间在开航前,但运费仍然只有在航程完成后才赚取到。

在英国"The Norna 案"[①]中,船在1977年12月6日装妥货物并签发提单。航次租船合同的运费条款规定:"75% 运费在船长签发提单5天后支付,船货损失概不退还。余款在卸货港对提单放货时支付。"船舶起航后在12月11日沉没,船东向承租人索要75% 运费,但法院判决船东没有这种权利。因为,"运费是为将货物运抵目的地而支付的对价。除非合同另有约定,运费只在货物运抵目的地交付时才赚取到。要改变这种法律规定的常见合同条款是'运费视为在装货时即已赚取'"。本案中的合同条款没有能清楚地改变普通法的规定,因此船东在货损后不能得到规定预付的运费。

(三) 扣减运费

运费是航次租船合同下出租人最主要的收入,被称为"所有利润之母",因此法律严格保护出租人收取运费的权利。在英国法下,传统上运费是不可触动

---

① [1983] 1 Lloyd's Rep. 431.

的。除非合同另有约定,运费必须按时如数交给出租人。如果出租人和承租人之间有其他纠纷,如货物赔偿纠纷,承租人也应该先支付运费,再重新索赔,二者不能对冲,擅自从运费中扣减会被视为是违约行为。有的航次租船合同也用合同条款明确规定运费不得扣减。

为货物索赔扣付运费的承租人会发现自己处于不利地位。除了在出租人索要运费的诉讼中肯定会败诉外,承租人还可能同时丧失了对货损索赔的权利。因为根据《海牙规则》、《汉堡规则》或我国《海商法》,货主向承运人根据运输合同索赔的诉讼时效是一年或两年的特殊短期时效,而出租人向承租人索要运费则适用合同法下的普通时效。在货损时效过后出租人才向承租人索赔运费,承租人必须补交运费,却因时效已过而不能索回货损赔偿。这种局面在英国"The Nanfri 案"[①]中出现了。

在 1979 年的"The Nanfri 案"中,出租人将船舶航次出租给承租人,运费在货物卸载后到期,租船合同适用《海牙规则》,包括规则第 3 条第 6 款规定的 1 年诉讼时效。货物短卸,承租人便从应付的运费中直接扣除其索赔的短卸金额。两年后,出租人提起索赔剩余运费的诉讼,上议院一致认为,承租人没有就短卸索赔而直接从运费中进行扣减的权利。而且由于承租人未在 1 年内起诉,其索赔已完全失效,因此无权主张任何权利。

我国《海商法》没有明确规定运费不得扣减,如果合同没有另外约定,应根据民法中关于债务抵消的一般性规定,确定是否可以,以及哪些情况下可以扣减运费。

(四) 受损货物的运费支付

如果货物在运输途中受损,运费是否仍应支付,这首先取决于出租人是否对货损有责任。如果有,即使运费照付,承租人也可以在随后对出租人的诉讼中作为损失的一部分索回。如果出租人没有责任或虽有责任但根据运输合同可以免责,是否可得到已受损的货物的运费则有疑义。在英国法下,取决于货物损害的程度。如果货物已经灭失或受损后性质已发生了变化,如谷物已经不能作为谷物使用,由于运费是对运输货物的报酬,既然出租人运输的已不是该"货物",则运费不用支付。如果货物受损但性质未变,则仍应支付。

三、关于货物运输的权利义务

航次租船合同下,货物运输主要是出租人的义务,承租人要做的,只是提供货物、负责货物装卸,并在目的港接受货物。

---

① [1979] 1 Lloyd's Rep. 201.

(一) 货物

1. 交付约定货物

合同可能规定承租人应交付的具体货物,也可能规定一个可供选择的货物范围,或概括性地规定为"任何合法货物"(any lawful cargo)。

我国《海商法》第100条规定承租人应当提供约定的货物,否则出租人有权拒绝或解除合同。因未提供约定的货物致使出租人遭受损失的,承租人应当负赔偿责任。这一条没有提及承租人的过失,应理解为只要承租人未能提供约定货物,不管其是否有过失都应负赔偿责任。承租人不能用他签订的买卖合同由于对方过失没能履行、出口禁令、恶劣天气等作为不交货的理由。唯一可能被作为抗辩理由的是遭遇不可抗力。但即使遭遇不可抗力,如果合同规定的是承租人应交付一系列供选择的货物中的一种或几种,而只有其中一种货物由于不可抗力不能交付,则承租人还应负担交付替代货物的责任,而不能宣布解除合同。

2. 及时交付货物

承租人交付货物应该及时,但与出租人交船不及时可能导致合同解除不同,法律并没有规定承租人不及时交货出租人就可以解除合同。按英国普通法的观点,在没有另外约定的情况下,只有交货不及时已经使"合同落空"时,出租人才可以解除合同。我国《合同法》也规定,延迟履行合同义务只有在经催告后的合理时间内仍未履行,或延迟严重到使合同目的不能实现时,另一方才能解除合同。

在我国海事仲裁委员会1991年受理的"阿利克拉塔轮租船合同履行争议案"中,船方根据与承租人签订的航次租船合同,将船舶租给承租人从委内瑞拉运输尿素到中国。船舶于1989年8月7日19时55分到达装货港并递交了装货准备就绪通知书。在此之前,船方已经了解到委内瑞拉只有两家公司有权出口尿素而这两家公司都不知道该轮将装载尿素一事。船方还多次要求承租人确认装货港货物已经备妥但承租人除表示货源形势严重外,都未给予明确答复。8月7日上午,船方电告承租人,如果船舶到达后仍没有足够货物,船方将撤销租船合同。8月8日8时30分,由于从船舶代理处得知因该轮出口非法货物将于当天上午被扣押,船方指示船舶驶离装货港。8月11日,船方又签订了新的租船合同将该轮另行租出。其后,船方提出仲裁申请,要求承租人赔偿因未履行合同给船方造成的损失。仲裁庭审理后认为,承租人在船舶到达装货港前未将货物备妥或告知船方可以备妥的时间,并不说明该轮到达装港后承租人不能提供货物。即使承租人在船舶到港以后仍未备妥货物,也不说明承租人不能提供货物从而构成违约。根据租船合同的规定,船方有义务及时提供载货船舶,却没有不经承租人同意擅自撤船的权利,除非承租人造成船舶不合理的延误。本案船舶8月7日到达,次日就离开,是船方而不是承租人违约。最后仲裁庭裁决,船方提出的索赔不能成立,并应承担本案仲裁费和实际开支。

3. Jupiter 条款

如果承租人不及时交付货物,出租人一直等到合理时间过后才离开装货港口可能会遭受很大损失。这方面一个有名的案件是 1970 年的"Jupiter 案"。该案中,承租人 Jupiter 是一家皮包公司,与十余艘油轮签订了航次租船合同。由于油轮市场价格下跌,承租人无法将船舶转租给他人,故无法及时提供货物。但承租人仍然要求出租人等待。而出租人等待了很长一段时间以后,发现承租人已经失踪了,出租人因此遭受巨大损失。遭此教训后,一些航次租船合同中开始出现一种"Jupiter 条款",授权出租人在约定交付货物时间过后一定天数就可以解除合同。

Jupiter 条款加强了对出租人的保护,但也可能被出租人滥用而损害承租人的利益。因此不是所有租船合同都愿意使用这种条款。另一种变通的办法是,租船合同约定在承租人不能及时交付货物时,要向出租人每日缴付根据合同应付的滞期费、滞期损失等,从而一定程度上减轻出租人可能遭受的损害。

4. 交付足量货物

由于航次租船合同下的运费往往是按照一个运费率乘以具体装载货物的数量计算,每一航次装载货物的多少直接决定了该航次可收取的运费的多少,对出租人利益有直接影响。因此,合同一般会明确规定承租人应交付的货物的数量,或规定应交付"满舱满载"(full and complete)的货物。"满舱满载"的意思是指货物装船后,加上燃料、淡水、食物和其他船用物料,正好使船舶的吃水达到满载吃水线。如果合同明确约定了船舶装载量,同时又规定了提供"满舱满载"的货物,而二者又有差异的话,承租人应提供满足船舶的实际装载能力的货物而不是租船合同上约定的船舶装载量。

和"满舱满载"对应的,租船合同还往往规定一个货物数量的最大值和最小值。这一般解释为承租人应按满舱满载货物或约定货物数量的最大值交付货物,以小者为准。它同时也是出租人保证船舶能装载的数量。合同也可能规定船长在装货开始时宣布可装载货物的数量,即"宣载"。船长宣载的数量应在最大值和最小值之间,宣布后就是应装载的准确数量。合同还可能是约定一个准确的数量再加上允许超过或不足的百分比,例如"50 吨,5% 上下"等。由于运费是根据装载货物的多少决定的,承租人有义务充分利用出租人提供的船舶运力,如果没有按合同规定装满货物,要向出租人赔偿损失。这种损失一般是根据未装满的吨数计算,被称为"亏舱费"(dead freight)。亏舱费相当于合同约定的违约金。如果出租人为此要另加压舱水等,由此产生的费用也要由承租人承担。如果出租人的船舶载货量不能达到宣布的载货量因而退装,出租人也应承担由此给承租人造成的损失。

(二) 装卸港口

1. 装卸港口的选择

租船合同可能指定一个装货港或卸货港,也可能指定一系列港口中的任一港为装货港或卸货港,或只是指明一个广泛的地区内的任一港口,如"一个意大利主要港口"为装货港或卸货港。在航次租船合同约定一系列港口可供选择时,选择权在承租人而不是出租人[①],但合同另有约定除外。

2. 安全港口

如果航次租船合同中已经指定了某一装卸港口,则该港口安全与否的风险由出租人承担。除非另有约定,出租人有驶往该港的绝对义务,他不能以该港口不安全为由拒绝去,即承租人没有保证指定港口安全的默示义务。如果航次租船合同只是列明一系列港口供承租人选择,则最终选定的港口安全与否的风险由承租人承担。承租人应尽合理谨慎之责选定一个安全的港口。承租人必须在规定的时间或没有规定的时间时在合理的时间内作出选择。但如果他没有及时选择,出租人也不能撤船,直到延迟达到使合同落空的地步。承租人一旦作出选择,就是不可撤销的。承租人行使选择权不用征得出租人的同意,也不用考虑出租人的利益。如承租人可指定一个装卸工人正在进行罢工的港口为装货港,而且,还可能通过合同中的免责条款免去由于罢工引起的装卸迟延的滞期费等的责任。但承租人指定的应该是安全港口。我国《海商法》第101条规定:"出租人应当在合同约定的卸货港卸货。合同订有承租人选择卸货港条款的,在承租人未按照合同约定及时通知确定的卸货港时,船长可以从约定的选卸港中自行选定一港卸货。承租人未按照合同约定及时通知确定的卸货港,致使出租人遭受损失的,应当负赔偿责任。出租人未按照合同约定,擅自选定港口卸货致使承租人遭受损失的,应当负赔偿责任。"

港口的安全包括港口的自然条件能够使船舶安全进出并在停泊时保持漂浮状态,同时还包括政治上安全,即不会发生扣押、拘捕船舶或船载货物的危险。简单说,是指没有突发事件的情况之下,船舶使用良好的船艺能安全地驶入、挂靠及离开港口[②]。常见的使港口不安全的自然因素有港口容易冰封、港口航道狭窄、突然风暴、缺少必要设施等。常见的使港口不安全的政治因素有船舶被当地政府没收、港口国有不合理的法律等。

3. 附近安全港条款

出租人的责任是在指定港口交付船舶,但租船合同一般都有一句"或船舶

[①] 参见 Vancouver Strikes Cases,[1961] Lloyd's Rep. 385。在该案中,主审法官指出:"原则是很明确的,如果租船合同规定从指定的地点中选择装卸港口,承租人有权自主选择,而无需考虑船东的方便。"

[②] 参见 The Eastern City,[1958] 2 Lloyd's Rep. 127。

能安全到达的附近港口"(or so near thereto as she may safely get),授权出租人在港口不安全时驶往临近港口装卸。出租人只有在因为永久性的困难或障碍不能进港,或会被延误商业上不合理的时间,才能援引这一条款。临时性的困难,如恶劣天气等不能作为援引附近安全港条款的理由。在一个极端的英国案例中,法官认为12月中旬到达卸货港发现港口冰封,到第二年4月才能化冰进港的船舶不能援引合同中的附近安全港条款。

(三) 装卸任务的分担

1. 装卸任务的分担规则

装卸任务的分担在英国普通法下是按"船边规则"(alongside rule)确定的。即承租人负责将货物运到船边船上吊钩可及处,而出租人负责将货物实际装上船。卸船时则由出租人将货物实际卸下船,再由承租人负责将货物运走。相应地,承租人负担货物发生在陆上的装卸费用,而出租人负担货物发生在船上的装卸费用。但由于现代运输中装卸一般是由双方雇佣的船舶代理统一安排专业装卸工人进行,而且货物也不再是由船上,而是由岸上的装卸工具装上船,这种规则不再有意义。双方一般明确约定装卸任务如何划分。但如果没有明确约定,普通法下的船边规则仍然适用。我国《海商法》没有明确规定航次租船合同下装卸任务的分担,但由于我国法下将航次租船合同视为一种特殊的货物运输合同,而且第94条第2款规定"本章其他有关合同当事人之间的权利、义务的规定,仅在航次租船合同没有约定或者没有不同约定时,适用于航次租船合同的出租人和承租人",因此,如果航次租船对装卸任务的分担没有约定,则适用和一般班轮运输合同装卸任务的分担相同的规则。这和英国普通法下的"船边规则"基本一致。

2. 装卸费用

装卸的费用负担应由合同专门约定。航次租船合同的标准条款中一般都会明确规定装卸费用的分担。常见的一种规定是"班轮条款"(liner term),即和班轮运输中一样,由出租人负责装卸费用。另外可见的还有 FIO、FIOS、FIOT 等。所谓 FIO,即 free in and out,意为出租人不负责货物进出船舱的费用,但其他如积载、理舱等的装卸费用仍然负担。FIOS,即 free in and out and stow,意为出租人不负责货物进出船舱以及理货的费用。FIOT,即 free in and out and trim,意为出租人不负责货物进出船舱以及平舱的费用。这些术语都是航次租船合同中常见的术语,但是这些术语是只指明了费用的分担而与谁应承担责任无关,还是同时指明了费用和责任的分担,理论上有不同看法。通说认为是只指费用划分①。在一个案例中,船舶未能装下租船合同约定的 3.7 万吨货物,原因是港口用装卸设备的缺陷,使货舱内装载的煤堆成山形,未能充分利用货舱容积。合同约定 FIOS,双方就应支付亏舱费还是追究出租人提供船舱容积不符合合同约定的责任产生争议。最后中国海事仲裁协会的仲裁中,裁决承租人应为装卸负责,支付亏舱费。

（四）装卸时间

1. 关于装卸时间的规则

对装卸时间的规定可能是整个航次租船合同中最重要的内容之一。由于装卸时间的规定往往涉及一系列复杂的专业术语,即使从业人员也不一定对其含义全部清楚,由此引起的诉讼屡见不鲜。为解决这一难题,1980 年由波罗的海航运公会(BIMCO)、伦敦全国船舶经纪人和代理人协会联合会(FONASBA)和英国杂货船航运协会(GCBS)联合制定了一个名为《1980 年租船合同装卸时间定义》的文件,对航次租船合同中普遍使用的一组术语进行了解释。1993 年,又经修改更名为《1993 年航次租船合同装卸时间解释规则》。这一文件对统一航次租船合同下装卸时间的定义有重要意义,但由于它不是一个公约,只有在当事人自愿选择适用时才有约束力。我国《海商法》第 98 条规定:"航次租船合同的装货、卸货期限及其计算办法,超过装货、卸货期限后的滞期费和提前完成装货、卸货的速遣费,由双方约定。"这一规定将装卸时间的相关事项完全交由当事人自由约定,而没有进行任何限制,也没有提供任何帮助。这使解释装卸时间的相关规定有比较大的难度。为提高准确性,减少纠纷,合同中最好作比较细致的规定,而不是只使用行业内常用的简短术语。

2. 装卸时间的约定

所谓装卸时间(laytime),是指当事人约定的期限,在此期限内,船所有人使船舶装货或卸货而不收取额外费用。这一术语被认为很可能是来自停泊时间(lying alongside time)的缩写形式。由于航次租船合同中时间损失是由出租人承担的,合同规定的装卸时间以内的时间价值已经在运费中支付了,因此规定承租人可免费使用的装卸时间越短,对出租人越有利。一般航次租船合同对装卸时间的规定可分为两大类:一是规定按港口习惯尽快装卸(customary quick dispatch,CQD),一是规定一个固定的装卸时间。前者对承租人更为有利,因为承

---

① 但也有不少人主张这些术语不单指装卸费用由谁负担,还包括由谁雇佣装卸工人,并承担装卸作业中的风险和责任。参见司玉琢等编著:《新编海商法学》,大连海事大学出版社 1999 年版,第 228—229 页。

租人在这种合同下所应做的就是根据港口习惯合理快速地装卸货物,如果由于承租人不能控制的原因,如港口拥挤、恶劣天气、节假日、罢工等原因引起装卸迟延,承租人不负责任。也就是这种合同下装卸中由于意外事件引起时间延误的风险完全由出租人承担。而在固定装卸时间的合同下,承租人能使用的装卸时间是固定的,不管实际装卸过程中是否发生意外,原则上他都必须保证在约定时间完成装卸,否则就要承担违约责任。也就是除非另有规定,这种合同下装卸中由于意外事件引起时间延误的风险完全是由承租人承担的。这两种规定装卸时间的方法都曾经在租船实践中广泛使用,但目前按习惯装卸的规定已经比较少见,更普遍的是规定固定装卸时间。

合同对装卸时间的计算一般是按日规定的,它可能规定具体的可用的日数,如"装船时间 3 个工作日";也可能规定每日应装卸的货物的数量,如"每日装卸 2000 吨",装卸天数通过将货物数量除以每日装卸量得到。后一种规定方式在现代标准格式合同中用得越来越多。

航次租船合同中的"日"有多种用法。它可能是一个日历日或连续日(calendar days, running days),即从每日午夜至次日午夜或从船舶到港之时起连续 24 小时的时间。也可能是工作日(working days),即不包括星期日和法定节假日的港口应该进行工作的日子,这种日子包括 24 小时还是只包括一天中通常被用于从事工作的那部分时间曾有争议。在一个英国案例中,法官提出:"我冒昧地认为,如果你对一名工人或者工人的雇主说:'你们的工作日是什么?你们的工作日是多少小时?'他们可能不会说是 24 个小时。因为那不是工作日,在这 24 小时中有很大一部分时间他们是在睡觉。说一个工作日是 24 小时对我来说似乎是完全忽视了这样一个事实,即工作这个词是限定了日这个词并将它削减。"也就是在解释"工作日"这个短语时,不应考虑一天为 24 小时的日历日,而应注意一个日历日中用于正常工作的小时数。因此,在有的英国案例中,把一个工作日确定为 8 个小时。但是在随后的判例中,一些法官又驳斥了上诉说法。如 Devlin 法官在一个判例中提出:"首先,我的结论是,说工作日是一种被削减的日历日,这与 1955 年以前的全部判例均相矛盾。工作限定的不是一日中的某一部分,它所描述的是作为整体的完整的一天的特征。"关于这个问题,还很难说已有定论,但目前一般倾向于认为工作日是指 24 小时。而实践中常常使用的"24 小时工作日"或"连续 24 小时工作日"这样的术语,更增加了解释的难度。24 小时工作日被认为是指包括 24 个工作小时的时间被计为一日。因此,如果一天工作 8 个小时,那么 3 天才算一个 24 小时工作日。连续 24 小时工作日则被认为和工作日是同义的,只有在将工作日理解为 24 小时以外的其他时间才不一样。

另一种"日"是"晴天工作日"(weather working days),即工作日中不受天气影响,确实可以进行装卸货物的时间。

"日历日"、"工作日"、"晴天工作日"等术语中对日子进行限制的词语是描述性的而不是免责条款,即这些日数的计算都不管承租人是否准备或实际进行了装卸。

在我国海事仲裁委员会仲裁的"伦敦远东船舶公司与中国外运租船公司滞期费纠纷案"中,被申请人租用申请人的船舶用于运输一批焦炭。航次租船合同约定"货物以每连续24小时晴天工作日2000公吨速度卸货。星期六下午、星期日和假日除外,即使使用也不计入"。在卸货时间起算后,有两天下小雨,但承租人仍然进行了卸货。计算装卸时间时承租人要求将两天下雨天从允许的卸货时间中扣除,因为其不是"晴天工作日";但出租人认为不能扣除,因为虽然天气不是晴天,但没有影响卸货,只有天气影响了卸货才能从"晴天工作日"中扣除。此案最后调解结案。

上案涉及对"晴天工作日"中"晴天"的理解。这是有争议的问题。一种说法是晴天就是取其自然意义,即不下雨晴朗的天气。另一种说法是航次租船合同的装卸时间条款中所说的"晴天"和日常用语中的"晴天"是有一定差异的。并非只要不下雨就是晴天,而是针对具体货物,适宜装卸货物的天气就是晴天。根据需装卸的货物不同可能对天气是否是"晴天"会得出不同答案。比如本案中,下小雨根本不会影响焦炭的装卸,则小雨天气对焦炭而言就是晴天。后一种说法现在采纳的人更多。

3. 装卸时间的起算

（1）装卸时间起算的三个条件

由于装卸时间的重要性,装卸时间如何起算也成为一个重要的问题。一般来说,只有在满足三个条件的情况下,装卸时间才能起算。这三个条件是:船舶到达装卸地点;船舶在各方面做好装卸货物的准备;船舶向承租方递交了准备就绪通知书。

装卸时间应在船长向承租人或其代理人递交了"装卸准备就绪通知书"一定时间后起算。而只有在船舶确实已经到达装卸港口并且备妥可以装卸后,船长才能递交装卸准备就绪通知书。也就是说,只有在船舶是"到达船舶"及递交了"装卸准备就绪通知书"而又确实准备就绪三项条件同时成立时,装卸时间才能起算。

（2）到达船舶

船舶到达装卸地点即成为"到达船舶"是装卸时间起算的首要条件。在确定什么是"到达船舶"时,英国法根据合同规定的装卸应进行的具体位置将航次租船合同主要分为三种:泊位、码头或港口航次租船合同。这三种合同下分别要求船舶达到具体的泊位、码头或港口才算到达船舶。什么是泊位、码头或港口没有统一承认的标准。根据1993年《航次租船合同装卸时间解释规则》,"泊位"是指"船舶在港口内进行装货或卸货的具体地点"。"港口"是指"船舶装货或卸货的区域,而不论是在泊位、锚地、浮筒或类似地点。港口也应包括船舶等待依次进港的惯常地点,以及船舶按指示等待依次进港或必须等待依次进港的惯常地点,而不管该地点与上述区域距离的远近。如果未使用'港口'一词,但该港口仍可由其名称加以识别(或应该加以识别),则上述定义仍应适用"。泊位是具体地点,港口则是一定的地理区域。1993年规则没有对码头进行定义。根据《新华字典》的定义,"码头"是指江海沿岸以及港湾内供船舶装卸货物或乘客上下船的建筑。由于通常港口是由一个个泊位和码头连接组成的,所以,从某种意义上说,码头租船合同是泊位租船合同与港口租船合同的混合形式。如同港口租船合同一样,它包括一定的地理区域。

泊位是具体地点,码头范围相对较窄,而且通常有一个明确的入口,因此船舶何时抵达泊位或码头不容易发生分歧。但港口的概念则相对含糊,容易产生歧义。对具体港口而言,如何划分港口区域的边界有地理的、行政的、商业的等多种标准。过去比较常采用的是商业标准,即船舶到达港口内具有装卸货物的设备,可进行装卸的区域才算进入港口。一个港口的商业区域一般不会太大。目前也常采用行政标准,即船舶进入港口当局的行政管辖范围就算进入港口。还有人认为,除了船舶确已进入按上述标准划分的港口区域外,船舶还必须是处于承租人能够立即而有效地支配的地位。如在英国1973年的一个典型判例"Johanna Oldendorff案"中,Reid勋爵指出:"在船舶能够被称为已经抵达港口之前,如果它不能径直靠泊的话,它必须是已经抵达了港内一个承租人能够及时而有效地控制它的位置。"

一般来说,泊位租船合同比码头或港口租船合同对承租人更有利,因为船舶在泊位能更方便地进行货物装卸,而且在船舶到达港口附近却由于港口挤塞等原因不能靠近指定泊位时,船舶就不能算做到达船舶,时间损失将由出租人承担。但出租人也可以通过在租船合同中加入适当的条款改变风险的承担。这种条款常见的有三种。第一种是规定一个具体地点,在到达这个具体地点后,如果船舶由于港口拥挤等约定原因不能继续前进,则船舶即使没有到达也视为到达。第二种是规定租船人有义务指定一个"可到达的"泊位或港口,如果由于拥挤等原因造成船舶不能到达,则任何损失视为租船人过失引起的,出租人不负责任。第三种是规定由于等待泊位损失的时间应计入装卸时间。

(3) 装卸准备就绪

船舶到达指定装卸地点后,还必须准备就绪进行装卸。准备就绪包括两方面的要求,即商业上的准备就绪和法律上的准备就绪。商业上的准备就绪是指船舶在货舱的安全、清洁、干燥,装卸设备的齐全可用等各方面都已经过适当处理,能够正常装卸特定货物。如装载粮食产品前已经进行熏舱,在装载油类产品前已经进行洗舱并将洗舱水和污油水收集到分隔舱,装卸索具已经备好马上可以投入使用等。法律上的准备就绪是指船舶已经取得法律上要求的一切文件,装卸作业不会因不符合法律程序而受阻。如已经按要求取得海关放行的单证,已经通过卫生检疫部门的检疫并取得放行的许可证等。法律是指装卸港口所在国家的法律。根据装卸港口不同,法律上的要求也可能不同。出租人必须注意使船舶满足每一装卸港口的法律规定。

(4) 准备就绪通知书

装卸时间起算的第三个前提条件是递交了装卸准备就绪通知书。根据1993年《航次租船合同装卸时间解释规则》,"准备就绪通知书"是指"按租船合同的要求,向承租人、发货人、收货人或其他人递交的关于船舶已经达到港口或泊位以及已经准备就绪进行装货或卸货的通知书"。准备就绪通知书可以任何形式给出,但必须是在船舶确实准备就绪后才能给出。通知书必须是对事实的确认而不是预测,宣布船舶将在一定时间以后准备就绪的所谓"预计准备就绪通知书"是没有法律效力的文件。准备就绪通知书的递交有递交、接收和接受三个过程。只有承租人接受了递交,准备就绪通知书才能生效。递交和接受之间可以有一段间隔,但承租人不能为拖延起算装卸时间而故意不合理地拖延接受准备就绪通知书。

在我国海事仲裁委员会1988年受理的"乔治斯·梯轮滞期费纠纷案"中,租船合同规定装卸时间自装卸准备就绪通知书被承租人在正常办公时间接受后24小时起算,不管船舶靠泊与否,但只要港口当局通过船舶的进港手续。船舶于1985年12月2日21时40分抵达卸货港黄埔港引水锚地,同时递交了准备就绪通知书。此后,船舶一直在引水锚地等待进港,12月6日1时开始进港等待联检,同日10时通过联检。租方同时接受准备就绪通知书。该轮于12月7日2时20分开始卸货,12月26日2时卸货完毕。双方就装卸准备就绪通知书的接受应在提交当时还是联检通过后产生争议。最后仲裁庭认为,根据中国港口习惯,通过联检是一切外籍船舶进入中国港口的必要条件,船舶不通过联检便不具备卸货条件,因此租方有权在船舶通过联检后才接受装卸准备就绪通知书(但是在一个英国仲裁案中给出了完全相反的裁决,参见1981年3月5日第35期劳氏海商法通讯)。

船舶未实际准备就绪时发出的准备就绪通知书无效,即使后来船舶已实际准备就绪也一样。以后准备就绪的事实不能使已经被视为无效的准备就绪通知书恢复效力。关于这一点有一个典型的英国案例,即1990年的"The Mexico I 案"[1]。

---

[1] [1990] 1 Lloyd's Rep.

在"The Mexico I 案"中,船舶于 1985 年 1 月 1 日抵达了卸货港,并在当天递交了通知书。但这票货物上有其他货物,到 2 月 6 日其他货物被卸下后才可能卸这票货。承租人于 2 月 19 日 11 时 30 分开始卸货。承租人认为 1 月 1 日递交的通知书是无效的,出租人后来又没有递交新的真正准确的通知书,因此装卸时间的起算应该按没有递交通知书处理。而出租人认为即使提交通知书时船舶尚未准备就绪,只要真正准备就绪后原来提交的通知书就应生效了。审理法院支持了承租人的观点,认为在船舶实际准备就绪以前提交的通知书是无效的,法律上等于不存在。实际准备就绪以后必须提交新的准备就绪通知书。法官指出:"……并不存在过早递交的准备就绪通知书,等到船舶确实准备就绪时便会自动生效的这一基本原则。所谓的基本原则是:通知书在递交时就必须是有效的。如果它是无效的,就不应起作用。一旦有效的通知书又遇到了什么新的要求,就应再递交一份新的通知书。若未这样做,只有当承租人放弃了合同赋予他的索要有效通知书的权利时,这份原始的通知书才能起作用。"

根据上案提出的原则,如果在实际准备就绪以前就递交了装卸准备就绪通知书,而承租人错误接受了本来无效的这份通知书,则通知书仍然生效。

在没有提交准备就绪通知书的情况下,只要实际开始了装卸,装卸时间仍然可以起算。

船舶为到达船舶、船舶装卸准备就绪、已经提交准备就绪通知书只是装卸时间起算的必要条件,这些条件不满足一般不能起算装卸时间,但这些条件满足了也不一定就立即起算装卸时间。有的合同规定,装卸准备就绪通知书提交一段时间后才起算装卸时间。在提交准备就绪通知书和起算装卸时间之间的这段时间被称为"自由时间"或"通知时间",它主要是给承租人以必要的时间做装卸的货物方面的安排。

4. 装卸时间的中断

实际进行装卸时,由于意外原因使装卸不能进行不能导致装卸时间计算的中断。港口拥挤、船东雇佣的装卸工人罢工、由于恶劣天气船舶必须移泊等造成的时间损失都算在允许的装卸时间内,因为装卸时间损失的风险是由承租人承担的。但原因是合同明确约定的例外条款或是出租人的过错则例外。这里的例外条款是指特别指明装卸时间中断的特殊例外条款而不是适用于整个合同的一般例外条款。如不可抗力一般会被租船合同作为履行合同义务的例外条款,但在装卸时间条款中没有特别约定时,不可抗力并不能导致装卸时间中断。合同可能将很多原因,包括上述恶劣天气、港口拥挤甚至"一切承租人所不能控制的原因"造成的时间损失排除在约定的装卸时间以外。由于例外条款是一种免责规定,因此要援引例外条款中断装卸时间的计算必须证明例外事项和导致装卸中断之间的因果关系。这一点和合同中定义装卸时间的规定不同。如装卸时间规定为"晴天工作日",则只要不是晴天就不计入装卸时间,无需证明天气影响了装卸进行,而且即使承租人实际上进行了装卸也是如此。但如果规定的装卸时间只是"工作日",同时又规定"除非天气不允许",则承租人要援引这一条扣减雨天就不仅必须证明曾经下雨,还要证明下雨确实导致了装卸中断。这一点在理论上很清楚,但是实际业务中,一个关于天气的规定是对装卸时间的定义还是对天气除外的规定有时是难以辨别的。

在援引船东过失或例外条款为由中断装卸时间的计算时不仅要证明船东过失或例外事件的存在,还要证明这种过失或例外事件引起了装卸延误。

在我国海事仲裁委员会受理的"金挑战者轮速遣费争议案"中,船舶于1979年8月21日4时51分到达加拿大温哥华港,8月22日10时50分开始装载散装硫磺24199.19吨。8月23日19时15分装货完毕。装货开始后,船舶曾于8月23日1时30分至6时30分加油5个小时,承租人认为这5个小时应从装货时间中扣除。经查明,加油的这5个小时承租人本来就不打算装货,船舶处于空闲状态。仲裁庭裁决,按租船合同规定起算装货时间以后,除租船合同明文规定除外的时间和由于船方责任延误的时间以外,装货时间应连续计算。船舶8月23日1时30分至6时30分加油,是在装货时间起算以后,而且并未延误装货,租船合同中并无此项时间不计为装货时间的规定,故不应扣除。

在1994年的一个英国案例中,也对例外条款适用了相同的证明因果关系的要求。

在该案中,由于前一卸货船卸下的是糖类而召来了蜜蜂,加上天气炎热,这些蜜蜂聚集在一起,使得装卸工人不能正常作业而影响了后来船只卸货。后来船只的租船合同中有恶劣天气例外的中断装卸时间的规定。承租人要求确认当时天气情况应作为例外,但被法院驳回了,理由是,"蜜蜂"本身显然不是天气。承租人要想援引天气除外条款的话,他们至少要证明,天气条件以及所导致的后果,也就是说,与蜜蜂的聚集导致装卸中断之间的直接因果关系。承租人没有完成这一证明任务。

5. 装卸时间的止算

装卸时间的止算则一般是在实际装卸完成之时。一旦实际装卸已经完成,承租人就无权继续将船舶滞留在港口,即使此时合同规定的装卸时间还没有用完。但另一方面,如果实际装卸还没有完成,即使只是很少的一部分,承租人仍然有权继续按他愿意的速度进行装卸。在一个英国案例中,承租人根据合同应装1.26万吨货物,在只剩11吨还未装完的情况下,承租人为了得到特定时间签发的提单,指示停止交付,直到几天后才继续装货,并在40分钟内就完成了。由于合同规定的装卸时间尚未用完,法院判决承租人没有不合理地滞留船舶。

由于装、卸是两个阶段的行为,这两个阶段的时间可能在一起计算,也可能分别计算,导致了卸货时间计算的不同。最常见的是三种:装卸时间分别计算、装卸时间平均计算和装卸时间连续计算。装卸时间分别计算是分别规定装卸所允许使用的时间,如规定装货时间3天,卸货时间3天,如果实际装货只用了2天,实际卸货用了4天,则在装货港速遣1天,在卸货港滞期1天,由于滞期费比速遣费高,承租人要支付出租人多出的滞期费。装卸时间平均计算是指分别计算装货时间和卸货时间,再用一个作业中节省的时间抵消另一作业中超用的时间,如上述情况中,实际装卸时间仍然分别计算,但多余或节省的时间可以调剂,即装货港节约的1天和卸货港多用的1天可以抵消,结果是既无速遣也无滞期,承租人不用支付任何费用。装卸时间连续计算是指承租人有权选择将允许的装货时间和卸货时间加在一起计算,行使了选择权,就等于规定了包含两个作业的总时间。如仍是上述情况,如果是可调剂使用装卸时间,即装卸一共可用6天,装货港装货结束后,余下的1天要计入卸货时间,即卸货就可用4天时间。如果第4天是节假日,则节假日要除去,卸货顺延到节假日后的1天。这时如果是按装卸时间分别计算或平均计算,卸货时间只有3天,第4天已经进入滞期,而通常情况下,装卸时间是按工作日计算,而滞期时间是按惯例规定"一旦滞期,永远滞期",即不刨除节假日,这样第4天实际卸货完成后,第4天加上1天节假日,就已经滞期了2天。因此,采用不同计算方法计算下来的时间会很不一样。

(五) 滞期和速遣

1. 滞期费、滞期损失和速遣费

为了鼓励承租人在规定的装卸时间内完成装卸任务,合同往往规定在用了比合同规定的更少的时间完成装卸时,节约的时间可以由出租人向承租人支付"速遣费"(despatch money),用以奖励承租人,但如果承租人所用装卸时间超出了合同规定的时间,则要由承租人向出租人支付"滞期费"(demurrage)作为赔偿。还有的合同规定一个计算滞期费的时间,超出了这个时间承租人则要支付更高额的赔偿,称为"滞期损失"(damage for detention)。合同约定的速遣费往往是滞期费的一半。

2. 滞期费和滞期损失的性质

滞期费和滞期损失的性质相当于合同约定的损害赔偿。我国《合同法》第114条第1款规定:"当事人可以约定一方违约时应当根据违约情况向对方支付一定数额的违约金,也可以约定因违约产生的损失赔偿额的计算方法。"合同约定的损害赔偿是对法定损害赔偿的一种补充,其效力优先于法定损害赔偿。也就是在由于滞期引起出租人损害时,如果有滞期费或滞期损失的规定,则应根据规定赔偿出租人的损失,而不再援引法律规定的一方违约引起对方损失时的计算方法,如我国《合同法》第113条第1款规定的"当事人一方不履行合同义务或者履行合同义务不符合约定,给对方造成损失的,损失赔偿额应当相当于因违约所造成的损失,包括合同履行后可以获得的利益,但不得超过违反合同一方订立合同时预见到或者应当预见到的因违反合同可能造成的损失"。滞期费和滞期损失不是合同约定的违约金。合同约定的损害赔偿和合同约定的违约金虽然都是事先约定的,都可以在违约发生后对受害人起到补救作用,而且从我国立法和司法实践来看,二者常常是相互替代的,但二者目的不同,适用条件也不同。约定违约金主要是起担保作用,而约定损害赔偿主要是起补偿作用。约定违约金只要违约就应支付,不以实际损害发生为前提,也就是违约金同时具有补偿性和惩罚性。而约定损害赔偿以实际损害发生为前提,虽然不要求证明实际损害的范围。

能够说明滞期费的约定损害赔偿性质的一个事实是,在某些美国法庭,通过证明没有损失发生,则可能会避免支付滞期费。

在一个美国案例①中,船舶所有人按合同承运牛脂从加利福尼亚到西班牙,船上同时承运了不同托运人的货物。运输合同规定,在装货港,只要履行了装卸准备就绪条款的规定,如果没有提供可用泊位或可装货物,则要支付滞期费。船舶抵港两周后才提供要装运的牛脂,而且装好牛脂后,由于其他货物还没有装,船舶仍然不能离港。在这种情况下,美国地方法院判定,承租人不需支付滞期费,因为船舶并未由此产生实际损失,无论如何船舶所有人有责任等待其他货物。

关于约定的损害赔偿如果过分高于或低于实际损害,法院是否有权进行干预,各国立法和司法实践各不相同。有的国家如日本承认约定的绝对效力,法院无权进行增减;有的国家如法国原则上承认约定的效力,但在约定过高或过低时法院有权加以调整;有的国家如英国规定不承认惩罚性的损害赔偿约定的效力。我国立法中对约定的违约金过高或过低的情况进行了规定。我国《合同法》第114条第2款规定,约定的违约金低于造成的损失的,当事人可以请求人民法院或者仲裁机构予以增加;约定的违约金过分高于造成的损失的,当事人可以请求人民法院或者仲裁机构予以适当减少。遗憾的是对约定损害赔偿却没有进行相关规定。学说上一般认为关于违约金的这种规定也可以参照适用于约定的损害赔偿。

在我国广州海事法院审理的"丽水轮滞期费、修船费纠纷案"中,租船合同规定滞期费每天人民币3万元,滞期超过4天的,承租人每天应支付船期损失人民币6万元整。实际上船舶发生了4天以上的滞期,双方当事人就滞期费的约定是否合法发生了争议。承租人认为,"丽水轮"前三航次平均每天利润只有1

---

① D'Amico Mediterrantean Padific Line Inc. v. Proctor and Gamble Manufacturing Co., 415F. Supp. 732(C. D. Cal. 1976).

万多元,而合同约定滞期超过4天,每天应付船期损失6万元,太高。合同约定的滞期费有补偿性和惩罚性,但应有限度。法院应运用自由裁量权对滞期费标准予以合理的限制。但法院没有支持承租人的主张,而判决本案中合同关于滞期费的约定没有违反国家强制性规定,应认为合法有效。被告认为"滞期费的约定显失公平,应视为无效"的抗辩缺乏法律依据,不予支持。

在支付了滞期费后,一般不能基于实际损失的计算要求支付额外的损害赔偿。但如果能证明在滞期以外有独立的违约引起的其他损失,则出租人通常还可以获得另外的损害赔偿。同样在上案中,由于货物污染船舶还造成了船东由于清污、修理而遭受的其他损失,法院判决承租人在支付滞期费外还要对这一部分损失负责。

在同时规定了滞期费和滞期损失的合同中,滞期费基本上是根据违反合同可能造成的损失估计的,而滞期损失数额更高,更带有对违约行为进行惩罚的意思。如果合同约定了滞期费,没有规定滞期损失,出租人不能主张计算滞期费超过一定期间以后,就应该转而计算滞期损失。相反,如果合同没有约定滞期费,装卸时间一过,就应该根据实际损失计算违约赔偿,这种赔偿也被称为滞期损失。承租人装船迟延只有达到使合同落空的地步出租人才能撤船。但在约定了滞期费计算时间的情况下,在装货港超过了滞期费的计算时间,出租人就可以立即开船,而不必等着装完货再索要滞期损失。如果已经装了部分货,他可以索要未装货物的亏舱费。如果完全没装,他可以撤销合同并索赔损失。但是如果迟延发生在卸货港,出租人则必须卸完货再索赔。

滞期费和滞期损失是对装卸时间延误的约定损害赔偿,出租人不得再另外索要延误引起的损害赔偿。但如果延误太多达到了异常的程度,如果符合我国《合同法》第94条的规定,即当事人一方迟延履行债务或者有其他违约行为致使不能实现合同目的,出租人可以宣布解除合同。

3. 滞期时间的计算

滞期时间的计算有两种基本方法,一种是"一旦滞期,永远滞期",另一种则是"按装卸时间计算"。这两种方法的不同在于是否将计算装卸时间时不计入的时间计入滞期时间。如果是"一旦滞期,永远滞期",则只要滞期已经开始起算,本来不应计入装卸时间的非工作日、天气不许可装卸的日子等都要计入滞期时间。如果是按装卸时间计算,则滞期起算后的日子是否计入滞期时间和是否计入装卸时间的标准是一致的。

4. 速遣时间的计算

同样,关于速遣时间的计算也有两种不同方法:"按节省的(全部)工作时间"或"节省的(全部)装卸时间"计算,以及"按节省的全部时间"计算。这两种算法的区别如下:如果合同规定装货时间为5个工作日,如果实际只用了2个工作日,节省的全部工作时间应该是3天。但如果节省下来的3天中包括2天节假日,由于节假日不包括在装货时间中,因此应该顺延,这样节省的全部时间就是5天。

（六）货物交付

除非另有规定,船东应将货物交付给收货人。除非另有约定或卸货港法律另有规定,收货人必须在船边接收货物。交付必须交付给收货人本人或其代理人,仅仅将货物卸在港口仓库不构成交付。但如果船舶到达目的港合理时间后仍无人提取货物,货物交付的责任也可以终止。如果符合卸货港的习惯,承运人也可免除对收货人本人或其代理人实际交付的责任。如有的港口的习惯做法是将货物交给港口公司,再由公司交给收货人。又如有的港口法规规定收货人必须雇佣港口装卸工人接收货物,承运人将货物交给装卸工人即可解除对货物的责任。在实际交货或将货物根据法律或习惯交给港口仓库等第三方之前,运输没有结束,承运人仍应对货物安全负责。

四、航次租船合同下签发的提单

对按照航次租船合同运输的货物,承运人通常也要签发提单。但是这种提单与一般班轮运输中签发的提单不完全相同。

由于航次租船合同本身已经是运输合同,因此,在此合同下签发的提单只能起到货物收据的作用,不是合同本身,甚至也不是合同证明。当提单条款与航次租船合同条款不一致时,以后者为准。

但是,当航次租船合同下签发的提单转让到承租人以外的第三方手中时,为了保护第三方利益,促进提单流转,我国《海商法》规定,此时承运人与提单持有人之间的权利、义务关系适用提单的约定。但是,提单中载明适用航次租船合同条款的,适用该航次租船合同的条款。

提单中通常使用一种"并入条款",规定航次租船合同的条款并入提单条款中,适用于提单持有人与承运人之间。"并入条款"并不总是有效。比如许多国家认为,一条泛泛的"并入条款"并不能将租船合同中的管辖权条款和仲裁条款并入提单,要达到这种效果,"并入条款"必须明示:并入租船合同,包括其中的管辖权条款和仲裁条款。

在一个案例中,某矿产进出口公司从美国购买了3万吨废钢铁,卖方租用某航运公司的"凯"轮装运该批货物。租船合同对船舶在卸货港的卸货时间和滞期费作了约定。货物装船后,船长签发了提单,载明:"所有其他条件和除外事项依据租船合同"。"凯"轮在青岛港卸货,造成船舶滞期。某矿产进出口公司持提单来提货,航运公司要求某矿产进出口公司先结清滞期费才交货。本案中,某矿产进出口公司不是航次租船合同的当事人,本不应受租船合同关于滞期费的约定的约束。但由于提单有"并入条款",某矿产进出口公司作为提单持有人,应受提单条款约束。因此,航运公司有权要求某矿产进出口公司支付根据航次租船合同计算的滞期费。

第三节 定期租船合同的主要内容

定期租船合同的主要内容也在于对出租人和承租人权利义务的分配,而这种分配简单地说就是出租人提供船舶,承租人支付租金,并由出租人和承租人合作完成货物的运输。承租人控制着船舶的商业功能,因而通常也对这些活动的开支负责,并对船长接受他这方面的指示行事而可能给船东带来的损失负责。

一、关于船舶的权利义务

定期租船合同下关于船舶的权利义务主要是出租人按时按约定状态将船舶交给承租人使用,并负责在租期内的船舶维修;承租人在租期内按约定使用船舶,交付租金,并在租期届满后将船舶交还给出租人。这些方面的安排,主要是通过租船合同内的船舶描述条款、船舶维持条款、还船条款等合同条款来进行的。

(一)船舶描述

出租人在定期租船合同下最主要的义务是提供船舶,因此,定期租船合同中,一般首要的条款就是对船舶的描述,包括船名、总载重吨、净载重吨、载重量、载货容积、满载速度、燃油消耗、船级、船籍等。出租人提供的船舶必须符合合同对船舶的描述,否则就构成违约。根据我国《合同法》的规定,应根据违反合同条款的严重程度来划分违反合同的不同后果。如果违反合同的后果严重以致影响合同目的的实现,则可能导致合同解除,否则只能申请损害赔偿。如关于船舶国籍的描述,如果出租人交付的船舶国籍和定期租船合同约定的船舶国籍不同,但对船舶的正常使用不构成很大的障碍,则承租人可能只能申请损害赔偿。但如果严重限制了对船舶的正常使用,如实际交付的船舶因为国籍原因而不能在合同约定的区域航行,则承租人可以要求解除合同并索赔。

船舶描述条款中对船舶应达到的各项指标只需要在交船时满足就行,还是必须在整个租船期间都能满足是有争议的问题。一般理解为除非另有规定,只要在交船时达到就可以了。

在对船舶的描述中,有的合同中会加上"不担保"(without guarantee)字样,如"净载重吨600吨,但不担保"。这种附加规定可以免除出租人交付的船舶与合同约定有不符之处时的违约责任,但出租人在作出合同约定时应该是善意的。

如果出租人明知其船舶不能满足某项标准仍然在合同中表明将交付的船舶符合该标准,即使该标准之后有"不担保"的附加条件,也不能免除出租人的责任。对"不担保"条款的这种解释也适用于租船合同中其他约定,如关于租船期间的规定等。

(二) 适航问题

除了必须达到船舶描述条款的规定外,根据我国《海商法》规定,出租人交付船舶时还必须谨慎处理,使船舶适航。船舶还应该适于约定的用途。否则,承租人有权解除合同,并有权要求赔偿因此遭受的损失。

定期租船合同下出租人的适航义务和班轮运输合同下或航次租船合同下承运人的适航义务性质完全不同。后两种合同下,适航是不可推卸的法定义务,而定期租船合同下,适航的内容、时间、后果甚至出租人是否承担适航义务都是可以用合同进行约定的。从理论上说,双方可以合法有效地约定出租人不承担适航义务。不过实际上,一般定期租船合同都会规定出租人要承担适航义务,而且往往还规定得更为严格。如 NYPE 格式中关于交船时船舶描述条款其实就是对适航义务的规定。根据该条款,船舶在交付时货舱应该清洁,船体应该紧密、坚实、坚固,并在各方面适于进行约定的服务。由于没有使用"谨慎处理"等字样进行限制,这一规定等于要求船舶绝对适航,超过了班轮运输合同和航次租船合同中"相对适航"的标准,对出租人而言是一项非常高甚至难以达到的要求。但定期租船合同中不适航的后果没有另两种合同中的不适航后果严重。在定期租船合同中,它只是一种普通的违约行为,其处理要视后果的严重程度而定,只有严重违约才会导致合同解除。英美国家的法院或仲裁庭一般都倾向于将不适航的情况分为主要缺陷和次要缺陷,只有主要缺陷才能赋予因船舶交付时不符合约定状态而解除合同的权利。如果是次要缺陷,出租人可以进行弥补或承担损害赔偿的责任。

为了确定船舶是否符合合同规定,在交船时一般要由专门的验船师在双方参与的情况下进行检验。但如果一方无故不参与不影响检验结果的约束力。

(三) 及时交船

出租人应该按照合同约定的时间交付船舶,否则承租人有权解除合同。定期租船合同一般规定有一个"解约日"作为出租人交付船舶的最后期限。承租人解除合同的权利是绝对的,无需考虑没有及时交船是出租人的过失造成的还是其他原因造成的。但如果不是出租人的过失造成的迟延交付,承租人只能解除合同,而不能索赔由此引起的损失。如果是出租人的过失造成的,则承租人不仅能解除合同,还可以索赔由此引起的损失。出租人是否有过失应该根据租船合同决定,因为从船舶所在地驶往交船港的航次即"预备航次"被认为是租船合同的一部分,应该受租船合同约束。解除合同的权利只属于承租人而不属于出租人。即使船舶已经不能按约定时间到达交船港,但承租人没有作出解除合同的决定,出租人仍然应该驶往交船港交船,否则就构成违反合同,要承担由此引起的一切损失。

这有时会给出租人造成困难的局面。如果出租人已经明知不能在约定时间赶到,只要承租人不作出是否解除合同的明确选择,他仍然必须将船舶驶到交船港,而有时驶过去的结果仅仅只是得到承租人最后作出的解除合同的决定。这会造成不必要的浪费,另外也给承租人提供了根据市场变化牟利的机会。承租人可以在等待船舶到港的时间考察市价变化,如果租船市场的市价上升,用原来的价格已经不能租到原来的船舶,则承租人可能就会选择继续履行合同,而如果市价下跌,用更少的钱就可以租到原来的船舶,则承租人就会解除合同再重新租船。也就是在从延误到承租人作出是否解除合同的期间,出租人完全由承租人的意志操纵。而且由于法律没有规定承租人什么时候必须作出是否接受船舶的决定,承租人可以尽量拖延,使出租人的位置变得更为不利。为避免这种情况,租船合同又加上了一种新的条款,在交船时间后规定一个如果延误承租人必须作出选择的时间的规定。我国《海商法》第131条也规定,如果发生了延误,出租人将延误和预期到港的时间通知承租人的,承租人必须在从接到通知之时起48小时内,将解除合同或者继续租用船舶的决定通知出租人。

承租人解除合同的权利只有在交船时间已到而船舶仍然未能交付时行使,提前行使可能构成预期违约。在一个英国案例中,出租人通知承租人其不能按时到达交船港口,承租人随即通知出租人不用来交船港了,因为他也没有准备好货物,结果出租人反过来就起诉承租人预期违约,因为他虽然不能按时赶到,但仍有时间而且仍然准备履行合同。

航次租船合同和定期租船合同下都有及时交船的问题,也都有解约日的规定。一般情况下,法院会基于相同的法律原则对两种合同下的相关规定进行解释。我国《海商法》中对航次租船合同和定期租船合同下的交船时间所作规定也基本相同。

(四) 船舶的维持和保养

租船合同一般规定,出租人在租期内应对船舶适当维护以使其保持"有效状态"。如NYPE条款第46条即规定承租人应当:"……保持其船级并使船舶在合同期间其船体、机器和设备维持完全有效的状态。"这是出租人提供适航船舶的义务的延续。我国《海商法》第133条也规定,船舶在租期内不符合约定的适航状态或者其他状态,出租人应当采取可能采取的合理措施,使之尽快恢复。

(五) 还船

租期结束后,承租人应该交还船舶。租船合同一般规定,交还的船舶应该和交付时的船舶处于同样良好状态,正常磨损除外。出租人维护船舶的义务和承租人的这项交还"处于同样良好状态的船舶"的义务有时是矛盾的。因为如果出租人履行了维护船舶的义务,那么承租人交还的肯定就应该是处于良好状态的船舶,反之,如果交还的船舶没有处于良好状态,比较容易产生的推理就是出租人没有履行在租期内维护船舶的义务。关于这一点有一个英国案例比较能说明问题。在这个案例中,出租人将一艘新船按两年期的定期租船出租给承租人,用以运送化学品。承租人将船舶安排来进行荷兰和英国之间的短途运送,而且为了节省时间,装卸时间安排很紧张,出租人根本没有时间对船舶进行维修。两年期满还船时,承租人交还的船舶已经和用了 20 年的旧船无异了。双方就船舶交还时处于不良状态是谁的责任产生纠纷并进行了仲裁。最后仲裁裁决认为,船舶交还时处于不良状态,这种不良状态已经超出了正常磨损的程度,而且这种不良状态虽然和出租人没有适当维护船舶有关,但承租人对船舶的安排使出租人没有可能维护船舶,因此承租人应当负责。这个裁决产生一个问题,就是承租人是否有义务配合出租人对船舶进行适当维护。当船舶仍然处于"有效状态"或"适航状态",但船舶磨损较大时,承租人是否应该允许出租人对船舶进行维护,如果应该,这样产生的时间损失由谁承担。为明确起见,租船合同最好对这些问题进行明确细致的规定。

承租人如果不按合同约定而是提前或迟延还船,有可能引发复杂的违约损失计算问题。在英国一个典型案例[1]中,船东把船舶定期出租给 NYKK 船公司,租期 7 年。由于市场下跌,NYKK 船公司在租约还剩下 4 年时就提早还船毁约。船东向 NYKK 船公司提出了剩下 4 年的索赔。船东主张损失计算应以毁约当天的航运市场租金与租约租金的差价乘以 4 年尚未完成的租约。而租约中第 33 条"战争撤销条款"(War Cancellation Clause)规定:"如果在以下两个或多个国家之间爆发战争或敌对状态,船东和承租人都有权撤销本租约:美国、苏联、中国、英国、瑞典、利比亚、日本、伊朗、科威特、沙特阿拉伯、卡塔尔、伊拉克……"在 NYKK 船公司毁约后的第 14 个月,也就是在 2003 年 3 月份爆发了第二次海湾战争。这被仲裁庭认定为一个美国、英国与伊拉克之间的战争。换言之,NYKK 船公司可根据第 33 条中断租约。这样毁约的损失是 14 个月,还是 4 年,就引发了激烈争论。法院认为应该是 14 个月,但有的学者嘲讽这是"回到未来"的判决。[2]

---

[1] The Golden Victory, [2007] 2 W.L.R.
[2] Jonathan Morgan, A Victory for "Justice" Over Commercial Certainty, *the Cambridge Law Journal*, 2007.

二、关于租金的权利义务

（一）租金的计算

支付租金是承租人在租船合同下的首要义务。合同一般要对租金的计算方式、支付时间、地点、方式等进行详细规定。

租金的计算一般是根据船舶的状况计算出一个租金率，然后用时间乘以租金率，得出应付租金。

（二）租金的支付

租金支付是对使用船舶支付的价款，通常按月或按日支付，而且应该是预付，即在一个计费期间开始前全部付清。也就是说租金支付应在出租人履行合同义务之前。如"巴尔的姆"合同格式规定："租金须每30日一次以……现金不折不扣地支付给（收款人姓名、地址）。"租金在整个租船期间都应支付，而不管承租人是否实际使用了船舶。如果最后一笔租金支付以前已经发现会提前还船，租金仍然应该全额支付，但承租人可以随后向出租人讨回多付的租金。如果租船合同持续一段较长的时间，不免会碰到汇率变动、市场租金率波动、船舶营运费用波动等情况的影响。因此合同中往往还包括"现金条款"（currency clause），规定一个固定的现金汇率，或"自动增长条款"（escalator clause），规定一定期间对租金率重新确定一次。租船合同几乎无一例外地规定租金应用现金支付。但这种规定不能理解为就是指用实际的钞票支付，而应指现代商业活动中可接受的各种现金转移方法，如银行汇票、银行之间的电汇等，只要这种转移能给收款人立即无条件使用被转移的款项的权利。如果款项已经被汇到指定账户，但收款人只有支付一定利息才能提款则不是无条件使用的款项。

（三）不付租金的后果

1. 撤船

租金不能按合同约定支付属于违反合同的行为，应该按违反合同处理，一般不能直接导致解除合同。但租船合同对这一点很可能另有规定，如"巴尔的姆"合同格式规定："如果欠付租金，船舶所有人有权将船舶从承租人的营运中撤回而无需事先提出任何抗议，也无需通过任何法院或其他形式的干预，并且不影响在本合同范围内本来对承租人所有的其他索赔权利。"英国判例认为这种条款应作严格解释，即哪怕是最轻微的延迟或极少量的不足额支付也会导致撤船。英国著名法官丹宁勋爵曾经生动地描述过这种情况："当市价上升时，船东密切关注着租金的支付情况。如果承租人犯了任何细小的错误——迟交了几分钟或少交了几美元，船东将像一吨砖头那样向他扑过去。船东会发出撤船通知，并要求按当时市场的最高价支付全部租金。"英国法院不认为船东这样做有什么过分之处，而认为这只是一种商业做法。

我国《海商法》第 140 条规定:"承租人应当按照合同约定支付租金。承租人未按照合同约定支付租金的,出租人有权解除合同,并有权要求赔偿因此遭受的损失。"虽然我国《合同法》对合同解除的一般规定中要求违约必须达到使合同目的不能实现的严重程度才能使另一方有权解除合同,但这一条的规定并没有提及不付租金是否必须达到严重程度才能解除合同,因此应理解为对违约程度没有要求,只要是不付租金就能解除合同。但我国是否持和英国法下一样的严格态度,如只有极小部分的租金未付或只迟付数小时也将导致合同解除,这一点不是很清楚,但由于租船合同中的纠纷常常靠仲裁解决,而仲裁地常常是伦敦,或即使不在伦敦,但仲裁员也可能深受英国法的影响,因此不论如何承租人也需要极其小心。

出租人由于没有按时收到租金而撤船必须及时给承租人发出撤船通知。这种通知没有固定的格式,但必须措辞清楚地表明撤销合同的意图,并交给承租人或其代理人。通知仅仅交给船长是不够的。我国《合同法》第 93 条规定:"当事人协商一致,可以解除合同。当事人可以约定一方解除合同的条件。解除合同的条件成就时,解除权人可以解除合同。"第 96 条第 1 款接着规定:"当事人一方依照本法第 93 条第 2 款、第 94 条的规定主张解除合同的,应当通知对方。合同自通知到达对方时解除。对方有异议的,可以请求人民法院或者仲裁机构确认解除合同的效力。"

撤船的权利很可能被用来在市场价格变化的时候牟利。为此,租船合同往往规定一个"反技巧条款"(anti-technicality clause),以防止出租人滥用撤船权。根据这一条款,出租人因为未付租金而行使撤船的权利,必须首先通知承租人,在通知中应清楚表明,如果在规定的时间内未收到租金,出租人将因未付租金而撤船。没有及时收到租金在法律上并不产生强制出租人撤船的效果,出租人可以在撤船和续租两者之间选择,但他应该立即作出决定。

在一个案例中,国内货主作为承租人从国外船东处租入一艘船承运其货物。双方签订了定期租船合同,合同规定租期为 3 个月,1998 年 4 月 14 日交船,租金 6000 美元/天,每半月预付一次。租船合同中包含一个"反技巧性条款",规定:"船方在发觉承租人未按时付租(或付租不足)时可以撤船,但必须至少提前 3 个银行工作日正式通知承租人。"在定期租船合同履行过程中,船东按时收到了前三笔租金,但第四笔和第五笔租金都没有在合同规定的 5 月 29 日和 6 月 13 日按期收到。为此,船东准备在 6 月 25 日撤船,并在 6 月 26 日装货完毕后,指示船长拒绝签发提单。此后,第六笔租金也没有在 6 月 28 日按期支付。船东于 6 月 29 日正式通知承租人租船合同于 6 月 25 日终止,除非承租人付清拖欠租金,否则船东在 3 个银行工作日以后将撤回船舶。其后,船东仍然没有收到租金,因此在 7 月 2 日再次确认撤船,并指出合同已经于 6 月 25 日终止。承租人起诉船东违约,声称本来可以用收到的转租运费支付租金,但由于船东拒绝签发提单破坏了转租合同而未能实现。本案的关键问题是船东撤船是否合理,撤船从何日起生效。由于承租人连续三次未按时支付租金,因此船东撤船的权利应该是存在的。但在5月27日和6月13日承租人应付而未付租金时,船东并未立即采取措施撤船,而是继续装运承租人的货物,因此是否可认为已构成弃权或禁止反言? 即使不算,由于合同规定撤船前必须发出正式通知,因此船东主张撤船从6月25日起算是没有依据的。而在第六笔租金仍然未按时在6月28日支付以后,船东在6月29日正式通知准备撤船,应认为是有效的,租船合同应在3天后终止。最后,法院判决承租人关于船东违约的起诉缺乏依据,船东有权要求承租人支付拖欠租金,但承租人不用支付6月25日至7月2日应付的租金。

上案判决中没有说明,如果船东无权在6月25日撤船,在6月26日拒绝签发提单是否是违约行为? 答案似乎取决于支付租金和装运货物是否是同时履行的义务。如果是,则承租人不交付租金在先,船东可以根据同时履行抗辩而解除不签发提单的违约责任。在NYPE合同格式中对不付租金除了规定可以撤船,还规定了可中止履行合同。如果本案所涉租船合同中有这条规定,则可以作为船东拒绝签发提单的合法依据。

如果出租人在无权撤船时撤回出租船,则构成对租约的拒绝履行,承租人有权因此向出租人索赔损失。在市价跌落的场合,承租人的损失只是名义的,除非他因出租人错误的撤船行为而损失了赢利性的下一航次的安排。当然,在市价上涨时则另当别论。

撤船的权利可以放弃,这种弃权可以是明示的,也可以是默示的。出租人如果毫无异议地接受迟交的租金,就如其是按时支付的一样,则这种行为可以认定为一种弃权行为。出租人虽然对迟交租金作出抗议,但是是在接受租金很长一段时间以后,在这段期间承租人有理由认为合同没有被撤销,则也可能视为出租人已经弃权。出租人发出撤船通知后又保留迟付的租金,这种行为不应视为弃权,但为避免含糊出租人,最好措辞清楚地把这种意图通知承租人。承租人未在规定的时间里支付某期租金或反复延付租金的行为本身并不构成拒绝履行。如果租金是分阶段支付的,前几个阶段的租金没有按时支付,出租人没有行使撤船的权利,则可能被认为已经放弃对整个合同下的租金没有支付而撤船的权利。除非他在以后阶段的租金支付以前先及时发出通知表明将不再接受迟付的租金。

撤船后租船合同就解除了,出租人不能只临时性的撤船以给承租人施加压力,也不能不撤回整条船而只撤销租船合同下承租人的部分权利,如命令船长签发提单的权利。如果撤船通知发出时承租人已经在船上装载了第三方的货物并签发提单,是否可撤船有争议。一般认为撤船仍然有效但出租人应该完成提单下的货物运输航次。如果出租人决定撤船他必须公正行事。若船未被正式撤回,出租人有义务按承租人的指示行事,否则构成违反合同,承租人有权要求出租人对由此引起的损失负责。

2. 留置货物和转租运费

除了撤船外,出租人还可以采取留置货物、转租运费等手段来收回应付的租金。NYPE 合同格式条款第 18 条规定:"船东为本合同下应收的任何款项,包括共同海损分摊,对所有的货物和转租运费有留置权。"我国《海商法》第 141 条也规定:"承租人未向出租人支付租金或者合同约定的其他款项的,出租人对船上属于承租人的货物和财产以及转租船舶的收入有留置权。"

出租人留置货物的时候必须非常小心,因为出租人只能留置属于承租人的货物。如果船上装载的是第三人的货物并且签发了提单,出租人很可能会因为船长在提单上的签名而在许多国家被认为是应对提单负责的人,如果不根据提单完成货物运输就会遭到来自提单持有人的索赔。因此,留置货物的权利不像看起来那么有用。

留置转租运费是指船舶在被转租的情况下,如果原承租人没有支付租金,出租人可以要求第二个租船合同的承租人将第二个合同下应付的租金直接交给第一个租船合同下的出租人。如果第二个租船合同的承租人不配合,出租人可以要求法院强制扣押。习惯上不管第二个租船合同是定期租船合同还是航次租船合同都称为留置或扣押运费。但由于近年有人提出扣押运费只是指第二个租船合同是航次租船的情况,因为定期租船合同下没有运费只有租金。为安全起见,出租人可以在合同中规定"扣押转租运费和转租租金"。

(四) 租金支付的例外情况——停租条款

租金必须支付的义务有一个例外,即在发生合同规定的特定事件时可以停止支付,这种例外事件一般规定在一个"停租条款"中。如"波尔的姆"标准合同格式的"停租条款"规定:"因维持船舶的效力而使船舶入坞,或进行其他必要的措施,或船员物料不足,机器损坏,船体受损或其他事故,致阻碍船舶工作,连续超过 24 小时,则对该船因此不能执行必要任务的一切时间,应停付租金。预付的租金应相应调整。"停租原因可根据当事人需要进行增减,但由于气候等原因发生的事故一般不作为停租原因,因为这是航行中自然发生本应由承租人承担的风险。停租的起止时间取决于合同规定,它可以是船舶不能使用到恢复使用,也可以是船舶不能使用满一定时间如 24 小时以后到恢复使用。如果规定有一定时间,在这个时间内停租原因消失了,则不能停付租金。但如果超过这个时间,不仅超过的时间应该停付租金,这段时间本身也应计算在停租时间以内。举一个简单例子,如 2 月 10 日 8 时 30 分船舶发生故障,如果合同规定从故障发生时起计算停租,则即使 2 月 10 日 9 时 30 分船舶故障即已解除,仍应计算 1 小时的停租时间。但如果合同规定从故障发生导致船舶不能正常营运满 24 小时才计算停租,则如果船舶 2 月 10 日 9 时 30 分恢复正常,故障的 1 小时不应计算停租时间。但如果后一种规定下船舶是在 2 月 11 日 9 时 30 分恢复正常,则停租时间是 25 小时。如果船舶不能航行,但能继续进行货物装卸,事实上也进行了装卸,是否能计算停租不清楚。有的判例判决承租人应照常支付租金。停租一段时间以后这段时间是否应从合同规定的租船期间内扣除需要合同另行约定。另一应该规定的是停租一定时间以上承租人是否有权解除合同。我国《海商法》第 133 条规定:"船舶在租期内不符合约定的适航状态或者其他状态,出租人应当采取可能采取的合理措施,使之尽快恢复。船舶不符合约定的适航状态或者其他状态而不能正常营运连续满 24 小时的,对因此而损失的营运时间,承租人不付租金,但是上述状态是由承租人造成的除外。"

标准的停租条款一般可分为两种。一种是"期间"停租条款,一种是"净损失时间"停租条款。前者规定特定事件作为停租时间起算和止算的时间,后者则只规定发生特定事件引起时间损失的期间算作停租时间。例如,如果是期间条款,在船上装卸设备不足影响实际装卸时,开始计算停租,即使由于罢工、恶劣天气等原因本来就不可能在这段时间内进行装卸。而净损失时间条款不能仅仅是由于发生了某种特定事件就起算,而要该特定事件确实引起了时间损失。两种时间损失的结束都是船舶恢复完全有效状态的时间。如果船舶由于机器故障绕道中途港进行修理,修理后续航,停租期间是计算到船舶驶离修理港止,还是计算到船舶回到相当于机器故障发生时的位置止可能不清楚。有的租船合同为了避免含糊,对这个问题进行了专门规定。如"Intertanktime 80"格式第 20 条规定:"租金应从绕航开始时停付,直到船舶再次到达一个对承租人而言并不比绕航开始时的位置更不利的位置准备续航时止。"

"停租条款"规定的是停止支付租金,本应由承租人支付的港口使用费等不包括在停止支付的范围内。

(五) 租金扣减

如果出租人欠承租人一定的费用,如货损赔偿、停租期的租金等,承租人倾向于采取自助行为,直接从应付的租金中扣除。这种做法可能会使承租人居于一种策略上的优势地位,但法律上是否妥当却有疑义。由于班轮运输合同和航次租船合同下的运费都被认为是不得扣减的,有人主张定期租船合同下的租金也不能扣减。

如果定期租船合同中明确规定承租人可从应付租金中扣减出租人应付的款项,这种约定合法有效。但根据租船合同明示条款扣除,必须考虑以下问题:第一,扣除是否在条款规定的范围内?第二,明示条款是否规定承租人有义务遵循任何特定的程序?例如,他可能被要求首先发出扣除通知,或对扣减的数额提供文件或证据。第三,明示条款是否仅规定承租人可就索赔通过担保的方式扣除、留给船东去争议这种扣减并索回被扣的金额,或者故意扣减的本身是否构成对当事人权利的一种最终裁定?除非条款本身明文规定,一旦扣除权得以确立,就没有必要船东预先同意。

如果定期租船合同没有明示条款规定可以扣减租金,能否扣减租金似乎没有一个公认的准则。

在英国法上,基本上认为原则上定期租船合同的租金是可以扣除的。但定期租船合同下扣减租金必须满足两个前提条件。第一,承租人提出的索赔应源于同一交易或与之密切相关。第二,当此种索赔直接指向出租人的租金要求时,只有当出租人的行为错误地剥夺了租船人使用船舶的权利或在某种程度上妨碍了承租人使用船舶。为修理船舶而撤船,承租人用船受到阻碍等可能被认为是可以产生扣除权的索赔,而不是由于扣减权产生的索赔的主要例子是由于货损货差引起的索赔。不论如何,不是产生于该租船合同项下的索赔一般不能产生扣除租金的权利。

在我国海事仲裁委员会受理的"佳春轮扣留租金纠纷案"中,租船合同规定"承租人有权从租金中扣除根据本租船合同,承租人对船东的任何款项的索赔"。承租人因在前一租船合同中产生的货物短卸索赔而扣留了本合同项下应付船方的租金。仲裁庭认为,承租人显然无权因前一合同产生的货物短卸索赔而扣留本合同项下的租金。但由于查明船方确实应对上一合同中的货物短卸负责,最后裁决承租人应退还船方其扣留的租金,同时船方应赔付承租人货物短卸损失的等值款项,两项款项可以互相冲抵。由于本案争议是因承租人不当扣留租金引起,本案仲裁手续费和实际开支由承租人负担。

迟付或少付租金根据租船合同往往可能导致立即撤船,承租人在从租金中作有关扣减时,就必然承担着一旦计算错误,哪怕是最细微的错误,都很有可能导致撤船的后果。这在租金上涨的情况下,对承租人非常不利。因此英国法院还进一步认为,如果真要承认承租人扣减的权利,就还应该同时规定在扣减错误时出租人不能立即撤船,而只能向承租人索回多扣减的款额。但即使如此,承租人错误的扣除行为仍然蕴含着巨大的风险。

(六)定期租船合同的租船期间

1. 租船期间的计算

租船期间是承租人能够使用船舶并应支付租金的期间。租船合同的期间一般是以月为基础规定的。

租船期间的起止是出租人和承租人关心的一个焦点。作为出租人总是希望知道一个租船期间起止的准确日期,以便安排租船期间前后的其他航次。而对承租人来说,虽然他对何时需要使用船舶心中大致有数,但确切的时间却不一定能保证,有一个较为宽松的起止日期对他比较有利。租期的起算日期一般是固定的,比较灵活的是结束日期。由于船舶的航行有一定的灵活性,一个航次结束的日期很难正好赶上规定的租期结束日期,如何安排最后一个航次成为复杂的问题。由于船舶航行时间不可能安排得非常精确,法院一般认为在规定一个明确的时间,如1年时,应该给予一定的宽限期,如10天。宽限期的长度根据具体租船合同的租期长短等因素确定。但如果租船合同已经规定了一个宽限期,如"租期1年,可延长或缩短10天",则不再给予宽限期。

2. 最后航次

最后一个航次根据是否能在租船期间内完成而被分为"最后合法航次"(legitimate last voyage)和"最后不合法航次"(illegitimate last voyage)。所谓"最后合法航次"是指在安排该航次时合理预计肯定会或可能会在合同规定的租船期间完成的最后一个航次。如果由于各种原因导致航次延误,结果航次在规定的租船期间以外结束,导致承租人违反准时交还船舶的合同义务,但这种航次仍然被视为是合理的,承租人仍然可以使用船舶。"最后不合法航次"是指安排该航次时就已经知道或应该知道航次一定会在合同规定的租船期间外结束,但仍然安排了。这种航次是违反合同的,承租人没有权利安排,如果安排了船长可以拒绝执行。

考虑到船舶完成一个航次的时间很难完全准确地预计,合同一般规定一个期间以后再规定最后一个航次结束还船为允许的。如"波尔的姆"合同格式规定:"如果对船舶指定的航次将超过租期,承租人可使用船舶至航次结束,但以合理估算该航次约能在租期届满时还船为限。""在市场价格超过合同规定的租金率时,承租人对超过租船期间的日期,按市场价格支付。"我国《海商法》第143条规定:"经合理计算,完成最后航次的日期约为合同约定的还船日期,但可能超过合同约定的还船日期的,承租人有权超期用船以完成该航次。超期期间,承租人应当按照合同约定的租金率支付租金;市场的租金率高于合同约定的租金率的,承租人应当按照市场租金率支付租金。"

合法航次和不合法航次区分的关键是前者船长必须执行而后者船长有权拒绝执行,但两种情况下,如果船长执行了最后航次,该航次超出租期以外的时间承租人都必须根据合同约定或市场价的高者为准支付租金。

我国《海商法》的规定看起来照顾了出租人的利益,但实际不一定符合出租人的实际需求。如在一个英国案例[①]中,Mercator 将船按 NYPE 合同格式定期出租给 Transfield Shipping,租期5至7个月。最迟还船时间为2004年5月2日。Mercator 与 Cargill 签订租船合同,起租时间为2004年5月8日,4至6个月。Transfield 实际还船为2004年5月11日。第二个合同中,Cargill 将租金由一天

---

① The Achilleas, [2008] Lloyd's Rep.

3.95万英镑降为一天3.15万英镑。双方就损失应该是第二个合同的原定价格和新价格之差,即一天8000英镑,还是市场价与合同价之差产生了激烈争议。为避免纠纷,定期租船合同最好对超期还船的赔偿问题进行更明确的规定。

3. 停租期与租船期间的关系

除非另有规定,"停租期"只是停付租金的时期,该期间内承租人不用支付租金,但仍然应计入租期,停租期不能从租期内扣减。

三、关于货物运输和船舶使用的权利义务

(一) 转租

租船合同一般都规定租船人有权将租来的船舶转租出去,即包括一条"转租条款"。若没有这条规定,一般也认为有权转租。我国《海商法》第137条规定:"承租人可以将租用的船舶转租,但是应当将转租的情况及时通知出租人。租用的船舶转租后,原租船合同约定的权利和义务不受影响。"

转租中,第二个租船合同中出租船舶的一方也被习惯地称为船东,但他不是真正拥有船舶的人,而是"二船东"(disponent owner),是第一个租船合同中的承租人。向真正的船东租用船舶和向二船东租用船舶风险是不一样的。由于二船东不真正拥有船舶,在很多国家,如果二船东有欠款不还的情况,不允许扣押船舶。另外,如果二船东没有付清第一个租船合同下应付给真正船东的租金,真正船东有权撤船,而这会给第二个租船合同下的承租人(其货物很可能已装在船上)造成极大的麻烦。由于向二船东租船风险较大,而实际业务中又难以避免,在选择租船时便需格外谨慎。

实践中转租的情况是很普遍的。一艘船舶可能经过了多次转租。这样在同一条船上可能存在多个租船合同。有的情况下前后两个租船合同的条款除了租金数额等少数规定外完全一样,被称为"背对背租船合同"。也有的情况下前后租船合同的内容差别很大,被称为"非背对背的租船合同"。由于不同当事人谈判条件不同,实际业务中以后一种情况为常见。这会引起较为复杂的法律关系。

不管有多少个转租合同,根据合同法基本原理,合同双方的权利义务应该根据双方之间签订的那一个租船合同而定。但合同之间也不是毫无影响,如出租人有可能会扣留转租船合同的承租人应交给其出租人(第一租船合同的承租人)的租金。

许多定期租船合同中都包括一个条款,授权船东为任何租船合同下的应收款项而留置转租运费。这种条款的目的是在运费应付给承租人而非船东时,或船舶被转租时,或由于各种原因货物在没有签发提单的情况下运输时,给船东提供一种应收款项的担保。这种权利完全是合同授予的,没有合同条款,则根据普通法船东没有这种权利。同时这种权利只限于对应收运费行使而不扩展及其他

款项。一旦运费已经支付,船东不能再追及到承租人手中,因为追及的权利是财产权的后果,而留置本身并不能赋予这种权利。留置权的范围是由合同界定的,没有相反规定,一般认为它只赋予一种在运费支付以前截断其支付的对人的权利。它不能对第三方发生作用,即使对第三方已经给出通知也是如此。这种权利的性质是合同性的非占有权。运费是账面财产,不能被物理上占有。这种权利的来源和性质都有可以商榷之处。从权利的来源看,它是一种合同权利,但合同的规定只能约束合同的双方当事人,而在留置转租运费的情况下,这种权利希望约束的不仅有船东和承租人,还有作为第一个租船合同的第三方的第二个租船合同的承租人,而对承租人的约束力来自何处没有合理解释。从权利的性质来说,一般将它称为"扣押"或"留置"转租运费,即认为它是一种担保权。但深入分析,它既不是扣押,也不是留置,而且其特征和我国担保法规定的任何一种担保形式都不相吻合。关于这种权利的性质,英国法上提出至少六种学说,如命令说、代位说、海事优先说、衡平法上的让与说、衡平法上的质权说、干预说等。命令说不能解释的是租船人的命令是不能撤销的。代位说的缺陷是在英国法下代位专指有限的几种情况。这种权利不是海事优先权,因为不是法律赋予的。对运费的留置中,留置权人没有财产权,没有索要的权利,只有有限的执行权。留置只是给了船东一种在运费支付前进行截断的对人的权利,有点像中途停止交运权。它似乎不能和我国担保法所规定的任何一种担保完全符合。这种留置权不用登记就生效,虽然应收运费是承租人的账面资产。否则,虽然留置在租船合同签订时就生效了,船东却必须随时关注承租人将船舶转租给谁或签发了什么提单,以便给出相应通知。如果承租人破产,即使留置权人已经提出请求,留置担保的债权是否优先受偿也是一个问题。在我国,首先应根据国际惯例承认留置转租运费的权利是存在的。而这种权利的性质,也许用我国合同法新建立的一项制度——债权的代位权制度可以解释。所谓债权的代位权,是指在债务人怠于履行到期债权的情况下,债权人为保全自己的债权,可以进行干预,以自己的名义行使债务人怠于行使的权利。这是一种债权的从权利,是以行使他人权利为内容的管理权。但这种理论也不完全吻合。首先,船东的留置不一定是在承租人怠于行使权利时才可行使。只要承租人没有支付到期租金,不论他是否准备向转租承租人行使债权,船东都可以直接进行干预。其次,这种权利行使的结果是转租承租人应直接将租金或运费交给船东,而不是应船东请求交给承租人,再由承租人交给船东。由于法律解释上的种种难处,也许用明确的法律规范来确认这种权利的存在和行使范围、方法也许比完全留给当事人自由约定更合适。

(二) 转让船舶所有权

定期租船期间内,出租人可能希望转让船舶所有权。我国《海商法》第138

条规定:"船舶所有人转让已经租出的船舶的所有权,定期租船合同约定的当事人的权利和义务不受影响,但是应当及时通知承租人。船舶所有权转让后,原租船合同由受让人和承租人继续履行。"这一规定是任意性的规定,实际业务中由于承租人和原船东签订定期租船合同是基于对原船东的信任,在船舶转让给新船东后,承租人往往会和新船东重新洽商租船合同的有关条件。

(三) 可装运的货物

定期租船中船舶被租来可能用于各种用途,但最主要的一种用途是用以运输货物。租船合同一般规定承租人只能将船舶用于运输"合法货物"(lawful merchandise),有的时候还明确列出不能装运的货物种类。即使合同中没有这条规定,我国《海商法》第135条第1款也规定:"承租人应当保证船舶用于运输约定的合法的货物。"

什么是"合法货物"取决于对合同或法律的解释。我国《海商法》没有对"合法货物"下一定义。根据惯例,一般认为根据装货港、卸货港、运输中途港、船旗国的法律以及租船合同选定的准据法等都不违法的货物才是合法货物。例如没有进口许可证,无法在卸货港卸下的货物,即使在运输中一直很顺利,也将被视为不合法货物。

除非另有约定,仅仅是装运不便或会给船舶安全造成威胁的货物不是不合法货物。肮脏的货物,腐蚀性、爆炸性的货物,活动物等都不属于不合法货物,租船合同必须明确约定才能排除。如新船不愿意装废铁,就必须加以明确排除。在一个租船合同中,没有排除化学品,船东被迫装运后由于不能完全清除船舱中的残留化学品而不得不放弃整条船。但我国《海商法》第135条第2款规定:"承租人将船舶用于运输活动物或危险货物的,应当事先征得出租人的同意。"什么是危险货物没有定义。应该是对船舶和船员造成危险的货物。

装运了不应装运的货物,承租人必须负赔偿责任。如果船长让承租人装运除外货物而没有抗议,一般并不构成弃权,往后船东仍然可以索赔和拒绝再装运该等除外货物。

(四) 贸易区

贸易区是承租人能够要求出租人将船舶驶往的区域。定期租船合同最常用的一种规定方法是"全球贸易,列明区域除外"。这种规定下除了合同明确列出的区域,出租人有义务遵照承租人指示在全世界任一区域航行。通常出租人不愿意驶往战区、冰封区、船舶保险合同中列明不允许去的地区等,但要合理拒绝驶往这些地区,就必须在合同中明确排除。我国《海商法》还规定在约定区域外,承租人还应当保证船舶在安全港口或者地点之间从事约定的海上运输。违反这一规定的,出租人有权解除合同,并有权要求赔偿因此遭受的损失。英国法下也承认租船合同有这样的默示条件。

什么是"安全港口",我国《海商法》没有直接规定。但英国曾有判例认为,在没有突发事件的情形之下,船上使用良好的船艺也不能安全驶入、挂靠及离开的港口是不安全港[①]。导致港口不安全的因素可能是物理上的,如航道过窄船舶无法通过等,也可能是政治上的,如战争、政府扣押等。

承租人不知道港口是不安全的是否应该负赔偿责任,如果租船合同没有明确约定,可能会引发纠纷。但从我国法律的条文来看,承租人对安全港口的保证应当是绝对保证,不管承租人是否知道或应当知道,只要港口不安全,承租人就应负责。如果承租人选择时港口是安全的,但随后变得不安全,承租人是否应该负责?在1982年英国的著名案例"The Evia 案"[②]中,承租人选定港口时港口是安全的,但后来两伊战争爆发使港口变得不安全,法院判决,承租人在选港的当时该港预计是安全的,则不需对以后的突发情况引起的不安全负责,即安全港应该是在指定时预计安全的港口,而且是一个合理谨慎的承租人预计安全的港口。但在港口后来变得不安全时,承租人有一条补充义务,即是要合理尽责地使船舶避开危险,如改去另一港。承租人保证港口安全的义务是绝对的。即使承租人对不安全性不知情,也不可能去核实港口是否安全,仍然要对港口的实际不安全负责。但租船合同可以将承租人的义务改为恪尽职责保证选择安全港。

如果挂靠港口是租船合同中列明的港口,港口的安全就应由出租人负责。因为承租人已没有选择权。简言之,谁有港口的选择权,谁就应该对港口安全负责。

(五)雇佣和赔偿

定期租船合同一般都有一条承租人的命令或指示条款,或称为"雇佣和赔偿条款"(employment & indemnity clause),如 NYPE 合同格式第8条规定:"船长(虽然是由船东指派的)在关于雇佣和代理方面应听从承租人的命令和指示……"即船长虽然是船东雇佣的,但在船舶营运的某些方面应当听从承租人指示,如同他本来就是承租人雇佣的一样,如果船长根据这一条款听从承租人指示使船东遭受了损失,承租人必须负责赔偿,就如是自己的雇佣人员或代理人给船东带来损失时应该进行赔偿一样。在一个典型判例中,英国上议院在解释"雇佣和赔偿条款"时指出,"雇佣"是指"雇佣船舶",而不是"雇佣船员",它包括开往哪些港口装卸货物的命令,但不包括如何在航海中执行这些命令。后者是在船长的职责范围之内的。我国《海商法》第136条规定:"承租人有权就船舶的营运向船长发出指示,但是不得违反定期租船合同的约定。"这一规定基本上反映了"雇佣和赔偿条款"的要求。

---

① The Eastern City, [1958] 2 Lloyd's Rep. 127.
② [1982] 1 Lloyd's Rep.

承租人能够指示船长的事项是有限的。它只能是关于船舶的商业营运而不能是关于船舶的航行及船舶安全的,如承租人不能指示船长为节约时间而在风暴天气开航。承租人也不能发出与租船合同无关的命令或指示。如承租人为了获取额外利益命令船长在还船前将船舶装满燃油,这些燃油是租期内不会使用的,与租船合同无关,则不是合同约定的指示。承租人的指示还应该是合理的。有欺骗性或危险性的指示,如要求船长倒签提单欺骗货主等常常被看做是不合理的指示。租船合同往往还明确规定承租人只能指示船舶在安全港口之间运行。承租人指示船长的最重要的一项权利是指示船长签发提单。但如果提单记载和租船合同不一致,船长是否应拒签提单就成为一个问题。因为船长是船东雇佣的,在很多国家,船长签发的提单将作为其雇佣范围内的行为而约束其雇佣人,即船东。如果提单上承运人的责任大于船东在租船合同下承担的责任,则船东将处于不利地位,因为根据合同只约束合同双方当事人的原理,船东是不能以租船合同中的记载向第三方提单持有人抗辩的,除非提单中恰当地并入了租船合同条款。这种情况下较为可行的方法是在租船合同中规定,如果船长因为执行承租人的指示签发提单而给出租人带来额外的责任,则承租人应就这部分责任补偿出租人。但由于船长有义务拒绝承租人发出的不合理或明显超出其租船合同下的权利范围的命令,船长在承租人指示下签发不符合租船合同约定或不符合货物实际情况的提单到底是承租人的责任还是船长的责任就可能产生很大困惑。有英国判例判决船长接受承租人指示将船舶开往不安全港或在货物装船时已经受损时却疏忽签发了承租人提交的清洁提单,船东不能依据雇佣和索赔条款向承租人索赔。但船长行为是否合理应用是否合理及出于善意的宽松标准来衡量。

承租人发出的不合适的指示,船长可以拒绝执行,也有义务进行拒绝。如果船长应该拒绝而没有拒绝,由此造成出租人的损失,承租人不负责赔偿。

(六) 货物装卸和平舱、理舱

定期租船合同下承租人要负责装卸工人的费用,但货物装上船后到卸下止的期间在船上对货物进行处理本应是出租人的义务,不过很多时候租船合同都用明确的条款将这一任务转移到承租人身上。如 NYPE 合同格式的第 8 条就规定:"承租人应自负费用,在船长监督下负责货物装载、平舱、理舱。"具体洽商合同时,出租人往往还在这一条列举的承租人负责事项中加上"卸载"。

所谓理舱是指将货物在船上以在运输中能保障安全的方式堆放。如一类货物不能放在另一类货物旁边,有的货物不能放在船上特定部位如靠近机舱的地方,目的地不同的货物在先后卸下后不能影响船舶稳性等。所谓平舱是指将货物,主要是大宗货,在货舱内水平、平衡置放,以维持船舶稳性,货物安全和最大限度地利用货舱空间。由于理舱和平舱都主要是为了运输的安全、平稳,因此这两项义务根据定期租船合同的性质是应该由出租人承担的。装载和卸载也往往需要出租人的协助才能完成。即使租船合同明确将这几项义务划归承租人,往往也保留一个这些工作应在船长监督下完成的规定。但即使租船合同没有这一规定,船长也仍然有权监督这些工作的进行,因为船长的职责决定了他必须采取措施维持船舶的安全适航。

"在船长监督下进行"并不将工作的风险转移到船长身上。船长有在发现问题时干预的权利,但这并不减轻承租人对装载、平舱、理舱等所应负的责任。当然,如果船长干预了并且事后证明这种干预是错误的,出租人应就船长的这种过失引起的损失向承租人赔偿。有些租船合同规定货物装卸是"在船长监督并负责下进行",则此时出租人要对货物的装卸负责。

(七) 费用分担

船舶在营运中必然要发生一些费用,除了支付租金外,承租人还要负责支付一部分的营运费用。这种费用负担在有的国家如英国法下是默示的,但在有的国家如我国法下没有规定,必须由当事人明确约定。

承租人支付的费用一般是与他对船舶的控制活动有关的费用。燃油费、港口费等是最重要的承租人应付费用。有些费用难以分清是否是因为承租人对船舶的控制而发生的,应由承租人支付还是出租人支付不免发生争议。明显的例子是船舶的保险费,这本来应该是船舶必然要产生的费用,应由出租人负担,但由于船舶驶往不同区域保险费不一样,如驶往战区就必须支付高额保险费或投保附加险,由于执行承租人的命令而增加的保险费应由谁承担必须在合同中明确规定。

租期内船舶上的燃油应该由承租人负责提供。这些燃油是承租人的财产,在扣押承租人财产时也是可能扣押的对象。如果出租人交船时船舶上还有剩余的燃油,应由出租人作价卖给承租人。同样,在还船时如果船上有剩余的燃油,也应由承租人作价卖给出租人。由于各地油价不一,以及油价随时间变化可能有波动,承租人或出租人实际购买燃油的价格和后来出卖给出租人或承租人的价格不一定一样,这样就有利用这一差价牟利的可能性。为避免这种情况,租船合同一般会规定一个燃油条款。条款中对燃油价格的确定方法和支付方法以及可以加燃油的最高量和最低量等作出明确规定。承租人提供的燃油质量必须符合要求。燃油品质不良好不仅影响油价本身,还会引起船速下降、船舶设备受损、船舶不得不挂靠中途港加油等其他问题。国际通行的惯例是,船方和承租人在承租人安排加油后,应该分别保存油样,以便将来对燃油品质产生争议时确定其真实品质。如果燃油质量确实存在问题,承租人要对由此引起的所有后果负责。关于燃油产生的纠纷是定期租船合同中常见的纠纷之一。

在我国海事仲裁委员会1992年受理的"杰格·德轮燃油品质、航速不足争议案"中,根据和承租人签订的定期租船合同,船方将船舶交给承租人运送从美国到中国的货物,由承租人安排加油后进入营运。还船后,船方提出,由于承租人所加燃油的品质问题,主机受到劣质燃油污损,致使在营运过程中多次停车修理主机,最后还不得不弯航日本重新添加燃油以完成航次。而且,承租人所提出的船舶航速不足问题如果存在也是由于劣质燃油污损主机所致。仲裁庭审理认为,根据国际惯例,船方在承租人安排加油时,有责任采取适当行动,如封存油样,以便提供证据推翻供油收据上所记载的燃油品质。本案中船方未封存油样,未能提供令人信服的证据,因此其关于劣质燃油的主张不能成立。

第四节 光船租船合同的主要内容

一、关于船舶的权利义务

光船租船合同下,出租人应当在合同约定的港口或者地点,按合同约定的时间,向承租人交付船舶以及船舶证书。出租人应当谨慎处理,使船舶适航。船舶还应当适于合同约定的用途。出租人交付的是一条没有配备船长、船员,也没有配备燃料、物料的"光"船。

光船租船合同通常会详细订明船舶名称、船级、船籍、吨位、容积等船舶规范。有些光船租船合同还会规定承租人接受船舶后可以更换船名,更改船籍。

二、关于租金的权利义务

承租人应当按照合同约定的时间、方式和数额支付租金。我国《海商法》规定,承租人未按照合同约定的时间支付租金连续超过 7 日的,出租人有权解除合同,并有权要求赔偿因此遭受的损失。但是,船舶发生灭失或者失踪的,租金应当自船舶灭失或者得知其最后消息之日起停止支付。如果租金已经预付,应按照比例退还。

三、关于船舶使用的权利义务

(一) 承租人全面占有、控制和指挥船舶

出租人必须保证承租人在租赁期间内有权依合同占有和使用船舶。承租人通过其自己雇佣的船长、船员直接控制船舶。如果因船舶所有权争议或者出租人所负债务致使船舶被扣押的,出租人应当保证承租人的利益不受影响,致使承租人遭受损失的,出租人应当负赔偿责任。在光船租船期间,未经承租人事先书面同意,出租人不得对船舶设定抵押权,如果违反此义务并给承租人带来损失的,应当负责赔偿。

光船租船期间,承租人应当负责船舶的保养、维修,还应当按照合同约定的船舶价值,以出租人同意的保险方式为船舶进行保险,并负担保险费用。如果因承租人对船舶占有、使用和营运的原因使出租人的利益受到影响或者遭受损失的,承租人应当负责消除影响或者赔偿损失。光船租船合同一般规定,承租人或船长都无权在船舶上设定留置权。

我国《海商法》规定,关于定期租船合同的法律规定中,有四条条款完全适用于光船租船合同,即:承租人应当保证在约定航区内的安全港口从事海上运输;承租人应当保证船舶用于运输约定的合法货物;承租人在还船时,船舶应当具有交船时相同的良好状态,自然磨损除外;承租人完成最后航次的规定。

在光船租赁期间,未经出租人书面同意,承租人不得转让合同的权利和义务或者以光船租赁的方式将船舶进行转租。

订有租购条款的光船租赁合同,承租人按照合同约定向出租人付清租购费时,船舶所有权即归于承租人。

(二) 承租人作为船东

光船租船合同中的承租人可看做是特定场合下的船舶所有人,可以取得责任限制等法律中的"船舶所有人"的资格,能够像船东一样享受责任限制等。这是航次租船合同和定期租船合同中的承租人一般不可能做到的。但同时,承租人因此也不得不承担船舶在运营中产生的一切对人的责任。

第七章 海上旅客运输合同

在本章中,我们将

——了解《雅典公约》的制定和主要内容

——了解海上运输合同如何订立和解除

——学习海上旅客运输合同的责任制度

第一节 海上旅客运输合同的概念和法律规范

一、海上旅客运输合同的概念

海上旅客运输合同,是指承运人以适合于海上客运的船舶,负责将旅客从一港运至另一港,而由旅客支付票款的合同。从承运人都是提供运输服务这一点看,海上旅客运输与海上货物运输并无不同,二者的区别主要是运送的对象一个是人,一个是货物。因此,关于海上旅客运送合同的法律与关于海上货物运输的法律有诸多相同之处,而只在涉及运送对象的特殊问题上有不同规定。与海运目前仍然是国际货物运输的主要方式不同,海上旅客运输虽然也曾经是国际旅客运输的重要方式,但现在其重要性已经因为空运等其他更为快捷、舒适的运输方式的普及而大为削弱。

二、调整海上旅客运输合同的法律规范

调整海上旅客运输合同的法律规范,目前最重要的国际公约是1974年在联合国主持下制定,1987年4月28日生效的《海上旅客及其行李运输雅典公约》,简称《雅典公约》(Athens Convention)。《雅典公约》适用于国际海上旅客运输,即合同规定的起运港和目的港位于不同国家,或者中途港位于不同国家的运输,条件是船舶悬挂公约缔约国的旗帜,或者在缔约国登记,或者运输合同在缔约国订立,或者合同规定的起运港或目的港位于缔约国内。1976年,通过了修订《雅典公约》中关于承运人责任限额的规定的议定书,该议定书于1989年4月30日生效。1990年又通过了再次提高旅客伤亡的赔偿限额的议定书,但1990年议定书迄今尚未生效。2002年,《雅典公约》进行了最新的一次修订。《雅典公约》目前已有近30个参加国。1994年8月30日,公约及其1976年议定书对我国生效。

我国调整海上旅客运输合同的国内法规范主要是《海商法》第五章"海上旅客运输合同"。《海商法》第五章是以《雅典公约》为基础制定的,因此其规定和《雅典公约》的规定基本一致。与《海商法》第四章不同,第五章既适用于国际海上旅客运输,也适用于我国沿海海上旅客运输。但考虑到我国目前的实际情况,

第五章在旅客运输承运人的赔偿限额等问题上,对目前海上旅客运输与沿海旅客运输作了不同规定。

我国海上旅客运输的法律规定有许多是强制性的。《海商法》第126条规定,海上旅客运输合同中含有下列内容的条款无效:(1)免除承运人对旅客应当承担的法定责任;(2)降低本章规定的承运人责任限额;(3)对本章规定的举证责任作出相反约定;(4)限制旅客提出赔偿请求的权利。这些合同条款的无效,不影响合同其他条款的效力。

第二节 海上旅客运输合同的订立和解除

一、海上旅客运输合同的订立

(一)海上旅客运输合同的当事人

与海上货物运输一样,我国海上旅客运输中也将承担运输任务的一方分为承运人与实际承运人。承运人,是指本人或者委托他人以本人名义与旅客订立海上旅客运输合同的人。实际承运人,是指接受承运人委托,从事旅客运送或者部分运送的人,包括接受转委托从事此项运送的其他人。旅客运输中承运人与实际承运人的划分标准以及相互之间的权利义务,与我国《海商法》中对货物运输中承运人与实际承运人的规定完全一样。

旅客,是指根据海上旅客运输合同运送的人;经承运人同意,根据海上货物运输合同,随船护送货物的人,视为旅客。一般情形下,旅客就是订立运输合同的当事人。但也有例外情况,如旅客携带的无需购买船票的小孩,也是根据海上旅客运输合同承运人同意运送的人,也是旅客,但却不是运输合同的当事人。

(二)海上旅客运输合同的成立时间

海上旅客运输合同也是通过要约、承诺两个阶段缔结,承诺生效的时间就是海上旅客运输合同成立的时间。实务中,订立海上旅客运输合同,通常是由承运人公布船期表及运费单等,旅客根据需要选择与承运人订立合同。这种合同既可以是口头的,也可以是书面的,因此是不要式合同。合同成立后,承运人通常要向旅客发行客票。客票是海上旅客运输合同成立的凭证,具有很好的证据效力,但客票不是合同本身,客票是否签发或签发早晚不影响海上旅客运输合同的成立。船票可以是记名的,也可以是不记名的。如果是不记名的船票,在船舶开航之前可以转让,因此还具有有价证券的性质。但在船舶开航之后,不记名的船票就不再能转让,又变成单纯的证据文件了。

二、海上旅客运输合同的解除

海上旅客运输合同的解除分为约定解除和法定解除。约定解除是基于合同约定的解除事项发生而解除,法定解除是基于法律约定而解除。海上旅客运输合同的法定解除主要有以下几种情况:

(1) 船舶开航前,由于不可抗力或其他不能归责于合同双方的事由,导致合同无法履行,双方均可解除合同而不负赔偿责任。旅客已经支付票款的,承运人应负责退还。

(2) 船舶开航后,由于不可抗力或其他不能归责于合同双方的事由,导致合同无法继续履行,双方均可解除合同。承运人应将旅客运送至预定的中途港或就近港口,并退还全程票价减去乘客已乘区段票价后的票价差额。如所乘里程超过票价里程,超过部分乘客不补付票款。如承运人将旅客运回起运港,承运人应退还全部票款。

(3) 船舶开航前或开航后,由于一方当事人严重违约,如旅客对船舶安全与秩序构成威胁,或承运人无正当理由擅自改变行程,另一方当事人有权解除合同,并有权索赔所有损失。

第三节　海上旅客运输合同的责任制度

一、承运人的责任期间

根据我国《海商法》第 111 条,海上旅客运输合同中承运人的责任期间,是自旅客登船时起至旅客离船时止的一段期间。

如果船未靠码头而客票票价包括接送费用的,旅客运输的责任期间还包括接送期间,即承运人经水路将旅客从岸上接到船上和从船上送到岸上的时间。

但是任何情况下,旅客在港站内、码头上或者在港口其他设施内的时间不应计入承运人的责任期间。

上述关于旅客的运送期间的规定适用于旅客自带的行李。旅客交运的其他行李,其运送期间自旅客将行李交付给承运人或承运人的受雇人、代理人时起至承运人或者承运人的受雇人、代理人交还给旅客时止。

二、承运人的责任基础

海上旅客运输合同中,对承运人责任采取的是"部分的过失推定责任制",即承运人基本上承担的是过失责任,但在特殊情况下承担过失推定责任。具体而言,在承运人的责任期间内,因承运人或者承运人的受雇人、代理人在受雇或者受委托的范围内的过失引起的事故,造成旅客人身伤亡或者行李灭失、损坏的,承运人应当负赔偿责任。对过失的存在,请求人应当负举证责任,但以下两种情况除外:(1)旅客人身伤亡或者自带行李的灭失、损坏,是由于船舶的沉没、碰撞、搁浅、爆炸、火灾所引起或者是由于船舶的缺陷所引起;或(2)无论何种事故引起的旅客自带行李以外的其他行李的损失。

这两种情况下,除非承运人能提出反证,否则推定承运人有过失。

三、承运人的免责

经承运人证明,旅客的人身伤亡或者行李灭失、损坏是由于旅客本人的过失或者旅客和承运人的共同过失造成的,可以免除或减轻承运人的赔偿责任。经承运人证明,上述损失是由于旅客本人故意造成的,或旅客人身伤亡是由于旅客本人的健康状况造成的,承运人不负责任。

承运人对旅客的货币、金银、珠宝、有价证券或者其他贵重物品所发生的灭失、损坏,不负赔偿责任。但上述物品是交由承运人保管的除外。

四、承运人的责任限制与责任限制的丧失

与海上货物运输合同中一样,海上旅客运输合同中,承运人通常只承担有限责任,超过责任限额的则不用赔偿。根据我国《海商法》规定,旅客人身伤亡,承运人的赔偿限额依照下列规定:旅客人身伤亡的,每人不超过46666计算单位;自带行李灭失或损坏的,每人不超过833计算单位;旅客车辆包括其上所载物品灭失或损坏的,每一车辆不超过3333计算单位;其他行李灭失或损坏的,每人不超过1200计算单位。《海商法》的这些规定与《雅典公约》的规定完全一样,但与《雅典公约》一样,也受到了许多批评,被认为责任限额太低,对旅客不公平。1990年修订《雅典公约》的议定书中,将承运人的赔偿限额做了较大幅度的提高,旅客人身伤亡的赔偿责任限额提高到每人17.5万特别提款权,旅客自带行李的赔偿限额提高到每人1800特别提款权,对每一车辆的赔偿限额提高到1万特别提款权,其他行李的赔偿限额提高到2700特别提款权。该议定书如果生效,将大大提高对旅客的保护水平,但对承运人则可新构成一种挑战。

鉴于我国沿海运输与国际运输之间存在巨大差别,我国《海商法》特别规定,我国港口之间的海上旅客运输不适用上述责任限制的规定,而应由国务院交通主管部门另行制定规则,报国务院批准后施行。根据这一规定,交通部制定了《中华人民共和国港口间海上旅客运输赔偿责任限额规定》,报经国务院批准后,于1994年1月1日起施行。根据该规定,我国沿海旅客运输的承运人责任限额是:旅客人身伤亡,每人不超过4万元人民币;自带行李灭失或损坏,每人不超过 800 元人民币;旅客车辆包括其上所载物品,每一车辆不超过 3200 元人民币;其他行李,每千克不超过 20 元人民币。承运人与旅客可以书面约定高于 4 万元人民币的赔偿限额。但承运人对旅客人身伤亡的赔偿责任,按照 4 万元人民币乘以船舶证书规定的载客定额计算赔偿限额,最高不得超过 2100 万人民币。

表 7-1 旅客运输中的责任限额

赔偿限额\赔偿类型\适用范围	旅客人身伤亡	旅客自带行李灭失或损坏	旅客车辆及车上所载物品	其他行李	人身伤亡赔偿总额
国际海上旅客运输	46666SDR/每人	833SDR/每人	3333SDR/每车	1200SDR/每人	无
沿海旅客运输	4 万元人民币/每人	800 元人民币/每人	3200 元人民币/每车	20 元人民币/每千克行李	4 万元人民币×载客定额/每承运人,最高不超过 2100 万人民币

经证明,旅客的人身伤亡或者行李灭失、损坏,是由于承运人的故意或者明知可能造成损害而轻率地作为或者不作为造成的,承运人不得援用赔偿责任限额的规定。这一责任限制丧失的规定对国际和沿海旅客运输都同样适用。

五、旅客的义务与责任

(一)支付票款

旅客必须购票乘船,不允许无票乘船、越级乘船或者超程乘船。所谓越级乘船是指旅客自行乘坐超过客票指定的等级的席位,如购买的是三等舱的客票却自行占用了二等舱的席位;超程乘船是指旅客自行乘船超过客票指定的目的港,如购买的是到 A 地的客票,船到 A 地却不下船而是随船到下一港 B 地才下船。旅客无票乘船、越级乘船或超程乘船,应当按照规定补足票款,承运人还可以按照规定加收票款,如对超程乘坐者双倍收取超程部分的票价。旅客拒不交付的,船长有权在适当地点令其离船,承运人有权向其追偿。

(二)不得携带危险品

为保障安全航行,旅客不得随身携带或者在行李中夹带违禁品或者易燃、易爆、有毒、有腐蚀性、有放射性或者有可能危及船上人身安全和财产安全的其他危险品。

如果旅客携带或夹带了违禁品或危险品,承运人可以在任何时间、任何地点将其卸下、销毁或者使之不能为害,或者送交有关部门,而不负赔偿责任。如果这类物品造成他人的损害,旅客还应当负赔偿责任。

（三）提交书面索赔通知的义务

旅客有提交书面索赔通知的义务。旅客行李发生损坏的,如果损坏明显,旅客对其自带行李的损坏,应当在离船前或者离船时提交书面索赔通知;其他行李,应当在行李交还前或者交还时提交书面索赔通知。

行李的损坏不明显的,旅客应当在离船或者行李交还或者应当交还之日起15日内,向承运人或者承运人的受雇人、代理人提交书面索赔通知。

旅客未及时提交书面索赔通知的,就构成其已经完整无损地收到行李的初步证据。旅客要主张货物受损,必须提出反证。但行李交还时,旅客已经会同承运人对行李进行联合检查或者检验的,无需提交书面索赔通知。

第八章　海上拖航合同

在本章中,我们将

——区分海上拖航合同、海上货物运输合同以及以拖带为主要手段的海难救助合同

——学习海上拖航合同双方的权利义务

第一节 海上拖航合同的概念和法律规范

海上拖航合同,是指一船利用自己的动力将另一船或其他被拖物经海路从一地拖至另一地,而由被拖方支付拖航费的合同。

拖带作业中,提供动力进行拖带的船舶称为拖船,被拖带前行的船舶称为被拖船。根据拖船位置不同,拖带作业可分为拖拉、顶推和拖带三种主要方式。根据作业的地区不同,拖带作业又可分为港区拖带、沿海拖带和远洋拖带三种。

由于拖航是一项新兴的海上作业,历史不长,因此,目前尚无关于拖航的国际公约。我国《海商法》第七章是关于海上拖航合同的主要国内法规范,这一章的规定主要是任意性规范。

第二节 海上拖航合同的性质

海上拖航合同的性质如何是一个有争议的问题。从表面看,它和海上运输合同、救助合同、承揽合同和引航合同都分别有相似之处。但实际上,海上拖航合同是一种独立的合同关系,和以上各种合同都有本质区别。

海上拖航合同和海上货物运输合同的区别在于,拖航合同中被拖物是由特定索具系于拖船上,而运输合同中货物是载于船上;拖航合同的目的在于由承拖方提供动力,将被拖物拖带至指定地点,而运输合同的目的在于运输货物。但特殊情况下,拖航合同也可能被视为海上货物运输合同,这就是我国《海商法》第164条规定的:"拖轮所有人拖带其所有的或者经营的驳船载运货物,经海路由一港运到另一港的,视为海上货物运输。"

拖带也可能是海难救助的手段之一,这时拖带的船舶和被拖船之间的关系不是拖航合同关系而是救助合同关系。拖航合同和救助合同的区别在于,签订拖航合同的目的在于拖带,而签订救助合同的目的则在于救助;拖航合同中被拖物处于安全状态,而救助合同中被拖物处于危险状态,需要借助外力脱离险境。但两种合同也可能发生相互转换。当救助中被拖物已经脱离危险,救助合同也可能转换为拖航合同;当拖航中遭遇海难或其他意外事故,被拖物处于危险中需要救助，拖航合同也可能转换为救助合同。①

1992年12月11日，香港井川国际航运集团与华威近海船舶服务有限公司签订了一份"TOWCON"国际远洋拖带协议，约定由华威公司所属巴拿马籍"华吉"轮从台湾安平港拖带井川集团所属"昌鑫"轮和"昌瑞"轮到广州桂山锚地，拖带总承包价为1.03万美元，不论拖轮和被拖物是否灭失，拖带费用均不得回扣、抵消、留置等，并明确约定：无论是否由于租用人、其工作人员或代理人违反合同、疏忽或任何其他过失而发生无论何种原因对拖轮或拖轮上任何财物造成或使其遭受任何性质的灭失或损坏，均由拖轮船东单独承担，并对租用人、其工作人员和代理人无任何追索权。无论是否由于拖轮船东、其工作人员或代理人违反合同、疏忽或任何过失而发生对被拖物造成的上述情况和产生一切责任，均由租用人单独承担，并对拖轮船东、其工作人员或代理人无任何追索权。1993年1月18日，"华吉"轮依照合同约定，以一前一后方式拖带"昌瑞"轮和"昌鑫"轮，两艘被拖轮均没有配备随船船员。拖带过程中，"昌鑫"轮出现船体左倾，井川公司授权华威公司请求救助。随后"华吉"轮在赶来的救助船的协助下，将"昌鑫"轮拖离航道，并于"昌鑫"轮抢滩后在现场守护，直到与井川公司办理了船舶交接手续后才撤离现场。法院认为，全部行为都是拖带行为而没有转化为救助行为，因此应依合同约定，所有损失由井川公司自行承担。②

承揽合同是由一方为另一方提供劳务，做一定工作，另一方支付报酬的合同。拖航合同也是一种提供劳务的合同，但它和承揽合同的区别在于，承揽合同的定作方提供原材料，由承揽方利用自己的设备和技术，提供劳务，最终向定作方交付其劳动成果；而拖航合同的拖方只是提供动力，完成约定的拖带作业，即可取得报酬。

引航是具有专门证书的引航人员，登临被引领船只，指挥或驾驶被引领船只在特定水域内航行的活动。拖带作业如果是在港区进行，可能和引航有相似之处。但引航是由具有核定资格的专业人员进行的，引航员的引领只是协助被引领船舶，而不解除被引领船舶船长的职责，这些都是引航合同和拖航合同的不同之处。

第三节 海上拖航合同的订立和解除

一、海上拖航合同的订立

海上拖航合同由承拖方与被拖方通过要约、承诺而订立。根据我国《海商

---

① 参见本书"海难救助"章海难救助的概念。
② 案情详见翁子明：《一宗拖航合同纠纷案》，载《中国海商法年刊》（1994年），大连海事大学出版社1995年版，第388页。

法》第156条的规定,海上拖航合同应当书面订立。

实践中,海上拖航合同往往在一些标准合同格式的基础上订立。各国的拖航公司一般都制定有自己的标准拖航合同格式,如我国海洋工程服务有限公司制定的拖航合同格式(代号Chinatow),欧洲拖船所有人协会、波罗的海国际航运公会以及国际救助同盟三家联合推荐使用的国际远洋拖航协议格式(代号Towhire)等。

海上拖航合同的内容,主要包括承拖方和被拖方的名称和住所、拖轮和被拖物的名称和主要尺度、拖轮马力、起拖地和目的地、起拖日期、拖航费及其支付方式,以及其他有关事项。

二、海上拖航合同的解除

海上拖航合同的解除分为约定解除和法定解除。约定解除是根据当事人的合同约定解除,其解除事由以合同约定为准;法定解除是根据法律规定而解除,根据我国《海商法》的规定,拖航合同的法定解除事由主要有以下两项:

(1)起拖前,因不可抗力或者其他不能归责于双方的原因致使合同不能履行的,双方均可以解除合同,并互相不负赔偿责任。除合同另有约定外,拖航费已经支付的,承拖方应退还给被拖方。

(2)起拖后,因不可抗力或者其他不能归责于双方的原因致使合同不能继续履行的,双方均可以解除合同,并互相不负赔偿责任。

第四节 海上拖航合同的责任制度

一、承拖方的权利和义务

海上拖航中,承拖方的主要责任是提供适航和适拖的船舶,将被拖物准时、安全拖带到目的港。

我国《海商法》第157条规定:"承拖方在起拖前和起拖当时,应当谨慎处理,使拖轮处于适航、适拖状态,妥善配备船员,配置拖航索具和配备供应品以及该航次必备的其他装置、设备。"拖轮的适航状态是指拖轮本身的航行能力,即能否承担约定航程的一般风险。拖轮的适拖状态是指拖轮与被拖物的配合情况,即拖轮是否有足够的动力和拖航设备按约定的方式完成约定的拖带作业。拖轮应当同时具备适航和适拖两个条件。

承拖方应当将被拖物在约定地点安全交付。如果由于承拖方以外的原因,合同无法履行,拖轮船长有权在目的港附近或其他安全地点将被拖物交给被拖方。

承拖方对被拖物有留置权。当被拖物尚在承拖方掌握之中,但被拖方已经明显没有能力支付拖航费或其他到期债务时,承拖方可以根据我国《海商法》第161条的规定留置被拖物。

二、被拖方的权利和义务

与承拖方的义务相对应,被拖方在起拖前和起拖当时,应当做好被拖物的拖航准备,谨慎处理,使被拖物处于适拖状态,并向承拖方如实说明被拖物的情况,提供船舶检验机构和保险公司签发的被拖物适拖状态的证明文件,按约定支付拖航费。被拖物的适拖状态是指其与拖轮相配套,包括其本身结构、稳性、浮力等各种技术指标。由于被拖物不适拖或被拖方未如实说明情况造成被拖物的损失,承拖方不负责任。但承拖方必须证明被拖物不适拖是在起拖时无法发现的。

三、损失赔偿

海上拖航合同中采取过失责任制度,即在拖航过程中,由于一方的过失造成另一方的损失,应由过失方负赔偿责任。如果损失是双方过失造成的,则由各过失方按比例承担赔偿责任。

我国《海商法》第162条规定,如果被拖方的损失是由于下列原因造成的,除非拖航合同另有规定,承拖方不负责任:

(1) 拖轮船长、船员、引航员或者承拖方的其他受雇人、代理人在驾驶或者管理拖轮中的过失造成的。

(2) 拖轮在海上救助或者企图救助人命或者财产时的过失造成的。

在确定拖航过程中的"过失"时,是由拖船还是被拖船具体负责拖航的指挥是一个很重要的参考因素。通常负责指挥的一方更可能被认为要对拖航作业中的错误行为负责。

四、对外关系

拖船及被拖船对于第三人的关系,是拖航进行中常常发生的问题。如拖船在拖带作业中与第三方发生碰撞,导致了对第三方的侵权责任。

早年英国海上判例认为,拖船与被拖船是有一定目的连接在一起,在法律上应视为单一的船舶处理。德国19世纪有船舶拖带航行一体原则,而法国也有学者提出船舶拖带不可分的理论。这都是为了保护受害人。也有国家规定,拖带中对第三人造成的损害,都由拖带船负责。但更多的是规定拖带船与被拖带船负连带责任。我国将拖航作业中造成的第三方损害视为共同侵权,而在我国《海商法》第163条规定,在海上拖航过程中,由于承拖方或被拖方的过失,造成第三人人身伤亡或者财产损失的,承拖方和被拖方对第三人负连带赔偿责任。除合同另有约定外,一方连带支付后,有权根据其应承担的比例,对另一方进行追偿。

第三编 海事法

第九章 船舶碰撞

在本章中,我们将

——分析哪些事故可以算作船舶碰撞,考察船舶碰撞新概念的合理性

——学习如何确定船舶碰撞中的责任以及责任方应该如何进行赔偿

——理解不同的船舶碰撞归责原则对海上货物运输合同的不同影响

第一节　船舶碰撞的概念和法律规范

一、船舶碰撞的概念

（一）船舶碰撞在海商法上的意义

船舶碰撞（collision between vessels）是一种严重的海上事故。由于海上航行本身就蕴含着巨大风险，加上船舶不分昼夜航行，而且动力强大、止速能力弱，再加上拥挤的港口、狭窄的水道、恶劣的天气等因素，都使碰撞的发生难以避免。虽然现代航运技术的进步提高了船舶安全航行的性能，但船舶通航密度增大、船舶操纵变得复杂等因素，又带来了航运中新的危险因素，因此船舶碰撞事故的发生仍然是频繁的。

严格地说船舶碰撞与陆地上发生的车辆碰撞等交通事故并无根本性质上的区别，也应划归于民法侵权行为法的范畴。但船舶碰撞发生在海上，具有一些一般陆地上的交通事故通常不具备的特点，如损害巨大，常常造成人员的牺牲和财物的灭失，并有可能导致严重的环境污染；取证特别困难，因为碰撞现场无法保留，往往也没有第三人在现场见证。适应这些特点，海商法中发展出了一些特殊制度来处理这些特殊问题，从而构成了船舶碰撞法的主要内容。船舶碰撞的处理往往会和货物运输、共同海损、海难救助等发生关系，因此，船舶碰撞法在海商法中居于重要的地位。

（二）船舶碰撞的定义和构成要素

由于海商法中发展出了处理船舶碰撞的特殊规则，确定这些规则的适用范围，即什么是海商法上的船舶碰撞是首先要解决的问题。各国海商法对其调整的船舶碰撞都有具体的定义。我国《海商法》第165条明确规定："船舶碰撞，是指船舶在海上或者与海相通的可航水域发生接触造成损害的事故。前款所称船舶，包括与本法第三条所指船舶碰撞的任何其他非用于军事或者政府公务的船艇。"

从《海商法》对船舶碰撞的定义可以看出，在我国，船舶碰撞的构成有四个基本要素，即主体、行为、后果和水域。

（1）主体。碰撞必须发生在船舶之间，而且其中必须有一方是我国《海商法》第3条所指的船舶①,而另一方可以是军事或执行政府公务的船艇以外的任何船艇②。

根据这一标准,船舶碰撞不仅包括《海商法》第3条所指的船舶之间的碰撞,还包括《海商法》第3条所指的船舶与内河船之间的碰撞,以及《海商法》第3条所指的船舶与20总吨以下的小型船艇之间的碰撞。海船与固定物体,如码头、桥梁等发生碰撞不是船舶碰撞。内河船之间的碰撞也不是船舶碰撞。灯船虽然名为船但实际上是海上的固定装置,因此海船与灯船碰撞也不是船舶碰撞。但船舶属具是船舶的组成部分,海船与锚、锚链、渔具相碰是船舶碰撞。商务用途的海船与执行缉私任务的政府船舶相撞不是船舶碰撞。③ 船舶碰撞不一定是两只船之间的碰撞,也可以是多只船碰在一起。

由于海商法上所指的船舶与非海商法上所指的船舶之间的碰撞也属于海商法上所指的船舶碰撞,也适用海商法关于船舶碰撞的规定。一个自然会产生的问题就是,在这种碰撞中,是否碰撞双方也都运用海商法上的海事赔偿责任限制、船舶优先权等规定。由于如果仅对碰撞中的海船一方适用海商法的规定会造成碰撞双方之间的不公平,因此现在通说是对双方都适用。

(2)行为。船舶之间发生了粗暴性的物理上的实际接触(actual contact)。船舶没有接触不能构成船舶碰撞。但《海商法》第170条规定:"船舶因操纵不当或者不遵守航行规章,虽然实际上没有同其他船舶发生碰撞,但是其他船舶以及船上人员、货物或者其他财产遭受损失的,适用本章的规定。"该条规定的船舶相互之间没有实际接触却造成了损害的情况在学理上被称为"间接碰撞"。为与间接碰撞相区别,船舶之间发生接触的碰撞又被称为"直接碰撞"。在我国海商法下,间接碰撞并不是船舶碰撞,但处理这种事故应该适用船舶碰撞的相关法律规定。

间接碰撞的典型例子是"浪损"(wash damage),如一船航行速度太快,驶过引起的大浪掀翻临近的小船。另外如一船航行疏忽,导致另外的一些船舶相撞,但疏忽航行的船只本身并没有与其他船碰上;大船与小船并行行驶,由于横距太近产生船吸现象,导致小船失控受损;或一船航行疏忽,导致他船为避免与其碰撞而被迫搁浅,这些都属于间接碰撞。

(3)后果。船舶碰撞必须造成船舶、财产的损失或人员的伤害。这是任何

---

① 我国《海商法》第3条所指的船舶,是指海船和其他海上移动式装置,包括船舶属具。但是用于军事的、政府公务的船舶和20总吨以下的小型船艇除外。
② 1910年《碰撞公约》第11条也规定该公约不适用于军事船艇和专门用于公务的政府船舶。
③ 如在"公边001船与易发轮碰撞纠纷案"中,珠海市人民政府打击走私办公室征用私人所有的渔船参加海上缉私,在执行任务过程中,被怀疑为走私船的易发轮撞沉。海事法院不是适用《中华人民共和国海商法》,而是适用《中华人民共和国民法通则》中关于侵权的规定审理了此案。海事法院的判决受到了二审法院的肯定。

侵权行为成立的必要条件。海商法上设立船舶碰撞制度的目的是为了解决碰撞造成的损害赔偿问题，如果没有损害，也就没有法律适用的余地了。另外，碰撞和损害后果之间应该有因果关系。

(4) 水域。船舶碰撞发生在海上或与海相通的可航水域。除了在海洋上，在长江等与海相通的水域上发生的海船与海船或海船与内河船之间的碰撞也是海商法上的船舶碰撞。

对于不符合《海商法》规定的构成要件的船舶碰撞，如内河船之间在不与海相通的内河水域上发生的碰撞，应适用《民法通则》中关于侵权的一般规定。适用《民法通则》和《海商法》结果是不同的。其中最重要的区别是，《海商法》对船舶碰撞采用的是完全过失责任制，《民法通则》采用的是以公平责任原则为补充的过错责任制。《海商法》规定碰撞双方对第三方的财产损害，过失方不负连带责任，但《民法通则》规定共同侵权对第三方负连带责任。

(三) 船舶碰撞概念的扩展

海上发生的灾难性事故是多种多样的，像船舶间的油污损害、火灾、爆炸等也是常见的海上交通事故，但却不包括在传统的船舶碰撞概念中，对这些事故的处理也缺乏具体的法律依据。为了将更多的海上侵权事件纳入船舶碰撞法的调整范畴，国际海事委员会在其1987年草拟的《船舶碰撞损害赔偿国际公约草案》(即《里斯本规则草案》)中，扩大了船舶碰撞的定义，规定"船舶碰撞指船舶间，即使没有实际接触，发生的造成灭失或损害的任何事故"。这个定义在几方面突破了传统船舶碰撞的概念：(1) 主体不再限于一方必须是海船，而是包括一切船舶，甚至包括不可航的机器、井架、平台等。(2) 不再要求船舶之间必须发生直接接触，而是包括所有一船或几船的过失造成两船间或多船间的相互作用所引起的灭失或损害。(3) 只包括过失造成的碰撞。这个概念较大地突破了传统船舶碰撞的概念。

将更多的海上交通事故纳入船舶碰撞法调整的范畴，符合当前航运技术发展、海上活动多样化情况下船舶侵权多样化复杂化的特点，有利于海上侵权事件的统一处理，拓展了海商法的研究领域，是一个值得注意的发展趋势。我国《海商法》虽然沿用传统概念将"船舶碰撞"定义得比较狭窄，但又规定间接碰撞也适用关于直接碰撞的相关规定，因此实际上是将间接碰撞也包含在船舶碰撞概念中。另外在我国海事司法实践中，一直用"船舶触碰"来称呼船舶与设施或者障碍物发生接触并造成损害的事故，在许多方面对船舶触碰与船舶碰撞的处理完全一致。最高人民法院《关于审理船舶碰撞纠纷案件若干问题的规定》第3条特别规定："因船舶碰撞导致船舶触碰引起的侵权纠纷，依照海商法第八章的规定确定碰撞船舶的赔偿责任。非因船舶碰撞导致船舶触碰引起的侵权纠纷，依照民法通则的规定确定触碰船舶的赔偿责任，但不影响海商法第八章之外其他规定的适用。"有鉴于此,一些学者提出,应该修改我国《海商法》中船舶碰撞的定义,扩大其范围,这样在逻辑上更加清楚,在司法实践中也更好操作。

在海商法的不同制度下,对船舶碰撞的理解可能未必完全一致。如海上保险中对"船舶碰撞责任"的理解,就与我国《海商法》中对船舶碰撞的定义不一定一致[①]。

二、关于船舶碰撞的法律规范

(一) 国际规范

1. 1910 年《碰撞公约》

1910 年《碰撞公约》,全称为《统一船舶碰撞若干法律规定的国际公约》(International Convention for The Unification of Certain Rules of Law in Regard to Collisions),是船舶碰撞领域最重要的一个国际公约。该公约于 1910 年 9 月在布鲁塞尔举行的第三次海洋法外交会议上通过,于 1913 年 3 月 1 日起生效。公约由 17 条组成,对公约的适用范围、确定船舶碰撞责任的原则、诉讼时效和碰撞船舶的救助责任等问题做了规定。该公约在世界上得到了普遍的承认和接受,对统一各国关于船舶碰撞的法律起到了重要而积极的作用[②]。我国于 1994 年 3 月 5 日参加了该公约。

2. 《里斯本公约草案》

由于 1910 年《碰撞公约》主要是对碰撞责任的划分、碰撞后船长的救助义务等问题作出了规定,对碰撞发生后损害赔偿的原则、范围、计算方式等都未涉及。为统一国际社会对船舶碰撞造成的损害赔偿的不同做法,1987 年国际海事委员会主持制订了《船舶碰撞损害赔偿国际公约草案》(Preliminary Draff International Convention on the Assessment of Damages in Maritime Collision),即《里斯本公约草案》。该草案对碰撞造成的损害的赔偿原则、计算方法等各方面问题进行了详细规定。虽然该草案尚未生效,但对各国的海事立法和司法实践提供了有益的参考。

3. 1972 年《避碰规则》

1948 年,国际海事委员会在海上人命安全会议上通过了《国际海上避碰规则》(Convention on the International Regulation for Preventing Collision at Sea),国际海事组织又在该规则的基础上,制定了 1960 年和 1972 年《避碰规则》。1972 年《避碰规则》于 1977 年 7 月 15 日生效,并于 1981 年、2001 年先后通过了一

---

① 参见本书"海上保险合同"章中"德跃轮碰撞案"等。
② 据统计,世界上 75% 以上的航运国家,如英国、法国、德国、意大利、日本、加拿大等都参加了 1910 年《碰撞公约》。但美国没有参加该公约。

些修正案。该规则由 5 章和一些附录组成,对驾驶和航行规则、号灯和号型、声响和灯光信号等作出了规定。其中分道通航制、适当瞭望、安全速度、避碰方式等规定被认为是核心内容。目前该规则已经被世界各国广泛采用,在统一船舶避碰技术规范,减少船舶碰撞事故的发生方面发挥着重要作用。我国 1980 年 1 月 7 日参加了该公约,并陆续实施了其各修正案。

4. 船舶碰撞管辖权方面的国际公约

船舶碰撞如果发生在一国领海,一般由该国法院管辖。但如果发生在公海,应该如何确定其司法管辖权就成为有争议的问题。1952 年 5 月 10 日,在布鲁塞尔举行的第九次海洋法外交会议上,通过了《船舶碰撞中民事管辖权方面若干规定的国际公约》(International Convention on Certain Rules Concerning Civil Jurisdiction in Matters of Collision)和《统一船舶碰撞或其他航行事故中刑事管辖权方面若干规定的国际公约》(International Convention for The Unification of Certain Rules Relating to Penal Jurisdiction in Matters of Collision or other Incidents of Navigation)。这两个公约的目的是统一船舶碰撞中民事管辖和刑事管辖的问题。但遗憾的是这两个公约都没有生效,对国际航运界的影响不大。

(二) 国内法规范

我国关于船舶碰撞的国内法规范主要是《海商法》第八章,该章对船舶碰撞的规定主要参照了 1910 年《碰撞公约》。在船舶航行规则方面,我国主要的法律规范是 1980 年通过的《海上交通安全法》。另外,与船舶碰撞相关的还有许多规定、条例,如 1990 年《海上交通事故调查处理条例》、1992 年最高人民法院《关于审理涉外海上人身伤亡案件损害赔偿的具体规定》、1995 年最高人民法院《关于审理船舶碰撞和触碰案件财产损害赔偿的规定》等。由于司法实践中,对船舶碰撞纠纷案件的适用法律、责任主体、责任承担和举证责任等方面存在一些不同认识,为了统一裁判尺度,使船舶碰撞案件能够得到及时、公正的审理,最高人民法院制定了《关于审理船舶碰撞纠纷案件若干问题的规定》,自 2008 年 5 月 23 日起施行。①

第二节 船舶碰撞的归责原则

船舶碰撞虽然性质特殊,但其处理与其他交通事故一样,也需要首先查明事故原因,分清责任,然后确定赔偿方法。

---

① 法释〔2008〕7 号,2008 年 4 月 28 日由最高人民法院审判委员第 1446 次会议通过,自 2008 年 5 月 23 日起施行。

一、基本归责原则

我国对船舶碰撞采用的是过失责任原则,即碰撞当事方只对因其故意或过失引起的不法损害承担赔偿责任。这与民法中一般侵权行为的归责原则是一致的。由于我国《海商法》中没有特别的规定,因此对过失的判断标准应该和民法侵权法中对过失的判断标准一致。

二、船舶碰撞的三种过失情况

船舶碰撞中有三种过失情况:双方无过失,单方有过失,双方都有过失。我国《海商法》对这三种过失情况引起的船舶碰撞分别规定了处理方法。

(一)双方无过失碰撞

双方无过失碰撞是不存在或无法证明是由人为因素引起的碰撞,主要又可分三种:不可抗力造成的碰撞、意外事故造成的碰撞、不明原因造成的碰撞。这种碰撞发生后,碰撞各方互相不负赔偿责任,损失由受害者自行承担。

不可抗力造成的碰撞,是指由于人力不可预见、不能避免并不能克服的原因造成的碰撞。如浓雾天气下,船舶已经采取了雾天航行所应采取的一切谨慎措施,并严格遵守航行规则行事,结果仍然由于天气原因造成碰撞。又如在台风天气下,已经采取了一切防备措施,仍然走锚造成碰撞。

意外事故造成的碰撞,是指航海人员在具有良好船艺和遵守避碰规则的情况下仍然不能避免的事故造成的碰撞。如船舶舵机失灵造成碰撞,而这种失灵是由船舶所有人已经经过合理谨慎的检查仍未能发现的潜在缺陷引起的。意外事故不能有人为过失因素的介入。如船舶建造完毕后下水,事先没有给出警告,也没有采取必要的措施,结果碰撞了过路船。又如一船在天气异常恶劣的情况下走锚,碰撞了抛锚的另一船。在这两个案例中,法院都判决事故不是意外事故。

不明原因的碰撞很罕见,主要是指碰撞发生又无法查明原因的情况。如在天气良好的情况下,两船相撞,两船都沉没了,而且两船船员全部遇难,究竟是什么原因引起碰撞已无法查明。又如在碰撞发生后虽然有人证物证保存,法院能从中发现过失的存在,但从互相矛盾的证词或其他证据中又无法确定是谁有过失。由于责任必须基于过失而成立,在没有证据可以证明谁有过失的情况下,也就无法确定责任,因此也只能是各自的损失由各自承担。

(二)单方过失碰撞

只有一方有过失的碰撞,由有过失的一方承担自己的损失,并对对方损失负担赔偿责任。如在航船疏于瞭望,结果碰撞了正常锚泊的船,这种碰撞就是在航船单方过失造成的,应由在航船负全部责任。单方过失碰撞常见于在航船碰撞锚泊船的情形中,碰撞双方都是航行中的船舶而只有一方对碰撞有过失的情况比较少见。

(三) 双方过失碰撞

双方都有过失的碰撞是船舶碰撞中最常见的类型。这种碰撞造成损失,应由各船根据过失程度的比例分别承担赔偿责任。如果过失程度相当或无法判定其比例,则由各方平均负赔偿责任。

双方过失碰撞造成第三方财产损失,过失双方对第三方而言是一种共同侵权,如果严格按照民法侵权理论,应由过失双方对第三方承担连带赔偿责任。[1]但我国《海商法》第169条第2款明确规定:"互有过失的船舶,对碰撞造成的船舶以及船上货物和其他财产的损失,依照前款规定的比例负赔偿责任。碰撞造成第三人财产损失的,各船的赔偿责任均不超过其应当承担的比例。"因此,双方过失碰撞中责任方对第三人财产损失承担的是按份责任而不是连带责任。

对何为"第三方"财产,理论上有较大争议。有人认为碰撞双方船舶以外的任何财产都是"第三方"财产,也有人认为"第三方"限指船上的非属于船舶所有人的财产,还有人认为是专指船舶所载财产以外的其他财产,如码头设施等。从法条出现的位置看,理解为船载的非属于船舶所有人的财产似乎较为妥当。不同国家对这一问题的回答很不一样。在英国,根据对"The Miraflores & The Abadesa 案"[2]的判决,当三艘船舶在同一起碰撞或接下来的碰撞中都有过错时,每条船都按各自的过失比例赔偿。但是,当其中一艘是无辜的时,该船可以从其他两艘过失船的任何一艘或分别取得赔偿。加拿大、法国虽然没有相关的案例,但一些学者也认为,两艘碰撞船舶应对无辜第三方船舶负连带责任。但是这一点是有争议的。[3]

在互有过失的情况下由各方按过失比例承担责任的原则是1910年《碰撞公约》确立的重要原则。在此之前,许多国家,如英国和美国都实行平分过失原则,即只要双方都有过失,不管各方过失大小,都平均分担赔偿责任。过失比例原则取代平分过失原则对当事人更公平,因此现在已经被各国广泛接受。

过失比例原则不适用于碰撞造成的第三方人身伤亡。对第三方人身伤亡,过失双方应承担连带责任,然后在过失双方之间再根据各自的过失比例进行内部追偿。任何一方不得以过失程度比例为由拒绝第三方的全部赔偿请求。这一规定体现了法律对人命保护的重视。对何为"第三方"人身伤亡,实践中曾引发

---

[1] 我国《侵权责任法》第8条规定:"二人以上共同实施侵权行为,造成他人损害的,应当承担连带责任。"第12条规定:"二人以上分别实施侵权行为造成同一损害,能够确定责任大小的,各自承担相应的责任;难以确定责任大小的,平均承担赔偿责任。"

[2] The Miraflores & The Abadesa,[1967]1 Lloyd's Rep.

[3] William Tetley:《国际海商法》,张永坚等译,法律出版社2002年版,第210—212页。

一些争议。有人认为是指船员等以外的其他人,但也有人认为是指所有人身伤亡,不管是船员还是其他人。为此,最高人民法院《关于审理船舶碰撞纠纷案件若干问题的规定》第5条特别明确规定:"因船舶碰撞发生的船上人员的人身伤亡属于海商法第169条第3款规定的第三人的人身伤亡。"

由于双方都有过失时,实行的是按过失比例承担责任。随之会产生的一个问题是,双方过失能否互相抵消。对这个问题的回答不同,导致了所谓"交叉责任说"(cross liability principle)和"单一责任说"(single liability principle)的区别。持"交叉责任说"的人认为:因双方过失发生碰撞,有两个过失,发生两个赔偿请求权,不能互相抵消。而持"单一责任说"的人则认为:船舶碰撞是一个法律事件,其所发生的损害也只能视为一个,而不能一分为二,而且从侵权法的原则出发,也应允许抵消。因此,碰撞双方可从分担额中扣抵,一方仅对他方有余额请求权。

根据这两种不同学说,处理的结果可能完全不一样。举例说明:A、B两船相撞,责任为50∶50,而A船所受损失为40万元,B船损失为60万元。

如果按照单一责任说,A船应该赔偿B船损失的50%,即30万元,而B船应该赔偿A船损失的50%,即20万元。两相抵消后,只需由A船支付B船10万元即可。

如果按照交叉责任说,则分别赔偿,即A支付应赔偿给B船的损失30万元,B也应支付应赔偿给A船的损失20万元。这种赔偿方法的好处是,双方自行赔偿而不为抵消,可以避免保险人责任减低对船舶所有人造成不利。两种算法主要是在保险中有不同意义。

由于双方过失碰撞中各船的赔偿责任依据过失比例而定,因此确定各方的过失程度很重要。对过失程度的理解,存在三种不同观点。第一种观点认为,过失程度仅指过失行为的严重性,不涉及过失行为与侵权损害之间的因果效力。第二种观点认为,过失程度的确定应仅基于对过失行为与侵权损害之间的因果效力的比较,没有必要也无法比较过失行为的严重性。第三种观点认为,过失程度的确定,不仅取决于过失行为的严重性,而且取决于过失行为与侵权损害在法律上的因果关系。

三、判定过失的标准

船舶碰撞中的过错,包括故意和过失。由于故意而为的碰撞极为少见,因此船舶碰撞中的过错主要是过失。对何为过失,根据传统民法学说,存在客观标准说、主观标准说等不同主张。[①] 我国《海商法》中对此问题没有任何规定,因此船

[①] 参见郭明瑞、房绍坤、于向平著:《民事责任论》,中国社会科学出版社1991年版,第82—92页。

舶碰撞中的过失应该也适用民法中对过失的一般判断标准。海商法中要求按百分比详细划分船舶碰撞中各方过失的轻重程度,而民法中,对过失一般只作一般过失和重大过失两种划分。划分过失程度比例有难以精确划分的弱点,因此有的国家,如美国长期坚持用平均分担理论,但也有人指出,法官们在日常审理其他案件,确定损害赔偿金额、伤残程度等时,也会面临同样问题。民事赔偿责任一般不取决于行为人的过错程度,而取决于损害的程度。但在涉及共同过错、混合过错的情况下,各当事人的过错程度是确定其责任大小的重要依据。船舶碰撞中按过错程度追究碰撞各方责任,符合民法的一般原则。

由于过失是一种主观状态,往往需要借助于行为人外在的表现来判断过失的存在与否。一般认为,以下是判断过失的一些重要标准:

(一) 通常的技术和谨慎

对碰撞时过失的判定,基本标准是航行人员是否具备通常的技术和谨慎。

(二) 航行规则

航行人员是否有通常的技术和谨慎,一个重要的参照标准是是否遵守法律规定的航行规则,如1972年《国际海上避碰规则》。该《规则》是国际上最为通行的海上船舶避碰规则,是一个航海技术性规范。该《规则》适用于在公海和连接于公海而可供海船和水上飞机航行的一切水域中的一切船舶。但《规则》不妨碍当地有关主管机关为任何港口、江河、湖泊或内陆水道,包括专供水上飞机使用的区域所制订的特殊规定的实施。《规则》为船舶航行制定了一套基本准则,内容包括以下几方面:一是避让信号,即规定船舶应根据具体的环境状况和自身技术状况,显示不同的号灯、号型和声响、灯光信号,以便相遇的船舶能相互知道对方的性能和航向等,以避免危险状况的发生。二是关于避让的行为规则,即规定了有碰撞危险时船舶的驾驶和航行规则。如《规则》第18条规定两艘机动船对遇时,两船应各自向右转向,从而各自从他船的左舷驶过;逆水船让顺水船等;在航船应该给失去控制的船舶、操纵能力受到限制的船舶让路;机动船应该给从事捕鱼的船舶和帆船让路,而帆船则应给捕鱼船让路。三是雾航规则。雾天航向是海上航行中很令人惧怕,但却又无法避免的情形。《规则》对船舶在雾天航行规定了特殊的声号和航行规则等。如第16条规定,船舶在大雾天气下应该缓速航行。

(三) 习惯

在航行规则没有规定时,航行人员是否尽到了通常的技术和谨慎,应考察航海实践中的一般性做法,尤其是众所周知、普遍遵循的习惯性做法。

(四) 判定过失的其他规则

1. 法律推定过失原则

如果一船违反了避碰规则,则初步推定该船有过失,除非该船能证明其违反规则是有合理原因的,或违反规则的行为不是造成碰撞的原因。少数国家曾实行"法律推定过失原则",即违反法律规定就推定有过失,而不管违反规则的行为与碰撞发生之间有没有因果关系。这种原则在 1910 年《碰撞公约》中被明确废除。该《公约》第 6 条规定:"关于碰撞责任方面的过失问题的一切法律推定,均应废除。"目前除了少数国家,法律推定过失原则已经很少被采用。现在一般认为,导致责任产生的"过失"不应是抽象意义上的过失,而应是成为碰撞原因的过失。如一船未能保持正常瞭望,这确实是一种严重的过失。但如果该船船员及时发现了来船,那么疏于瞭望就不能视为与碰撞发生有因果关系,也不足以认定该船对碰撞应承担责任。但在海事审判实践中,法律推定过失的原则还有一定的影响力。

2. 最后机会原则和紧急情况下的过失原则

"最后机会原则"是英美法院常采用的判定船舶碰撞过失的原则。这一原则认为,如果一船的疏忽造成了危险局面,对方船可以察觉并有充分时间和机会采取防范措施,但却没有采用,导致碰撞发生,这时应由有"最后机会"却没有利用的一方承担碰撞的全部过失。"紧急情况下的过失原则",也是英美国家采用的原则,认为在紧急情况下采取的错误步骤不是过失。但目前,这些原则的使用范围已经很小。在一个英国案例中,C 船夜间下行泰晤士河,与一上行船 A 轮安全相遇,距离很近时,A 轮突然疏忽打左满舵,C 船随即错误打了右满舵,导致 A 轮沉没,船上五百多名乘客死亡。上诉法院判决 A 轮单方责任。因为:"即使 C 船的右满舵对碰撞有影响,是错误的,但可以肯定 C 船船长是突然被置于极端困难的境地。这种情况下,不应归罪于他。"一船有过失造成另一船处于紧急状态之下,但对于该船面临多种避免碰撞的选择,其中任何一种都可避免碰撞,然而它偏偏选择了唯一能促成碰撞的一种,结果导致碰撞,法院认为,船舶应承担过失责任。

"金虎泉轮诉航拖 2002 轮碰撞损害赔偿纠纷案"中,原告山东省国际海运公司所属"金虎泉"轮由香港空载驶往青岛,航拖 2002 轮在原告船正前方附近,且距离较大,此时并不存在碰撞危险。原告方驾驶员疏于瞭望,在没有判明是否存在碰撞危险的情况下,就采取右转向措施,致使两船构成交叉相遇并存在碰撞危险。但此时两船相距 4.7 海里左右,被告方驾驶员仍然有充分的时间判断和采取措施。被告方驾驶员没有判明两船已经存在碰撞危险,而采取了一系列错误措施,是形成紧迫局面的主要原因。紧迫局面发生后,被告方驾驶员再次采取错误的左满舵避让,从而导致事故发生。法院根据"谁造成碰撞的紧迫局面,就由谁承担主要责任"的责任分摊原则,判决原告承担 35% 责任,被告承担 65% 责任。

3. 双方疏忽等效原则

这是 1910 年《碰撞公约》采用的一种原则,是指如果碰撞双方都有疏忽,双方的疏忽都持续到碰撞发生的时刻,且每一方的疏忽都可能导致碰撞发生,此时双方各应承担50%的碰撞责任。

四、过失的主体

船舶碰撞中具有过失的,可能是船东,也可能是船长,或者是一般船员。各方的过错行为的具体表现不完全一样。

第三节 船舶碰撞的损害赔偿计算

一、船舶碰撞损失的类型和赔偿原则

如果确定了船舶碰撞的构成、过失责任,紧接着就应该确定损失的大小并进行赔偿。船舶碰撞造成的损害分为两种类型:财产损失和人身伤害。财产损失又分为船舶损失、货物损失、船上其他财产的损失和其他损失。人身伤害又分为死亡和伤残。最高人民法院《关于审理船舶碰撞纠纷案件若干问题的规定》第9条规定,因起浮、清除、拆毁由船舶碰撞造成的沉没、遇难、搁浅或被弃船舶及船上货物或者使其无害的费用提出的赔偿请求,责任人不能依照《海商法》第十一章的规定享受海事赔偿责任限制。

(一) 财产损失

船舶碰撞中关于财产损失的赔偿和一般民事侵权的赔偿原则是一致的,即赔偿应当尽量恢复原状,不能恢复原状的折价赔偿。受损方还应尽力减少损失。根据1995年我国最高人民法院颁布的《关于审理船舶碰撞和触碰案件财产损害赔偿的规定》,财产损失的计算方法如下:

1. 船舶损失

船舶损失分为全损和部分损失。全损指船舶实际全部损失,或者损坏已达到相当严重的程度,以至于救助、打捞、修理等费用之和达到或者超过了船价本身。

船舶全损的赔偿额 = 船舶价值 + 船舶属具 + 船员工资和遣返费及其他合理费用 + 其他船舶损害赔偿(即合理的救助费、拖航费等、租金或运费损失、合理的船期损失)

船舶部分损失的赔偿额 = 船舶临时修理费 + 永久修理费及辅助费用 + 维持费用 + 其他船舶损害赔偿

船舶临时修理,是指对船舶进行永久性修理不可能,或经济上不合理时,应

先对船舶进行临时性修理,待条件成熟时再进行永久性修理。在进行了临时修理的情况下,临时修理和永久性修理的费用都应计入船舶损失。

船舶部分损失需要修理时,应当选择适当的船厂进行维修,而且修理应根据船检机构检验确认属于海损损坏的范围,不得扩大修理。如果选择不合理,维修费用过高,应以船检部门的估价为准,超出部分不予认定。

船舶受损后如果没有进行修理,我国最高人民法院的规定中没有规定应如何计算损失,但根据国外立法例,此时的损害赔偿金额可以以事故发生之时预计的修理费用,或以船舶市价减少额来计算。

船舶价值通常采用船舶的市价确定。但是对于没有可比市价的案件,专业人员的意见等也可作为确定船舶价值的证据采纳。另外,船舶的重置成本——折旧也是一种常用的计算方法。我国司法实践比较习惯用船舶建造成本——折旧。在船价波动较大的情况下,这种计算方法可能难以真实反映船东因为船舶碰撞而遭受的损失。

货物损失包括灭失、损坏和延迟。

2. 货物损失

货物灭失的赔偿额 = 货物的实际价值(货物装船时的价值 + 运费 + 请求人已支付的货物保险费) - 可节省的费用

货物损坏的赔偿额 = 修复所需费用或货物的实际价值 - 残值和可节省的费用

货物延迟交付的赔偿额 = 货物的实际价值 + (预期可得利润 - 到岸时的市价),但预期可得利润不得超过货物实际价值的10%。

(二)人身伤亡

1. 人身伤亡的赔偿办法

关于人身伤亡的赔偿目前仍无完整的法律规定。国内人身伤亡一般依据《民法通则》的一般规定和有关行政法规、行政规章确定。人身伤亡包括受伤和死亡。受伤的赔偿包括医疗费、护理费、因误工减少的工资收入、精神损失赔偿等。如果是受伤致残,还应赔偿补救性治疗费、残疾用具费、致残后的收入损失等。人身死亡的赔偿,则包括受害人治疗和抢救的费用、丧葬费、其他必要费用和死者收入损失。关于涉外人身伤亡,1992年5月16日,最高人民法院制定发布了《关于审理涉外海上人身伤亡案件损害赔偿的具体规定(试行)》,规定有涉外因素的人身伤亡,如果人死亡,赔偿额 = 收入损失 + 医疗护理费 + 安抚费 + 丧葬费。其中,收入损失 = (年收入 - 年个人生活费) × 死亡时起至退休的年数 + 退休后10年的工资。年个人生活费应按年收入的25%—30%计算。赔偿额最多每人为80万人民币。但只适用于涉外案件,而且这一规定的有效性也正受到考验。

在宁波海事法院 2000 年审理的"俞小洪诉巴拿马古德吉尔航运股份有限公司人身损害赔偿案"中,原告引航员在对被告进行引航作业时,由于被告船上软梯断裂而致身体伤残。原告索赔损失共计 700 余万人民币。被告援引我国最高人民法院的上述赔偿规定,要求将其责任限制在 80 万元人民币。但一审法院认为,1992 年施行的《关于审理涉外海上人身伤亡案件损害赔偿的具体规定(试行)》,是最高人民法院根据《民法通则》,结合当时的物价水平、工资收入等情况作出的,在当时是合理的,对各级法院审理涉外海上人身伤亡案件均有指导意义。但是,从 1992 年到 1999 年,我国的物价指数发生了重大变化,医疗费用也增加迅速,而且,1993 年施行的《海商法》对海上人身伤亡的最高赔偿限额有专门的规定,因此,由于原告损失已经远远超过 80 万元的限额,被告应该根据实际损失赔偿。二审法院认为,我国最高人民法院《关于审理涉外海上人身伤亡案件损害赔偿的具体规定(试行)》规定的 80 万限额与《海商法》的责任限制规定相抵触,《海商法》生效后,该规定应失去法律效力。最后,判决被告应赔偿 300 余万元。

值得注意的是,我国《民法通则》和《海商法》都没有对精神损害赔偿作出明确规定,但目前我国司法实践中,已经在侵害公民身体造成伤害的赔偿范围中包括精神损害赔偿,这一情况在海事司法实践中也如此。在上案中,当事人就获得了 10 万元人民币的精神赔偿。

2. 外派船员人身伤亡的赔偿

在我国,作为劳务输出的一种形式,航运公司等外派船员到外籍船上工作是常见的情形。这种情况下,如果因船舶碰撞或其他原因造成了外派船员的人身伤亡,派出单位或船员本人或其家属都可以向肇事方索赔。在对外索赔成功后,赔款的归属也常产生争议。外派船员人身伤亡赔款产生归属的争议,是因为伤亡者的派出单位认为其职工因公受伤或死亡,由单位按照国家有关政策规定做了安置和抚恤,因此其人身伤亡的赔款就应该归单位所有。因为实际赔偿往往远远高于单位所发抚恤费,而伤亡者家属大多主张实际赔偿。

"张羽玲人身伤亡赔偿案"是一个外派船员人身伤亡赔偿的典型案例,虽然不是船舶碰撞造成的,但对船舶碰撞造成的外派船员人身伤亡的赔偿有直接的参考价值。1984 年,张羽玲作为外派船员被上海某公司委派为新加坡沙林航运公司所属"发财"轮大管轮。雇佣期间,张羽玲在船上检修机器时,被机柄击伤左前臂,导致骨折。新加坡船公司将张送回上海。根据船员雇佣合同,张所属的上海公司向船东提出索赔。船东先后向该上海公司支付了张的误工损失的工资赔款 4369.76 美元,人身伤残责任保险金 10500 美元。该上海公司转而向张支付了工资损失赔偿 9599.7 元人民币,人身伤残损害赔偿 19492.7 元人民币。1988 年 7 月,张羽玲为请求全部自身伤残的国外船东赔偿,向上海海事法院起诉上海公司。法院经审理认为，张羽玲虽然受雇于外国船东，但同时仍属于上海某公司的在编职工，其外派期间的劳务收入，大部分由上海某公司收取。此笔劳务收入应包含企业按国内劳保条例规定必须留取的劳动保险基金。张羽玲受伤后，依法享有国内劳保待遇。此外，张在外派期间，国外船东投保的人身伤亡责任保险，其受益人只能是工伤者本人，张对此项保险赔款的享有权，并不能因其已享受国内劳保待遇而改变。所以，上海公司截留国外船东对张羽玲的赔款缺乏法律依据，应将国外船东的全部赔款，扣除公司为索赔支付的必要费用，支付给张羽玲。

二、船舶碰撞损害赔偿的主体

（一）船舶所有人和经营人

我国《海商法》对船舶碰撞责任承担主体，规定的都是"船舶"。如第168条规定："船舶发生碰撞，是由于一船的过失造成的，由有过失的船舶负赔偿责任。"第169条规定："船舶发生碰撞，碰撞的船舶互有过失的，各船按照过失程度的比例负赔偿责任；过失程度相当或者过失程度的比例无法判定的，平均负赔偿责任。"《海商法》的这种行文方式显然是受到国际公约的影响，如1910年《碰撞公约》第3条、第4条，规定的都是"船舶"负赔偿责任。国际公约的规定体现了英美法系船舶"拟人化"处理及对物诉讼的特点。但我国不承认船舶可以作为民事关系的主体承担责任，所以这里的"船舶"不能理解成船舶这个物体本身，而应理解为拥有船舶的人，即船舶所有人。

船舶碰撞责任是一种侵权责任，对该种责任负责的责任主体，可能是船舶所有人，也可能是船舶的控制人。船舶所有人责任来源可能有两项：拥有船舶所有权；控制船舶。一般认为船舶所有人是因为直接或通过其雇佣的船长船员控制船舶而承担责任，并非承担的是"物主责任"。

船舶经营人是经营管理船舶的人。根据侵权法的一般原则，船舶经营人也应该对船舶碰撞承担责任。

（二）租船合同下的赔偿主体

光船租船合同下，由于船舶是由光船承租人配备船长、船员，具体指挥，因此对船舶碰撞行为负责的不应是船舶所有人而应是光船承租人。最高人民法院《关于审理船舶碰撞纠纷案件若干问题的规定》第4条也规定："船舶碰撞产生的赔偿责任由船舶所有人承担，碰撞船舶在光船租赁期间并经依法登记的，由光船承租人承担。"

定期租船合同和航次租船合同下，由于承租人并不参与船舶航行的管理，因此一般不对船舶碰撞承担责任。

（三）船长、船员

船舶所有人以外,受害者能否以过失船上有过失的船长、船员为索赔对象呢？从我国《海商法》上不能明确地看出。但如果认为海商法是民法的特别法,船舶碰撞是民法侵权行为的特殊种类,只不过更复杂,更有技术性,那么,根据民法侵权行为法的基本理论,受害人应该有权利向共同侵权人的一个或全部索取损害赔偿。

（四）引航员

引航分为强制引航与非强制引航。强制引航是不管船舶是否同意或是否提出申请,根据法律规定对船舶进行的引航。引航权是国家主权的一部分,各国法律往往对强制引航区域和强制引航船舶都有专门规定。我国《海上交通安全法》第 13 条规定:"外国籍船舶进出中华人民共和国港口或者在港内航行、移泊以及靠离港外系泊点、装卸站等,必须由主管机关指派引航员引航。"强制引航下,引航员有双重身份:一方面是代表行政机关,执行维护国家利益、保障港口安全的责任;另一方面是接受船舶雇佣,履行协助船长操纵船舶的义务。非强制引航是船舶主动提出申请,与引航机构签订合同而进行的引航。我国 2002 年《船舶引航管理规定》第 3 条第 3 款规定:"引航机构是指专业提供引航服务的法人",第 4 款规定:"引航员是指持有有效引航员适任证书,在某一引航机构从事引航工作的人员。"

不符合法定引航员资格的人也可能根据合同约定等上船提供"引航"服务。此时的"引航"并非法律意义上的引航,而只是一种商业合同关系。

一般认为,在有引航员的情况下,如果船舶因驾驶过失造成了第三方损失,应由船东而非引航员对第三方承担侵权责任。因为海商法上各国共同承认的一个立场,是船长始终应该负责船舶的驾驶,即使有引航也不例外。我国《海商法》第 39 条规定:"船长管理船舶和驾驶船舶的责任,不因引航员引领船舶而解除。"表明我国也采取了这一立场。由于引航员并非船东直接雇佣,而是"独立合同人",为解释船东对第三方受害人责任的来源,国外有"借来的雇佣人员"等理论。但这一原则也存在例外,在一些国家,强制引航的情况下,船东对引航员过错导致的第三人损害不承担赔偿责任。美国即是采取这一立场的国家。[①] 但也有一些国家并不排除强制引航。如英国曾经区分自愿引航与强制引航,自愿引航中引航员被视为船东的雇员,虽然实际上他是独立合同人,因此船东要为其行为承担雇主责任。而强制引航不适用这一原则。但 1918 年立法废除了这一

[①] Homer Ramsdell Transp. Co. v. Compagnie Generale Transatlantique, 182 U. S. 406, 21 S. Ct. 831. 1901.

区别,强制引航下船东也要为引航员的行为负替代责任。① 我国没有区分强制引航与自愿引航,应认为这两种情况下船东都要对引航员的过失导致的第三方损失承担替代责任。

船东对第三方赔偿完毕后,可否再向引航员追偿?这个问题在学理上有一定争议,但多数国家的判例都是承认可以向引航员追究责任的,只不过由于引航员经济能力有限,意义不大而往往不追究。

三、双方过失碰撞条款

如果船舶碰撞中造成了船上所载货物的损失,货主只能向碰撞双方中的非载货船提出损害赔偿请求。因为在货主与非载货船之间不存在任何合同关系,货主可以基于侵权提出索赔。而在货主与载货船之间,因为存在运输合同,受运输合同和海上货物运输法的约束。而一般各国的海上运输法律规定,海上货物运输中承运人因驾驶或管理船舶的过失造成的货物损失是可以免责的,而船舶碰撞往往是由于驾驶过失引起的,因此,货主不能向载货船提出赔偿请求。这样,如果载货船在碰撞中是负完全责任,则货主不能索回任何损失。如果是非载货船在碰撞中负完全责任,则货主可以索回全部损失。如果是双方互有过失碰撞,则货主只能按非载货船的过失比例索回部分损失。

但在美国,情况有所不同。由于美国并非1910年《碰撞公约》的缔约国,不适用公约规定的按过失比例承担责任的原则,而是规定船舶碰撞造成第三方财产损失,碰撞双方也应负连带责任。这样,在双方过失碰撞中,货方有权向碰撞对方索赔全部损失,而不管对方过失比例如何。而对方船舶在赔偿货方后,往往转而向载货船索赔这部分赔偿额,导致载货船间接赔偿了本船货主的损失。为避免这种后果,承运人往往在提单上加上一条"双方过失碰撞条款",规定如果承运人因为货方向对方船舶索赔全部损失而间接赔偿了本船货物的损失时,货主应补偿承运人的相应损失。这种条款在有的国家会被认为有效,在有的国家则会被判定为无效。

根据我国最高人民法院《关于审理船舶碰撞纠纷案件若干问题的规定》,碰撞船舶互有过失造成船载货物损失,船载货物的权利人对承运货物的本船提起违约赔偿之诉,或者对碰撞船舶一方或者双方提起侵权赔偿之诉的,人民法院应当依法予以受理。船载货物的权利人因船舶碰撞造成其货物损失向承运货物的本船提起诉讼的,承运船舶可以依照《海商法》第169条第2款的规定主张按照过失程度的比例承担赔偿责任。这一规定不影响承运人和实际承运人援用《海商法》第四章关于承运人抗辩理由和限制赔偿责任的规定。

---

① The Esso Bernicia, [1988] A.C. 643, 682.

第四节 船舶碰撞后的救助义务

我国《海商法》第 166 条规定,船舶发生碰撞后,当事船舶的船长在不严重危及本船和船上人员安全的情况下,对于相碰的船舶和船上人员必须尽力施救。碰撞船舶的船长应尽可能将其船舶名称、船籍港、出发港和目的港通知对方。违反救助义务的处罚可能是经济上的,即承担赔偿责任,严重的则应依据刑法规定追究刑事责任。我国《海商法》没有规定船舶所有人对船长不施救的过错行为是否应承担责任,但 1910 年《碰撞公约》明确规定船舶所有人不对此负责。

第十章　海难救助

在本章中，我们将
　　——讨论海难救助的构成要件
　　——考察海难救助报酬是如何确定的
　　——掌握什么是特别补偿，理解它与救助报酬之间的关系
　　——了解劳氏救助合同格式和主要内容在海难救助中的重要地位

第一节 海难救助的概念、性质和法律规范

一、海难救助的概念

(一) 海难救助产生的原因

海上航行,随时可能遭遇各种危险,不仅航行中的船舶、货物和其他财产可能遭到惨重损失,还可能导致大量人员伤亡,尤其是船上如果载有原油、化学品等危险物质,还可能对海洋环境造成严重污染。对遇险船舶进行救援是一项十分值得鼓励的行为,海上救援常常非常惊险,救助者需要具备比一般见义勇为者更多的勇气和专业技能才能完成,而且救助者本身还可能因此受到极大损害。为了鼓励对海上遇险的财产进行救助,维护航海安全,海商法上发展出了海难救助这一特殊制度。

(二) 海难救助的定义和构成要件

海难救助,又称海上救助(salvage at sea),是指在海上或者与海相通的可航水域,对遇险的船舶和其他财产进行的救助。大陆法系曾经将海难救助分为救助和捞救两种。在被救财产尚未脱离原占有人的占有时加以援助是救助,在被救财产已经脱离原占有人后才加以援助使其恢复占有是捞救。但现在各国已经基本上不做这种区分,而统一称为海难救助或海上救助。将沉没或者漂浮于海上的船舶或其他财产打捞上岸或者进行清除,被称为海上打捞。救助性打捞也是海上救助的一种形式。

根据我国《海商法》的规定,海难救助的构成应该具备以下四个要素:

(1) 地域。

海难救助发生在海上或者与海相通的可航水域。内河水域或其他地方发生的救助行为不适用海难救助的法律,如船舶在修船厂修理或建造时发生火灾等事故,即使有人对其进行了救助,也不适用海难救助的法律。[①]

[①] 1989年《救助公约》将海难救助发生的地域范围扩展到"可航水域或任何其他水域",其中包括内陆水域。我国是该公约的参加国,该公约生效后,虽然其适用范围的规定由于我国参加公约时作出的保留而不适用于我国,但仍有学者提出,应参照公约的规定修改我国《海商法》的相关规定,将海上救助的地域范围扩大到内陆水域,并将海上救助改名为"水上救助"。

（2）对象。

海难救助的对象包括船舶和其他财产。

船舶是海难救助中最常见的对象。我国《海商法》特别规定，船舶是指该法第3条所指的船舶以及与其发生救助关系的任何其他非用于军事的或者政府公务的船艇。因此，如果是船舶间的救助，救助的一方必须是我国《海商法》第3条规定的，20总吨以上的并非用于军事的、政府公务的海船和其他海上移动式装置，另一方则可以是任何非用于军事的，或者政府公务的船舶，包括内河船和20总吨以下的小船等。

其他财产应该是海上财产，即任何非永久地和非有意地依附于岸线，因而处于海上风险中的财产，如船载货物、海上漂流物、海上石油勘探设备等，包括有风险的运费。所谓有风险的运费是指到付运费，因为这种运费的支付是以货物到达目的地为支付前提的，如果货物不能安全送达，则不予支付，因此对应收运费的承运人构成一种损失。

海上救助对象的范围是逐渐扩大的。传统海商法上的海上救助主要是指对船舶及货物的救助，1910年《救助公约》中规定救助的对象只限于船舶及船上货物和运费。但随着航运和其他海上活动的发展，可能遭遇海上危险需要救助的财产类型越来越多，到1989年《救助公约》制定时，已经将救助对象的范围扩大到船舶和其他非永久性和非有意地依附于岸线上的任何财产，而且公约还特别指出其所称的"船舶"不仅包括海船，还包括内河船，甚至沉船、弃船也都包括在内。我国《海商法》制定时，1989年《救助公约》尚未生效，但我国《海商法》在界定海上救助的对象时，仍基本采纳了1989年《救助公约》的立场。根据我国《海商法》，不管财产是什么，来自于何方，只要落进了海里就属于"其他财产"。因此从岸上掉到海里的货物，因失事坠毁在海上的飞机，回收时落入海中的卫星等都属于海上财产，都可能成为海难救助的对象。其他许多国家也持这种宽泛的观点，如美国法院曾判决捞起海中尸体的人可对尸体中所带的财物有海难救助报酬的请求权。但是，我国《海商法》特别规定，该法中对海难救助的法律规定不适用于海上已经就位的从事海底矿物资源的勘探、开发或者生产的固定式、浮动式和移动式近海钻井装置。

海难救助的对象限于财产，对人命进行救助是人道主义的行为，是每个人应有的道义责任，因此，对海上人命的救助不应适用海难救助的相关法律制度。但为了奖励对人命的救助，许多国家的海商法都规定，如果在救助海上财产的同时也救助了人命，人命救助者也有权从财产救助者应得的报酬中分享一定的份额。我国《海商法》第174条还规定："船长在不严重危及本船和船上人员安全的情况下，有义务尽力救助海上人命。"船长的这种人命救助义务是强制性的，如果违反，船长可能被追究行政或刑事责任，但船东对此不承担民事赔偿责任。

表 10-1　国际公约及我国《海商法》对救助对象的不同规定

1910 年《救助公约》	1989 年《救助公约》	我国《海商法》
海船、船上财产和客货运费。不适用军舰和政府公务船。	船舶或其他海上财产。不适用军舰和政府公务船。	船舶和其他财产。不适用军舰或政府公务船。不适用已经就位的近海钻井装置等。

（3）情景。

海难救助的情景是指遇险,即被救助的船舶或其他财产必须处于真实的危险当中,如遭遇台风、海啸等恶劣天气情况;发生碰撞、搁浅等海上事故;遭遇战争、海盗袭击;船上燃料、食品告罄;船员患急性传染病等等,只要是以通常的技能和谨慎所不能防御的风险都可算作真实的危险。

（4）有自愿而为的施救行为。

施救行为是多种多样的。可以是积极主动、耗费很大的行为,如扑灭正在海上航行的海船上的火灾、抢救船上货物等;也可以是简单的一些行为,如代遇难船指挥,或在遇难船附近守护,以待其转危为安等;可以是不提供劳力,仅提供设备,如为遇难船提供工具、设备或燃料;也可以是将遇难海船拖带至安全地点等。

施救行为必须出于自愿,不能是基于既有的义务而为的行为,如船员对本船在遇险时提供的劳动、引航员对船舶的引领、国家消防职能部门进行的灭火等行政行为,因为这些行为或者是基于合同约定,或者是基于法定职责,因此都不是海商法上的施救行为。不过这些人员或机构所作出的行为如果已经超过合同约定或法律规定的义务范围,则仍有可能构成共同海损。如船员对本船遇险时提供的劳动虽然一般不能算海难救助行为,但如果船长已经下令弃船,船员随后又重返船舶进行救助,这种行为就已经超出雇佣合同的范围而可能被列为救助行为。

专业救助公司或专门为救助作业而设计的船舶进行的救助,并不违背施救行为的自愿原则。由于我国政治经济体制的原因,在我国沿海发生的许多救助行为都是由国有船舶进行的,或是在我国港口当局的指挥、控制下进行的,这种救助也并不违背救助的自愿性质,仍然应该适用海难救助的法律加以调整。这与国家机关为了公益目的等进行的救助性质不同。我国《海商法》第 192 条特别规定:"国家有关主管机关从事或者控制的救助作业,救助方有权享受本章规定的关于救助作业的权利和补偿。"我国的有关主管机关主要是海上安全及港务监督机关,包括海上搜救中心等事业机关。这一规定体现了"鼓励社会参与海难救助"的基本思想,同时也是配合 1989 年《救助公约》第 5 条的规定:"本公约不影响国内法或国际公约有关由公共当局从事或控制的救助作业的任何规定。然而,从事此种救助作业的救助人,有权享有本公约所规定的有关救助作业的权利和补偿。负责进行救助作业的公共当局所能享有的本公约规定的权利和补偿的范围,应根据该当局所在国的法律确定。"

同一船舶所有人的船舶即姐妹船之间进行的救助是否是有义务的行为曾有争议。但现在一般认为,由于船长、船员受雇的范围只包括对本船提供劳务,因此对姐妹船提供服务不是义务,仍然可以构成救助行为。我国《海商法》第191条明确规定:"同一船舶所有人的船舶之间进行的救助,救助方获得救助款项的权利适用本章规定。"

如果船上有乘客,在船舶遇险时,乘客与船员一样,被认为也有救援的义务,因此只要船长没有下令弃船,其行为也不构成救助行为。但乘客的这种义务不是绝对的,如果乘客在没有弃船的情况下对船舶安全作出了超越一般经过专门训练的船员所能作出的特殊贡献,也有可能获得救助报酬。在一个美国案例中,船舶遭遇飓风后丧失了动力,船上的一名乘客想方设法在24小时后在船上安装了一套应急操舵设置,从而使船舶安全抵达港口。这位乘客后来获得了1.5万美元的救助报酬。不过在船舶结构越来越复杂的今天,由一位普通乘客救助船舶脱险的情况非常罕见。

在发生船舶碰撞时,相碰船船长在不至于对其船舶、船员和旅客造成严重危险的情况下,必须对另一船舶、船员和旅客进行救援,这是海商法规定碰撞船舶必须承担的义务。因此,碰撞中的任何一方在发生碰撞后对对方进行的救援活动也都不是海难救助行为,无权请求救助报酬。但对碰撞中的过失船进行救助,是否会导致无过失的船员本人也不得请求救助报酬,似乎还没有定论。不过这方面的诉讼也较为罕见。

海上拖带是海上拖航合同下履行合同的方法,但也常用作海难救助的手段。一项拖带行为是海上拖航合同下的一般性拖带,还是海上救助中的救助性拖带,有时会产生激烈的争议。解决这种争议的依据是看被拖带的对象是否处于危险状态中。如果是正常状态下进行的拖带,就是普通的拖航。如果是处于危险状态中进行的拖带,则构成海难救助。

1986年10月,我国某造船厂和海军某部队签订拖航合同,由海军拖轮"T651"号将废钢船"巴西利亚号"拖带到造船厂。拖带作业中,由于大风影响,拖轮的四根龙须缆突然崩断,被拖船处于失控随风漂流的危险状态。"T651"轮一边将自己唯一最后的一根备用缆带用上,一边发出救援电报。接到救援电报后,救捞局立即派出"救10"轮前往现场,但由于"巴"轮不适拖,"救10"轮两次带缆成功后又两次断缆失控,造成了"救10"轮自身的损害。最后,"救10"轮被迫撤离险区进行守护,"巴"轮随即搁浅。因搁浅,"巴"轮漏油造成了附近海域的严重污染。事后,双方就"救10"轮进行的业务是拖带还是救助产生了激烈的争议。法院认为,"救10"轮赶往现场时,"巴"轮虽然仍然凭一根备用缆与拖船相连,但这根缆绳的破断力仅相当于已经崩段的四根缆绳中一根的强度,根本无力拖带一只万吨级的废钢船。而且当时天气状况仍在恶化,"巴"轮随时都有再断缆失控、触礁倾覆的可能,所以确实处于危险状态,"救10"轮的行为应该认为是救助而非拖带。法院的这种观点应该是正确的。

二、海难救助的法律性质

海难救助是海商法中特有的一种法律制度,关于其性质如何,学理上有不同看法,最主要的有以下几种观点:

(1) 无因管理说。即认为救助行为是一种无因管理行为,应以民法无因管理的相关原则进行解释。

(2) 不当得利说。即认为被救财产所有人支付救助报酬的义务来源于他因为救助行为而得到的不当利益。

(3) 准契约说。即认为救助行为是基于救助双方类似于契约的关系而产生。

(4) 特殊事件说。即认为海难救助是海上发生的一种特殊事件,不能以民法中任何既存的制度加以准确解释。

以上各种观点中,尤以无因管理说最为广泛接受。以上观点主要是对传统形式的纯海难救助的性质的解释。对现在海难救助实践中更为常见的形式即合同救助,学理上一般都承认是一种合同关系。而具体是哪一类合同,则要看具体案情而定。它既可能是雇佣合同,也可能是委托合同,或者是承揽合同。

如果救助合同规定,救助方应按照被救助方的指挥进行救助活动,不论救助是否有成果,被救助方都应按照救助方使用的人力和设备按约定支付报酬,则这种救助合同的性质是雇佣服务合同,这种合同下的救助也被称为"雇佣救助"。

如果救助合同规定,被救助方委托救助方从事救助活动,救助者对于救助活动的进行有一定的自主权,而无论救助完成与否,被救助方都应按合同约定支付报酬,则这种救助合同的性质是委托合同。

如果救助合同规定,救助人按照被救助人的要求完成一定的救助工作,被救助人在救助活动完成并取得预期成果后,救助人才按照合同约定支付报酬,则这种救助合同的性质是承揽合同。

虽然实践中以上三种形式的救助合同都有使用,但真正具有海难救助的法律性质,从而被海商法学者纳入研究范围的,主要是承揽合同性质的海难救助合同。其他两类性质的救助合同由于与一般民法中的雇佣合同、委托合同性质基本一致,可由民法原理直接调整,不是海商法研究的重点。

三、海难救助的法律规范

鼓励海难救助、对海难救助者进行奖励的法律制度是逐步形成的。历史上,对遭遇海难的财产如何处理,曾经经历不同的做法。古代法律中,没有对遭遇海难的财产的任何保护措施,任由人民自由掠夺或各国王侯公然占取。到12世纪奥列隆法典后,开始对遭遇海难的财产禁止自由掠夺或占取,以后更开始鼓励救助。由于船舶或其他财产在海上遭遇灾难,没有陆地上的遇险财产那样容易取得各方面的救援,而且救援活动往往需要冒更大的风险。为此,处理海上救助的法律规范也逐渐发展出与处理陆地救助的法律规范很多不同之处,海难救助制度从而也成为海商法中的一项重要的特殊制度。

目前,关于海难救助的法律规范,我国国内法主要是《海商法》第九章,国际法规范主要有1910年《救助公约》和1989年《救助公约》。

1910年《救助公约》是国际海事委员会草拟,1910年在布鲁塞尔召开的第三届海洋法外交会议上通过,1913年生效的,其全称是《统一海上援助与救助的若干法律规定的公约》(International Convention for the Unification of Certain Rules of Law Respecting Assistance and Salvage at Sea, 1910)。目前有近60个参加国。该公约体现了海难救助的传统原则,在国际层面上统一了各国有关海难救助的法律和实践,在国际上得到了广泛的承认和接受,是海商法领域最成功的国际公约之一。我国没有参加该公约。

1989年《救助公约》是由国际海事组织组织制定的,其全称是《1989年国际救助公约》(International Convention on Salvage, 1989)。该公约对1910年《救助公约》进行了若干修正,如扩大了救助标的,扩大了公约的适用范围,并增设了特别补偿的规定。公约最大的特点是考虑了油轮救助与防止环境污染等新问题,对油轮救助作出了特殊规定。该公约没有改变"无效果,无报酬"的传统救助原则,但增加了油轮救助的"特别补偿"制度,即如果对有环境污染危险的船舶或其载运的货物进行救助时,救助人在没有过失但未获成功的情况下,仍有权得到相当于救助费用的特别补偿。如果救助人获得了成功,更有权得到不超过救助费用两倍的特别补偿。该公约于1996年7月14日生效。我国于1993年加入该公约,同时对公约第30条第1款第a、b、d三项提出了保留[1]。

---

[1] 这三项保留的内容分别是:(a)救助作业发生在内陆水域,而且涉及的船舶均为内陆水域航行的船舶;(b)救助作业发生在内陆水域,而且并不涉及船舶;(d)有关财产为位于海床上的具有史前的、考古的或历史价值的海上文化财产。根据保留,以上三种情况下的救助,在我国不适用公约,而应适用我国国内法。

第二节 救助双方的义务和责任

一、救助方的义务

根据我国《海商法》规定,海难救助的救助方有四项主要义务:
(1) 必须以应有的谨慎进行救助。
(2) 必须以应有的谨慎防止和减少对海洋环境的污染。
(3) 应当在必要时,合理地寻求其他救助人的援助。
(4) 必须接受被救助方提出的邀请其他救助人参加救助的合理要求。

二、被救助方的义务

根据我国《海商法》规定,被救助方有三项主要义务:
(1) 必须与救助方通力合作。
(2) 必须以应有的谨慎防止或者减少环境污染损害。
(3) 必须在获救船舶和船上货物已经被送至安全地点时,及时接受救助方提出的合理移交被救助财产的要求。

三、救助方的损害赔偿责任

如果救助方在救助作业中没有履行其法定义务,可以酌情减少其应得的救助报酬,但对被救助方造成损害,是否应该负赔偿责任,1910年及1989年两个《救助公约》都没有明确规定。我国《海商法》也只在第187条规定,由于救助方的过失致使救助作业成为必需或者更加困难的,应当取消或减少本应支付的救助款项,但没有规定此外还应否赔偿。关于这个问题,实践中曾发生争议。英国有一个典型判例——"东城丸号(The Tojo Maru)案"就是与此相关的一个著名案例[①]。

在这个案例中,油轮"东城丸"号在波斯湾沉没,该轮请来的救助人在进行救助过程中,由于潜水员疏忽,在用电光枪将铆钉打入船壳时,因为油轮内有可燃气体未排净而引发爆炸,造成33.1万英镑的损失,而救助报酬只有12.5万英镑。救助人提出,海难救助法应以鼓励救助人为目的,根据"无效果,无报酬"原则,救助人过失造成损失时最多是部分或全部剥夺救助人本应得到的救助款项,而不应要求其承担赔偿责任。但英国法院没有采纳这一主张,而是认为,救助合

---

① The Tojo Maru, [1971] Lloyd's Rep.341.

同规定救助服务基于"无效果,无报酬"原则提供,并没有规定免除救助人过失的法律责任。同时救助公约规定救助人有过错时可部分或全部剥夺其救助报酬,也并不意味着救助人过错的法律后果仅限于此。海商法并未规定成功的救助人因本人或其代理人的过失致使被救助船受损时可以不负责任,故救助人因过失在救助作业中不法侵害被救助船船东权利的,仍应负损害赔偿责任。

英国法院的这种观点在许多国家得到了认同。在我国,虽然《海商法》没有明确规定救助人的过错赔偿责任,但根据法律条文的本意和民法侵权法的相关规定,应认为救助人对其救助作业中造成的被救助人的损害应该负过失赔偿责任。

第三节 救助款项

救助款项是指海上救助中被救助方应当向救助方支付的任何救助报酬、酬金或者补偿。其中,救助报酬是指救助有成效时救助方有权获得的报酬;酬金是指人命救助者在满足法定条件时有权从财产救助者获得的救助报酬中分得的款项;补偿则是指对有环境污染损害危险的船舶或船上货物进行救助时有权获得的特别补偿。

一、救助报酬

(一) 救助报酬的确定

救助人在救助成功后有权获得救助报酬,这项特殊权利是海难救助制度的核心,目的是鼓励救助以维护海上安全。

请求救助报酬的前提是:实施了海难救助,而且救助有成果。"无效果,无报酬"(No Cure, No Pay)是海难救助中的一项基本原则。所谓救助有成果,是指通过救助作业,被救助的财产全部或部分价值得以保全,并回到被救助方手中。"无效果,无报酬"原则的意义在于鼓励救助人奋力抢救海上遇险船舶或者其他财产,体现了海上救助的精神实质。

根据我国《海商法》的规定,确定救助报酬金额的考虑因素有以下十项:

(1) 船舶和其他财产的获救价值;
(2) 救助方在防止或者减少环境污染损害方面的技能和努力;
(3) 救助方的救助成效;
(4) 危险的性质和程度;
(5) 救助方在救助船舶、其他财产和人命方面的技能和努力;
(6) 救助方所用的时间、支出的费用和遭受的损失;

(7) 救助方或救助设备所冒的责任风险和其他风险；
(8) 救助方提供救助服务的及时性；
(9) 用于救助作业的船舶和其他设备的可用性和使用情况；
(10) 救助设备的备用状况、效能和设备的价值。

由于这些因素具有许多不确定性,难以精确计算,因此不管救助的是哪一方,如果仅仅以计算错误而提起上诉,往往是徒劳无功的。救助报酬的计算,至今没有哪个国家有精确的计算方式。法院所要做的是既不要过于慷慨,使救助报酬过高;也不要过于吝啬,使救助报酬过低。

救助作业中,如果由于救助人的过失或操作不当致使被救财产进一步遭受损害,救助人可能会丧失获得救助报酬的权利。然而,这种丧失不是自动的,除非救助人有重大过失造成重大损害,否则法院可能仅仅是酌情减少救助报酬金额。

救助报酬不得超过船舶和其他财产的获救价值。我国《海商法》第181条第1款规定:"船舶和其他财产的获救价值,是指船舶和其他财产获救后的估计价值或者实际出卖的收入,扣除有关税款和海关、检疫、检验费用以及进行卸载、保管、估价、出卖而产生的费用后的价值。"

对被救财产进行估价是确定救助报酬中最重要的一项。当一艘有价值的船舶获救后,激烈的船舶估价之争就会由此产生。

我国《海商法》特别规定,船员的获救的私人物品和旅客的获救的自带行李的价值不计入获救价值。这是因为这两类财产一般种类繁多、价值不大,而且难以核定,如果计入获救价值,必然增加救助报酬计算的难度,实际价值不大。由于不计入获救价值,这两类财产的所有人也不参与支付救助报酬。

(二) 救助报酬的支付

1. 谁应该支付救助报酬

救助报酬应该由获救的船舶和其他财产的各所有人,按照船舶和其他财产各自的获救价值占全部获救价值的比例承担。各方之间不负连带责任。被救船舶的船东通常与救助人先行全部解决,然后再要求货物所有人补偿其应分担的比例部分。由于救助报酬在船东与货主之间为共同海损费用,船东就此项费用对货物享有留置权。如果由于货物所有人迟延支付救助报酬影响载货船舶的营运,船舶所有人有权向货物所有人索取赔偿。船舶、运费和货物应分摊的比例可通过共同海损理算而得出。

如果救助是应船舶保险人的请求而为的,船舶保险人也可能被认为有义务支付救助报酬。甚至有人提出,凡是对获救财产具有直接的金钱利益的任何人都应对救助人承担个人责任。在一个美国案例中,救助人从火灾中救出了一批食糖。该批货物在被救时,已经支付了海关关税,但是如果食糖全损,这笔关税将予以退还。结果救助人的律师成功地对美国政府提起了诉讼,其理由是正是对这批货物进行了成功的救助,才使美国政府获得了这笔关税的利益,要是没有救助,这笔关税就得退还。还有人对船舶的抵押权人基于救助人保全了其担保物而提起诉讼,或者对买卖合同的卖方或买方提起诉讼。不过实践中这样的诉讼是极为少见的。

2. 谁有权获得救助报酬

通常有权获得救助报酬的包括救助行为的具体实施人、救助船的船东、光船租船人、其他救助工具或财产的所有人或占有人。参加同一救助作业的各救助方的救助报酬份额,应当根据法律规定的确定救助报酬应考虑的各项因素,由各方协商确定。

能分享救助报酬者最具有代表性的是救助船的船东、高级船员和水手。早期的救助法律认为,救助报酬是给那些在海上舍生忘死作出贡献的个人,因此船东无权获得报酬。随着船价的增长,在危险的救助作业中,船东遭受巨大损失的可能性增加,因此到19世纪没有亲自参与救助活动的船东开始被允许分享救助报酬。现在,船东能得到的救助报酬一般都已经比船长和船员的要多。如德国海商法规定,救助报酬的三分之一归船东所有,船长和船员各得六分之一。希腊海事私法典规定,救助报酬的一半归船东,四分之一归船长,另四分之一归船员,与之相反的任何协定无效。1910年《救助公约》和1989年《救助公约》都将船东、船员之间的救助报酬分配比例问题留给船旗国法律解决。我国《海商法》对这一问题没有明确规定,是一个遗憾。

救助船如果是载货船,货主一般被认为无权享有救助报酬,即使货物在救助作业中受损。①

如果有一个以上的救助人参加救助,各救助人之间的救助报酬应根据其各自对救助工作所作出的贡献进行分配。

救助报酬的分配比例随个案的具体情况而不同。

救助人由于行为不当或过失,可能丧失救助报酬的请求权。如船舶面临的危险正是由于救助方的过失造成,则可能不会支付救助报酬。救助手段的错误、对救助财产的扩大损害、在救助过程中对救助财产的偷窃,都是通常的不当行为。不过,由于指控救助人有过失从而尽可能减少被救助者应支付的救助报酬是常见的做法,法院对这些指控往往并不十分看重,除非救助人的过失经证明已经构成重大过失,否则不会剥夺救助人的请求权,最多只是减少报酬金额而已。

---

① 关于货主的救助报酬请求权存在不同看法。有人主张货主既然也承担了救助行为带来的风险,从公平角度出发也应该给货主一定的报酬。但这种观点始终没有被广泛接受。原因一是计算方面的困难,二是大家普遍认为,向没有参加救助活动的货主支付救助报酬,有违救助制度奖励救助行为的初衷。

（三）救助报酬担保

被救助方在救助作业结束后，应当根据救助方的要求，对救助款项提供满意的担保。

在载货船舶被救助的情况下，船舶和货物都属于被救助的对象。由于货物是在船舶所有人的直接控制下，因此，法律规定获救船舶的所有人应当在获救的货物交还前，尽力使货物的所有人对其应当承担的救助款项提供满意的担保。船舶所有人采取了哪些行为才算已经"尽力"，法律没有进一步规定。但实践中，只要货方没有提供担保，载货船是很难被救助方放行的，这就造成了船舶所有人不得不为获救货物垫付担保的不公平结果。在未根据救助人的要求对获救的财产提供满意的担保以前，未经救助方同意，不得将获救财产从救助作业完成后最初到达的港口或者地点移走。

二、特别补偿

（一）特别补偿制度的产生

海难救助的难度因具体情况而不同。在被救助的船舶载有原油、化学品或其他有毒有害物质时，救助作业面临的危险特别大，费用特别高，成功率却更低。如1983年，巴拿马籍油轮"东方大使"号在青岛港附近触礁搁浅，船体严重受损，3343.6吨原油泄露，造成青岛港、胶州湾及其附近海域的严重污染。这次事件中，我国全国海上交通安全指挥部指挥青岛港务局、驻地海军、烟台救捞局等单位进行了一系列抢救脱浅、驳油、水下探测和减少海面污染工作，共出动车辆7391辆次，船只639艘，各种工具30411件，人工共225482工时，付出了大量的人力物力，仍只回收原油2469.8吨，救助只取得部分成功。[①] 因此，谨慎的救助人对涉及环境污染的救助活动会三思而后行。而这种救助又恰恰是特别需要鼓励的，不仅是为了被救助者的利益，更是为了减少这种船舶受损或对环境造成的污染。

近年来，由于对环境保护的重视加强，尤其是国际社会受 Amoco Cadiz 案影响，对船舶造成海洋环境破坏的法律对策加强了研究。1978年3月16日，载有160多万桶原油的利比里亚籍超级油轮 Amoco Cadiz 号因机械故障，搁浅在法国西海岸附近的礁石上。当时，有一艘救助轮就在附近，可由于船长坚持要与远在纽约的船东联系，而没有及时签订救助协议。结果使施救延误，船舶断成两截，原油溢出，造成大范围海域的严重环境污染。[②] 为避免这种情况重演，1989年

---

① 案情详见劳辉：《东方大使轮油污案》，载《中国海商法年刊》第1卷，大连海运学院出版社1990年版，第266页。

② 此案法国索赔者要求16亿美元的赔偿，美国芝加哥法院1988年判决赔偿加利息共8520万美元，结果引起法国人的抗议游行。

《救助公约》提出了"特别补偿"的概念,对救助方在进行救助作业时为保护海洋环境所作的贡献和受到的损耗进行补偿,以鼓励对有环境污染危险的船舶进行救助。我国《海商法》制定时采纳了该公约的这一概念。特别补偿制度的建立不仅是海难救助制度的重大发展,同时也引起了海上保险、共同海损等其他海商法律制度的重大变化。

(二) 获得特别补偿的条件

我国《海商法》第182条规定,对构成环境污染损害危险的船舶或者船上货物进行的救助,可根据情况得到救助费用以外的特别补偿。根据这一规定,在我国救助人要获得特别补偿,必须符合三个条件:(1) 对船舶或船上的货物进行了救助;(2) 存在环境损害危险;(3) 该危险来自被救助的船舶或者船上的货物。

(三) 特别补偿的计算

特别补偿的计算分成几种情况。如果救助财产有成果,但防止环境污染没有成功,可以得到相当于救助费用的特别补偿。如果救助财产有成果,同时还取得了防止环境污染的成果,可以得到相当于救助费用的特别补偿另加救助费用的30%—100%的特别补偿。

计算特别补偿时的"救助费用",是指救助方在救助作业中直接支付的合理费用以及实际使用救助设备、投入救助人员的合理费用。确定此项费用时,救助双方需考虑救助方提供服务的及时性、用于救助作业的船舶和其他设备的可用性和适用情况、救助设备的备用状况、效能和设备价值。由于环境损害危险可能发生在救助作业开始之前,也可能发生在进行当中,甚至可能在救助作业一开始就已经结束。如一船搁浅,船上的油对环境构成损害威胁,但到救助人赶到现场实施救助作业时,油都已经漂走,因此救助作业不可能产生减少环境危险的效果,但救助人仍然有权获得特别补偿。应根据什么时间内支付的救助费用来确定特别补偿是一个有争议的问题。关于这个问题,英国有一个典型案例,即"长崎精神号(Nagasaki Spirit)案"[①]。在该案提交仲裁时,船东主张救助人只对存在损害环境威胁的时间内享有取得特别补偿的权利,对存在威胁之前和威胁消除之后所实施的救助作业都不享有取得特别补偿的权利。但仲裁员认为,1989年《救助公约》第14条规定的救助费用是针对救助作业而言的,而救助作业在公约中已经有定义,并不涉及存在威胁这个问题。因此,不是环境损害威胁存在的时间,而是所有救助作业没有结束的时间都可以取得特别补偿。此案经仲裁上诉后又经高等法院审理,支持了仲裁员的看法,认为救助人对威胁产生后的整个救助作业中产生的合理的救助费用有权取得特别补偿,这个结论得到了英国上

---

① 这是世界上第一个由法院审理的特别补偿案件。由于历经6年才审结,有批评者认为,该案以事实证明了计算特别补偿是一项费时又耗力的巨大工程。

诉法院和上议院的支持,并形成了被称为"长崎精神原则"(Nagasaki Spirit Principle)的关于救助费用的起止时间和公平性的解释原则。

救助报酬和特别补偿的关系是,救助报酬与特别补偿应分别计算,但任何情况下,特别补偿只有在超过救助方能够获得的救助报酬时才支付,且支付金额为特别补偿超过救助报酬的差额部分。

在"西方红宝石轮海难救助纠纷案"中,1997年5月7日,洪都拉斯籍"西方红宝石"轮在烟台港外锚地锚泊时,由于受较强西北风影响走锚,与"鲁海65"轮发生碰撞,左前舱内进水,主机也失灵,搁浅于港区附近礁石区域。交通部烟台海上救助打捞局得知消息后,指派其所属"烟救2"轮赶赴现场。但因天气恶劣,"烟救2"轮本船触礁,后自行脱浅后返回。救助打捞局随后又派其所属"烟救13"轮出动,因风太大,无法靠近难船,而只能在离难船0.6海里处抛锚守护。难船准备弃船,但救助打捞局又派出两艘救助船,最后在三条救助船的共同努力下,才将船舶救起,安全交给船舶所有人。原告的救助作业避免了难船上存有的大量燃油及污水的泄漏,防止了环境污染。船舶获救后,由于船舶所有人拒不向救助人提供救助报酬担保,救助人遂向海事法院申请扣船,并最终拍卖了船舶。船舶拍卖价款为122.7万元,而船舶拍卖费用、看管费用及停泊费用等相加已经超过了这个数字。法院判决,船舶已无获救价值,因此不能支付救助报酬。但救助成功防止了环境污染,有权得到不超过救助费用的特别补偿,判决船舶所有人支付122.7万特别补偿。

表10-2 特别补偿支付表

救助作业未保护环境	救助报酬或救助费用,以高者为准
救助作业保护了环境	救助报酬或救助费用+(30%至100%救助费用),以高者为准
救助作业过失损害了环境	全部或部分剥夺特别补偿

(四)谁来支付特别补偿

根据我国《海商法》第182条的规定,救助人有权从船舶所有人处获得特别补偿。因此,与救助报酬不同,特别补偿只由被救船的所有人支付,货主及其他有关各方都不必支付特别补偿。即使被救助的对象不是船舶而是可能造成环境污染的货物,有义务支付特别补偿的仍然只是载货船的船舶所有人,但船舶所有人可以在支付后向货主进行追偿。

三、人命救助者的酬金

在救助作业中救助人命的救助方,对获救人员不得请求酬金,但有权从救助船舶或者其他财产、防止或者减少环境污染损害的救助方获得的救助款项中,获得合理的份额。如果在同一次救助中,救助方既是财产的救助者,又是人命的救助者,则不会发生从救助财产所得的救助报酬中获得合理份额的问题。不过人命救助者的这种权利是有限制的。在"Eastland 案"中,一艘载有多名旅客的内河游艇倾覆沉没,一救助人对落水旅客进行了救助,但对游艇并没有采取任何救助措施。随后,另一家打捞公司按照合同约定,把游艇打捞起浮。法院并没有支持人命救助者提出的救助报酬请求,其理由是:人命救助者只能从同一事故发生之际的财产救助者的报酬中分得合理份额。而"同一事故发生之际"是指人命救助和财产救助的实施不仅与同一事故相关,而且两者基本上同时发生。凡是能获得救助报酬的人命救助者,应该是如不进行人命的救助,也应成为财产的救助者。人命救助者能获得的是"公平的分配额",实践中往往都是很小的份额。而且关于人命救助者的酬金请求权到底应该向获救财产的所有人主张,还是向财产救助者主张,迄今是争议较大、没有定论的问题。从方便操作的角度出发,向获救财产所有人主张应更为合理,因为否则财产救助者如果放弃救助报酬,人命救助者岂不是也必须被动地放弃其酬金请求权。

第四节 救助合同

一、海难救助的形式

海难救助的形式分为纯救助(pure salvage)和合同救助(contract salvage)。

纯救助是指船舶遇难后未请求外来援救,而救助人自行救助的行为。当遇险船不同意救助时,应明确拒绝。纯救助是传统意义上的典型的海难救助。

合同救助是根据双方签订的救助合同进行的救助,为目前救助的主要形式。根据合同签订的时间,救助合同可分为两种:船长在危险中签订的救助合同和危险过后签订的救助合同。从法律上讲,只要没有欺诈和胁迫存在,这两类合同都是有效和可强制执行的。但实际上往往享受不同的司法待遇。法院倾向于对第一种合同做不利于救助人的严格解释,而对于危险过后签订的合同,由于双方有充分考虑的机会,倾向于认为是在平等协商后订立的,而承认合同条款的效力。

在美国"The Elfrida 案"[①]中,船舶沉没,船方与救助人约定付 2.2 万美元起浮费,限 21 天完成,否则不付任何报酬。实际上,起浮工作两天就完成了。船方由于工作难度大大低于其所预计的而申请减低救助报酬,但法院判决,救助合同是危险过后,经过双方平等协商后签订的,不存在不当影响因素,内容公平合理,

---

① 172 U.S.186(1898).

因而驳回了船方的要求。

不过,法院对合同的审查最重要的标准还是合同内容本身,合同签订时间只是参考因素之一而不是决定性因素。我国《海商法》第176条规定,在以下两种情况,经一方当事人起诉或者双方当事人协议仲裁,受理争议的法院或者仲裁机构可以判决或者裁决变更救助合同:(1)合同在不正当的或者危险情况的影响下订立,合同条款显失公平的;(2)根据合同支付的救助款项明显过高或者过低于实际提供的救助服务的。也就是说,审查合同是否公正合理是决定合同条款是否有效的关键。救助报酬是为了补偿和奖励救助行为而不是让救助者牟取暴利。即使危险过后签订的合同,如果存在实际提供的救助服务和救助报酬太不一致,法院仍然有权变更合同规定。当然,不管是对哪一种救助合同,对救助款项的变更都应该严格限制。因为救助款项的计算本来就没有严格的公式,而且各种影响因素复杂,随意变更当事人的约定,势必影响救助合同本身的严肃性。

我国《海商法》第176条参照了1989年《救助公约》第7条,但后者不仅规定了变更合同的权利,还规定了解除合同的权利。我国《合同法》第54条也规定了变更或解除合同的情况。如何理解这三者之间的关系,是一个值得进一步探讨的问题。

救助合同通常由船长代表船东和货主签订。我国《海商法》第175条第2款规定:"遇险船舶的船长有权代表船舶所有人订立救助合同。遇险船舶的船长或者船舶所有人有权代表船上财产所有人订立救助合同。"这一条规定了两个法定代表权,即遇险船舶的船长有权代表船东,以及船长和船东有权就船载财产代表财产所有人签订救助合同。这两个法定代表权历史悠久,但在现代通讯手段发展的背景下,是否还需要保留则有不同意见。无论如何,行使这两个法定代表权时,船长必须适当谨慎。

二、劳氏救助合同格式

1. 劳氏救助合同格式的历史

海难救助是一项风险很大的行为。在船舶遇险的情况下,如果救助方与被救助方为救助合同的条件反复磋商,很可能贻误救助的最佳时机,甚至造成无可挽回的损失。为促使救助合同的迅速达成,使用双方已经预先知道其内容的标准合同格式作为合同谈判的基础就成为一种很有吸引力的方式。

目前,国际上通行的一种救助合同格式是劳氏救助合同格式。这是1891年由英国律师William Walton首次设计的,1968年,英国的劳埃德委员会将这种合同格式正式印刷出版,称为"劳氏救助合同格式"(Lloyd's Open Form, LOF)。以后,这种合同格式被广为接受,成为世界上使用最广泛的标准救助合同格式。

劳氏救助合同格式制定后经过多次修改,最近的一次修改是在 2000 年,被简称为 LOF2000。

2. 劳氏救助合同格式的主要内容

劳氏救助合同格式在正面最开头的地方用大字体写着"无效果,无报酬"(NO CURE, NO PAY),表明该合同遵循海难救助的传统规则。但随着油轮救助带来的问题,这一原则出现了一个例外,即在对油轮救助时,规定"无效果,有部分报酬"(no cure, some pay)。具体内容是,在救助满载或部分装载油类货物的油轮时,只要救助人没有过失,即使救助不成功,或者只是部分成功,或救助人受阻未能完成救助工作,油轮所有人都应单独向救助人支付为此而发生的合理费用和不超过该项费用 15% 的附加费,这种规定又被称为"安全网条款"。

1995 年版本的劳氏救助合同格式共 19 条,主要对以下内容作出了规定:

(1) 救助报酬的确定:应该按照合同所规定的方式在伦敦仲裁决定。将救助中双方关心的焦点、也可能是争议焦点的报酬问题留到以后,由专家裁定,将大量节省合同磋商的时间,提高合同签订的成功率,这一规定被认为是劳氏救助合同格式能被广为接受的原因之一。

(2) 关于救助双方的义务:被救助方应该通力合作,为救助的目的,救助人可以免费合理使用遇难船上的机器设备,但不能有意抛弃或毁损财产。在没有获救的可能时,被救助方有权以书面通知救助人终止救助作业。

(3) 获救财产的送达地点:约定地点,或达不成一致时某一安全地点。同样,救助成功后将获救财产送至何地也常常是双方争议的问题。本条授权救助人在双方达不成一致意见时将财产送至安全地点就可以解除责任,符合海上救助本身的目的,有利于救助人及时结束救助工作。

(4) 救助报酬的担保:救助人应当在救助工作结束后立即或在适当的情况下尽早将需要提供的担保金额通知劳埃德委员会和被救助的财产的所有人,并由后者提交前者。如果涉及特别补偿,只要救助人在救助结束后两年内提出特别补偿的要求,船东就应提供特别补偿的担保。担保的数额应合理。除非另有约定,担保应以为劳埃德委员会接受的形式提交给该委员会。除非提供了担保,救助人对被救助财产享有船舶优先权。

(5) 仲裁:如果救助双方的任何一方以书面提出申请,劳埃德委员会应指定一名仲裁员。仲裁费用由当事人负担。仲裁员有广泛的权利,包括接受口头或书面证据,以其认为适当的方式进行仲裁,命令救助人支付要求过分的担保而产生的全部或部分费用,命令费用的分担等。任何仲裁裁决,除本合同关于上诉的规定外,都应是终局性的,不管双方是否都参加了仲裁,对双方都有约束力。

获救船舶上的货物所有人也受 LOF 仲裁条款的约束。在一个英国案例[①]中,装载着小麦的船舶在航程终点附近水域搁浅,船舶管理人代船东和货方签署了劳氏救助合同,货方之一是伊拉克贸易部下的谷物委员会(Grain Board),在救助人向其请求其应承担部分的救助费时,其辩称救助人与其并不存在有效的仲裁协议,且其附属于伊拉克国家贸易部,拥有诉讼、仲裁的豁免权。英国商事法院对以上两点抗辩均未支持。英国上议院认为,救助人所依据的仲裁条款见于救助合同之中,虽然谷物委员会并未在该份救助合同上亲笔签字,然而,根据1989年《救助公约》第6条第2款规定,船长有权代表船东签订救助合同,船长或者船东有权代表船上财产所有人签订救助合同。这条规定给予船长和船东明确和广泛的权利来代表货物所有人签订救助合同,船长在必要的限度内有使货物所有人受制于救助合同的权力,救助合同约束货物所有人。且本案劳氏救助合同格式(LOF)规定在英国仲裁,货物所有人应受 LOF 仲裁条款的约束,救助方有权在英国提起仲裁。

(6)上诉:上诉通知应于劳埃德委员会公布仲裁裁决14天以内提交给该委员会。接到通知后,劳埃德委员会应将上诉提交给上诉仲裁员。上诉裁决是终局性的。

2009年底,劳埃德委员会任命了五位专家担任一审仲裁员(first instance arbitrators),一位专家担任上诉仲裁员(appeal arbitrator)。有批评意见认为,仲裁员选择范围太小,而且仲裁员是通过行政程序指定,当事人没有太多发言权。更有人尖锐地批评,劳埃德委员会首先是一个保险人而非独立的仲裁机构,由其主导救助仲裁,无异于让狐狸看护鸡舍。

3. 劳氏救助合同格式对特别补偿的规定

早在1980年的劳氏救助合同格式中,就已经提出了专门针对油轮救助的"安全网条款",直接促进了1989年《救助公约》提出"特别补偿"概念。由于1989年《救助公约》规定的特别补偿机制并不十分完善,经过国际救助联盟、国际船东互保协会集团、财产保险人集团与国际航运公会四方代表一致协议,制定了"船东互保协会特别补偿条款"(Special Compensation P&I Club Clause,SCOPIC Clause),提出了一种更简洁的计算特别补偿的新方法。国际船东互保协会集团等都推荐其成员在签订劳氏救助合同时将该条款并入。SCOPIC 条款适用的范围还不是很广,但已经显示出一定的优势,很可能在将来修改劳氏救助合同格式时被正式订为合同的一个条款而不是需要援用的独立条款。目前,SCOPIC 条款已经有1999年、2000年、2005年及2007年等多个版本。

SCOPIC 条款预先设定了固定的、可接受的各种费率和奖励比例,并规定在

---

① The Altair,[2008] EWHC 612.

启用SCOPIC条款时不考虑是否存在环境威胁以及防止和减轻环境污染的效果,从而避免在每个案件中都需要对各项人工、船艇、设备等的合理费率进行认定,大幅度减少了重复劳动和特别补偿核算的工作量,操作性强。由于SCOPIC酬金是按照固定的费率和服务时间计算出来的,在我国人工价格较低,从而产生算出的救助费用过高的情况。我国《海商法》第176条规定,根据合同支付的救助款项明显过高或过低于实际提供的救助服务,双方当事人发生争议的,受理争议的法院或者仲裁机构可以判决或裁决变更救助合同。《海商法》第172条则规定,"救助款项"是指"被救助方应当向救助方支付的任何救助报酬、酬金或者补偿"。一种意见认为,"SCOPIC酬金"是双方商定的特别款项,既不是救助报酬、酬金,也不是特别补偿,因而不应根据《海商法》第176条更改;另一种意见则认为,"SCOPIC酬金"是对特别补偿计算方法的一种代替,因此,"救助款项"一词应当包括"SCOPIC酬金"。

在中国海事仲裁委员会受理的一个仲裁案[①]中,申请人与被申请人签订SCOPIC条款后,认为费用过高,请求不支付SCOPIC费用而只支付救助报酬。救助合同并入SCOPIC条款是真实意思表示,案件适用中国法律。争议的焦点,是SCOPIC条款与《救助公约》第14条的关系,以及《海商法》第176条的规定是否适用本案。仲裁庭认为,《海商法》第182条关于特别补偿的规定是强制性的。救助人得到的是一项法定权利,不能用合同约定船东不必或减少支付特别补偿。同时,特别补偿也"不得超过"救助费用的百分之百。SCOPIC条款是对救助报酬或特别补偿的具体计算方法的约定,其目的主要是保证救助人得到救助费用,在不抵触第182条时,可视为对"特别补偿"计算方法的具体约定。在抵触时,应不影响特别补偿的计算。在没有特别补偿计算前提时,可视为对"救助报酬"的计算方法的具体约定。

三、中国海事仲裁委员会的救助合同格式

中国海事仲裁委员会也制定有自己的标准合同格式,其与劳氏救助合同格式没有原则上的区别,也是基本采用"无效果,无报酬"原则,辅以"特别补偿条款"。对争议的解决,规定应在我国仲裁。

---

① MA200521号仲裁案。

第十一章 共同海损

在本章中,我们将

——了解共同海损制度为什么会产生

——讨论哪些损失可以共同海损的名义要求受益人分摊

——了解《约克—安特卫普规则》是如何主导共同海损理算的进行

——评估共同海损制度在当今的存在价值和发展前景

第十一章 共同海损

第一节 共同海损的概念和构成要件

一、共同海损的概念

(一) 共同海损制度的产生

船舶在海上航行,随时可能遭遇各种危险,需要采取各种防止或减轻危险的措施。某些情况下,这些措施的采取甚至需要以牺牲船上某些财产为代价。危难情况下,是否需要采取这种措施,需要非常准确的判定,而船长对牺牲的财产是否有权处分,事后是否需要承担责任也是未知,这些都会妨碍危险情况下正确措施的作出。为解决这些问题,航海实践中逐渐形成了一套制度,即共同海损制度。共同海损制度是海商法中的一项非常古老的制度,其核心思想是,为大家共同作出的牺牲,应由大家来补偿。这项制度在最早的海商法规范——罗得海法中就有记载。在我国,共同海损俗称"摊水",在民间也久已存在。与共同海损(general average)相对应,并非为了大家的共同利益而作出的牺牲,而是因自然灾害或意外事故等其他原因造成的船货等的损失被称为单独海损(particular average)。

(二) 共同海损的概念

目前主要航运国家的海商法中都包括共同海损的相关规定,这些规定大同小异。根据我国《海商法》的规定,共同海损是指在同一海上航程中,船舶、货物和其他财产遭遇共同危险,为了共同安全,有意、合理地采取措施所直接造成的特殊牺牲,支付的特殊费用,由受益的各方来共同分担的制度。

二、共同海损的构成要件

共同海损的构成必须具备以下几个要件:

(1) 必须是在海上航程中发生的。

我国《海商法》的规定没有限定共同海损必须发生在国际海上航行中,因此,在我国沿海运输中也会发生共同海损。不过实践中,由于沿海运输的特点,在沿海运输中宣布共同海损的案件是比较少的。而且,由于我国调整国际海上货物运输和沿海货物运输的法律规范存在很大不同,共同海损的处理也存在一些差别①。

(2) 必须有共同的、真实的危险。

财产遇险是共同海损发生的必备情景。所谓共同的危险,是指这种危险对船舶和货物都构成威胁,仅仅危及船舶或货物单方的危险不会造成共同海损。如天气闷热而船上的冷冻设备损坏,可能导致货物腐败变质而船舶本身不受影响,不是共同危险。又如交战国扣留敌国船舶而不没收船上所载中立国的货物,也不是共同危险。因为这个条件限制,空载航行的船舶作出的牺牲,一般都不构成共同海损。而载货航行的船舶一旦与其所载的货物分开后,共同危险关系即告终止,其后船舶或货物发生任何损害,也都不构成共同海损。

所谓真实的危险,是指危险必须是确实存在的,仅仅是臆测的危险不会造成共同海损。如船舶在航行中,船长猜测可能有敌舰接近,为防止被袭击,而雇船拖带。如果船长不能证实其猜测的依据,则不构成真实的危险。但真实的危险不要求已经发生。如船舶在航行中,风云突变,激烈的暴风雨来临的迹象已经十分明显,此时船舶改变航向,驶入附近的安全港避难应属于共同海损。

对于共同海损的危险是否必须是客观上的危险,有客观主义和主观主义两种立法例。客观主义认为,危险必须是客观存在的,如果客观上不存在危险而误认为有危险存在,此时的行为不构成共同海损。法国等国采这种主义。主观主义认为,共同海损的危险不以客观上存在为限,如果依据客观情势判断足以认定有危险情况存在,即使事后证实并无危险发生,也不妨碍共同海损的成立。英国、美国、德国等采这种主义。

(3) 必须是有意地采取了合理的、有效的措施。

有意是指行为人对于构成侵权行为的事实,明知并有意使其发生,或预见其发生,而其发生并不违背其本意的心理状态。共同海损中采取的措施必须是船长或其他有权作出决定的人为了挽救船上财物的明确目的而有意采取的。如船舶在航行中遇到大风浪,为了减轻载重而主动将重量大而价值低的货物抛下海,货物的损失就是有意作出的。但如果是货物因船身剧烈颠簸而被甩入大海,这种损失就不是有意作出的。有意措施包括事实上的处分措施和法律上的处分措施。前者如船舶遭遇海难,船长将货物抛下海中。后者如船舶遭遇海难,船长与他人订立海难救助合同,因而支付报酬。在共同海损中采取措施的往往是船长或其授权的人,不过某些情况下其他人采取的措施也可能被认为是共同海损措施②。

---

① 如我国沿海运输中对承运人责任采过错责任制,因此在承运人过错引起共同危险时,应该由承运人全部负责,而不像采不完全过错责任制的国际海上运输中一样,仍然可能因为法定免责的原因而由货主分担共同海损。

② 关于共同海损措施是否必须是由船长或其代理人采取的在学理上有争议,我国通说认为不是。

合理是指公平而适当的处置行为,是基于善良管理人的立场,为了获得安全,慎重考虑后所为的行为。如船舶遭遇海难,须投弃一部分货载,船长不将木材、废铁等重而便宜的货物投弃,而是将钻石、名画等贵重物品首先投弃,则属于不合理的处分,不得列入共同海损。

有效是指因其行为而使财产得以保全,否则整个共同海损的确定和处理就失去了经济基础。至于必须有哪些财产得到保全,学理上有船货并存主义、船舶单存主义和船货不问主义等不同学说。船货并存主义要求共同海损行为必须导致船舶和船舶货载的一部分或全部得到保存。如果船、货只有一方得到保全,则不能主张共同海损分摊。德国采这种主义。船舶单存主义是指共同海损行为至少要使船舶获得保存,才能主张共同海损分担。法国采这种主义。船货不问主义是指共同海损处分后,船或货物的任一方得到保存,就可以主张共同海损分担。日本采这种主义。我国也是采船货不问主义。共同海损措施的有效与否应该从整体上看,如果通过采取一系列措施使财产最终得以保全,即使其中的某一项措施失效,也可列入共同海损。对保存与共同海损行为之间,是否必须有因果关系,学说上有两种观点。一种是因果主义,即认为海损处分与船货保存之间,必须有因果关系,才能成立共同海损。例如船舶触礁,先雇佣拖轮拖救,没有结果,后又抛弃部分货物,使船舶载重减轻,从而得救。抛弃货物与船舶起浮之间有因果关系,当然可以算作共同海损。但拖带行为是否能算呢?按因果主义,拖带与财产保存之间不存在因果关系,因此不能算入。另一种是残存主义。即认为只要海损处分之后,船舶货物有所保存,不论海损处分与船舶货物的保存之间有无因果关系,都可以成立共同海损。这样上例拖船费用,就应列入共同海损损失。

对于处分发生的牺牲和费用,能否列入共同海损范围,各国在立法上主要有共同安全主义、共同利益主义、牺牲主义几种。共同安全主义要求,只有为谋求船货共同安全而发生的牺牲和费用,才能列入共同海损损失。共同利益主义则要求只有为谋求共同航海的继续而发生的牺牲及费用,才能列入共同海损损失。牺牲主义则认为只要是合理发生的牺牲及费用,都应列入共同海损损失。

(4) 损失必须是直接的、特殊的、异常的。

共同海损措施是以牺牲较小利益保全较大利益为特征。被牺牲的利益必须是共同海损措施直接造成的,而且必须是特殊的、异常的。

所谓"直接的"是指损失必须是共同海损行为直接造成的。间接损失,如船期损失、滞期损失、市价跌落等,都不能算作共同海损损失。损失是否是共同海损行为直接发生的,学术上有几种见解:第一,最近原因说,主张行为与结果之间虽有多数条件存在,但仅以最后加入的具有决定力的条件,作为发生结果的原因。第二,最重原因说,主张行为与结果之间虽有多数条件存在,但多数条件之中,可分为一般条件及对结果发生最有利的条件,仅对于最有利的条件与结果之间承认具有因果关系。第三,相当因果关系说,主张某事实在特定场合发生某种结果还不能判断其有因果关系,必须在一般情形下,依社会通常的观念,会发生同一结果,才承认因果关系。三说中,以相当因果关系说为通说。

特殊的是指损失必须是非正常的。正常航行中需要作出的开支,不得算作共同海损。如船舶用缆绳系泊在浮筒上时,在台风来临前,为了增加强度,将锚链也系上,从而改变了锚链正常的使用用途。最后如果风力太强,缆绳和锚链都被挣断,则缆绳的损失是正常的,不能算作共同海损,而锚链的损失则是非正常的,应当计入共同海损。又如船舶搁浅后,依靠自身动力脱浅,导致主机超负荷运转而受损,这种损失也可算作共同海损。

第二节 共同海损的法律性质

共同海损是海商法中的一项特殊制度,也是海商法最早的制度之一。它授权船长在特定情况下处分他人之财物而无须承担侵权责任。关于共同海损的性质,由于各国法律理论不同,而有不同的观点①。总结出来,不外是两大类:第一类从民法基本制度出发,将共同海损与民法中的合同、无因管理、不当得利等制度进行比较,以视共同海损为这些制度中的某一种的特殊形态。另一类坚持海商法的独立性,认为共同海损是基于法律规定产生的海商法上创设的特殊制度,无需用民法上的学说进行说明。各家学说中,常见的有以下几种学说。

一、合同说

合同说认为共同海损的权利和义务来自于当事人各方的合同约定。该说具体又分为三种:(1)运输合同说。即认为所有的运输合同都有一项默示条款,同意海上事故发生时,以其一部或全部船舶或货物作出牺牲,同时也同意就他人为全体利益而作出的牺牲进行分摊。(2)代理说。即认为当船货遭遇海难时,船长不仅有权代理船舶所有人,也有权代理所有货物所有人为一切适当的行为。所以,当船长决定牺牲某种货物时,他一方面是代表货物所有人自动作出牺牲,另一方面也代表了船舶所有人和其他货物所有人同意就牺牲的损失额进行补偿。(3)相互保险说。即认为参加运输活动的船、货组成暂时的合伙关系,相互担保于途中所受的损失共同负担,就如公司股东共同承担公司损失一样。

---

① 如我国台湾学者梁宇贤总结出四大类共七种学说。见梁宇贤著:《海商法论》,台湾三民书局1984年版,第581—587页。

二、法律规定说

法律规定说认为共同海损的权利和义务来自于法律的直接规定。该说具体又分为三种:(1)不当得利说。认为共同海损分担,是从不当得利原理而来。船长在海难中所为的行为,使被处分的财产受损失,而使其他被保全的财产获益。获益之人无法律上之原因而受益,当然应该就损失进行补偿。(2)无因管理说。即认为船长在遭遇海难时,未经特别授权而处分他人财物,是一种无因管理。因此发生无因管理之债。由于被保全的财物所有人是船长无因管理行为的受益人,因此应分担船长行为招致的损失。(3)强制相互保险说。认为基于共同危险的存在,利害关系人组成一个保险团体,而法律强制各方均须投保,如有损害,则由全体分担。

三、衡平说

衡平说又称为自然法说,认为海上运输具有危险性,从公平角度出发,应要求所有相关各方分担为共同利益牺牲的财物。但公平是所有法律制度追求的目标,以此解释共同海损的性质不免显得空洞。

四、法律要件说

法律要件说认为共同海损是海商法上特有的法律要件,无需用民法上的学说加以论证。

第三节 共同海损理算

一、共同海损理算规则

共同海损理算(adjustment of general average)是在船方宣布共同海损后,各受益方雇请专门机构和人员对共同海损的损失金额、如何分摊等问题进行调查研究和审核计算的过程。进行共同海损理算的专门机构和人员称为共同海损理算机构(average adjusting office)和理算师(average adjuster)。

1.《约克—安特卫普规则》的制定和修改

与海商法的其他许多领域不同,在共同海损方面没有一个各国统一适用的国际公约。为了统一共同海损制度,1860年,由英国若干商业团体发起,欧美各主要海运国家海商团体代表在苏格兰中南部重要的港口城市格拉斯哥集会,经讨论通过了一项包括11个条文的决议,称为1860年《格拉斯哥决议》(The Glasgow Resolutions,1860）。这是国际上关于共同海损的最早一个统一法案。但遗憾的是由于各国态度不同,该决议并未实际施行。1864年,有关人士在英国城市约克再次集会,讨论对1860年《格拉斯哥决议》的修改,会后达成新的决议,即1864年《约克规则》,但该规则仍未能被各国接受,未能施行。至1877年,六十多位各国代表又在比利时安特卫普集会,对1864年《约克规则》进行修订,形成了1877年《约克—安特卫普规则》,共12条,建议各国采用。以后,航运实践中普遍开始在提单、租船合同中加入"共同海损应依《约克—安特卫普规则》理算"的条款,使该规则具有了全球性的影响。

由于1877年《约克—安特卫普规则》是以帆船为规范对象的,工业革命后,汽船使用日益普遍,旧的规则已经无法适应已发展变化的商业实践的需要。因此,1890年,经过各国代表集会讨论,通过了对1877年规则进行大幅修改的新规则,即1890年《约克—安特卫普规则》。此后,随着航运实践的发展,《约克—安特卫普规则》又先后在1924年、1950年、1974年、1994年经过多次重大修改,但每次修改都不废除其前一版本,因而形成了多种版本并存的局面。目前最新的一个版本是2004年版本。

虽然《约克—安特卫普规则》不是国际公约,而只是一个民间规则,但由于其悠久的历史和广泛的接受性,在统一和协调各国的理算工作方面起着积极作用,几乎充当着"准公约"的角色。

2. 共同安全说与共同利益说

《约克—安特卫普规则》制定中,有两种相互对立的学说存在,影响了共同海损法的国际统一。一是以英国为主的共同安全说,该说认为,共同海损处分的目的,必须是为谋求船货的共同安全,只有为谋求共同安全所产生的牺牲和费用,才能列入共同海损损失。二是以法国为代表的共同利益说。该说认为,共同海损处分的目的,必须是为谋求共同航海的继续进行,只有为谋求共同航海的继续进行所产生的牺牲和费用,才能列入共同海损损失。

3. 2004年《约克—安特卫普规则》的主要内容

2004年《约克—安特卫普规则》由国际海事委员会在加拿大举行的第38届大会通过,于2005年开始适用,包括四部分:解释规则、首要规则、字母规则和数字规则。数字规则(numbered rules)是《约克—安特卫普规则》各版本中最早出现的,按罗马数字（Ⅰ,Ⅱ,Ⅲ,…）排序的一套规则。字母规则(lettered rules)是1924年《约克—安特卫普规则》首次增加的,按英文字母（A,B,C,…）排序的一套规则。字母规则适用于共同海损一般要件,大致相当于一般法典中的总则。数字规则适用于个别情况,大致相当于一般法典中的分则。字母规则主要体现了英国的共同安全主义,即海损处分的目的,必须是为谋求船货的共同安全,为谋求共同安全所生的牺牲及费用,才能列为共同海损。数字规则则主要体现了法国的共同利益主义,即海损处分的目的,必须是为谋求共同航海的继续进行,为谋求共同航海继续进行所生的费用及牺牲,才能列入共同海损。字母规则与数字规则并存,是英国派与欧洲大陆派(包括美国)互相对抗,相互妥协的产物。但两种规则并存,势必产生适用顺序的先后之争。为解决这一问题,1950年《约克—安特卫普规则》新增了解释规则(rule of interpretation)。解释规则只有一条,其内容是明确数字规则的效力优于字母规则,只有数字规则中没有规定的,才按字母规则办。首要规则(rule paramount)是1994年《约克—安特卫普规则》新增加的,也只有一条,其内容是任何情况下,共同海损的补偿应以合理发生的牺牲或费用为限。首要规则的效力优先于字母规则和数字规则,它通过强调共同海损牺牲和费用的合理性,弥补了数字规则的不足,使其与字母规则的要求一致。通过多次补充修正,《约克—安特卫普规则》内部各规则之间的矛盾已经基本消除,整个规则更加系统而明确了。

2004年《约克—安特卫普规则》共32条,扩大了船方的赔偿额,减少了货方的共同海损分摊。相较于以前版本,2004年版本的修改主要体现在六个方面:(1)将大部分救助报酬排除在共同海损之外;(2)规定船舶在避难港停留期间的船员工资和给养不得确认为共同海损;(3)将临时修理费用确认为共同海损,应减除船方的节省;(4)规定共同海损费用不给予手续费;(5)规定采用浮动年利率计算利息;(6)增加了索赔共同海损分摊请求权的时效规定。新规则体现了简化共同海损理算的思路。但也有人认为,新的规则下船东一方的利益受到了削减,而保险业的利益则得到彰显。另外,多项费用被从共同海损费用中去除掉,也被认为印证了共同海损有逐渐被取消的趋势。

二、共同海损理算的内容

1. 确定共同海损损失

共同海损理算,首先要确定共同海损损失。共同海损损失主要表现为牺牲和费用两大类。牺牲是指财产的物质损失,费用是指金钱的支出。

共同海损牺牲主要包括以下几项:

(1)船舶的牺牲。如为了避免船舶倾覆,船长故意使船舶坐礁、搁浅,或截断锚链、使船舶部分毁损等。船舶属具的损失也包括在内,如切除遭遇海难已经受损不能发挥正常功能,但尚具一定价值的桅杆、罗经等的损失。

(2)货物的牺牲。最古老的一种是抛货,即将货物弃于海中,这可能是为了减轻船载,也可能是为了灭火而清理通道。共同海损行为不限于船方所为,但在现代,绝大多数的共同海损行为都是船舶的行为,由此而产生的原则,对船舶比对货物更为有利。

(3)运费的牺牲。是指货物被牺牲的情况下,如果这批货物应支付的运费是到付运费,则该笔运费因为货物的牺牲而不能被收取,因此也算被牺牲掉了。

共同海损费用主要包括以下几项:

(1) 避难港费用。船舶在航行途中遇险,有时不得不进入避难港。为进入避难港而延长航程的费用、进入和离开避难港的费用、在避难港停靠期间为维持船舶所需的日常费用、因安全所需造成的货物或船上其他物品卸下和重装的费用等,都可以计入共同海损费用。

(2) 船舶发生共同海损后,为继续共同航程所需要的额外费用。如船舶进入避难港避难,共同海损行为已经终止,其后为安全完成航海,船舶必须加以修缮,因此发生的货物装卸、船员费用等。又如船舶偏离既定航线进入避难港,经过必要处理后又回到原航线,因此发生的延长航海所支出的费用。

(3) 代替费用(substituted expenses)。本身不具备共同海损费用的条件,但却是为代替可以列为共同海损费用的支出而支付的额外费用,可以作为代替费用列入共同海损费用中。如船货遭遇危险,船舶就近驶入 A 港口避难,但因该港港务费较贵,且在该港补充燃料等的费用也较贵,遇难船于是雇请拖船将其拖带到各种费用都较低的 B 港避难,支付给拖船的费用由于发生在船、货已经脱离危险局面后,因此本不应列入共同海损损失,但被列入的代替费用的金额,不得超过被代替的共同海损的特殊费用。

(4) 垫付手续费和共同海损利息。共同海损利息是指自共同海损发生之日起,至共同海损分摊实际收付日止,应收付金额所生的利息。我国《海商法》第201条规定:"对共同海损特殊牺牲和垫付的共同海损特殊费用,应当计算利息。对垫付的共同海损特殊费用,除船员工资、给养和船舶消耗的燃料、物料外,应当计算手续费。"

(5) 理算费用。共同海损理算过程中支付的各种服务费、差旅费、认证费、鉴定费等,根据习惯,也应列入共同海损费用。

共同海损牺牲金额的确定根据我国《海商法》规定为:

(1) 船舶的共同海损牺牲。船舶的牺牲分两种情况,即部分损失和全损。部分损失时,按照实际支付的修理费、减除合理的以新换旧的扣减额计算。船舶尚未修理的,按照牺牲所造成的合理贬值计算,但是不得超过估计的修理费。全损时,按照船舶在完好状态下的估计价值,减除不属于共同海损损坏的估计的修理费和该船舶受损后的价值的余额计算。

(2) 货物的共同海损牺牲。货物的牺牲分灭失和损坏两种情况。货物灭失的,按照货物在装船时的价值保险费加运费,减除由于牺牲无需支付的运费计算。货物损坏的,在就损坏程度达成协议前售出的,按照货物在装船时的价值加保险费加运费,与出售货物净得的差额计算。

(3) 运费的共同海损牺牲。到付运费由于只有在货物运到后才会支付,因此如果货物灭失，运费也就相应灭失了，这部分牺牲的计算方法是，按照货物遭受牺牲造成的运费的损失金额，减除为取得这笔运费本应支付，但是由于牺牲无需支付的营运费用计算。

共同海损费用，应按实际的支出计算。

2. 确定共同海损分摊价值

共同海损理算的第二个重要环节是确定参加共同海损分摊的受益财产的价值。我国《海商法》规定船舶、货物和运费的共同海损分摊价值按以下方法计算：

（1）船舶共同海损分摊价值，按照船舶在航程终止时的完好价值，减除不属于共同海损的损失金额计算，或者按照船舶在航程终止时的实际价值，加上共同海损牺牲的金额计算。

（2）货物共同海损分摊价值，按照货物在装船时的价值加保险费加运费，减除不属于共同海损的损失金额和承运人承担风险的运费计算。货物在抵达目的港以前售出的，按照出售净得金额，加上共同海损牺牲的金额计算。

（3）运费分摊价值，按照承运人承担风险并于航程终止时有权收取的运费，减除为取得该项运费而在共同海损事故发生后，为完成本航程所支付的营运费用，加上共同海损牺牲的金额计算。

以上分摊价值，分别由船舶所有人、货物所有人和运费取得人等进行分摊。其中每一项分摊价值都要加上共同海损牺牲的金额，是因为共同海损牺牲中的一部分将要从其他各受益方那里得到补偿，因此也有部分价值因为共同海损行为而得到保全，从而也应计算在共同海损分摊价值之内。

3. 确定分摊金额

共同海损理算的第三个重要步骤是，确定各受益方的分摊金额。

各受益方的分摊金额计算分两步。首先计算出一个共同海损损失率。这应该以共同海损损失总金额除以共同海损分摊价值总额得出。然后以各受益方的分摊价值金额分别乘以共同海损损失率，得出各受益方应分摊的共同海损金额。

4. 进行分摊

并非所有得到保全的财产，都应参加共同海损分摊。我国《海商法》第199条规定："旅客的行李和私人物品，不分摊共同海损。"学理上认为，船上所备粮食、武器、船员衣物、薪金等也可以不进行分摊。托运时故意为不实声明的货物等，如被投弃，会产生如何认定其价值的问题。对此，我国《海商法》第200条规定："未申报的货物或者谎报的货物，应当参加共同海损分摊；其遭受的特殊牺牲，不得列入共同海损。不正当地以低于货物实际价值作为申报价值的，按照实际价值分摊共同海损；在发生共同海损牺牲时，按照申报价值计算牺牲金额。"另一种特殊货物，即未依航运习惯装载的货物，在许多国家的法律中也被特殊处理,如其牺牲不被认为是共同海损牺牲,但如被保全,则仍然应该加入分摊。

5. 共同海损的回复

共同海损分摊后,如果被投弃的货物被捞回,或船舶被救回,应如何处理?一些国家的法律规定,这种情况下,利害关系人应将所受的分担额返还给关系人,这被称为共同海损的回复。我国《海商法》没有对这种情况进行规定,但根据民法"不当得利"的基本原理,也应该适用这种做法。但这种还是否是"有关共同海损分摊的请求权",从而应该适用我国《海商法》第263条规定的1年时效,从理算结束之日起计算? 应该不适用,而是适用民法不当得利的一般时效,即1年,从权利被侵害之日起算。因为共同海损的短期时效是为防止航海纠纷久拖不决,而这种返还请求权本质上并不是共同海损的债权,而是一般民法上基于不当得利的请求权,当然应该适用民法上一般消灭时效的期间规定。

三、共同海损理算报告的效力

共同海损理算报告既不是法院判决,也不是仲裁裁决,对双方当事人没有强制性的约束力。它最多是一个双方责任的初步证据,而不是终局性的。这在一定程度上减轻了共同海损理算的意义,因为经过长时间的理算,最后的结果可能轻易被推翻。但实践中,有关共同海损的案件极少向法院起诉,共同海损理算师利用其专业知识作出的共同海损理算书很少被推翻。共同海损理算某种意义上已经起到了司法的作用。如果没有这种专业活动而将大量工作交给法院,法院将不堪重负。

四、共同海损担保

共同海损宣告后,各分摊方应向船东提供担保,否则船方有权留置货物。我国《海商法》第202条第1款规定:"经利益关系人要求,各分摊方应当提供共同海损担保。"

实践中,货方提供的担保常见的形式有以下几种:

(1) 共同海损保证金(general average deposit)。即提供现金担保。根据海商法的规定,以提供保证金方式进行共同海损担保的,保证金应当交由海损理算师以保管人名义存入银行。保证金的提供、使用或者退还,不影响各方最终的分摊责任。

(2) 共同海损担保函(general average guarantee)。即由各分摊方提供的保证参加共同海损分摊的书面保证。

(3) 船货不分离协议(non-seperation agreement)。即共同海损发生以后,由船货双方共同签署的,关于共同海损分摊不因货物的转运而发生变化的书面协议。

第四节 共同海损与过失的关系

一、两种观点

从共同海损的概念与构成要件可以看出,一项共同海损行为的成立与否与危险是由何种原因造成的没有关系。只要客观上发生了威胁到船、货和其他财产共同安全的危险,不管该危险的来源、性质如何,都可能导致共同海损的产生。

如果危险是人为造成的,可能对损失的分摊有影响。实际上,共同海损经常是由于船方或货方过失造成危险局面后才发生的,如船舶驾驶不当造成船舶搁浅,为起浮不得不抛货或过度使用主机;又如货物危险性质造成火灾,为灭火不得不牺牲某些货物。如果是承运人的过失,根据承运人与托运人之间的货物运输合同,这种过失又可以分为承运人可以免责的过失和不可以免责的过失。过失的存在是否会影响共同海损的分摊呢?对这个问题的回答,主要有两种观点。以《约克—安特卫普规则》为代表的一派认为,应先理算,再划分责任。基本规则是,过失不影响共同海损的成立,不影响共同海损的分摊。但分摊以后,可以基于对方过失索回已经支付的共同海损分摊以及其他损失。这样处理看起来比较麻烦,但却有实际的好处。以我国的《北京规则》为代表的一派则认为,应先分清责任,再进行理算。

二、我国《海商法》的规定

我国《海商法》第197条规定:"引起共同海损特殊牺牲、特殊费用的事故,可能是由航程中一方的过失引起的,不影响该方要求分摊共同海损的权利;但是,非过失方或者过失方可以就此项过失提出赔偿请求或者进行抗辩。"这一规定和1974年《约克—安特卫普规则》D的措辞几乎是完全一样的。这可能引起迂回的反复诉讼。如货方可以向船方请求货物损坏的损害赔偿,而船方又可以把其赔付的相同金额作为共同海损要求分摊。目前的司法实践中,对过失引起的共同海损的处理不完全一致,有的法院在过失引起共同海损时直接根据过失判定责任而不进行共同海损理算。

在我国海事法院审理的"龙桥轮共同海损分摊纠纷案"中,烟台银发船务公司所属"龙桥"轮在运输货物过程中,与"North Future"轮相撞,导致"龙桥"轮破裂进水,不得不在香港水域进行了临时修理,并将货物转由驳船运到目的地。货物因船舶进水或运输周期延长,都遭受了不同程度的损失。银发公司向法院起诉,称银发公司在碰撞后为了船、货共同安全,采取了一系列措施,构成共同海损,要求各货主分摊船舶碰撞后的救助、减载、修理等费用。经查,船舶碰撞是双方过失碰撞,"龙桥"轮与"North Future"轮的过失比例为 40% :60%。海事法院认为,本案海损是由船舶碰撞引起,应由对碰撞负有过失责任的当事人赔偿,不构成共同海损。银发公司的损失部分应由自己承担,部分可以依据另一法律关系向碰撞对方索赔。[1]

三、共同海损新杰逊条款

英美法系国家对过失与共同海损的关系有不同理解。英国有一个典型判例:1960 年 AGE 轮装载木材赴伦敦途中,因压载舱破损,流失 5 吨压舱水,破坏了船舶稳性,船舶向一侧倾斜,船长不得不故意搁浅。船方宣布共同海损,货方以船舶不适航为由拒绝分摊。该案拖了 8 年后,法院判决:船舶开航时出现倾斜,船长未注意,也未采取措施,属于承运人在开航时未谨慎处理使船舶适航,故搁浅不构成共损行为,货方无需分摊。这一判例确立了船东不能免责的过失引起的共同海损货方无需分摊的原则。

美国法律最初认为,如果是由于船方过错造成的危险,船方无权主张共同海损。《哈特法》通过后,由于该法免除了船东因航行过错和管船过错造成货物损害的赔偿责任,因此,船东因航行或管船过错造成的危险不得请求共同海损分摊的禁令也就随之解除。但随后在一个案例中,高等法院却否定了这种观点,认为《哈特法》本身并没有变更有关共同海损长期以来形成的原则,有过错的船方在法律上不应有权主张共同海损的分摊。美国船东为改变不利的处境,在提单中加入了共同海损疏忽条款(general average negligence clause),规定如果因船舶的疏忽而造成共同海损,只要船东业已谨慎处理使船舶适航,就可主张共同海损并有权受到补偿。这种条款首先在"杰逊案"(The Jason)中被法院认定有效,因此被称为"杰逊条款"。以后这一条款经过修订,被称为"新杰逊条款"(New Jason Clause)。1936 年,美国制定《海上货物运输法》时在其第 5 条明确规定:"本法中的任何规定,都不得视为有碍于在提单中加注共同海损方面的任何合法条款。"通常认为,杰逊条款属于该条所指的合法条款之列。典型的新杰逊条款内容如下:

"如果在航次开始以前或以后,由于不论是疏忽与否的任何原因而引起的意外、危险、损害或灾难,而根据法令、契约或其他规定,承运人对此类事件或其后果都不负责,则货物托运人、收货人或货物所有人应在共同海损中与承运人一起分担可能构成或可能发生的具有共同海损性质的牺牲、损失或费用,并应支付有关货物方面发生的救助费用和特殊费用。"

---

[1] 案情详见金正佳主编:《中国典型海事案例评析》,法律出版社 1998 年版,第 572—575 页。

新杰逊条款的规定,主要是为了充分利用《海上货物运输法》或任何其他法令赋予的免责规定。但在根据《海上货物运输法》规定应对货损负责的情况下,仍然赋予船方共同海损分摊的权利的条款,就已经超过了新杰逊条款的范围,应属无效。同样,扩大共同海损分摊的权利,使之超越传统范畴的条款,如规定并不存在真实危险的情况下也可以要求共同海损分摊,这样的条款也是无效的。

第五节 共同海损制度的发展前景

一、共同海损制度面临的困境

共同海损制度是古老的海商法制度,其合理性和有效性已经在长期的实践中得到验证。但随着海运实践的发展,共同海损制度的某些规定甚至其存在的合理性都开始面临挑战。现行共同海损制度受到批评最多的,主要是以下几个问题:

(1) 缺乏效率。

随着船舶吨位增加,货物种类复杂,以及航运和运输的其他发展,共同海损理算工作已经变得异常复杂,费时费力。而且,人们往往扩大而不是限制共同海损的范围,从而增加了这项工作的复杂程度。过多的文书工作,过多的劳务性收费,都使共同海损的效率降低,背离了现代社会普遍追求的合理化和简单化的发展方向。

(2) 造成额外风险。

共同海损的处理、理算、分摊和收取及退款的分配等常出现延误。如果延误较多,则会带来汇率波动的风险,而存入保险金的当事方难以保护自己免受此种风险。交付预付款的人容易卷入船东或船舶代理的无力偿还的纠纷中。

(3) 国际统一性差。

共同海损案件有关货物的卸货港分属不同国家,《约克—安特卫普规则》是一个自愿接受的规则,虽然各国广泛采用,但不同国家的法院和海损理算师不总是作出相同的解释。由于解释不同,又给立法和实践增加了已有的分歧。如果以各种不同的货币收取保证金,或共同海损理算可使用的货币与货物装卸港地或船舶船籍港地的货币不同,就出现了复杂的货币兑换问题。

(4) 缺少必要性。

许多人认为,由于现代保险手段的丰富和有效,已经没有必要用分摊牺牲和费用的方式来保护船东和商人免受无法预见的损失,因为损失可通过保险得到赔偿。

二、共同海损制度的改革和发展

虽然有各种批评意见,但赞成保留共同海损制度的人也很多。除了共同海损制度具有悠久历史,具有相对稳定性外,赞成保留这一制度的人主要是对共同海损体现的公平原则有强烈好感,认为只有保留共同海损制度才能保证船长在遭遇危险时采取不偏不倚的行动。

就共同海损制度的废存,国际社会已经进行了多次反复的讨论。但目前看来立即取消共同海损制度是不可能的。如何减少共同海损理算所需要的时间和费用,使这一制度尽量更有效率才是当前讨论的重点。

第十二章 海事赔偿责任限制

在本章中,我们将

——学习几种海事赔偿责任限制的方法

——学习海事赔偿责任限制的主要内容:责任限制主体、限制性债权和非限制性债权、责任限制的丧失

——分析海事赔偿责任限制制度的发展前景

第一节 海事赔偿责任限制的概念和法律规范

一、海事赔偿责任限制的概念和意义

航海是一项充满风险的事业,一旦发生海难,造成的损害可能是惊人的。如在著名的"TITANIC 轮案"中,当时世界上最大的巨型客轮 TITANIC 号撞上了冰山,导致了一千五百多条人命的丧失。而在我国 1999 年发生的"大舜轮客货混装轮沉船案"中,也导致了一百多条人命的丧失以及大量的财产损失。如果海难事故发生时,都要求船舶所有人对造成的损失全额赔偿,可能对经营航海活动者造成沉重的压力。海商法的重要任务之一就是防范和减轻海上风险,鼓励航运业的发展。海事赔偿责任限制制度正是为了达到这一目的而创立的制度之一。所谓海事赔偿责任限制,是指发生重大海损事故时,对事故负有责任的船舶所有人、救助人或其他人等对海事赔偿请求人的赔偿请求,有权依法申请限制在一定额度内的法律制度。这是海商法中特有的赔偿制度。

民事责任分为有限责任和无限责任。债务人就其债务,须以其总财产为限,负无限清偿责任,直至债权人获得满足清偿或债务人破产为止的,是无限责任制度。债务人就其所负债务,无须以总财产为限,负无限清偿责任的,是有限责任制度。民事责任以无限责任为原则,有限责任只是例外,只有在法律有规定时才适用。而我国《海商法》则规定海事赔偿责任人负有限责任,只在例外情况下负无限责任。有限责任又分为人的有限责任和物的有限责任。人的有限责任是指债务人就其全部债务,仅以一定金额为其负担最高责任之限度,也称为量的有限责任、定额有限责任或计算上有限责任。人的有限责任以债务人一般财产为对象,但其数额却有限定。物的有限责任是指债务人就其全部债务,仅以特定财产或特定物为其负担最高限度之责任。海事赔偿责任限制既可能是物的有限责任,也可能是人的有限责任。

二、海事赔偿责任限制的法律规范

(一) 国际法规范

关于海事赔偿责任限制的法律规范,国际法方面主要是两个公约,即 1957

年《船舶所有人责任限制公约》和 1976 年《海事索赔责任限制公约》。

世界上第一个关于海事赔偿责任限制的国际公约,是 1924 年《关于统一船舶所有人责任限制若干规定的国际公约》。该公约于 1931 年 7 月 2 日生效,只有 9 个参加国。

1957 年,在国际海事委员会主持下,第十届海洋法外交会议通过了《船舶所有人责任限制公约》(International Convention Relating to the Limitation of the Liability of Owners of Sea-going Ships, 1957)。该公约于 1968 年 5 月 31 日生效,是国际上关于船舶所有人责任限制的第一个生效公约,目前已在 30 多个国家生效适用,影响很大,被认为是非常成功的国际公约。为修正限额,又通过了公约的 1979 年议定书。我国没有参加该公约。

1976 年,在联合国国际海事协商组织主持下制定了《海事索赔责任限制公约》(Convention on Limitation of Liability for Maritime Claims, 1976)。该公约于 1986 年 12 月 1 日生效,现有 25 个参加国。1976 年公约是在 1957 年公约基础上制定的,在两个方面有重大突破,一是提高责任限额[①],使责任限额基本能反映船价;二是把救助人和责任保险人列入可享受责任限制的责任主体,使对航运的保护更加周全。1996 年,通过了修正限额的议定书。我国也没有参加该公约。

(二) 国内法规范

我国关于海事赔偿责任限制的法律主要见于《海商法》第十一章的规定。该章主要是参照 1976 年《海事索赔责任限制公约》制定的,因此很多原则、制度和 1976 年《海事索赔责任限制公约》的规定都是一致的。

第二节　海事赔偿责任限制的主要方法

历史上,各国限制海事赔偿责任的方法主要有以下几种:

(1) 执行制(principle of execution)。这是指船舶所有人对因为船舶产生的债务,以船舶本身为限承担赔偿责任,债权人通过对船舶强制执行而得到赔偿。又称为海产主义。德国 1972 年以前一直采纳这种制度,因此又称为德国主义。这种制度将海事赔偿主体的财产分为陆上财产和海上财产,船舶所有人就船舶业务活动产生的债务,仅以本航次的海产,主要是船舶和与船舶有关的运费为限,承担物的有限责任。不过为了防止船舶所有人在船舶债务发生后,坐视船舶

[①] 1957 年公约采用金法郎作为责任限额的计算单位,1976 年公约则采用国际货币基金组织规定的特别提款权作为计算单位。

价值减少而损害债权人的利益,法律往往规定一定条件下,船舶所有人仍然要负人的无限责任。由于执行制下,船舶所有人的责任以船舶及运费为限,当船舶在强制执行前非因船舶所有人的故意或过失而灭失时,船舶债权人的债权,就会因为执行标的物不复存在而丧失执行力,因此对船舶债权人十分不利。

(2) 委付制(principle of abandonment)。这是指理论上船舶所有人对因为船舶产生的债务负无限责任,但在法律规定条件下,船舶所有人只要将船舶及运费委付给债权人,即可免除全部责任。因为这种制度是承袭法国拿破仑法典中的相关规定而来,法国1967年以前都采取这种制度,因此又称为法国主义。委付制度起源于罗马法。罗马法上,有所谓加害物委付诉讼,即家长对于他的家属或奴隶或动物所为的加害行为,可以将加害者委付给被害人,以代替罚金或损害赔偿的支付,而免除责任。委付制与执行制的区别在于,执行制下本来就是物的有限责任,而委付制下是以无限责任为原则,只有在委付后才变为物的有限责任。而且,委付制度下,一经委付,财产即归于债权人,其执行后不足清偿或有余额,都与船舶所有人无关。而在执行制度下,如果不足清偿,船舶所有人仍然能免除责任,但如果有余额,则余额应归还船舶所有人。委付制度最大的缺点,是船舶所有人的责任既然以船舶价值为准,船舶价值越小,责任越小,这样可能会打击船舶所有人制造好船的积极性,进而影响航运安全,妨碍国家造船业的发展。

(3) 船价制(principle of vessel's value)。这是指船舶所有人对因为船舶产生的债务,以船舶在发生海损事故的航次终了时的价值为限承担赔偿责任,船舶所有人可以选择提供船舶价值,或不提供船舶价值而委弃船舶。如果船舶所有人提供相当于船舶价值的现金,使债权人的债权得到担保,船舶所有人即可继续处分或利用其船舶。这种制度是美国1935年以前采纳的制度,因此又称为美国主义。由于这种制度下,船舶所有人对于提供船舶价值或委弃船舶有选择权,在损害赔偿相当庞大,无法或不愿提供船舶价值时,船舶所有人往往会选择委弃船舶,因此这种制度对船舶所有人的保护相当有利,而对船舶债权人不利。而且由于对船舶价值的估计容易发生争执,在船舶由于沉没、失踪而无法发现船体时,则无法鉴定船舶价值。

(4) 金额制(principle of tonnage)。这是指船舶所有人对因为船舶产生的债务,每一次事故,按船舶吨位乘以每一吨的限额承担赔偿责任。由于英国1894年商船法采纳了这种制度,因此又称为英国主义。与委付制下以每次航海为标准计算不同,金额制下,如果船舶在一次航行中遭遇多次海难,船舶所有人须对同一航次发生的所有事故,分别承担赔偿责任,每次事故计算一次限额,因此金额制又被称为事故主义。

这四种制度中,前两种海事请求权人得到的是船舶而非金钱,因此这两种制度又被称为"物的有限责任制度",后两种制度海事请求权人得到的是金钱而非船舶,因此这两种制度又被称为"人的有限责任制度"。四种制度都曾经在不同时期、不同国家被采用过。还有的国家采用将船价制和金额制并用的"并用制"和允许船舶所有人在不同责任限制制度中选择对自己最有利的一种适用的"选择制"。不过现在最常见的是金额制。1957 年《船舶所有人责任限制公约》和1976 年《海事索赔责任限制公约》以及我国《海商法》中采用的都是金额制。

第三节　我国海事赔偿责任限制制度的主要内容

我国承认限制海事赔偿责任的必要性。早在 1959 年 10 月 15 日交通部颁布的《关于海损赔偿的几项规定》中,就规定了采用船价制来计算责任限额。在我国海事法院受理的第一宗海事赔偿责任限制案——1987 年青岛海事法院审理的"大庆 245 轮船东责任限制案"中,就是依据该规则的规定来限制船东赔偿责任的。我国《海商法》制定时,主要根据 1976 年《海事索赔责任限制公约》的规定建立起了我国的海事赔偿责任限制制度。根据《海商法》第十一章"海事赔偿责任限制"的规定,我国海事赔偿责任限制制度的主要内容如下:

一、责任限制主体

责任限制主体即谁有权请求限制责任。传统上,只有船舶所有人才有权请求责任限制,因此责任限制制度被称为"船舶所有人责任限制制度"。但随着航运的发展,船舶的经营管理模式越来越复杂,承担航运风险、对船舶负责任的人也越来越多,已经不仅限于船舶所有人。1976 年《海事索赔责任限制公约》和许多国家近年的海事立法,都开始把船舶所有人以外的一些人也纳入到有权申请责任限制的人之列。我国《海商法》制定时,顺应了世界海商立法的这种趋势。

根据我国《海商法》第 204 条、第 205 条的规定,我国海事赔偿责任限制的主体包括以下三类:

(1) 船舶所有人,包括船舶承租人和船舶经营人。这里将船舶承租人、经营人也包括在内,显然是对船舶所有人这个概念做了扩大解释,用以适应在有的国家,有的条件下,船舶承租人和船舶经营人也可能被认为要对船舶营运造成的各种损失承担责任的情况。船舶承租人是指光船租租和定期租船的承租人,不包括航次租船合同的承租人。船舶经营人这个概念在我国《海商法》中没有定义。但在最高人民法院的司法解释中,规定船舶经营人是在船舶登记文书中登记为船舶经营人的人;或为了营利目的,实际掌管和控制船舶的人。

(2) 救助人。将救助人列入责任限制主体与"东城丸号"救助事故有直接关系。在日本籍轮船"东城丸号"遇险被救助的过程中,由于救助人的过失,导致了被救船舶爆炸。救助人在被追究责任时申请责任限制,但法院认为救助人不是责任限制主体,不能援用责任限制。这一判决引起世界航运界的反思,并在1976年《海事索赔责任限制公约》中首次明确规定,救助人也可以援用责任限制。我国《海商法》在这一点上完全接受了1976年《海事索赔责任限制公约》的立场。

(3) 船舶所有人和救助人对其行为、过失负有责任的人。这主要指的是船长、船员和其他受雇人员。如果索赔是直接向船长、船员或其他直接负责具体业务的人员提出的,这些人也可以享受责任限制的保护。

此外,我国《海商法》还规定对海事赔偿请求承担责任的责任保险人也可以享受责任限制。这一规定也是来源于1976年《海事索赔责任限制公约》。在有的国家,责任保险人有可能被直接起诉,如美国路易斯安那州一条法律规定,事故的伤亡受害人可以直接向责任保险人起诉[①]。在这种情况下,公约赋予责任保险人责任限制的权利显然是可以理解的。不过在我国,并不存在受害人直接起诉责任保险人的可能性,而如果是责任人/被保险人在对受害人赔付后再向责任保险人索赔,这种索赔是根据保险合同,可以依据保险法的基本原理得出赔偿数额不能超过被保险人实际赔偿的数额的结论。因此,在我国《海商法》中规定责任保险人也可以享受责任限制似乎并无必要。

二、限制性债权

对以下海事赔偿请求,无论赔偿责任的基础有何不同,责任人均可请求责任限制,因此被称为"限制性债权":

(1) 船上发生的或者与船舶营运、救助作业直接相关的人身伤亡或者财产的灭失、损坏,包括对港口工程、港池、航道和助航设施造成的损坏,以及由此引起的相应损失的赔偿请求。

这一项目包括的范围非常广泛,不仅包括船上发生的人身伤亡或财产损失,还包括所有虽然不一定发生在船上,但与船舶营运、救助作业相关的,如货物装卸过程中、救助进行中发生的各种人身伤亡或财产损失的索赔。

(2) 海上货物运输因迟延交付或者旅客及其行李运输因迟延到达造成损失的赔偿请求。

这一项目包括的是迟延造成的损失索赔。但由于我国《海商法》已经将承运人对货物迟延交付造成的赔偿请求限制在所运货物运费本身,承运人对旅客及其行李迟延到达造成的赔偿请求通常不予赔偿,因此单是这一项目的赔偿请求数额一般是很有限的。

---

① 参见 Maryland Casualty Co. v. Cusing, 1954 A. M. C. 837.

(3) 与船舶营运或者救助作业直接相关的,侵犯非合同权利的行为造成其他损失的赔偿请求。

这一项目里包括的是侵权索赔,这种侵权索赔与第 1 项里的侵权索赔不同的是,第 1 项里的侵权索赔是就侵权直接引起的财产损失而提起的,而本项目中的侵权索赔是侵权引起的财产损害引起的使用损失。如船舶撞上港口设施,就被碰撞的港口设施的损害提出的索赔属于第 1 项所列的"与船舶营运直接相关的财产灭失、损坏",而如果因为港口设施受损还导致了港口暂时关闭、其他船舶不能驶入等其他损失,则就这类损失提起的索赔就属于本项所指的赔偿请求。

(4) 责任人以外的其他人,为避免或减少责任人按照法律规定可限制赔偿责任的损失而采取措施的赔偿请求,以及因此项措施造成进一步损失的赔偿请求。

这一项目里包括的是"替代"限制性债权而发生的索赔。如船舶碰撞发生后,被碰撞船请求救助船将其拖带到安全地点,然后就其应付的救助费用以及因为拖带造成被碰撞船舶的进一步损失向肇事船索赔,则该索赔就属于本项所指的赔偿请求。

以上所列赔偿请求虽然只有四类,但实际上包括了可能提出的海事赔偿请求的绝大部分。我国《海商法》还规定,以上请求无论提出的方式有何不同,都可以限制赔偿责任。但第 4 项涉及责任人以合同约定支付的报酬,责任人的支付责任不得援用本条赔偿责任限制的规定。

我国《海商法》规定的限制性债权,与 1976 年《海事索赔责任限制公约》规定的限制性债权基本一致,但少了两项:一是为使沉船、残骸、搁浅或被弃船(包括船上的任何物品)得以起浮、清除、销毁或使之无害而发生的债权,二是为使船上货物得以清除、销毁或使之无害而发生的债权。1976 年公约制定时,对这两项是否应放入限制性债权本来就有争议,最后虽然放入,但同时明确规定各国在批准该公约时,可以对这两项进行保留。我国采取了不将这两项放入限制性债权的立场,是因为沉船、沉物的打捞清除往往关系到航道安全或环境保护,与社会公共利益有关,不限制债务人的责任更符合我国国情。

三、非限制性债权

并非所有符合上述限制性债权条件的都可以限制责任。我国《海商法》还列举了若干例外的情况,如果符合,就不得请求责任限制,这些债权因而被称为"非限制性债权"[①]。根据我国《海商法》的规定,非限制性债权主要包括以下几

---

① 这里"非限制性债权"显然是在狭义上使用的,是特指限制性债权的例外情况。本来就没有列入限制性债权的其他债权,如前文所述沉船、沉物打捞的费用,也是不能限制责任的债权,但却不是这里讲的"非限制性债权"。

项:(1)对救助款项或者共同海损分摊的请求;(2)我国参加的国际油污损害民事责任公约规定的油污损害的赔偿请求;(3)我国参加的国际核能损害责任限制公约规定的核能损害的赔偿请求;(4)核动力船舶造成的核能损害的赔偿请求;(5)船舶所有人或者救助人的受雇人提出的赔偿请求,如果根据调整劳务合同的法律,船舶所有人或者救助人对该类赔偿请求无权限制赔偿责任,或者该项法律作了高于海商法规定的赔偿限额的规定。

对救助款项或者共同海损分摊的请求不适用责任限制,是因为它们本来就是有限责任。救助款项(包括救助报酬、特别补偿和人命救助者应从财产救助者的救助报酬中分得的份额)通常不超过获救财产价值本身,而共同海损分摊不能超过因共同海损而受益的财产的价值。这种有限责任已经足以保护责任人不会承担过重的责任。而且,如果对救助款项的请求适用责任限制,不利于鼓励他人冒险救助;而如果允许船舶所有人在共同海损分摊中主张责任限制,则势必增加其他共同海损利害关系人的分摊,导致不公平的结果。

油污责任、核能损害等列入非限制性债权,是因为这些责任不发生则已,一旦发生往往危害巨大,需要特别立法约束。在我国参加的国际公约已经另有专门规定的情况下,自然应该适用专门规定。

核动力船舶造成的核能损害赔偿请求被列入非限制性债权,也是因为一旦发生往往危害巨大,需要专门立法约束,虽然目前我国尚未参加这方面的专门性国际公约,但参加相关的国际公约或作出专门的国内立法势在必行,因此也不由普通的海事赔偿责任限制制度调整。

船舶所有人或者救助人的受雇人提出的赔偿请求被列入非限制性债权,是出于保护劳动者的立法意图。船长、船员等受雇人与船舶所有人或救助人相比,在经济上处于弱势,在航海顺利时,无权参与盈利的分配,在航海不利时,却要求其分担损失,有违公正,而且对船舶安全航行也无益处。而且劳务合同是一种普通的合同,适用民法上的无限责任赔偿原则在理论上也很合理。因此在船员雇佣合同中,应优先适用劳务合同的法律而不是海商法的规定。

在"交通部广州海运局申请海事赔偿责任限制案"中,申请人交通部广州海运局所属"大庆245"轮于1986年10月18日在青岛码头进行装油前的准备工作时,该轮前部突然爆炸起火,后沉没于码头附近。本次事故造成青岛港务局码头受损、当时停泊码头的日本籍"海燕"轮船舶损害和该日籍船人员伤害等损失;并产生了清除打捞"大庆245"轮残骸的费用。申请人认为,上述爆炸事故及其损害都非其本身的实际过失和私谋造成,故向青岛海事法院提出海事赔偿责任限制的申请,愿意参照国际通常做法,保证将船舶残值人民币40万元连同从出事之日起至付款之日止按年利率8%计息的利息人民币19.92万元(预算至1992年1月18日),一并存入法院以设立责任限制基金;请求依法判决予以认可并确定优先顺序及分配程序,以最终解决因"大庆245"轮爆炸事故所产生的一切赔偿责任。青岛海事法院经审理查明:申请人系大型航运企业,设有专门的安全监督管理部门,对油轮的营运、管理制定有完备的安全防火防爆规章制度及操作规程。其所属"大庆245"轮系1977年7月在大连造船厂建造的2.4万吨级原油运输船,爆炸事故发生前,船舶技术状况正常,各种船舶证书均处于有效期内,该轮处于适航状态。船上共有船员52名,主要船员均持有港务监督签发的有效职务证书。爆炸事故及其损害属实。事故发生时该轮尚未受载,无运费收入,亦无其他赔偿收入。该轮残骸经打捞后由青岛市拆船加工公司购得,价款人民币40万元。被申请人日本国燕洋海运株式会社因此次事故造成其船舶受损而向申请人提出的索赔额为101828682日元。法院认为:本次事故引起的申请人对被申请人和其他人的赔偿责任成立,而尚无证据证明该责任的产生系申请人的故意或重大过失所造成。申请人对限制性债权的赔偿额应根据我国有关责任限制的规定确定。据此,裁定准予申请人交通部广州海运局责任限制的申请。

四、海事赔偿责任限额的计算

(一)责任限额的分类

海事赔偿责任限制的计算分为两类:对人身伤亡赔偿责任的计算和对非人身伤亡赔偿责任即财产损失的计算。两类责任限制分别计算,当人身伤亡的赔偿责任限额不足以支付全部人身伤亡赔偿请求的,其差额应当与非人身伤亡的赔偿请求并列,从非人身伤亡赔偿的责任限额中按照比例受偿。

在不影响人身伤亡赔偿请求的情况下,就港口工程、港池、航道和助航设备的损害提出的赔偿请求,应当较一般非人身伤亡赔偿请求优先受偿。

(二)救助人的责任限额

不以船舶进行救助作业或者在被救船舶上进行救助作业的救助人,其责任限额按照总吨位为1500吨的船舶计算。这是关于救助人海事赔偿责任限制的特别规定,以避免当救助人不使用船舶或在被救船舶上进行救助作业时,无法按船舶吨位计算责任限制。但如果救助人是以自己所有、租赁或经营的船舶进行救助,则仍然应按照其使用的船舶的总吨位计算责任限额。

(三)责任限额的计算方式

责任限额根据船舶总吨位分级计算,人身伤亡的赔偿请求分为5个等级,非人身伤亡的赔偿请求分为4个等级。船舶总吨位越大,责任限额越高。之所以如此,是由于大船每吨造价远低于小船每吨的造价,如果大船、小船一律以同一标准按照船舶吨数计算责任的最高限度,会造成对大船船东的不公平。

责任限额采用"计算单位"计算,与我国《海商法》中其他地方使用的"计算单位"相同,是指国际货币基金组织发行的特别提款权(SDR)。

两类赔偿限额的具体计算方法是:

(1) 关于人身伤亡的赔偿请求

总吨位在 300 吨至 500 吨的船舶,赔偿限额为 333000 计算单位;总吨位超过 500 吨的船舶,500 吨以下部分的限额为 333000 计算单位;500 吨以上部分,501 吨至 3000 吨的部分,每吨增加 500 计算单位;3001 吨至 30000 吨的部分,每吨增加 333 计算单位;30001 吨至 70000 吨的部分,每吨增加 250 计算单位;超过 70000 吨的部分,每吨增加 167 计算单位。

(2) 关于非人身伤亡的赔偿请求

总吨位在 300 吨至 500 吨的船舶,赔偿限额为 167000 计算单位;总吨位超过 500 吨的,500 吨以下部分的限额为 167000 总吨,500 吨以上部分,501 吨至 30000 吨的部分,每吨增加 167 计算单位,30001 吨至 70000 吨部分,每吨增加 125 计算单位,超过 70000 吨的部分,每吨增加 83 计算单位。

表 12-1　　　　　　　　海事赔偿责任限额

船舶总吨(单位:吨)	人身伤亡赔偿(单位:SDR)	非人身伤亡赔偿(单位:SDR)
300—500	333000	167000
501—3000	500 每吨	167 每吨
3001—30000	333 每吨	167 每吨
30001—70000	250 每吨	125 每吨
70000 以上	167 每吨	83 每吨

举例说明:甲、乙两船在港口航道相撞,过失全在甲船。碰撞造成乙船船舶损失 5000000 计算单位,船员人身伤亡 30000000 计算单位,货物损失 3000000 计算单位,同时还造成了港口设施损害 8000000 计算单位。现各受害方对甲船提出索赔。甲船总吨位是 1000000 吨。甲船主张赔偿责任限制,如果该主张能够成立,则限额的计算应该是:

首先,分别计算人身伤亡赔偿请求和非人身伤亡赔偿请求的责任限额。

其中,人身伤亡赔偿请求的责任限额是:

1—500 吨部分的赔偿限额:333000 计算单位

501—3000 吨部分的赔偿限额:2500×500＝1250000 计算单位

3000—30000 吨部分的赔偿限额:27000×333＝8991000 计算单位

30001—70000 吨部分的赔偿限额:40000×250＝10000000 计算单位

70001—1000000 吨部分的赔偿限额:30000×167＝5010000 计算单位

甲船就人身伤亡赔偿的总限额是以上各项的总和,即:25584000 计算单位。

非人身伤亡赔偿请求的责任限额是:

1—500 吨部分的赔偿限额:167000 计算单位

501—30000 吨部分的赔偿限额:29500×167 = 4926500 计算单位

30001—70000 吨部分的赔偿限额:40000×125 = 5000000 计算单位

70001—100000 吨部分的赔偿限额:83×30000 = 2490000 计算单位

甲船就非人身伤亡赔偿的总限额是以上各项的总和,即:12583500 计算单位。

由于甲船的人身伤亡赔偿责任限额不足以支付全部人身伤亡赔偿请求,其差额应当与非人身伤亡的赔偿请求并列,从非人身伤亡赔偿的责任限额中按照比例受偿,具体是:

不足部分为:30000000 - 25584000 = 4416000 计算单位

不足部分参加到非人身伤亡索赔中,全部索赔是:4416000 + 5000000 + 3000000 + 8000000 = 20416000 计算单位

人身伤亡不足部分应受偿的比例是:4416000/20416000 = 21.63%

人身伤亡不足部分实际受偿:12583500×21.63% = 2721811 计算单位

在非人身伤亡的赔偿请求中,助航设备的损失应优先受偿,因此应先从剩余的责任限额中支出,即 12583500 - 2721811 = 9861689,支出 8000000 后,还有 1861689 计算单位。

其他非人身伤亡再从剩余限额中按比例受偿,即:

船舶损害赔偿:186178×62.5% = 116361 计算单位

货物损失赔偿:186178×37.5% = 698130 计算单位

(四) 小型船舶和沿海船舶的责任限额

总吨位不满 300 吨的船舶、从事我国港口之间的运输的船舶,以及从事沿海作业的船舶,其赔偿限额不适用我国《海商法》第 210 条的规定,而应按交通部 1993 年发布,1994 年 1 月 1 日起施行的《关于不满 300 总吨船舶及沿海运输、沿海作业船舶海事赔偿限额的规定》所规定的方法确定。根据该规定,不满 300 总吨的船舶以及 300 总吨以上从事我国沿海货物运输或沿海作业的船舶,依照下列规定计算赔偿限额:

关于人身伤亡的赔偿请求:

对超过 20 总吨、21 吨以下的船舶,赔偿限额为 54000 计算单位;

超过 21 总吨的船舶,超过部分每吨增加 1000 计算单位。

关于非人身伤亡的赔偿请求:

超过 20 总吨、21 总吨以下的船舶,赔偿限额为 27500 计算单位;

超过 21 总吨的船舶,超过部分每吨增加 500 计算单位。

从事我国港口之间货物运输或者沿海作业的船舶,不满 300 总吨的,按以上规定的 50% 计算赔偿限额。300 总吨以上的,按我国《海商法》规定的从事国际

海上货物运输的船舶的责任限额的50%计算。

五、责任限制的丧失

经证明,引起赔偿请求的损失是由于责任人的故意或者明知可能造成损失而轻率地作为或者不作为造成的,责任人无权请求责任限制。

对这一标准的掌握很大程度上受法院态度的影响。如美国也有类似规定,但正如有的美国学者指出的,在美国,"在责任限制的全盛时期,要使申请责任限制的船东担当'私谋'或'知情'的罪名比让骆驼穿过针眼还难"[①]。即使现在,也是在有的国家比较容易申请到责任限制,而有的国家就很困难。从我国司法实践看,判决责任人无权享受责任限制的案件还是很多的。如承运人签发两份正本提单,导致其中一套提单持有人的损失,上海海事法院就判决承运人违反法律规定和航运惯例,擅自签发两套正本提单,导致原告损失,这是承运人明知可能造成损失而轻率的作为造成的,应依法赔偿原告经济损失,并不得享受责任限制。

"责任人"的故意或者明知,在责任人是自然人时相对容易判明。但在责任人是公司时,哪些人的故意或者明知可以算做公司的故意或者明知,则可能发生争议。如船舶配备不足,可能被视为船舶所有人的故意或者明知,船长、船员未经过适当训练,也可能被视为船舶所有人的故意或者明知。

在"春木一号轮海事赔偿责任限制案"中,韩国租赁发展有限公司所属韩国籍"春木一号"轮在大雾天气、能见度极低的情况下,在没有引航员引航的情况下,贸然自航进入我国湛江港,结果在进港过程中与他船相撞,导致"春木一号"轮所载化学品泄露,严重污染了我国港口海域。事故发生后,"春木一号"轮船东向广州海事法院提出海事赔偿责任限制申请。海事法院经调查查明,"春木一号"轮没有配备任何文字版本的各国港口包括中国港口的航路指南、灯塔表等必备的航海资料,船长、大副和其他一些船员都没有经过必须的专业训练,也没有持相应的技术证书。而且在能见度不良的情况下无引航员引领擅自盲目进港,对船舶发生碰撞并造成污染有严重过错,因此判决韩国租赁发展有限公司已丧失了责任限制的权利,驳回了该公司的责任限制申请。[②]

对"不适航"的明知,不一定是对"可能造成损失"的明知。不能仅仅因为船舶不适航,而且船舶所有人明知船舶不适航,就认为船舶所有人一定丧失了责任限制的权利。

---

① 〔美〕G.吉尔摩、C.L.布莱克著:《海商法》,杨召南等译,中国大百科全书出版社2000年版,第1171页。

② 案件详情请见金正佳主编:《中国典型海事案例评析》,法律出版社1998年版,第583—591页。

六、事故主义

在以什么为标准计算一次责任限额这个问题上,存在航次主义和事故主义之分。航次主义以一个航次为单位计算一次责任限额,一个航次内发生的所有赔偿请求都在这个限额内进行支付。事故主义是以一次事故而不是一个航次为单位计算一次责任限额,一个航次如果发生多次事故,就要计算多次责任限制。我国《海商法》采用的是事故主义。《海商法》第212条规定:"本法第210条和第211条规定的赔偿限额,适用于特定场合发生的事故引起的,向船舶所有人、救助人本人和他们对其行为过失负有责任的人员提出的请求的总额。"

由于是将一个特定场合发生的事故引起的各项请求的总额计算一次责任限制,因此,如果一个航次发生了若干次事故,引起了若干海事赔偿请求权,将这些请求权按事故进行分组就成为必不可少的。而在各次事故时间上相距不远时,这种分组有的时候会非常困难。我国《海商法》没有规定应如何对"一次事故"进行划分,这可能引发纠纷。通说认为,应以造成各项请求权产生的是否是同一原因为标准进行划分。如果是同一原因造成了相继产生的若干请求权,如船长一次操作失误导致船舶先后与另两艘船舶相撞,则被撞的两艘船舶的损失应视为一次事故中产生的。相反,如果船长一次操作失误导致船舶与一船相撞,而其后由于慌乱又再次操作失误导致船舶与另一船相撞,则被撞的两艘船舶的损失应视为分别在两次事故中产生。①

七、海事赔偿责任限制制度与其他制度的关系

(一)海事赔偿责任限制制度与承运人责任限制制度的关系

在海上货物运输合同法和旅客运输合同法中,都有关于承运人责任限制制度的规定。承运人责任限制制度与海事赔偿责任限制制度虽然名称相似,但却是两种不同的责任限制制度。承运人的责任限制是承运人针对某件或某单位货物的最高赔偿额,或对每位旅客或每件行李的最高赔偿额。而海事赔偿责任限制则是责任限制主体针对某次事故引起的全部赔偿请求的最高赔偿限额。它们在限制主体、限制数额、责任限制丧失的条件以及适用情况等方面都有许多不同。不过,这两种责任限制制度也可能同时起作用。举例说明,如果船舶不适航引起船舶在运输途中遇险,不仅损坏了船载货物,还引起了船员的人身伤亡以及第三方的财产损失。事后,承运人首先要面对受损货物的货主提起的索赔,而如果承运人同时还是船东,他还要面对船员人身伤亡索赔以及财产受损的第三方

---

① 参见司玉琢、吴兆麟著:《船舶碰撞法》,大连海事大学出版社1995年版,第255页。

的索赔。在处理全部这些索赔时,首先应该根据海事赔偿责任限制制度的规定,以船舶吨位为基础,算出一个总的赔偿责任限额。然后,在这个限额以内对每笔索赔进行全额或按比例的赔偿。其中在计算对受损货物应该赔偿的数额时,不是按实际受损的金额进行计算,而是根据承运人责任限制制度的规定,以件或单位为基础,算出每件或每单位货物应该赔偿的最高数额。

(二)海事赔偿责任限制与船舶优先权的关系

海事赔偿责任限制是海商法中对债务人进行特殊保护的一项制度,而船舶优先权则是海商法中对债权人进行特殊保护的一项制度。有些债权债务关系中,债权人受船舶优先权担保保护,而同时债务人又受海事赔偿责任限制的保护。如我国法下,在船舶营运中发生的人身伤亡赔偿请求,船舶在营运中因侵权行为产生的财产赔偿请求等就属于这种状况。

英国曾经通过判例确认,在船东享受责任限制的案件中,船舶优先权人仍然有权在限额内优先于其他债权人受偿,即使其他债权人因此不能得到任何清偿。[1] 但 1958 年英国《商船法》(Merchant Shipping Act, MSA)已经改变了立场,规定任何针对船舶或其他财产的抵押或担保权,都不得影响责任限制基金在不同请求人之间的分配份额,即各债权人在分配时居于平等地位。英国法的立场现在也仍然如此,并受到其他许多国家的效仿。

我国《海商法》第 30 条规定,《海商法》中关于船舶优先权的规定,不影响第十一章关于海事赔偿责任限制规定的实施。最高人民法院的司法解释中更进一步明确,责任人设立海事赔偿责任限制基金并依法可以限制赔偿责任的,债权人以其海事请求具有船舶优先权为由主张从基金中优先受偿的,海事法院不予支持。

八、责任限制基金

海事赔偿责任人在初步被认定有责任时,如果希望在被追究责任时可以限制赔偿责任,就可以向有管辖权的法院申请设立责任限制基金。这笔基金是根据责任限制的计算方法算出的对人身伤亡和非人身伤亡的赔偿限额的总和,加上从事故发生引起责任之日起到基金设立之日止的利息。它可以用现金,以可以用法院认可的担保方式缴付,专门用以支付援用责任限制的索赔。

海事赔偿责任人设立责任限制基金的好处是,基金设立后,向责任人提出请求的任何人,不得对责任人的任何财产行使任何权利。责任人的船舶或者其他财产已经被扣押,或者基金设立人已经提交抵押物的,法院应当及时下令释放或者责令退还。这是因为,基金的设立已经向债权人提供了足够的担保,如果再允

---

[1] The Countess, [1923] AC.

许债权人采取扣押财产等行动,就会形成事实上的重复担保,不利于责任人权利的保护。这里的"任何人",是指任何基于基金设立的同一事故,援用同一次责任限制的索赔人。

基金设立后,法院应发出公告,通知限制性债权人参与责任限制基金清偿,接受其他对申请人享有债权的债权登记,审查其债权是否属于限制性债权(即可参与责任限制基金清偿的债权)。限制性债权确定后,法院即应及时召集限制性债权人协商责任限制基金的分配,能达成协议的,按协议分配责任限制基金;不能达成协议的,则按比例判决责任限制基金的分配。关于海事赔偿责任限制基金的设立和分配程序,我国《海事诉讼特别程序法》有专门规定。[①]

责任人申请责任限制和设立责任限制基金,都不表明其对责任的承认,经过法院审理后,如果查明责任人不应承担责任,则基金应该退还给责任人。

如果经审查发现,责任限制的请求不能成立,设立基金的法院还能继续审理实体问题吗?有的国家如美国法院似乎倾向于认为,无论责任限制的问题最后是怎么决定的,法院一旦认定它有管辖权,它就应当审个水落石出。但我国《海商法》和《海事诉讼特别程序法》对这个问题都没有明确规定。

九、责任限制的法律适用

海事赔偿责任限制的申请常常会有涉外因素,要涉及到法律适用问题。这在很大程度上取决于对海事赔偿性质的认定:即认为它是权利问题,还是赔偿问题。如果认为它是权利问题,这就是一个实体法的问题;而认为它是赔偿问题,就可能被视为是一个程序法问题。在著名的"TITANIC 轮案"中,涉及到这个问题。这艘挂英国旗的著名巨型轮船碰撞冰山沉没后,船舶所有人在预计的航程目的地美国申请责任限制。英国和美国的请求人都主张适用英国责任限制法,因为该法规定了即使船舶全损,也有赔偿基金(金额制,美国是船价制)。美国最高法院最后认为,责任限制是程序性问题,应适用法院地法,选择在美国起诉船东的请求人在赔偿问题上应该受美国责任限制法的限制。但即使在美国,如果另一国的法律将责任限制视为实体问题而非程序问题,法院应该如何处分也还是不明确的。

第四节 海事赔偿责任限制制度的作用和局限性

海事赔偿责任限制制度是海商法特有的一种制度,是民法一般损害赔偿原

---

① 详见本书第十五章第三节。

则的特别规定。它的作用主要是通过限制船舶所有人的赔偿责任,使投入航运的资本得到一定保护,从而促进航运业的发展。各国一般将海事赔偿责任限制作为扶植造船工业、奖励航运、发展国际贸易的一种重要方法,与其航运政策相互配合。如以航运大国美国为例。在绝大多数海运国家的立法中都已将责任限制列为重要内容的时候,美国法院一度仍然拒绝采用责任限制制度。但随着美国商船队的崛起,保护船东和航运业的政策考虑占了上风,责任限制的原则也就很快被国会接受并据此制定了法律。1851年,美国有关船舶所有人责任限制的法律很顺利得到通过。制定该法的主要目的,就是为了使美国船东在责任限制方面和英国船东能处于平等的竞争地位。以后,通过司法解释,美国船东被赋予了比英国法下的船东更多的保护,凡是申请责任限制的案件,几乎无一不被核准。但是大约从1930年开始,早期立法和司法实践中对责任限制原则的热情降温了,1935年,美国国会对责任限制法进行了首次实质性的、与船东利益相悖的修正。有的法官提出,1851年导致国会通过责任限制法的航运业的许多情况已不复存在,而今后如要扶植航运事业,与其由受伤害者掏钱资助,不如规定由国库拨款给予补贴。[①] 有人认为,这种观点完全不是出于对航运业的敌视,而是承认责任限制法将丧失其经济上的效用这一事实。因为当今的公司组织形式和普及的保险预防措施,已经使航运业的情况与以前完全不同。

海事赔偿责任限制制度的各种制度都各有其不利之处。我国采用的金额制最大的问题是,由于是按船舶吨数负人的有限责任,船舶所有人为了逃避责任,往往会利用公司法上有限责任的规定,通过设立单船公司的形式,逃避本应承担的债务,这对于鼓励发展大型海运公司不利。而且,金融市场具有不稳定性,金额制以每吨固定的若干金额计算责任限额,很可能不能及时反应船舶造价,导致发生计算与事实显著不符的现象。

海事赔偿责任限制制度可能造成对债权人的不利,而这种不利通过船舶优先权制度得到了缓和。船舶优先权制度使船舶所有人的债权人(主要是因船舶所有人责任限制而受到不利影响的债权人)在法律规定范围内享有优先受偿的权利,通过其清偿机会因顺位优先而提高,达到缓和责任限制制度造成的债权不能得到十足清偿的不利影响。

随着海上保险的发展,责任保险的完善,海事赔偿责任限制制度的存在也受到了一定挑战。

---

① 〔美〕G. 吉尔摩、C. L. 布莱克著:《海商法》,杨召南等译,中国大百科全书出版社2000年版,第1128页。

第四编 海上保险法

第十三章 海上保险合同

在本章中,我们将

——学习海上保险的基本原则

——了解海上保险合同的主要条款

——掌握海上保险索赔、理赔的方法

——分析海上保险与一般财产保险的不同

第一节 海上保险合同概述

一、海上保险合同的概念和特点

海上保险合同,是指保险人按照约定,对被保险人遭受保险事故造成保险标的的损失和产生的责任负责赔偿,而由被保险人支付保险费的合同。[①] 海上保险合同中的"保险事故",指保险人与被保险人约定的任何海上事故,包括与海上航行有关的发生于内河或者陆上的事故。

海上保险合同是一种特殊的财产保险和责任保险合同。与一般保险合同相比,海上保险合同有以下几个突出的特点:

(1) 海上保险合同承保的风险主要是海上风险,但也包括一定的水陆混合性风险。如在海上货物运输保险合同中,通常承保的风险是"仓至仓"的风险,即从货物起运地仓库到目的地仓库的全程风险,其中就既包括海运风险,也包括陆地运输的风险。

(2) 海上保险合同是遵守"最高诚信原则"的合同。诚实信用是民法的基本原则,任何合同都必须遵守。但海上保险合同对诚实信用的要求不仅比一般合同高,比一般保险合同也都更高。如一般保险合同中只要求被保险人承担"询问告知"的义务,而海上保险合同中被保险人就要承担"无限告知"的义务。这是因为海上保险中,由于货物与代表货物的单证的分离,由于船舶所涉及的复杂的技术性,由于保险往往是在远离船舶、货物的地方缔结的等等因素,导致了在海上保险合同中,对合同双方的诚实信用程度要求特别高,英国海上保险法因而将"最高诚信原则"视为海上保险合同的一项基本原则。我国《海商法》虽然没有明确提出"最高诚信原则",但在具体规定中体现了这一原则。

(3) 海上保险合同特别强调效率原则。海上保险合同是一种商事合同,特别强调保障交易的顺利进行。海上保险合同法中的推定全损和委付、法定保险价值等特殊制度都体现了促进商业交易迅速完成的原则。

区分海上保险与一般财产保险的关键,不是财产是否处于海上,而是承保对

---

① 见我国《海商法》第216条。

象是否海上风险引起的"海上事故"。如在一个案例中,船舱内挂的一幅装饰用的名画被空调滴下的水损坏,法院认为,这种事故与海上风险无关,因此不属于海上保险的范围。船舶碰撞码头上的建筑物也是不难见到的事故,但一般也认为,这种事故并非海上事故。

港口设施或者码头等作为保险标的的保险合同纠纷案件是否属于海商法调整的海上保险合同纠纷案件,有不同的观点。一种观点认为,港口设施或者码头作为保险标的的保险合同纠纷属于海商法调整的海上保险合同纠纷案件,应当优先适用海商法的规定。海商法没有规定的情况下可适用保险法的规定。另一种观点认为码头等设施作为海岸设施,应当作为一般财产保险,不属于我国《海商法》第216条规定的海上保险合同纠纷,故适用保险法较为适宜。

根据最高人民法院《审理海上保险纠纷案件若干问题的规定》,码头上的设施的保险不是海上保险。理由是海商法调整的海上保险合同中的保险事故应当仅限于与航行有关的海上事故,其他海上风险引起的保险事故,不应由海商法调整,应当适用保险法的有关规定。

发生船舶触碰港口设施或者码头的事故,保险人依据保险合同赔付被保险人后,可以向有责任的第三人提起追偿诉讼。该追偿诉讼是船舶触碰港口设施或者码头的事故引起的纠纷,当然属于海事纠纷案件,应当适用海商法的规定。但是我国《海商法》有关船舶碰撞一章的规定,并不适用于船舶触碰。因此,实践中对于船舶触碰引起的损害赔偿纠纷,会适用《民法通则》有关侵权纠纷的民事责任确定当事人的责任,判定触碰事故的责任人承担全部赔偿责任。虽然我国《海商法》关于碰撞的规定仅限于船舶之间的碰撞,对船舶触碰港口设施或者码头没有规定。但船舶触碰港口设施或者码头,对船舶来说,是属于海上航行中发生的事故,是典型的海事侵权纠纷案件,应当适用海商法的规定。除碰撞责任外,海商法中关于海事赔偿责任限制、船舶优先权等制度均应适用。故我国司法解释中规定对因船舶触碰港口设施或者码头造成损害,保险人在赔付被保险人后向第三人提起追偿诉讼的,应当适用海商法等有关法律规定,第三人有权援用海商法规定的责任限制等进行抗辩,保险人有权依据海商法的规定,主张船舶优先权。

二、调整海上保险合同的法律规范

海上保险和海上保险法有悠久的历史,早在罗得海法中就有萌芽状态的海上保险的规定。而且,许多国家的陆地保险法都起源于海上保险法。如法国最早的保险立法就是1681年颁布的《海事条例》第六章中对海上保险的规定,该法中对海上保险的主要原则、海上保险事故的处理等的规定以后又被并入《商法典》的"海商"编中,对以后的法国保险立法影响很大。英国作为世界上保险业最为发达的国家之一,其保险立法具有悠久的历史。1906年英国正式颁布了《海上保险法》,即使在保险业蓬勃发展的今天,这部法律仍然对各国的保险立法具有深远影响。德国保险立法也始于海上保险法的规定,早在1731年就制定了《汉堡保险及海损条例》。

关于海上保险目前尚未制定统一的国际公约,而由各国国内保险法或合同法调整。在我国,海上保险主要受《海商法》第十二章"海上保险合同"的约束。《海商法》没有规定的,适用我国1995年制定的《保险法》的有关规定。

由于我国海事法院在审判实践中出现了对有关保险纠纷案件的法律适用、被保险人的告知义务、保险合同中免责条款的效力以及保险人行使代位请求赔偿权利等问题认识不一致的情况,为解决实践中存在的困难和问题,统一裁判尺度,最高人民法院颁布了《审理海上保险纠纷案件若干问题的规定》,于2006年11月13日通过,2007年1月1日起施行。

虽然没有公约,但各国海上保险的基本原则和规定差别不是很大,这在一定程度上得益于英国法的影响。由于英国海上保险比较发达,1906年制定的《海上保险法》比较完善,以条文的形式确立了保险的基本原则,如最大诚信原则、可保利益原则、近因原则和代位求偿原则等,对世界各国后来的海上保险立法影响很大。另外,英国作为国际海上保险业的中心之一,其保险业的许多做法也在行业内得到普遍认同。如英国保险协会制定的标准保险合同条款——协会货物险条款,在国际保险市场上得到广泛采纳,据统计,全世界约有2/3的国家,包括约3/4的发展中国家在采用它。这大大促进了海上保险法的国际统一性。

第二节 海上保险合同的订立、转让和解除

一、海上保险合同的订立

(一)海上保险合同的成立和生效

我国《海商法》对海上保险合同的成立没有作出任何特别规定,因此,海上保险合同的成立应依据《保险法》的相关规定确定,即:投保人提出保险要求,经保险人同意承保,并就合同的条款达成协议,保险合同成立。

实践中,投保人一般是通过电话、传真或当面向保险人或其代理人提出投保意向,索要并填写投保单后交给保险人,这一过程构成了海上保险合同订立中的要约。保险人收到投保单后,对保险条件和保险费率等进行确定,然后通知投保人接受投保,这一过程构成了海上保险合同订立中的承诺。在承诺到达投保人时,保险合同即告成立。

海上保险合同不一定必须采用书面形式订立，口头订立的海上保险合同只要有充分证据证明其存在，也具有同样的法定约束力。

通常情况下，依法成立的合同，自成立时生效。但海上保险合同中往往对合同的生效规定一些附加条件，如规定"保险费支付时合同生效"，或"保险单签发时合同生效"。这种情况下，海上保险合同在条件成就时生效。还有的海上保险合同会对合同规定一些解除条件，如规定"保险费必须及时支付，保险费不付的，保险合同自行解除"，这种情况下，海上保险合同在条件成就时失效。

在英美国家的海上保险市场还有一种很特殊的海上保险合同缔结方式。具体程序大致是，希望投保的一方将货物、航次的具体情况、装载情况、船名、希望投保的类别等要求告诉保险经纪人（insurance broker），经纪人将所有这些情况写在一张被称为"保险条"（slip）的文件上，然后交给他选定的信誉良好，有影响力的保险人（领头保险人）。领头保险人如果愿意接受投保，他将和经纪人一起商定保险合同条款和保险费率，然后在保险条上表明愿意接受全部还是部分风险，如果他愿意承保的是部分风险，经纪人将继续把保险条送给其他保险人，其他保险人根据领头保险人确定的条件决定是否承保，直到全部风险都已经有人承保。在保险条上签字使保险人和被保险人之间产生合同关系。保险单随后签发。保险单签发后，被保险人应交付保险费，迄今为止，英美两国的海上保险业绝大部分是通过经纪人提供的服务来完成的。这种订立方式下，存在海上保险合同何时成立、保险经纪人的法律地位如何等诸多法律上的问题。

（二）保险单据

保险合同签订后，保险人应当及时向被保险人签发包括所有合同条件的保险单（policy）[1]。保险单有三个主要的作用：它是保险合同成立和其内容的书面证明；是货物发生损失时索赔的主要依据；是买卖合同中卖方向买方提交的装运单据的重要组成部分。

保险单不是合同，而是合同的书面证据，其签发与否不影响保险合同的成立。不过在有的国家，如英国法下，保险单是证明海上保险合同的唯一证据。我国《海商法》第 234 条规定："除合同另有约定外，被保险人应当在合同订立后立即支付保险费；被保险人支付保险费前，保险人可以拒绝签发保险单证。"司法解释进一步明确，被保险人不如约支付保险费，如果保险人尚未签发保险单，保险责任开始前，保险人有权解除保险合同。但保险责任开始后，保险人以被保险人未支付保险费请求解除合同的，法院不予支持。[2]

---

[1] "policy"一词是从拉丁语 pollicitatio 而来，意为承诺（promise），最先是在地中海贸易中出现。据说现存最早的一份保险单是 1347 年 10 月 23 日从 Genoa 到 Majorea 的船名为 Santa Clara 的船舶航次保险单。

[2] 参见最高人民法院《审理海上保险纠纷案件若干问题的规定》第 5 条。

实际业务中也常常使用一些不完全具有保险单的所有特征,法律效力没有保险单强的其他一些文件来代替保险单。这些文件中常见的有保险证书(certificate of insurance)、经纪人保险凭条(broker's cover notes)、保险通知信(letters of insurance)等。

保险证书在开口保险下使用特别多。它由两部分组成:第一部分重复货物投保的开口保险合同的重要条款,第二部分包括本次发运的货物价值、航次和标志以及其他货物细节。该证书由受委托安排开口保险合同的保险经纪人签发或由被保险人自己签发。它使持有人有权要求保险人按保险证书的条件签发保险单或进行索赔。CIF合同下有时可能接受这种证书替代保险单。

保险经纪人开具的保险凭条是经纪人送给其客户,通知后者保险已经安排妥当的文件。它们的实际价值低于保险证书。一般买方不会接受它代替保险单。

保险通知信是卖方(被保险人)写给买方的信函,通知买方已经为货物投保。这种通知可能正确也可能不正确,其价值取决于买方对卖方的信任度。它的价值更低,极少被用作买卖合同下的装运单据。但在买方对卖方的诉讼中可以被用来充当证据。

这些替代文件在实际业务中使用的主要原因是保险单的准备往往需要较长时间,特别是在有多个保险人时需要的时间更长。而收货人为了能够及时提取货物,往往需要迅速得到包括保险单在内的全套单据。为了节省时间,方便业务进行,买方习惯接受保险经纪人开具的凭条等文件而不坚持一定要保险单。

(三) 保险合同的当事人(保险人与被保险人)

海上保险合同的双方是保险人与被保险人。保险人是以接受保险费为条件,承保一定危险,并以金钱赔偿因承保危险造成的损害的人,实务中,常常是保险公司。被保险人是订立保险合同,有义务支付保险费,并享有保险赔偿请求权的人。

我国《海商法》仿效英国海上保险法,只规定了被保险人的概念未规定投保人,而我国《保险法》中,则不仅规定了被保险人,还规定了投保人的概念。其中,投保人是与保险人订立保险合同,并按照保险合同负有支付保险费义务的人。被保险人是其财产或人身受保险合同保障,享有保险金请求权的人。投保人可以是被保险人,也可以不是。这与海上保险合同的情况不一样,因为海上保险合同中,根据我国《海商法》的现行规定,投保人只能是被保险人。

由于我国《海商法》规定被保险人只能是投保人,某些情况下不能满足海上保险实务的要求。如在CIF价格术语下,应由卖方自费为买方的利益订立海上货物运输保险合同,但在现行法律下,卖方只能先为自己订立保险合同,然后用转让保险合同的方式使买方得到保险合同的利益,这在实务中会造成诸多不便并可能带来额外的法律问题。因此,一些学者已经提出,应修改我国《海商法》

中对海上保险合同主体的相关规定,以与我国《保险法》的规定保持一致①。

（四）保险标的

保险标的是作为保险对象的财产及其有关利益。作为海上保险的保险标的必须具有两个基本特征:(1) 是可以用货币表示其价值的财产;(2) 是与海上航行有关的财产。英国 1906 年《海上保险法》规定,任何一种合法的海上运输都可以作为海上保险合同的标的。我国《海商法》则以列举的方式规定以下七项可以作为海上保险标的,即:船舶;货物;船舶营运收入,包括运费、租金、旅客票款;货物预期利润;船员工资和其他报酬;对第三人的责任;由于发生保险事故可能受到损失的其他财产和产生的责任、费用。以上第七项是概括性的规定,但应做限制性解释,即所谓"其他财产"应该和前列六项有相同的性质,只能是与海上航运相关而可能发生危险的财产,而不能是任何财产。

除列明的保险标的外,保险人也可以将其承保的危险,转而向其他保险人投保,这就是"再保险"。除合同另有约定外,原被保险人不得享有再保险的利益。

在发生保险事故时,保险人只对保险标的的损失进行赔偿。通常情况下什么是保险标的并不难判断,但在有的情况下也会引起争议。如在承保船舶进行拖带作业时,被拖船与拖船之间是否能视为一个船组,从而使被拖船也成为保险标的就可能引起争议。以下两个案例从不同方面说明了这个问题。

在"德跃轮保险纠纷案"中,1993 年 12 月 31 日,保险公司承保了广州海上救助打捞局所属"德跃轮"的包括碰撞责任在内的"一切险"。在保险责任期间,"德跃"轮在拖带"滨海 308"驳船时,因操作不当,导致"滨海 308"驳船与一艘锚泊船"澜沧江"轮相撞,致使"澜沧江"轮受损。广州海事法院认为,尽管被保险船舶在拖带作业中,对其拖带的驳船与他船相撞负有间接碰撞责任,但这种责任不属于船舶保险条款列明的保险责任,因而不应由保险公司承担。原告广州海上救助打捞局不服判决提起上诉。二审法院认为,保险合同明确约定,保险合同保险的船舶是"德跃"轮,保险公司在"一切险"中承担的船舶碰撞责任之一是因被保险船舶与其他船舶碰撞而引起的被保险人应负的法律责任,"滨海 308"驳船只是"德跃"轮的拖带物,不是船舶属具,尽管为了实施拖带作业,"滨海 308"驳船通过拖带缆绳与"德跃"轮发生了物理上的连接,但两船之间仍有较大的相对运动的自由度,两船仍是各自独立的完整的船体,不足以使驳船成为拖船的一部分,因此,不能将"滨海 308"驳船与他船发生的碰撞视为"德跃"轮与他船发生的碰撞。判决驳回上诉,维持原判。②

---

① 参见李昊:《论我国〈海商法〉中海上保险合同主体制度的修改和完善》,载《海商法研究》第 4 辑,法律出版社 2001 年版。
② 案情详见金正佳主编:《中国典型海事案例评析》,法律出版社 1998 年版,第 595 页。

在"福建省粮食海运公司诉中保财产保险有限公司福州经济技术开发区支公司保险合同纠纷案"中,1994年12月31日,原告海运公司就其所有的"明隆"轮向被告保险公司投保船舶险,同日保险公司签发了保险单。保险单载明保险船舶为"明隆"轮,保险责任范围包括"碰撞责任",保险期间为1995年1月1日至1995年12月31日。1995年11月22日,"明隆"轮在进靠连云港第11号泊位过程中,因受风的影响及操作不当,致使协助该轮靠泊的"云港九号"拖轮碰撞25号灯浮标并造成双方损害。责任人海运公司向双方赔付后,转而向保险公司提出索赔。保险公司辩称:保险标的"明隆"轮并未直接碰撞"运港九号"拖轮或25号灯浮标,原告即使有操作失当,也是基于船舶拖带发生的赔偿责任,不属于保险责任。审理此案的厦门海事法院认为,根据保险单背面所附"中国人民保险公司国内船舶条款",保险机动船舶或其拖带的保险船舶与他船、他物发生直接碰撞责任事故,导致被碰撞的船舶及所载货物或者被碰撞的码头、港口设施等遭受损失,依法应由被保险人所负的赔偿责任,由保险人负责赔偿,因此判决保险公司应对灯浮标的损失承担责任。但"运港九号"轮的损失虽然也是由于被拖轮的过错造成的,但因为拖轮与被拖轮之间没有发生直接碰撞,且本案中把拖轮与被拖轮视为一个整体,将保险的被拖轮的直接碰撞责任扩大到被拖轮过错导致的拖轮触碰他物的责任,所以拖轮的损失既不是被拖轮船舶险的范畴,也不属于因碰撞造成的他船损失的范畴,保险公司不承担责任。[①]

某些情况下,保险合同订立时,无法确定保险标的是否已经灭失。被保险船舶或货物是否已经沉入海底。保险业为此发展出了一种"不论灭失与否"(loss or not loss)的保险条款,即在保险合同中规定,即使在投保当时损失已经发生,保险人仍应赔付。这种条款被认为是有效的。但如果被保险人在投保时已经确知保险标的已经不再存在,则不仅这一条款,而且整个保险合同都将无效。我国最高人民法院《审理海上保险纠纷案件若干问题的规定》第10条也明确规定,保险人与被保险人在订立保险合同时均不知道保险标的已经发生保险事故而遭受损失,或者保险标的已经不可能因发生保险事故而遭受损失的,不影响保险合同的效力。

(五)可保利益

1. 只有具有可保利益的人才可以投保

保险合同是一种"赔偿合同",即保险的目的是为了填补由于特定风险造成的特定经济损失。只有受到损失的人才能得到赔偿。如果与保险标的没有任何关系的人也可以为保险标的投保,并在保险标的发生灭失或损坏时得到赔偿而获利,则保险就可能沦为一种以他人的不幸进行赌博的工具,甚至还会对保险标

---

① 案情详见金正佳主编:《中国典型海事案例评析》,法律出版社1998年版,第595页。

的的安全产生不利影响。为避免这种情况发生，英国海上保险法率先规定，只有具有可保利益的人才能订立保险合同，没有可保利益的人投保的保险合同是无效合同。英国法的这种规定被其他国家纷纷仿效。我国《海商法》中虽然没有对可保利益进行规定，但我国《保险法》明确规定：投保人对保险标的应当具有保险利益。投保人对保险标的不具有保险利益的，保险合同无效[①]。这一规定对海上保险合同同样适用。商业中有时使用一种"不论有无保险利益"或"保险单证明保险利益存在"（Policy Proof of Interest, PPI Policy）的合同，规定保险人放弃依据被保险人没有可保利益而拒赔的权利。这种合同严格讲是没有法律效力的。但实际业务中投保人和保险人一般都把这种合同视为有效合同使用，因此保险人拒付这种合同会丧失商业信誉。为此，这种保险又称为"信誉保险单"。

2. 什么是可保利益

所谓可保利益，又称为保险利益，是指投保的人对保险标的有一定的利益关系，可能因为保险标的的损害受到损失，或因为保险标的的安全而得到利益。这里的利益应该是法律上承认的利益。商业中承认的利益并不一定总是能作为法律上认定的可保利益。如在英国法院1920年受理的"Cheshir & Co. v. Vaugham Bros. 案"中，仓库为将要运到的货物进行投保，因为它为货物预留的仓位在货物安全运到后才可能产生利润。虽然仓库对货物到达明显具有商业上的利益，但法院判决仓库对货物没有法律上的可保利益，故不得投保。

具体什么是法律上承认的利益，我国《海商法》和《保险法》都没有进一步的规定。从各国立法例和司法实践看，首先拥有保险标的的所有权一般被认为具有可保利益。如在船舶保险中的船舶所有人，或在国际货物运输保险中的货物所有权人，一般都具有可保利益，可以投保。其次，根据法律或合同承担保险标的灭失的风险一般也被认为具有可保利益，如国际货物买卖中的买方在所有权转移前可能已经承担了货物的风险，则其对货物具有可保利益。又如，船舶抵押权人也承担了部分抵押船舶灭失的风险，因此对于被抵押的船舶具有可保利益，可为抵押期间的船舶安全投保。再次，承担法律责任的人一般被认为对该种责任具有可保利益。如货物保险人在发生承保事故时必须对被保险人进行赔付，因此对货物的安全运输也有可保利益，可对承保的风险进行再保，即将承保的风险向其他保险人投保。承运人对其在运输合同下承担的运输责任也可以进行投保。

对保险标的的只有部分利益也可以是可保利益，如未分割的货物的各个买方都能对货物进行投保。附条件的或可能被挫败的利益也是可保利益，如买方检验货物前由于可能行使拒收权对货物只是有条件的所有，而在卖方可能行使中

---

① 参见我国《保险法》第11条。

途停止交货权时拥有的是可能被挫败的利益,但这些都不妨碍他投保。然而公司的股东虽然是公司的所有人,但对公司的财产没有可保利益。

3. 何时必须具有可保利益

可保利益在投保时不一定要存在,只要预计将取得就可以了,但在损失发生时必须存在①。唯一的例外是投保时保险标的已经丧失,但被保险人并不知情,这种情况下虽然在损失发生时被保险人已经没有可保利益,但仍可以要求赔偿。

(六) 告知义务

1. 被保险人的告知义务

海上保险合同和其他保险合同一样,是一种对诚实信用要求很高的合同。英国法下将海上保险合同称为"最高诚信合同",并据此要求在该类合同下被保险人要承担披露、如实陈述、保证等义务。我国《海商法》没有明确提到保险合同是"最高诚信合同",但对被保险人的告知义务等方面的规定,也明显体现了对海上保险合同的很高程度的诚实信用的要求。

所谓被保险人的"告知义务",是指合同订立前,被保险人应当将其知道的或者在通常业务中应当知道的有关影响保险人据以确定保险费率或者确定是否同意承保的所有重要情况如实告诉保险人②。这和一般合同中当事人有权对他们知道的、即使可能影响另一方当事人的判断的情况保持沉默不同。这样规定的原因是保险合同中双方知道的信息是不平衡的,投保人知道保险标的的所有情况,保险人则只有依赖投保人的陈述才能获取有限的信息。海上保险合同中的告知义务与一般保险合同中的告知义务也有不同。海上保险合同中,被保险人承担的是"无限告知义务",即被保险人必须主动向保险人告知重要情况,而在一般保险合同中,根据我国《保险法》的规定,投保人承担的是"询问告知义务",即保险人如果就保险标的或者被保险人的有关情况提出询问,投保人才必须如实告知。③

2. 重要情况

作为告知义务内容的情况必须是重要的、能影响谨慎的保险人决定是否接受投保以及如何确定保险费率的情况。情况可以是关于保险标的的,如货物是装在搪瓷箱里而不是装在被保险人宣称的木箱里将构成对告知义务的违反。也可能是关于被保险人或第三人的。如被保险人几次被其他保险人拒绝承保有可能被认为是重要情况。又如被保险人和负责货物运输的承运人之间签订有超出

---

① 在具有可保利益的时间问题上,许多国家对一般财产保险和海上保险有不同规定。在一般财产保险中,被保险人必须在订立保险合同时和损失发生时都具有可保利益,而在海上保险中,只要求被保险人在损失发生时必须具有可保利益。参见陈欣著:《保险法》,北京大学出版社2000年版,第51页。
② 参见我国《海商法》第222条。
③ 参见我国《保险法》第16条。

一般范围的免责条款也可能被认为是重要情况,因为在承运人过失导致货物损失时,保险人可能希望赔付被保险人后进行代位求偿,而免责条款将使保险人的权利受到损害。重要情况必须是事实而不能是猜测、设想或对未来事情的预测。减少风险的任何情况,不属于必须告知保险人的重要情况。

3. 被保险人知道或应当知道

被保险人需要告知的并非所有重要情况,而是被保险人"知道或应当知道"的情况。被保险人知道的情况,是指特定被保险人在与保险人签订合同时,已经实际了解到的有关保险标的风险的各种情况。被保险人应当知道的情况,是指被保险人只要尽了在通常业务过程中应有的谨慎,在通常业务中就可以了解到的情况。什么是"应有的谨慎",理论上有客观主义与主观主义两种标准。客观主义认为应以"通常的"被保险人应有的谨慎为标准,而主观主义则认为,应以投保的"特定的"被保险人所实际具备的工作能力和当时的环境等为考虑因素确定一个谨慎的标准。

4. 保险人知道或应当知道

并非所有被保险人知道或应当知道的重要情况都需主动向保险人进行告知。如果情况是保险人知道,或在通常业务中应当知道的情况,保险人没有询问的,被保险人无需告知[①]。也就是说,对保险人知道或应当知道的情况,海上保险中的被保险人承担的义务只是和一般保险合同中一样的"询问告知义务",即只有保险人询问时才必须告知。

什么是保险人知道或应当知道的情况,在实践中有时并不容易判明。

在青岛海事法院审理的一个案件中,青岛船厂为日本公司制造了一个港口装卸用的钢架结构,按 CIF 日本港口条件运输。货物由中国人民保险公司青岛公司承保一切险及战争、罢工险。货物在运输途中遭遇大风受损。日本公司在青岛起诉,向保险公司索赔 20 万美元。保险公司提出,该批货物是装在驳船舱面,由拖轮拖带航行,而投保人在投保时并未向保险人告知这一重要情况,因此拒赔。日本公司则认为,其投保时提供给保险公司的货物发票上已经写明货物名称为"一套港口用装卸设备",重 524 吨,承运船舶为"航拖 2001",这些都说明了货物不可能是装在船舶的货舱内进行运输的而只可能是装在驳船上进行拖带运输的,保险人对这种情况即使不知道也应当知道,而保险人对此没有提出过任何询问,因此不存在被保险人没有履行告知义务的问题。

上案中,争议的焦点在于,保险人已经得到的关于货物的说明是否已经足以使保险人"应当知道"货物的装运方式这一"重要情况"。答案需要综合所有案情,按照保险人的通常业务情况进行判断。但如果"重要情况"是被保险人明知

[①] 参见我国《海商法》第 222 条第 2 款。

而没有告知的,要认定保险人"应当知道"该情况必须特别谨慎。因为海上保险合同关于告知义务的规定本来就强调被保险人要负起较高的诚信义务。像在本案中,被保险人已经明确知道货物的装运方式,也明知这是一种会影响保险人决定是否承保或保险费高低的"重要情况",但不直接告知保险人,而要求保险人从货物名称、重量和船舶名称等情况的描述来猜测货物的运输方式,这显然对保险人的要求有些过高,而且也不利于促进被保险人认真履行告知义务。①

5. 不履行告知义务的后果

我国《海商法》第223条规定了被保险人没有履行告知义务的后果,根据该条规定,被保险人没有履行告知义务的后果,视被保险人的主观状态不同而分为两种:如果是由于被保险人的故意而未履行告知义务,保险人有权解除合同,并不退还保险费。合同解除前发生保险事故造成损失的,保险人不负赔偿责任。如果不是由于被保险人的故意而未履行告知义务,保险人有权解除合同或者要求相应增加保险费。保险人解除合同的,对于合同解除前发生保险事故造成的损失,保险人应当负赔偿责任;但是,未告知或者错误告知的重要情况对保险事故的发生有影响的除外。但如果保险人知道被保险人未如实告知重要情况,仍收取保费或者支付保险赔偿,保险人又以未如实告知重要情况为由请求解除合同的,不能得到法院支持。②

需要注意的是,"最高诚信原则"是海上保险合同的基本原则之一,虽然主要体现在合同订立时被保险人的告知义务上,但在合同履行等其他环节仍然适用,而且对保险人和被保险人双方也都同样适用。如虽然被保险人的告知义务更多被提及,但实际上保险人也负有告知义务。根据我国《海商法》第224条,保险人已经知道或者应当知道保险标的已经不可能因发生保险事故而遭受损失的,被保险人有权收回已经支付的保险费。我国《保险法》第105条也规定,保险人从事保险业务活动不得欺骗被保险人,不得隐瞒与合同有关的重要情况。

二、海上保险合同的转让

与一般商业合同一样,在满足一定条件时,海上保险合同也可以转让。

(一)保险合同的转让与保险标的的转让

实践中,海上保险合同的转让往往是由于保险标的的转让而引起的。但保险标的的转让并不必然引起对该标的的保险合同的转让。保险合同不是其保险

---

① 英国判例也显示,对保险人与被保险人都不实际知道的情况,判断二者是否"应当知道"的标准不是一样的,对被保险人的要求更严格一些。在一个著名案例 London General Insurance Co. Ltd. v. General Marine Underwriters Association, Ltd., [1920]中,原保险人和再保险人都没有阅读劳合社送达的通知被再保险的船舶发生了火灾的情报,但法院最后认定原保险人应当知道这一重大事实。

② 最高人民法院《审理海上保险纠纷案件若干问题的规定》第4条。

的标的的附属品,除非另有规定,被保险人转让他在保险标的中的全部或部分利益并不能当然地将他在保险合同下的权利也转让给保险标的的受让人。而且保险标的转让后,由于他不会再因为保险标的的灭失或损坏受到损失,根据赔偿原则,他也不再能在保险合同下向保险人索赔。因此,在转让保险标的时,原被保险人必须同时作出转让保险合同的意思表示,在这种意思表示不违反法律规定的条件下,才能实现保险合同的转让。我国《海商法》对船舶保险合同和货物保险合同的转让分别规定了不同条件。

(二)海上货物运输保险合同的转让

我国《海商法》第229条规定:"海上货物运输保险合同可以由被保险人背书或者以其他方式转让,合同的权利、义务随之转移。合同转让时尚未支付保险费的,被保险人和合同受让人负连带责任。"根据这一规定,海上货物运输保险合同的转让可以由被保险人单方意思表示完成,无需征得保险人的同意,甚至无需通知保险人。我国《海商法》之所以这样规定,是因为根据国际贸易和航运实践,货物在海上运输中常常发生所有权转让,受让人除得到货物所有权外,也希望得到货物保险合同的保护。如果每一次所有权转让,都必须征得保险人同意,必然给货物买卖双方和保险人带来不便。为了促进国际贸易的顺利进行,各国一般都规定海上货物运输合同无需征得保险人同意即可转让。

(三)船舶保险合同的转让

我国《海商法》第230条规定:"因船舶转让而转让船舶保险合同的,应当取得保险人同意。未经保险人同意,船舶保险合同从船舶转让时起解除;船舶转让发生在航次之中的,船舶保险合同至航次终了时解除。合同解除后,保险人应当将自合同解除之日起至保险期间届满之日止的保险费退还被保险人。"如果船舶在航次之中发生转让,船舶转让时起至航次终了时止的船舶保险合同的权利、义务由船舶出让人享有、承担,也可以由船舶受让人继受。船舶受让人因此向保险人请求赔偿时,应当提交有效的保险单证及船舶转让合同的证明。[①]

船舶保险合同转让的条件明显比海上货物运输保险合同转让的条件严格,这是因为船舶所有权的转移可能改变船舶的管理状况,从而影响到保险人的承保风险的变化。

三、海上保险合同的解除

海上保险合同的解除,是指海上保险合同成立后,合同的一方当事人由于法定或约定事由的发生,而向另一方当事人作出解除的意思表示,使保险合同自始无效的单方法律行为。

---

① 最高人民法院《审理海上保险纠纷案件若干问题的规定》第9条。

约定的解除事由,只要不违背公共利益和法律的强制性规定,可由当事人自由决定。法定的解除事由,包括被保险人违反告知义务等。根据我国《海商法》的规定,海上保险合同的解除分两种情况:(1)保险责任开始前解除。保险责任开始前,被保险人可要求解除合同,但应向保险人支付手续费,保险人应当退还保险费。保险人不能要求解除合同。(2)保险责任开始后解除。保险责任开始后,除非合同另有约定,被保险人和保险人双方均不得解除合同。如果合同约定可以解除合同,被保险人要求解除合同的,应当向保险人支付保险责任开始之日起至合同解除之日止的保险费。保险人要求解除合同的,应当将合同解除之日起至保险期间届满之日止的保险费退还被保险人。

货物运输和船舶的航次保险在保险责任开始后,被保险人不得要求解除合同,即使保险合同约定被保险人有权解除合同,这种约定也无效。

第三节 海上保险合同的种类

一、船舶、货物和运费保险合同

根据承保的标的不同,保险合同可分为船舶保险合同、货物运输保险合同、运费保险合同等。船舶保险合同是以各类船舶为保险标的海上保险合同。"船舶"包括船体、船机和船舶属具,但实践中,也有将船体、船机和船舶属具分别投保的。货物运输保险合同是以海上运输的货物为保险标的的保险合同,运费保险合同则是以有风险的运费为保险标的的保险合同。

二、航次、定期和混合保险合同

根据承保的期间不同,保险合同可分为航次保险合同、定期保险合同和混合保险合同。航次保险合同是对特定航次的运输进行保险的合同,如投保货物"从上海到汉堡"的运输中的风险;定期保险合同是对一定期间的风险进行投保的合同,如投保船舶"从2001年1月1日到2002年1月1日"的风险;混合合同是在一份合同中既包括时间又包括航次规定的保险合同,如投保货物"从上海到汉堡30天内"的风险。一般而言,货物运输保险都是航次保险,而船舶保险常常采用定期保险。海上保险中的航次往往不仅指从装运港到卸货港之间的航行期间,还包括从托运人仓库到装运港以及从卸货港到收货人仓库的期间,即"仓至仓"期间。这使海上保险合同承保的风险扩大到海陆混合风险。

由于航次保险合同承保的风险限于具体航次,如果不经保险人同意改变了航线,则保险视为从未开始。例如,保险合同承保的是从A港到B港的运输,则如果船舶不是从 A 港出发，或者虽然是从 A 港出发，但目的地不是 B 港，保险都不生效。在一个英国案例中，保险航次是从 A 港到 B 港，但船舶在 A 港已经接受了到 C 港而非 B 港的货，在出发时发生了承保风险。法院判决，保险人不用负责赔偿，因为船舶已经肯定会开往 C 港，从 A 港到 B 港的保险航次并未开始。但如果货物是从 A 港途经 B 港运到 C 港，而保险合同承保的航次是从 A 港到 B 港的运输，则这种约定应视为有效，即货物在从 A 港到 B 港的运输区段是在保险范围内，而从 B 港到 C 港的运输区段则不在保险范围内。

船舶如果在航行过程中进行了绕航，从绕航开始起货物就不在保险范围内，保险人的责任自行终止。但是不可避免的必要的绕航，如为了躲避海上恶劣天气或为了修理船舶必须的航行设备进行的绕航不能使保险终止。在一个案例中，货物由于海上风浪太大而被载入中途港，并在中途港被盗，法院判决保险人应该负责赔偿。因为这里的绕航是合理的，不能使保险终止。此外，船舶还应该用合理迅速的速度进行航行，如果没有合法理由延误了航行，从延误变得不合理时起保险人的责任也应自动终止。什么是不合理的延误取决于合同规定，合同没有规定则需要分析具体案情确定。

三、定值和不定值保险合同

根据承保标的价值的确定与否，海上保险合同可分为定值保险合同和不定值保险合同。

1. 定值保险合同

定值保险合同（valued insurance）是保险合同中规定了保险人和被保险人商定的保险价值的保险合同。所谓保险价值（insurable value），是对可保利益的估计金额。可保利益必须可以进行合理的金钱的估价，如故人遗物，对特定人可能是无价之宝，但这种价值就很难成为保险的对象。由于保险标的在保险事故发生后较难估价，大多数海上保险合同都采用定值保险合同的形式。

保险价值不一定完全等同于保险标的的真实价值。我国《海商法》第 219 条第 1 款规定："保险标的的保险价值由保险人与被保险人约定。"只要不存在欺诈、胁迫等情节，这种约定即使高于或低于保险标的的实际真实价值也是有效的，虽然这可能导致在一定程度上偏离了保险合同的赔偿原则。①

在定值保险下，赔偿金额不是根据保险标的在损失时的价值，也不是根据在合同缔结或风险开始时的实际价值计算，而是根据双方预先商定的价值计算。

---

① 1906 年英国《海上保险法》第 27 条第 3 款规定，若不存在欺诈，保险人与被保险人达成的保险合同中规定的保险标的的价值是保险标的的最终可保价值。我国《海商法》和《保险法》中虽然都没有明确规定约定保险价值的最终效力，但实践中一般都是这样理解的。

当定值保险合同下的保险标的全部灭失时,被保险人得到商定的金额,即使他实际受到的损失大于或小于这个金额。当定值保险合同下的保险标的部分损失时,就要用保险标的在并未受损状态下的实际完好价值,减去保险标的在受损状态下的实际价值,得出一个实际受损金额,用实际受损金额除以保险标的如果没有受损的实际完好价值,得到一个受损的损害比例,用这个损害比例乘以约定的保险标的价值,就是实际赔偿的金额。之所以要首先确定一个保险标的受损的损害比例,是因为仅仅用实际受损金额难以准确衡量被保险人遭受的损害。例如货物保险中,如果货物在运输中遭受30%的损害,但保险合同签订后,市场行情也上涨了30%,看来货主就没有损失了。在保险单中约定价值的目的是为了双方当事人之间解决保险标的究竟值多少钱的问题。约定后不论估价是否有错误,市场行情如何波动,都可以确定应赔付的损失究竟是多少。

2. 不定值保险合同

不定值保险合同(unvalued insurance contract),是指当事人在订立保险合同时没有约定保险标的的价值,而留待保险事故发生以后再估价并进行计算的合同。

根据我国《保险法》的规定,保险合同中没有载明当事人双方约定的保险价值的,应该按照保险事故发生时保险标的的实际价值确定保险价值。[①] 但海上保险中,船舶和货物在保险合同存续期间,不断变化位置,确定保险事故发生的准确时间和当时保险标的的实际价值非常困难。因此,我国《海商法》直接规定了以保险责任开始时的价值为基础计算保险标的的实际价值的计算方式,从而使海上保险中没有约定保险价值时,应执行"法定保险价值"。根据我国《海商法》第219条第2款规定,保险人与被保险人未约定保险价值的,保险价值依照以下规定计算:

(1)船舶的保险价值,是保险责任开始时船舶的价值,包括船壳、机器、设备的价值,以及船上燃料、物料、索具、给养、淡水的价值和保险费的总和;

(2)货物的保险价值,是保险责任开始时货物在起运地的发票价格或者非贸易商品在起运地的实际价值以及运费和保险费的总和;

(3)运费的保险价值,是保险责任开始时承运人应收运费总额和保险费的总和;

(4)其他保险标的的保险价值,是保险责任开始时保险标的的实际价值和保险费的总和。

当不定值保险合同下的保险标的发生全损时,被保险人得到保险标的的法定保险价值的赔付。这种价值同样可能与保险标的的实际损失不一致,如货物运输保险中,货物的市价在运输开始和损失发生之间已经发生了大的变化。

[①] 参见我国《保险法》第39条。

保险合同在约定保险价值时必须使用非常清楚的文字。如果保险合同没有清楚使用"保险价值"这样的文字,而是使用其他一些表述方法,导致从保险合同本身不能清楚判断其是定值还是不定值保险,则应将保险合同视为不定值保险合同。

在"莞中运 225 轮保险纠纷案"中,"莞中运 225"轮在中国人民保险公司东莞分公司投保,保险单记载该船造价 230 万,保险金额 230 万,保险期自 1993 年 12 月 7 日零时到 1994 年 12 月 6 日 24 时止。1994 年 3 月 8 日凌晨,"莞中运 225"轮由于碰撞沉没,估计打捞费和修理费共需 129.1 万元。船东认为两项费用之和超过了船舶价值,决定放弃打捞,并向保险公司索赔。1994 年 5 月 9 日,船东提交了《委付通知书》,要求支付保险金 230 万元。保险人拒绝接受委付。经双方多次协商,最后签订协议,约定按 65% 的赔付率,赔付打捞费、修理费的 65% 即 83.915 万元,保险责任终止。事后,船东以签订协议违背真实意图,保险公司的行为违反法律规定为由,向海事法院起诉要求撤销原赔偿协议。

海事法院认为,投保人投保的是定值保险,保险人应按保险金额予以赔偿。保险人和被保险人之间签订的赔偿协议与保险单适用的 1988 年《国内船舶保险条款》内容相矛盾,且违反我国《海商法》第 254 条第 2 款之规定,显失公平,判决保险公司支付余额。保险公司上诉至高级人民法院。二审法院认为,保险单上并没有对保险价值作专门约定,保险单上记载的船舶造价只是为保险金额的计算提供基础,并不等于保险价值。故原审法院认定为定值保险合同缺乏依据。不定值保险合同的赔付金额根据保险标的的保险价值进行计算。而根据我国《海商法》的规定,保险标的的保险价值由保险人与被保险人约定。因此,双方签订的补充协议合法有效,判决撤销原审判决。[①]

四、足额保险合同和不足额保险合同

保险并不要求必须投保保险标的的全部价值。被保险人在为保险标的投保时要声明投保的具体金额,即保险金额(insured amount)。保险金额是保险人就一次保险事故对保险标的进行赔偿的最高限额。如果被保险人声明的保险金额与保险标的的保险价值一致,这种保险合同就是"足额保险合同"(full insurance contract)。足额保险下,保险标的发生全损时,无需考虑损失发生时或在任何其他时间的"实际价值"是多少,保险人应该按照保险金额赔偿被保险人。如果被保险人声明的保险金额只是保险价值的一部分,这种保险合同就是"不足额保险合同"(under insurance contract),保险标的发生损失时,保险人仅根据保险金额和保险价值的比例进行赔偿,其余部分的损失,或由被保险人自行承担,或由

---

① 案情详见金正佳主编:《中国典型海事案例评析》,法律出版社 1998 年版,第 604 页。

被保险人再向其他人投保,由被保险人自行决定。不论如何,声明的保险金额不应超过保险价值。保险金额超过保险价值的合同是"超额保险合同"(over insurance contract),是部分无效的保险合同。

我国《海商法》第 220 条规定:"保险金额由保险人与被保险人约定。保险金额不得超过保险价值;超过保险价值的,超过部分无效。"第 238 条规定:"保险人赔偿保险事故造成的损失,以保险金额为限。保险金额低于保险价值的,在保险标的发生部分损失时,保险人按照保险金额与保险价值的比例负赔偿责任。"

以船舶保险为例,如果保险合同约定船舶保险价值为 100 万元,保险金额为 100 万元,则这是一个足额保险合同。如果船舶灭失,保险人应赔付 100 万元;如果船舶受损,受损金额是 10 万元,保险人应赔偿 10 万元。如果保险合同约定船舶保险价值为 100 万元,保险金额为 50 万元,则这是一个不足额保险合同。如果船舶灭失,保险人应赔付 50 万元;如果船舶受损,受损金额是 10 万元,保险人应赔偿 5 万元($10 \times 50/100$)。如果保险合同约定船舶保险价值为 100 万元,保险金额为 200 万元,则这是一个超额保险合同。如果船舶灭失,保险人应赔付 100 万元;如果船舶受损,受损金额是 10 万元,保险人应赔偿 10 万元。

保险金额是就一次保险事故所应补偿的限额。如果保险标的在保险期间连续发生几次保险事故,则即使几次事故造成的损失加起来超过了保险金额,保险人也应当赔偿。但是,如果一次事故造成部分损失后,对该损失尚未修复且未赔偿,又发生了另一次事故造成保险标的的全部损失,保险人只按照全部损失赔偿。

五、浮动合同和开口合同

浮动合同和开口合同这两种合同一般都用于货物运输保险,而且一般用于托运人有大量小批货物要发运的情况,这时对每批货物分别投保不方便,使用这两种合同可以简化投保手续。

浮动合同是对承保风险、条件等进行概括性描述,并规定投保货物的总价值,而将货物具体情况等细节留待以后补充的保险合同。这种合同本身规定较为简略,如"上海到东京,6 个月,价值 10 万美元的皮货"。合同缔结后,托运人每次发运时宣布一次发运货物的情况,直到达到合同规定的货物的总价值。保险人对每次宣布的货物按浮动合同规定的条件自动承保。在约定的总价值内,托运人每次装运都必须宣布而不能选择风险较大的才宣布,同样保险人也必须承保每次宣布的装运而不能选择拒绝某批装运。浮动合同一经签订即生效力,因此对签订保险合同以前的一些规定,如披露和陈述重要情况等不适用于每次装运前。

浮动合同有两种变型,一种是"任意浮动合同",这种合同下托运人必须宣布每次装运,但保险人可以选择决定是否承保。另一种是"任意强制性浮动合同",这种合同下托运人有权选择是否宣布每次装运,但保险人必须承保托运人宣布的所有装运。

开口合同又称为预约合同。这是比浮动合同更加自由的一种合同。它规定保险的范围、险别、保险费率等条件,但不规定投保货物的总价值。严格地说它不是一份保险合同而是一张规定有一定条件的单据,保险人保证随后签发符合单据条件的保险单。它可以规定一定的时间限制,也可能是永久性的。如果是永久性的,在双方给出适当通知后可以终止。

我国《海商法》没有提及浮动合同,但对预约保险合同作了专门规定。我国《海商法》第231条规定:"被保险人在一定期间分批装运或者接受货物的,可以与保险人订立预约保险合同。预约保险合同应当由保险人签发预约保险单证加以确认。"第232条规定:"应被保险人要求,保险人应当对依据预约保险合同分批装运的货物分别签发保险单证。保险人分别签发的保险单证的内容与预约保险单证的内容不一致的,以分别签发的保险单证为准。"

六、原保险合同和再保险合同

在保险人进行了再保险的情况下,第一份保险合同是原保险合同,而第二份保险合同是再保险合同。所谓再保险(reinsurance),是指保险人将所接受的保险合同上的风险的一部分或全部再向其他保险人进行投保,即保险的保险(insurance for insurance)。再保险合同是把原保险合同中保险人的赔偿责任的发生作为一种保险事故的责任保险,原保险合同中的保险人成为再保险合同中的被保险人,而原保险合同中的被保险人在再保险合同中没有任何权利和利益。

第四节 海上保险合同的主要内容

一、海上保险合同的标准格式

(一) 英国 SG 保单

海上保险合同往往根据一些广泛使用的标准条款来缔结。最有名的一种古老的标准条款是英国的 SG 保单。S 和 G 这两个字母可能是代表船舶和货物(ship and cargo)。这种条款在 18 世纪就已经出现,一直延续使用到 20 世纪 80 年代。由于它被附在英国 1906 年《海上保险法》后,对海上保险业的影响很大。SG 保单不仅包括双方当事人的描述等标准合同格式,还包括承保条款、附注条款、危险药品条款等具体保险条款。它对承保的风险的描述是比较复杂的,主要包括:海上风险,战争、火灾、敌人、海盗、偷窃、投弃、扣留以及其他风险。关于条款的具体解释包括在两个多世纪的判例中,非常复杂。

(二)协会保险条款

由于SG保单过于古老,显得陈旧过时,1912年,由伦敦保险协会和劳埃德保险协会共同起草制定了"协会保险条款",对SG保单进行修改补充,与SG保单一起使用。但由于SG保单和协会货物险条款都规定了承保风险等内容,因此二者之间存在交叉重复、相互矛盾的现象。

联合国贸易与发展委员会在对各国海上保险合同法律和条款作深入研究后,于1975年提出了一份名为《海上保险——海上保险合同的法律和文件问题》的报告,其中对英国的SG保单提出了尖锐的批评,认为它语言古老,条款间的关系复杂,内容过时,已经不适应新的航运实际。该报告认为,发展中国家宁愿另起炉灶,也不愿追随英国的旧保单和旧做法。为保持自己的海上保险市场中心地位,英国最终采纳了联合国贸发会议的意见,于20世纪80年代初完成了其海上保险条款的全面修订,废弃了有近二百年历史的SG保险单,采用了新的保险单及与新保险单配套使用的新的保险条款[①]。新的保单和保险条款内容更加简洁易懂,新的条款由伦敦海上保险人协会制订,因此称为新的"协会条款"(institute clause)。协会条款推广使用后,被世界各国的保险公司广泛参照和采纳,成为目前海上保险中用得最多的标准合同范本之一。

协会条款包括各种货物险条款、船舶和运费保险条款、特殊货物保险条款等。

协会货物险条款最基本的是三套条款,即协会货物险A条款、协会货物险B条款和协会货物险C条款。三套条款都各有8类19条,每一类列出标题,各类、各条名称完全相同,内容也基本一致,区别只在承保的风险不同,即第1条和第4条、第5条不同。三套基本险条款之外,另外还有协会战争险条款、协会罢工险条款和恶意损害险条款三类特殊险别,其中前两类可以作为附加险投保,也可以独立投保,后一类只能作为附加险投保。

协会船舶保险条款又包括协会船舶定期保险条款、协会船舶航次保险条款、协会船舶港口险定期保险条款、协会船舶建造险保险条款、战争险和罢工险条款等。以后又不断修订,如伦敦保险市场1983年10月1日开始采用新的协会定期船舶保险条款,到1995年11月1日,又推出了对保险人更有利的更新的协会船舶定期保险条款。

[①] 英国不愿意放弃其古老的SG保单,一方面是出于保守心态,另一方面,也是担心在旧保单基础上的三千多个判决失效,会割裂英国海上保险法的历史发展。但实际上新的保险单出现后,也很快得到认同。从1983年4月和9月起,伦敦市场的海上货物运输保险和船舶保险相继摈弃了旧的保险单。

(三) 中国的"人保条款"

我国中国人民保险公司也制定有自己的多种海上运输标准保险条款,被简称为"人保条款",广泛适用于我国的海上保险实务中。中国的"人保条款"受英国协会条款影响很大。其主要内容包括保险人承保的责任范围、除外责任、责任期间、被保险人的义务等。现在,我国在海上货物运输保险中使用的主要是1981年1月1日修订的"海洋运输货物保险条款",在船舶保险中使用的主要是1986年1月1日修订的"船舶保险条款"。由于制订年代较早,这些标准合同条款目前正承受较大的修改压力。

二、海上保险合同的主要条款

根据我国《海商法》第217条的规定,海上保险合同的内容,主要包括以下各项:保险人名称;被保险人名称;保险标的;保险价值;保险金额;保险责任和除外责任;保险期间;保险费。除了以上八项内容以外,海上保险合同通常还包括险别、索赔处理等其他内容。

保险合同的条款中,有的是保险单事先印制好的条款,一般称为基本条款;有的是当事人根据实际需要,在基本条款以外特别约定的条款,称为特约条款。

英国海上保险法中根据英国合同法的基本原理,将海上保险合同条款分为保证条款和一般条款。其中,保证条款的效力高于其他条款。我国《海商法》第235条也规定:"被保险人违反合同约定的保证条款时,应当立即书面通知保险人。保险人收到通知后,可以解除合同,也可以要求修改承保条件、增加保险费。"这一规定一定程度上是受到英国海上保险法的影响而制定的。但第235条提及的保证条款,不应理解成英国保证条款的概念,因为我国合同法理论中没有将合同条款分为保证条款和一般条款的分类方法,我国《保险法》中也没有类似规定。应当将"保证条款"理解为海上保险合同中包含被保险人向保险人作出的明确的承诺的条款,保证其在履行合同的过程中应做什么或不做什么。例如,保证船舶适航、保证船舶在特定航行区域内航行、保证船舶不绕航等等。某项违反合同的行为是否足以使对方当事人解除合同,在我国通常是根据违反合同后果的严重程度,而不是根据违反合同的条款的性质。我国《海商法》的这种规定是一种例外。

三、海上保险合同承保和不承保的风险

(一) 英国协会货物险承保和不承保的风险

英国协会货物险条款根据A、B、C条款的分类不同承保不同的风险。其中,A条款承保的风险最多,其第1条以概括的方式指出其承保的范围是:本保险承保保险标的灭失或损坏的一切危险,但列明风险除外。

B 条款缩小了承保范围,采用列举的方式,规定保险人只对以下两类十种风险引起的保险标的灭失或损坏负责:

第一类,可合理地归因于下列事项的保险标的的灭失或损坏:

(1) 火灾或爆炸;

(2) 船舶或驳船的触礁、搁浅、沉没或倾覆;

(3) 陆地运输工具颠覆或脱轨;

(4) 船舶、驳船或运输工具与水体以外的其他一切物体的碰撞或接触;

(5) 在避难港卸货;

(6) 地震、火山爆发或闪电等;

第二类,由于下列原因造成保险标的灭失或损坏:

(7) 共同海损牺牲;

(8) 投弃、货物被海水冲下甲板;

(9) 运输工具进水;

(10) 装卸时整件货物落海或摔坏。

B 条款将风险发生分为两类原因,对因果关系的要求不一样。第一类是"可合理地归因于下列事项的保险标的的灭失或损坏",被保险人只要说明发生的损害是以列举的危险为合理起因造成的即可得到赔偿,没有必要证明其损害与所承保的危险是否有直接的因果关系;第二类是"由于下列原因造成保险标的的灭失或损坏",被保险人必须证明发生的损害与承保危险之间有"近因"的因果关系,才能得到赔偿。之所以如此,是因为第一类几乎包容了所有海上及陆地的主要事故,如果这些事故发生在船舶或其他运输工具上,货物受损是理所当然的,一般也就无需特地证明二者之间有直接的、近因的因果关系。第二类危险与主要海难事故和陆地事故相比,在发生原因与状态上有着明显的差异。由于 B 条款虽然承保的范围较广,但排除了货物锈蚀、碰损及散装货的部分损失,因此一般适用于不易损坏、不怕生锈的货物,如五金材料、旧的机械设备等。

C 条款承保的风险最少,也是采用列举的方式,但只列出了七项,即只包括 B 条款中部分危险,而排除了以上画线部分。C 条款是以散装货、原材料等粗货为对象的极为严格的承保条件。

A 条款的除外责任是以下四类风险:

(1) 由被保险人故意的不法行为引起的损失,正常泄漏、磨损、不良包装、内在缺陷等由于货物的原因引起的损失,延误直接引起的损失,由于货主、经理人、租船人或船舶经营人破产或不履行债务引起的损失,核风险。

(2) 由于被保险人或其雇佣人员知情的船舶不适航和不适合装运保险标的引起的损失。

(3) 战争、革命、扣押、捕获等造成的损失。

(4) 罢工、封锁等造成的损失。

B、C 条款的除外责任相同,和 A 条款的除外责任也基本一致,但比 A 条款增加了对被保险人以外的任何人的故意损害不负责任,即对"任何个人或数人非法行动、故意损坏或故意破坏保险标的或其他任何部分"引起的损失不赔。另外 A 条款承保的风险包括海盗行为,而 B、C 条款将海盗行为包括在除外责任中。

(二) 英国协会船舶险承保和不承保的风险

协会船舶险主要分为协会定期险和协会航次险,其承保的风险主要分为全损险和一切险两种。全损险只承保被保险船舶由于列明危险所造成的全部损失(实际全损和推定全损),而一切险则承保全损险承保的风险以及被保险船舶由于列明危险造成的单独海损、共同海损牺牲及分摊、救助费用和施救费用等。

以 1995 年船舶定期险条款为例,该条款规定承保的危险分为两大类共十三种。第一类是八种,包括:

(1) 海上、江河、湖泊或其他可航水域的灾害;
(2) 火灾、爆炸;
(3) 来自保险船舶外的人员的暴力盗窃;
(4) 抛弃;
(5) 海盗;
(6) 与陆上运输工具、码头或港口设备或装置的接触;
(7) 地震、火山爆发或闪电;
(8) 装卸或移动货物或燃油过程中的意外事故。

第二类包括五种,分别是:

(1) 锅炉破裂、尾轴断裂或机器、船体的任何潜在缺陷;
(2) 船长、高级船员、船员或引航员的疏忽;
(3) 被保险人以外的修船人或承租人的疏忽;
(4) 船长、高级船员、船员的不法行为;
(5) 与航空器、直升飞机或类似物体,或从其上坠落的物体相接触。

第一类与第二类的区别是,第二类原因引起的损失,保险人的赔偿责任以该损失不是由于被保险人、船东或管理人或船技主管或他们的岸上管理人员缺乏谨慎处理所致。

(三) 我国"人保条款"货运险承保和不承保的风险

我国"人保条款"把海运货运保险中的承保风险分为基本险、附加险和专门险,其中基本险又分为水渍险、平安和一切险三种基本险种;附加险又分为一般附加险和特殊附加险,一般附加险包括十一种,即偷窃提货不着险、淡水雨淋险、短量险、沾污险、渗漏险、碰损破碎险、串味险、受潮受热险、钩损险、包装破裂辖、锈损险等。这些一般附加险只能在基本险的基础上加保,不能单独投保。特殊附加险有五种,包括交货不到险、舱面险、拒收险、黄曲霉素险、进口关税险等。这些特别附加险也只能在基本险的基础上加保,但特点是承保范围超出了一般意外事故的范围。专门险又分为海洋运输冷藏货物险和海洋运输散装桐油险。

平安险又叫做"单独海损不赔"(free from particular average, FPA),因为它通常只赔承保风险造成的保险标的的全部损失,如果只造成部分损失,则除非属于共同海损,保险人不负责赔偿。1982年以前,英国也采用这种称谓。三类基本险别中,平安险承保的风险最少,主要包括以下八项:

(1) 被保险货物在运输途中由于恶劣气候、雷电、海啸、地震、洪水等自然灾害造成的整批货物的全部损失或推定全损。

(2) 由于运输工具遭受搁浅、触礁、沉没、碰撞以及失火、爆炸等意外事故造成货物的全部或部分损失。

(3) 在运输工具已经发生搁浅、触礁、沉没、焚毁等意外事故的情况下,货物在此前后又在海上遭受恶劣气候、雷电、海啸等自然灾害所造成的部分损失。

(4) 在装卸或转运时由于一件或数件货物整件落海造成的全部或部分损失。

(5) 被保险人对遭受承保责任内危险的货物采取抢救、防止或减少货损的措施而支付的合理费用,但以不超过该批被救货物的保险金额为限。

(6) 运输工具遭遇海难后,在避难港由于卸货所引起的损失以及在中途港、避难港由于卸货、存仓和运送货物中产生的特别费用。

(7) 共同海损的牺牲、分摊和救助费用。

(8) 运输合同订有"船舶互撞责任"条款,根据该条款规定应由货方偿还船方的损失。

海难通常是指海上意外发生的灾难性事故。通常的风浪不构成海难。不过关于这一点并不严格,并不需要达到例外或不能预测的程度。只要其发生是可能的而不是必然的,具有一定的不可测的因素就足以构成海难。如果是通常风浪导致的货损,可归入正常的磨损中。

火灾、爆炸,是指明火燃烧。火灾赔偿范围不仅包括直接由于火焰燃烧焚毁的财产,还包括明显是直接由于火灾引起的损失,如烟熏火烤、引水灭火损坏的财产、为灭火将财产从船上扔掉的损失等。火灾是人为造成的还是自然原因如雷击等造成的并不重要。爆炸是指猛烈、噪音巨大、由迅速的化学或核反应,或压力下的气体、液体冲击产生的事故。

船外人员偷窃的构成需要一定的武力威胁,但并不需要满足刑法上对盗窃的严格定义。

海盗在海上保险中有一个大众化的、商业上的含义。它不能是出于某种公众目的而应是为个人私利而为。从外部攻击船舶的武装的强盗可能是海盗,在船上的旅客也可能构成海盗,如旅客杀死船长盗卖船舶。使用或威胁使用武力是构成海盗必须的要素。海盗不一定发生在公海上,在领海同样可能发生。

水渍险又叫做"负责单独海损"(with particular average,WPA),它的承保责任范围包括平安险的全部责任,再加上平安险不赔的单独海损,即被保险货物在运输途中,由于恶劣气候、雷电、海啸、地震、洪水等自然灾害所造成的部分损失。

一切险源于英文"all risk",承保的责任范围最广,它包括平安险、水渍险的全部责任,还包括被保险货物在运输途中由于一般外来原因所造成的全部或部分损失。但一切险并不是真的承保一切风险,它相当于平安险加水渍险加一般附加险,对其他附加险,如罢工、战争等引起的损失不负责承保。

基本险的除外责任主要有以下几条:

(1)被保险人的故意行为或过失所造成的损失;

(2)属于发货人的责任所引起的损失;

(3)在保险责任开始承担以前,被保险货物已经存在品质不良或数量短缺所造成的损失;

(4)被保险货物的自然损耗、本质缺陷、特性以及市价跌落、运输迟延所引起的损失或费用;

(5)战争险条款和罢工险条款所规定的责任及其除外责任。

被保险人的故意或过失造成的损失,应该是被保险人本人的故意或过失。如果被保险人是公司,应该是公司的高级管理人员的故意或过失。例如船舶不适航常被认为是被保险人的一项过失,但如果不适航是船东所不知道的,就不能因此而拒绝进行保险赔偿。在一个案例中,船在东欧时主机发生了问题,船东为省一些修理费,命令船长将船舶开到远东修理,结果途中遭遇大风浪,只好雇请拖船进行拖带,发生了大笔的拖带费。保险公司查明船东开航前就知道主机有问题后,以船舶不适航为由合理拒赔。但本案中如果能证明船东并不知情,是船长擅自做主到远东修理,则保险公司就不能拒赔。

(四)我国"人保条款"船舶险承保和不承保的风险

中国人民保险公司的船舶保险条款,将责任范围分为全损险和一切险两种。两种险别除责任范围不同外,其他条款都相同。同时,也办理战争险、罢工险及运费保险等附加险别。内河船舶的保险,则适用中国人民银行1996年制订的沿海、内河船舶保险条款。

全损险中,保险人对于被保险船舶在以下保险事故中发生的全部损失予以赔偿:

(1)地震、火山爆发、闪电或其他自然灾害;

(2)搁浅、碰撞、触碰任何固定或浮动物体或其他物体或其他海上灾害;

(3) 火山或爆炸;

(4) 来自船外的暴力盗窃或海盗行为;

(5) 抛弃货物;

(6) 核装置或核反应堆发生的故障或意外事故。

全损险还承保由于下列原因所造成的被保险船舶的全损:

(1) 装卸或移动货物或燃料时发生的意外事故;

(2) 船舶机件或船壳的潜在缺陷;船长、船员有意损害被保险人利益的行为;

(3) 船长、船员和引水员、修船人员及租船人的疏忽行为;

(4) 任何政府当局,为防止或减轻因承保风险造成被保险船舶损坏引起的污染,所采取的行动。

但此种损失原因应不是由于被保险人、船东或管理人未恪尽职责所致的。

一切险中,保险人不仅承保保险事故造成的被保险船舶的全部损失和部分损失,而且,对于被保险船舶的碰撞责任、共同海损分摊、救助费用和施救费用承担保险责任,因此又称为综合险。

全损险和一切险都适用以下四项除外责任:

(1) 不适航,包括人员配备不当、装备或装载不妥,但以被保险人在船舶开航时,知道或应该知道此种不适航为限;

(2) 被保险人及其代表的疏忽或故意行为;

(3) 被保险人恪尽职责应予发现的正常磨损、锈蚀、腐烂或保养不周,或材料缺陷包括不良状态部件的更换或修理;

(4) 本公司战争和罢工险条款承保和除外的责任范围。

四、海上保险合同的保险期间

保险期间是保险人承担责任的时间范畴,即保险责任开始到终止的时间。除非另有约定,保险人只对保险期间所发生的承保风险造成的保险标的的损失负责。海上保险合同的保险期间可能是某个具体时间段,即定期保险;也可能是某个特定航次,即航次保险。

(一) 定期保险合同的保险期间

在定期保险中,由于保险单上已经注明具体的日期,因此保险期间的起讫一般很明确。

在船舶定期保险中,保险合同除规定保险期间的具体起止时间以外,往往还同时规定,如果保险到期时,被保险船舶尚在航行中或处于危险中或在避难港或中途港停靠,经被保险人通知保险人并按时间加付保险费后,保险责任可继续到船舶抵达目的港为止。有的合同还规定,如果保险船舶在延长时间内发生全损,需另加交 6 个月保险费。

（二）航次保险合同的保险期间

在航次保险中,保险期间的起讫是从航次开始时到航次终了时,而这两个时间点往往不是那么清楚,需要保险合同另加说明。

1. 仓至仓条款

海上货物运输保险合同通常是航次保险合同,合同中一般都有专门的条款来约定保险期间的起止和计算。在我国的"人保条款"中,规定保险期间的是所谓的"仓至仓"(warehouse to warehouse, W/W)条款。

所谓仓至仓,是指保险期间自货物离开保险单载明的起运地的发货人仓库时开始,延续到整个正常运输期间,一直到货物抵达保险单所载明的目的地的收货人仓库时为止,有特殊情况除外。一个完整的"仓至仓"条款是这样规定的：

"保险期间：从货物运离保险单载明的发货人仓库或储存场所开始,到发生以下情况之一时终止：

（1）货物运达保险单载明的目的地的收货人仓库或储存场所。

（2）货物运达保险单载明的目的地或中途的任何其他仓库或储存场所,而这些场所被保险人用作：第一,正常运输以外的储存；第二,货物的分配、分派或分散转运。

（3）被保险货物在最后卸货港最后卸离海船满60天。如在上述60天内需将货物转运到非保险单载明的目的地,则于货物开始转运时终止。

由于被保险人无法控制的运输延误、绕道、被迫卸货、重新装载、转载或承运人运用运输契约赋予的权限所作的任何航海上的变更或终止运输契约,指示被保险货物运到非保险单所载明目的地时,将被保险人及时获知的情况通知保险人,并在必要时加缴保险费的情况下,本保险仍继续有效,保险责任按下列规定终止：

（1）被保险货物如在非保险单所载明的目的地出售,保险责任至交货时为止,但不论任何情况,均以被保险货物在卸载港全部卸离海轮满60天为止。

（2）被保险货物如在上述60天期限内继续运往保险单所载原目的地或其他目的地时,保险责任仍按上述第一项的规定终止。"

以上文字,可以用一个简单的图示表达如下：

图 13-1 货物运输保险的"仓至仓"责任期间

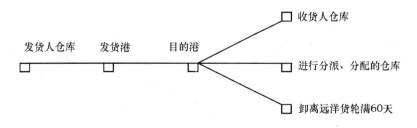

以上关于保险期间的规定中,规定如果保险货物在运输途中由于被保险人无法控制的情况产生了绕道、迟延、被迫卸货以及转运等,保险公司对此仍然负责的条款,也被称为"扩展责任条款"。而规定由于被保险人无法控制的原因,被保险货物在运抵保险单载明的目的地之前,运输合同在其他港口或地方终止,或者航程在保险责任终止以前终止,保险合同也就终止的条款,也被称为"航程终止条款"。

2. 运输条款

我国"人保条款"中的"仓至仓"条款,很大程度上是从英国的协会货物险条款中借鉴过来的。但现在英国新的协会货物险条款已经不再使用"仓至仓"条款,而是用"运输条款"(transit clause)来对保险期间进行规定。这两种条款内容基本一致,但"运输条款"的规定被认为更合理一些。

新的协会货物险条款第8条,即"运输条款"规定:"本保险从货物为了进行运输离开指定地点的仓库或储存场所开始,延续到运输的正常过程中,直到以下情况中先发生的一种时结束:

(1) 货物交给收货人或指定目的地的仓库或储存场所;

(2) 交给任何其他被保险人为了以下目的选择使用的在指定目的地或之前的仓库或储存场所时:为了在正常运输过程以外储存,为了分配或分发货物;

(3) 货物在最后卸货港从海运船只上卸下60天以后。"

3. 船舶航次险的保险期间

在船舶的航次保险合同中,通常视船舶是载货船还是非载货船而对保险航次的起止进行规定。如协会船舶险条款规定,保险航次是:(1) 不载货船舶:自起运港解缆起锚时开始至目的港抛锚或系缆完毕时终止。(2) 载货船舶:自起运港装货时开始至目的港卸货完毕时终止,但自船舶抵达目的港当日午夜零点起最多不得超过30天。

由于船舶参加的船级社变动,装运违背保险单规定的货物等保险单明确规定的情况发生时,即使保险期间未完,保险也可能提前自动终止。如我国人保船舶险条款规定了三种保险自动终止的情况。

五、被保险人的义务

(一) 被保险人支付保险费的义务

被保险人在保险合同下最主要的义务,是支付保险费。保险实务中,保险费的支付方式有:在订立合同后一次性支付、在签发保险单后一次性支付、分期支付等。如果保险合同对保险费的支付方式没有另外约定,保险费应在保险合同订立后立即支付。如果不支付,保险人可以拒绝签发保险单证。

（二）被保险人遵守保证条款的义务

保证条款是海上保险合同中订明的，被保险人向保险人作出的在履行合同过程中做什么不做什么的承诺。

保证可以是明示的，也可以是默示的。保险合同中明确约定的保证是明示保证，保险合同中没有明确约定，但根据法律或惯例应该被推定包括在保险合同中的保证是默示保证。明示保证一般在合同条款中有"保证"字样。如船舶保险中，保险合同规定"被保险人保证船舶不驶往战区、不装运危险品"等。但"保证"字样并非认定条款性质的最终依据。一个条款即使没有"保证"字样，也有可能因为合同条款的性质而最终被认定构成一项保证；同样，有"保证"字样的条款，也可能最终被认定不构成一项保证。在考虑条款的性质时，需要考虑条款是否涉及合同的根本、与风险的关系、条款本身的商业目的以及不允许保险人抗辩是否会对保险人造成不公等因素。这是一个合同解释问题。默示保证与各国法律规定有关。英国法下，包括适航保证和合法性保证两项默示保证。

保证可以是对已经发生的某些事实存在或不存在的确认，也可以是对将来某些事实发生或不发生的承诺。

遵守保证条款是海上保险合同中"最高诚信原则"的具体体现。被保险人违反合同约定的保证条款时，应当立即书面通知保险人。保险人收到通知后，可以解除合同，也可以要求修改承保条件、增加保险费。保险人行使这些权利，并不需要证明被保险人有过错。被保险人不通知，也不影响保险人在知情后行使这些权利。如果未就修改承保条件、增加保险费等事项达成一致，保险合同于违反保证条款之日起解除。如果被保险人未及时通知，保险人有权从违反保证条款之日起解除保险合同。但是，如果保险人收到了违反保证条款的通知，仍然支付了保险赔偿，就不再能以违反保证条款为由要求解除合同。[①]

在一个案例中，海上船舶保险合同中载明："被保险人保证船舶将直接从新加坡开往上海，不会绕航。"但实际上，船舶从新加坡开航后，先到香港卸载了一批货物，再重新启程开往上海。在驶往上海的航程中，由于机器发生故障，船舶沉没。被保险人向保险人索赔，保险人认为被保险人违反了保证条款，拒绝赔偿。被保险人则辩称绕航与船舶沉没没有因果关系，即使船舶直接开往上海，也同样会发生机器故障。本例中被保险人在合同明确保证不绕航的情况下仍然绕航，违反了保险合同的保证条款，对此双方并无争议。争议的焦点是违反保证条款的后果。根据我国《海商法》规定，违反保证条款后被保险人应及时通知保险人，本例中被保险人没有尽到通知义务，但这并不影响保险人权利的行使，即保险人得知事实后，仍然有权解除合同。如果一发生绕航，被保险人就通知了保险

[①] 参见最高人民法院《审理海上保险纠纷案件若干问题的规定》第6、7、8条。

人,保险人即行使了解除合同的权利,则绕航后不论任何原因导致的船舶损坏,保险人都不用赔偿。被保险人没有通知,不能剥夺保险人的此项权利。因此,本例中被保险人不得以没有因果关系为由,拒绝承担违反保证义务的后果。保险人有权合理拒赔。

保证条款必须严格履行。如一位英国法官指出的:"合同中一旦加入保证条款,除非被逐字遵守,否则合同不存在。至于合同中为何订入保证则完全无关紧要。"①

(三) 被保险人防止或减少损失的义务

一旦保险事故发生,被保险人应当立即通知保险人,并采取必要的合理措施,以防止或者减少损失。如果保险人发出了有关采取防止或者减少损失的合理措施的特别通知,被保险人应当按照保险人通知的要求处理。被保险人违反这项义务造成的扩大的损失,保险人不负责赔偿。

在一个典型案例中,秘鲁 S 公司与香港 C 公司签订鱼粉买卖合同,约定后者向前者购买 700 吨秘鲁鱼粉,2000 年 7 月装船。同年 5 月、7 月,香港 C 公司将涉案鱼粉转卖给本案原告武汉 C 公司,见单即付,香港 C 公司承担货物到武汉的所有费用。武汉 C 公司向香港 C 公司支付了全部货款后取得了正本提单。提单载明:收货人为武汉 C 公司,通知人为香港 C 公司,载货船舶为"M"轮,运输起、讫港分别为秘鲁瓦乔和中国上海。被告 J 保险公司就涉案鱼粉签发了保险单,被保险人为秘鲁 S 公司;承保险别为人保一切险和战争险。此后,"M"轮在驶往目的港途中,由于其他债权人提出的预防性扣留申请,被厄瓜多尔当地法庭下令禁止起航。但该法庭同意"M"轮在扣留期间开往安全港口,卸下船载鱼粉并存放仓储。此后"M"轮一直滞留在厄瓜多尔港口。由于货物一直未到达目的港,香港 C 公司将涉案保险合同转让给了武汉 C 公司。武汉 C 公司向 J 保险公司提赔遭拒后,诉至法院。J 保险公司辩称,被保险人在事故发生后未采取任何措施以防止和减少损失,因此赔偿请求不能得到支持。我国《海商法》第 236 条规定,一旦保险事故发生,被保险人应当立即通知保险人,并采取必要的合理措施,防止或者减少损失。被保险人减损义务的前提是"知情"和"可能"。如果保险人不能证明被保险人在事故发生时知情并有可能采取减损措施,或不能证明未采取减损措施导致了损失扩大,则不能以此为由拒赔。

在海上货物运输保险中,保险单可以自由转让。当保险单转让时,保险合同的权利、义务随之转让,受让保险单的人从而成为履行"减损义务"的主体。如果在合同转让前保险事故已经发生,原被保险人未能及时履行减损义务,其后果也要由新的被保险人承担。

---

① De Hahn v. Hartley, 99 Eng. Rep. 1130, 1131 [K.B. 1786].

第五节 海上保险的索赔和理赔

一、损失的种类

在发生保险合同承保的风险引起的损失时,被保险人有权向保险人索赔。损失的种类分为全损和部分损失。其中全损又分为实际全损和推定全损。

1. 实际全损(Total Loss)

保险标的发生保险事故后灭失,或者受到严重损坏完全失去原有的形体、效用,或者不能再归被保险人所拥有的,为实际全损。

实际全损包括三种情形:第一,标的灭失(destroyed)。如船舶完全烧毁或沉没于深海中根本无法打捞,或食糖掉入海中溶化,或在运费保险中,由于船舶灭失,使得赚取运费成为不可能。第二,标的严重毁损而失去原形或效用。如水果腐烂到不能为人类食用,虽然还可以作为饲料。但如果大米掉进水中又被捞起,晾干后仍然作为大米卖出,即使卖价远低于正常价,也不认为是实际全损。第三,标的无法再归还被保险人所有或被保险人永久被剥夺其使用权。如船舶失踪。根据我国《海商法》的规定,船舶失去联系满2个月为船舶失踪,视为实际全损。

2. 推定全损(Constructive Total Loss)

保险标的发生保险事故后,认为实际全损已经不可避免,或者为避免发生实际全损所需支付的费用超过保险价值,为推定全损。

推定全损是一种法律上认定的假定的全损(legal fiction),并不是实际上的真正的全损。保险标的可能依然存在,但从商业角度看已经因为实际全损不可避免或救助费用将大大超过其本身价值而丧失经济价值。[①] 如船舶发生碰撞后,如果将船舶拖带到安全港口的费用和受损部分修理的费用相加已经超过了船舶恢复原状以后的保险价值,就构成该船舶的推定全损。又如货物发生损坏后,虽然仍然可能修复,但修复费用加上将货物运至目的地的费用将超过货物到达后的实际价值,也可构成货物的推定全损。再如船舶在战争中被敌国扣押,虽然货物仍然完好存在,但归还遥遥无期,也可能被视为推定全损。推定全损一定要是实际全损已经不可避免时才能提出。在一个英国案例中,某船于11月在某河湾搁浅,并被封冻在那里。由于没有希望在来年春天之前起浮,船舶所有人在12月份提请委付。但法院认为,船舶所有人不能索赔推定全损,因为还无法证

---

① 参见我国《海商法》第246条。

明船舶所有人已经不可能重新得到他的船。

推定全损是海上保险中特有的一个概念。之所以有这样一个概念,是因为海上保险中,索赔时举证困难,耗时费力,推定全损能使被保险人得到简单快捷的损害填补,而且有委付制度辅助,可以防止被保险人不当得利。有人认为,推定全损不仅在海上保险中是一项合理制度,陆上财产保险中也应借鉴。

推定全损发生时,被保险人可以要求按部分损失进行赔偿,也可以要求按实际全损进行赔偿。如果要求按实际全损进行赔偿,则应该进行委付。

3. 部分损失(Partial Loss)

全损以外的其他任何损失都是部分损失。这可能是保险标的物的一部分全部灭失或损坏,也可能是全部保险标的物到达目的地时处于受损状态。

保险合同可以只承保一种损失,如"部分损失不赔"的合同,就只承保保险标的全损的损失,也可以承保两种损失。

二、委付

(一) 委付(abandonment)的概念和成立要件

委付是海上保险中,被保险人请求保险人为推定全损赔付时,应放弃保险标的的所有权,并将所有权转移给保险人的一种法律制度。被保险人放弃标的所有权的行为是委付行为。

委付的成立要件包括:(1)要有委付的原因,即必须有推定全损的情形。(2)要有委付行为。委付是否需要对方承诺,在不同国家有不同做法。德国、日本等国法律认为委付是单方行为,无需经保险人同意,就可生效;而英国、法国等国法律则认为委付必须经对方承诺,才可生效。根据我国《海商法》规定,委付是一种单方法律行为,无需与保险人协商。但保险人可以选择接受或者不接受委付。(3)要及时作出。委付是一种权利,应该及时行使,才为有效。我国台湾地区"海商法"规定委付原因发生2个月后,委付的权利不行使就消灭了。法国海商法规定委付时间为推定全损构成或被保险人告知第一保险人时起6个月或9个月。我国《海商法》没有这样的时间限制,但应在合理时间为之。

委付不得附带任何条件。委付一经保险人接受,不得撤回。

(二) 委付的效力

有效的委付具有如下效果:(1)保险标的物权利转移。关于权利转移的时间,各国立法例不同。德国、日本等国规定权利在委付意思表示之时转移,而英国、美国等国则规定权利自委付原因发生时起转移。我国《海商法》没有明确规定,应理解为自保险人接受委付时转移。(2)全部保险金请求权的取得。委付后应发生与实际全损同样的结果,即保险人对于委付人应支付保险金额。

（三）委付的通知和接受

对委付权如何行使，我国《海商法》未作详细规定。由于委付制度的设计，主要在于维护被保险人的利益，因此，是否委付完全属于被保险人的自由，在可以委付的情况下，被保险人也可以选择通过举证证明实际全损而得到全损赔偿，或选择按部分损失索赔。

如果被保险人选择委付，则需要向保险人发出适当的通知。我国《海商法》对被保险人发出委付通知的时间没有具体明确规定，但却规定保险人应当在合理的时间内将接受委付通知书或不接受委付通知书的决定通知被保险人。我国《海商法》中没有特别规定委付通知的形式，委付通知可以是书面的，也可以是口头的，但是必须是由有权代表被保险人的人作出。有效的委付通知关键是要有放弃标的并转移所有权给保险人的意思表示，并不一定要出现"委付"两字才构成一个有效的委付通知。因此只要在索赔函中一并提出这一放弃标的的意思表示也是委付通知的一种形式。

保险人收到委付通知后的沉默并不表示一种接受[1]。

在没有另外规定的情况下，如果保险人已对残骸进行打捞或者采取任何保护措施或其他的行为，其行为可能构成对委付的接受。但在保险合同中，往往规定此行为并不视为接受委付。委付通知不得附带任何条件，委付通知在接受之前可以撤回，但一旦接受就不得撤回[2]。

我国《海商法》第255条规定，保险人在发生保险事故以后可以放弃对保险标的的权利，全额支付合同约定的保险金额，以解除对保险标的的义务。行使这种权利应当自收到被保险人要求赔偿损失通知之日起的7天之内作出。被保险人在收到通知前，为避免或者减少损失而支付的必要的合理费用，仍然应当由保险人偿还。

三、代位求偿

（一）代位求偿（subrogation）的概念和功能

保险标的发生的保险责任范围内的损失如果是由第三方的责任引起的，被保险人向第三人要求赔偿的权利，自保险人支付赔偿之日起，相应转移给保险人，这种制度被称为"代位求偿"，保险人因此取得的权利，被称为"代位求偿权"。

代位求偿制度主要有两种功能。首先是保障保险合同的"损害填补"原则。因为在第三方责任引起损失的情况下，被保险人一方面可以依据保险合同向保

---

[1] 参见英国1906年《海上保险法》第62条第5款。
[2] 参见我国《海商法》第249条。

险人请求保险赔偿,另一方面又可以依据损害事实向第三方责任人请求损害赔偿,这样对同一保险标的的同一损害,将获得双重或多于保险标的的实际损害的补偿,违背了保险合同填补损害的基本原则。将被保险人的损害赔偿请求权转移给保险人,可以避免被保险人得到额外利益。其次是确保第三人承担经济赔偿责任。因为在第三方责任造成保险标的损失的情况下,如果被保险人因为可以从保险人处获得赔偿而放弃追究责任人,将使加害人通过保险合同而获利,这既不符合公平原则,也不利于制约第三人的违法行为。由于具有以上功能,代位求偿制度不仅在海上保险中,在其他财产保险中都被认为是基本制度之一,对保险的顺利运作起到了积极作用。但对这项制度的价值,在理论上也存在不同看法。如有人认为,由于责任保险的存在将使责任方赔偿变成责任方的责任保险人赔偿,代位求偿制度并不能真正发挥其确保责任人承担责任的预期功能[①]。

(二) 代位求偿权的性质

保险人的代位求偿权是一种法定权利,它基于法律规定而产生,不管保险合同是否有约定,保险人都可以依法行使这项权利。保险人向第三方索赔时,是直接以自己的名义而不是以被保险人的名义。实践中,保险人往往要求被保险人出具一份"权利转让证书"以向第三方责任人证实自己的权利,但实际上,由于保险人的求偿权是一种法定权利,不需要被保险人转让、同意或协助就可以独立行使。

在有的国家,如英国,代位求偿中保险人是以被保险人的名义向第三方责任人索赔,即在对第三方的索赔中,虽然保险人是"真正意义上的原告",要负责指定律师、支付诉讼费用、享受胜诉的成绩或承担败诉的后果,但"名义上的原告"却是被保险人,诉讼文件上出现的原告是被保险人,法庭的命令和决定也是对被保险人做出的。代位求偿只是赋予保险人控制诉讼过程和享受诉讼成果的权利,却不为保险人创造新的诉由。在一个英国案例中,货物保险人对货物短重赔付后,以自己的名义就短重向承运人提起索赔诉讼,但法院以保险人没有告承运人的权利为由驳回了起诉。保险人修改了起诉书,再以被保险人的名义提起诉讼,但第二次起诉因为已超过了《海牙规则》的1年时效,也遇到了麻烦。[②] 不过即使在英国,保险人也可以通过被保险人转让其对第三人的权利而取得直接以自己的名义对第三人索赔的权利。这时,保险人必须向法院出具权利转让的证明。

(三) 代位求偿权的行使条件

保险人行使代位求偿权必须符合法律规定的条件:

[①] 参见 Malcolm M. Clarke, *The Law of Insurance Contract*, LLP, 1997.
[②] The Aiolos, [1983] 2 Lloyd's Rep.

第一,保险人只有根据保险合同向被保险人支付保险金后才有权代位行使被保险人的权利。如果损失发生后保险人和他的被保险人还在磋商赔付办法,则保险人此时无权向责任人追偿。但如果保险人已经进行了保险赔偿,责任人不能以保险赔偿不符合保险合同的规定,保险人的赔付是自愿进行的为由进行抗辩。在一个英国案例中,责任人提出,保险人虽然对被保险人支付了保险金,但根据保险合同这种支付是不应该的,因而拒绝保险人的代位求偿。但法官认为,如果没有保险合同就不会有任何赔偿。以保险人的赔偿不是基于保险合同为由进行的抗辩不能被接受。

第二,保险人行使代位权只能以其向被保险人给付的保险金额为限,不得超过其向被保险人给付的保险金数额。保险人从第三人取得的赔偿,超过其支付的保险赔偿的,超过部分应当退还给被保险人。第三人造成被保险人的损失超过保险人承担的保险责任的,被保险人仍可以对其没有取得保险赔偿的部分,继续向第三人请求损害赔偿。

第三,保险人只能取得和被保险人一样的地位,他不能取得比被保险人更多的权利。在英国法下,这一点被象征性地称为"保险人站在被保险人的鞋子上"。诉讼中,责任人能对被保险人提出的抗辩,如被保险人的错误行为、法定免责或责任限制等,全部能对保险人提出。而且,如果被保险人在损失发生之前或发生之后主动放弃了向责任人索赔的权利,则保险人也不再能对责任人索赔。但被保险人损害保险人对第三人的权利,要向保险人承担责任。我国《海商法》第253条规定:"被保险人未经保险人同意放弃向第三人要求赔偿的权利,或者由于过失致使保险人不能行使追偿权利的,保险人可以相应扣减保险赔偿。"第253条未限制被保险人弃权的时间,但一般认为,如果被保险人在损失发生之前,甚至是在投保之前就免除了第三方将来可能承担的责任,不构成对保险人代位求偿权的损害[①]。

这种性质同样体现在对代位求偿时效的规定上。在货物保险中,在承运人和保险人均有赔偿责任的情况下,保险人取得代位求偿权后,向承运人(责任人)追偿的时效与货主一样。

在"中国抽纱上海进出口公司与中国太平洋保险公司上海分公司海上货物运输保险合同纠纷案"中,中国抽纱上海进出口公司为一批货物投保了一切险和战争险。货物运到后,由于承运人无单放货,导致原告损失。上海市高级人民法院在审理此案时,就保险人如果赔付后,向承运人代位追偿的时效应如何计算产生了激烈争论。一种意见认为,保险人追偿的时效应从明确保险责任、取得代位求偿权之日起算,时效期间可参照我国《海商法》第257条规定为90天。另一种

[①] 参见陈欣著:《保险法》,北京大学出版社2000年版,第208—209页。

意见认为,我国《海商法》规定托运人向承运人要求赔偿的时效为1年,故保险人代位托运人向承运人追偿的时效亦为1年。该时效应从承运人无单放货之日起算。此案经向最高人民法院请示后,最高人民法院批示确认:保险人取得的代位求偿权是被保险人移转的债权,保险人取代被保险人的法律地位后,对承运人享有的权利范围不得超过被保险人;凡承运人得以对抗被保险人而享有的抗辩权同样可以对抗保险人,包括因诉讼时效超过而拒赔的抗辩权。因此,保险人只能在被保险人有权享有的时效期间提起诉讼,即保险人取代被保险人向承运人代位求偿的诉讼时效亦为1年,应自承运人交付或应当交付货物之日起计算[①]。

(四) 代位求偿权的效力

根据我国《海商法》的规定,保险标的发生保险责任范围内的损失是由第三人造成的,被保险人向第三人要求赔偿的权利,自保险人支付赔偿之日起,相应转移给保险人。被保险人应向保险人提供必要的文件和其所需要知道的情况,并尽力协助保险人向第三人追偿。被保险人未经保险人同意放弃向第三人要求赔偿的权利,或者由于过失致使保险人不能行使追偿权利的,保险人可以相应扣减保险赔偿。保险人支付保险赔偿时,可以从应支付的赔偿额中相应扣减被保险人已从第三方取得的赔偿。保险人从第三人取得的赔偿,超过其支付的保险赔偿的,超过部分应当退还给被保险人。

但是,代位求偿权并不自动消灭被保险人向第三方索赔的权利。

因第三人的行为引起保险事故造成保险标的的损害的,被保险人对第三人有损害赔偿请求权,对保险人有保险给付请求权,并可以依照自己的意愿选择,或直接请求第三人赔偿,或直接请求保险人给付保险赔偿金,或同时行使损害赔偿请求权和保险金给付请求权。被保险人已经得到保险赔偿后,不得对第三人请求赔偿其已取得的保险赔偿范围内的损害,即使提出请求,其利益也应该归于保险人。被保险人已经得到第三人的损害赔偿后再向保险人请求保险赔偿,保险人得在给付保险赔偿时,扣除被保险人已经取得的赔偿。

一个典型的案例是一艘英国船舶因为另一艘加拿大船舶的过失被撞沉,保险人赔付被保险人全部船价7.2万英镑后,向加拿大船东索赔并得到全部赔偿。但在加拿大船东支付时,由于英镑贬值,实际支付的加元等于12.5万英镑。被保险人向保险人索要12.5万英镑与7.2万英镑之间的差额,并得到了法院支持。因为代位求偿从法律上看仍然是被保险人的索赔,其后果应由被保险人承担。代位求偿只是提供了一种防止被保险人得到双重赔偿的法律机制,它并不将被保险人在对责任人的诉讼中可能有的利益转让给保险人。索赔所得超出保

---

① 参见最高人民法院《关于中国上海抽纱进出口公司与中国太平洋保险公司上海分公司海上货物运输保险合同纠纷请示的复函》,载《最高人民法院公报》2001年第1期。

险人赔付的,应该将多余部分交还被保险人。

（五）委付与代位求偿的关系

委付与代位求偿的相同之处在于两种制度都是为了不让被保险人取得双重的补偿。委付与代位求偿都是赋予保险人的一种权利,都有利于保护保险人的利益。但是委付与代位求偿的区别也是非常明显的。委付是一种所有权的转让,保险人取得保险标的残骸的所有权利和义务,它只有在全损情况下才可能发生;而代位求偿仅仅是保险人赔付后代位向第三方责任人要求索赔的权利,仅限于其赔付范围的一种索赔权,它不仅发生在全损情况下,也包括部分损失赔付的情况,而且超出其赔偿范围的索赔应归被保险人。委付与代位求偿都是一种法律行为,但是在推定全损的情况下,委付的表示必须发出委付通知;而代位求偿是一种法定的权利,并不需要被保险人发出任何通知,保险人只要在作出赔付以后就自动取得代位求偿的权利。

四、损失与承保风险的因果关系

保险人只赔偿由于承保风险引起的货物损失。这和一般民事索赔中对因果关系的要求是一致的。

如果货物损失是由于包括承保风险在内的多种原因共同作用引起的,保险人是否应该赔偿常常产生争议。对于海上保险中的因果关系,英国海上保险法采用了有名的"近因原则"（doctrine of proximate cause）,规定"在无其他规定的情况下,保险人承担以保险危险为近因而产生的所有损害赔偿责任"。[①] 对于什么是"近因",英国法下并没有一个准确的定义,一般只是抽象地描述为:主要的、决定性的、直接的、最有力的原因。但审判实践中,英国法院对"近因"的判断形成了一套独特的标准。以下几个案例可以从某些方面反映出英国法院在确定近因时的态度。

（1）Montoya v. London Assurance Corp. （1851年）

香烟与皮革装在同一个船舱内,由于海水浸入,皮革腐烂,散发的气味附着在香烟上,使香烟不能使用。法院判决,虽然海水没有直接接触香烟,但是,香烟的损害是由于海上固有的危险——海水浸入船舱直接引起的,因此是海上风险造成的损失。

（2）Hamilton Fraserk Co v. Pandorf & Co. （1885年）

航行中船舶的浴室铅管被老鼠咬破,虽然未立即渗入海水,但后来遭遇风暴天气,船舶剧烈摇摆,海水从咬破的管道中渗入船舱,导致舱内装载的大米湿损。法院判决,损失的近因是海上固有的危险,而不是鼠害。因为如果老鼠是在岸上

[①] 英国1906年《海上保险法》第55条第1款。

将管道咬破,进入的只能是空气,而这不会损坏货物,正因为海水的进入才最终使损害的发生不可避免。

(3) Samuel & Co. Ltd v. Dumas (1924 年)

同样是航行中船舶管道破裂,海水进入船舱损害货物。不同的是本案中的破裂不是老鼠咬坏的,而是船长指使船员有意凿破的。保险人援引上案判决,认为损失的近因是海上风险而非人为破坏,因为如果船员是在岸上将船凿破,则进入的只能是空气,同样不会损害货物。但法院拒绝接受保险人的抗辩,而指出本案中船长、船员的罪恶思想才是货损最终发生的直接原因。

近因原则要求首先除掉对损失后果没有关系的事件,其次要求原因是决定性的,而不一定是时间上最接近的。如果一个事件已经使损失的发生不可避免,以后再发生的使损失加速发生或损失更加严重的事件不再被认为是损失的近因。

我国《海商法》和《保险法》都没有明确使用"近因"的概念,但保险实务中,起源于英国的近因理论在确定损失原因与结果之间关系时都是最广为接受的一种理论。

如果货物已经发生损失,随后的事件即使是承保风险保险人也不负责任。如保险合同承保了战争险。在运输途中装载货物的船舶触礁,船舶和货物都已经不可避免会灭失了。但货物最后被敌国船只得到而避免了实际损失。这种货物损失应看做是海上风险引起的而不是战争引起的。如果货物损失是有一连串事件引起的,其中一件是承保风险,其他事件没有被明确排除,则保险人应该赔付。

承保的风险必须已直接对保险标的发生了作用,只是由于担心危险将会作用,而采取了行动以避免这种危险的实际作用是不充分的。在一个案例中,一批运往汉堡的黄麻投保了战争险,为防万一被敌人捕获,船长将货物运到中途港,被保险人无法得到货物,法院判其不能索赔,因为灭失的原因不是危险本身的直接作用,而是担心遭到这个危险。

五、合理拒赔和免赔额

即使是承保风险引起的损失,保险人也可能有合理的理由进行拒赔,拒赔理由主要有绕航、改变航程、延误等,一般有法律规定或有保险合同条款排除。

根据我国《海商法》规定,在货物运输保险中,保险人的法定拒赔理由主要有三项,即:(1) 航行迟延、交货迟延或者行市变化;(2) 货物的自然损耗、本身的缺陷和自然特性;(3) 包装不当。在船舶保险中,保险人的法定拒赔理由主要有两项,即:(1) 船舶开航时不适航,但是在船舶定期保险中被保险人不知道的除外;(2) 船舶自然磨损或者锈蚀。运费保险比照适用船舶保险的规定。这些法定拒赔理由在保险合同另有不同约定时则不适用。同时,我国《海商法》第242条还规定:"对于被保险人故意造成的损失,保险人不负赔偿责任。"

保险合同一般规定有除外风险,这种规定的作用之一是用以解除保险人本来在保险合同下可承担的责任。

被保险人未履行法律或合同规定的义务往往也是保险人合理拒赔的一个理由。如我国《海商法》第236条规定,一旦保险事故发生,被保险人应当立即通知保险人,并采取必要的合理措施,以防止或者减少损失。如果保险人发出了有关采取防止或者减少损失的合理措施的特别通知,被保险人应当按照保险人通知的要求处理。被保险人违反这项义务造成的扩大的损失,保险人不负赔偿责任。

保险合同中规定有关于保险人责任免除条款的,保险人在订立保险合同时应当向投保人明确说明,未明确说明的,该条款不产生效力。

许多时候,承保范围内的风险导致了保险标的的损失,但这种损失可能是很小的。如果每一笔小的损失都要经过索赔、理赔的过程然后赔付,不免花费太大。为避免琐细的索赔,海上保险合同一般会加上一个"免赔额"的规定。所谓免赔额(deductible),是指保险合同双方事先商定的一个具体数额,如果承保危险造成的损失索赔累计金额不超过这个数额,则保险人不予赔偿。具体分为两种:绝对免赔额和相对免赔额。绝对免赔额是指规定即使实际损失超过约定的免赔额,保险人实际赔付时也要将免赔额先行扣除。相对免赔额是指虽然规定了免赔额,但如果实际损失超过了免赔额,则保险人就必须全额赔付,不作扣减。绝对免赔额在实践中更为常见。免赔额的规定主要有两个作用:一是节约双方的保险理赔费用,因为已经排除一些较小金额的索赔;二是可以让船东自保一部分,加大免赔额以大幅度降低保险费。

免赔额的计算曾经以"航次"为准,但现在一般是以"事故"为准,即一次事故计算一个免赔额。如何确定相继发生的损害是一次事故还是多个事故,是一个标准模糊的问题。如在船舶保险中,船舶几年没有进干坞检查了,一进坞检查就查出了船板腐蚀、钢板要换掉等问题,由于无法查清这些损失是一次还是几次事故造成的,应该计算几个免赔额就成为难以确定的问题。这些问题最好有保险合同条款明确规定。如英国协会船舶险条款就规定,对于两个连续港口之间的一个单一海上航程之中,由于恶劣天气造成的损坏索赔,应视为一次事故造成的。[①] 中国人民保险公司的船舶保险条款也有类似规定。

免赔额一般对全损索赔不适用。

---

① 1983年英国协会船舶定期保险条款第12条。

六、施救费用

我国《海商法》第240条第1款规定:"被保险人为防止或者减少根据合同可得到赔偿的损失而支出的必要的合理费用,为确定保险事故的性质、程度而支出的检验、估价的合理费用,以及为执行保险人的特别通知而支出的费用,应当由保险人在保险标的损失赔偿之外另行支付。"这一条规定的费用被称为施救费用。

保险人对施救费用的支付,以相当于保险金额的数额为限。保险金额低于保险价值的,除合同另有约定外,保险人应当按照保险金额与保险价值的比例支付。以船舶保险为例。如果船舶价值400万元,但只投保了100万元,即保险金额与保险价值的比例是1:4。如果发生了40万元的施救费用,则保险人无需全额赔付这笔费用,而只需赔付1/4,即10万元。

施救费用是在保险赔付之外额外支付的,目的是为了鼓励被保险人采取合理行动,防范和减少承保风险给保险标的造成的损失。施救行为必须合理,但不要求必须成功。如在一个案件中,被保险人将集装箱出租给一家公司后,该公司破产。被保险人设法寻找集装箱的下落,但只找回了一部分,为此还花费了海关费、堆存费、运输费、差旅费、法律咨询费等费用。为集装箱承保的保险公司认为施救行为并不成功,拒绝支付这些费用,但法院判决保险公司应该支付。

保险合同中,往往包括一个"诉讼和劳动条款"(sue and labouring clause),要求被保险人采取合理行动为保全财产免于承保风险引起的损失而进行诉讼或其他活动,保险人则承诺补偿被保险人因此而支付的费用。这类条款规定的也是施救费用。

七、重复保险的赔付

重复保险是指对同一保险标的、同一保险利益、同一保险事故分别向两个以上的保险人订立保险合同的保险。为不同的利益进行的投保,如同时为货物的质权人和出质人投保或为财产及责任投保不是重复保险。重复保险下,每个保险人都有义务按他承保的金额在总投保金额中占的比例进行赔付。如果一个保险人多赔了,他有权向其他保险人追回多付的金额。在重复保险下,多付的保险费可以索回,但如果被保险人投保时已经明确知道重复保险的存在则不可索回。

八、共同海损与海上货物运输保险

共同海损是指在同一海上航程中,船舶、货物和其他财产遭遇共同危险,为了共同安全,有意地合理地采取措施所直接造成的特殊牺牲,支付的特殊费用。共同海损牺牲或费用应该由各关系方进行分摊和补偿,这是国际航运业中公认的,是一种特殊的损失补偿办法。由于共同海损与海上保险都具有赔偿这一基本的特性,因此海上保险一产生就同共同海损存在着十分密切的关系。现在,一般的海上货物运输保险条款都有专门的共同海损条款处理由共同海损引起的赔偿问题。

发生共同海损,本应由有关利害方之间进行共同海损理算,待共同海损理算结束后,再分别向他们各自的保险公司索赔。但实际业务中,往往是保险公司代垫了各方的分摊。因此本来是由船方和货方之间进行的共同海损理算,往往转移到船方和货方保险人之间进行。在发生共同海损后,海损理算往往在船货抵达目的地后需很长时间才能完成。为了不影响货主提货,船方要求货主在提货前,办理担保分摊共同海损的手续,否则船方对承运的货物可以主张留置权。在货物已经保险的情况下,几乎无一例外地是由保险公司代货方提供现金担保或签发担保函。

保险公司对共同海损的赔偿,是以保险单所载作为根据的。我国《海商法》第241条规定,保险金额低于共同海损分摊价值的,保险人按照保险金额同分摊价值的比例赔偿共同海损分摊。

第十四章 船舶保赔保险

在本章中,我们将

——学习船东保赔协会的工作原理

——了解保赔保险与商业保险合同的区别

——了解保赔协会承保的风险范围和保赔协会提供的其他服务

第一节　保赔保险的产生

由于商业性海上保险存在种种限制,不能使船东在巨大的航运风险下得到充分的保障,如船舶碰撞责任、旅客人身伤亡赔偿责任等船东时常要面临的责任都曾经不在商业性海上保险的承保范围以内。为了减轻和转移这些不被承保的风险,船东开始自发组织起来提供相互间的船舶保险。1855年,世界上第一家船东互助保障协会(Shipowner's Mutual Protection Society)在英国成立,承保会员船东对旅客的人身伤亡责任及船舶保险人不赔的1/4碰撞责任。1873年,世界上第一家船东互助赔偿协会(Shipowner's Mutual Indemnity Club)成立,承保会员船东对货损货差的责任。其后,船东互助保障协会与船东互助赔偿协会联合,形成了新的船东保赔协会(Shipowner's Mutual Protection and Indemnity Club, P&I Club),为船东承保保障责任和赔偿责任。其中,所谓保障责任是指因船舶本身原因引起的船东责任,如因船舶碰撞、漏油污染导致了船东责任。而赔偿责任则是因船舶经营引起的船东责任,如运输货物引起的货损货差责任。今天,这两种责任已经在船东保赔协会提供的保赔保险中结合为一了。虽然面临保险公司的激烈竞争,但由于第三方责任和其他伦敦保险市场不保的风险的发展,船东保赔协会还是找到了发展的空间。目前,世界上共有二十多家船东保赔协会,其中绝大部分是国际性的。同时,各保赔协会为了确保赔偿能力,彼此之间又进行互保,成为一种保赔集团。现在,世界上95%以上的商船都分别参加了各保赔协会。保赔保险成为船舶保险的一个重要补充。

第二节　保赔协会的组织和法律地位

一、保赔协会的组织

保赔协会是船东自愿参加的组织,由船东和其他船舶经营者组成。保赔协会的管理由一个从成员中选举产生的委员会或董事会进行。而实际的管理工作则主要由经理人或经理人公司进行。船东的入会申请应向经理人提出,如果申请成功,即成为会员船东。协会与其成员之间的关系由协会条例调整,成员享有权利也承担义务。船东与协会的利益一致,船东既是保险人,又是被保险人。船东享有在发生保赔协会承担的风险引起的损失时向协会索赔的权利,同时也承担支付会费以承担他人风险的义务。

保赔协会是一个非营利性的组织。它每年向成员收取会费,以用作损失填补资金,而不接受外来投资。保赔协会向成员收取的会费分两种,一种是"预付会费"(initial call),是在每个保险年度开始时收取的,其数额由协会根据入会船舶的吨位、船龄、船型、技术状态、营运特点、保险险别以及历年赔付记录等因素决定。另一种是"追加会费"(supplementary call),是在保险年度结束时,根据实际发生的费用向会员追加收取的。保赔协会的保险年度通常是从一年的2月20日12时起到翌年2月20日12时止。除油污损害赔偿责任外,保赔协会对会员船东承担的赔偿责任是无限的。如果当年收取的会费在支付当年的赔款后还有盈余,原则上应按比例退还给成员。不过,为了增强自己承担赔偿责任的能力,现在一般保赔协会往往都从每年盈余中提取一部分建立特别准备金,以应付可能出现的大宗赔偿。也有的保赔协会已经不再实行年底退还会费盈余的做法。因此,也有学者提出,当今的保赔协会已经或正在逐渐转变为营利性组织。

二、保赔协会的法律地位

虽然保赔保险这种保险形式早已成为海上保险的重要组成部分,但作为其基本组织形式的保赔协会的法律地位,却长期是一个有争议的问题。由于保赔协会是非营利性的互助组织,有人认为它既像是公司,也像是行业协会,性质非常含糊。不过现在英、美等海运大国一般都承认,保赔协会是一种有限公司,应按公司法的规范组织运作。

我国保赔保险的历史很短。20世纪50年代,我国船舶是直接在国际保险市场上投保保赔保险。60年代以后,我国开始由中国人民保险公司承保我国船舶的保赔保险。1984年,中国船东互保协会(China Shipowner Mutual Insurance Association, CPI)正式成立,这是目前为止我国唯一的一家保赔协会,其入会船主要是中国远洋运输集团公司所属的船舶。我国《保险法》仅规定了保险股份有限公司和国有独资公司两种类型的保险组织,保赔协会不属于其中任何一种。目前,在我国船东互保协会是在民政部注册的事业单位,因为不是企业法人,既不适用《公司法》,也不适用《保险法》,甚至也不适用企业破产程序。如何加强对船东保赔协会的管理,维护市场秩序是我国保赔保险业务进一步发展所必须解决的一个问题。

第三节 保赔保险的承保范围和其他服务

一、保赔保险的承保范围

船东保赔协会承保船舶保险人不承保的风险。各保赔协会承保的险别不尽相同,而且随着航运实践的变化而有所增减,但主要的承保范围是基本一致的。以下是中国船东互保协会承保的风险,从中可以看出保赔保险的范围之广:

(1) 入会船船员的人身伤亡、疾病;
(2) 除入会船船员以外的任何人的人身伤亡;
(3) 入会船船员的遣返和替换船员的派遣费用;
(4) 个人物品、财产的损失;
(5) 由会员订立的关于向入会船提供,或由入会船提供,或与入会船有关的设施或服务的合同而产生的对人员伤、病、亡或财产的灭失或损坏的责任;
(6) 碰撞责任;
(7) 对不论在陆地上或在水上,也不论是固定的或移动的任何财产的任何损失或损坏所应负的赔偿责任;
(8) 改变航线的费用;
(9) 安置偷渡与避难人员的费用;
(10) 救助人命费用;
(11) 污染风险;
(12) 根据拖带合同产生的责任;
(13) 残骸处理的责任;
(14) 检疫费用;
(15) 货物责任;
(16) 入会船上的财产的灭失或损坏产生的责任;
(17) 无法取得赔偿的共同海损分摊费用;
(18) 由船方负担的共同海损费用;
(19) 各种罚款;
(20) 支付救助人的特殊费用;
(21) 海事调查费用;
(22) 为船舶营运而产生的费用;
(23) 损害防止和法律费用;
(24) 执行本协会指示而开支的费用;

(25) 集装箱联运责任;

(26) 集装箱的灭失或损坏。

虽然船东保赔协会承保的范围非常广泛,但船东保赔协会也不是对船东可能承担的所有责任都予以保赔。各保赔协会的合同条款中一般都列明有除外责任。通常核风险、会员船违法犯罪的风险等都被列入除外风险。

二、保赔协会的其他服务

除提供保赔保险以外,船东保赔协会还向会员船东提供多种专业性服务,努力维护与保障其会员的信誉与利益。

船东保赔协会提供的专业性服务中,首先是帮助船东处理突发事件。由于船东保赔协会有专门的技术人员,而且多在世界各地都设有通讯代理处,一旦会员船舶发生船舶碰撞或其他海上事故,保赔协会总能立即派遣人员出面处理,不仅可以为船东节省时间和费用,而且可以利用保赔协会的丰富经验和法律知识,协助船东尽快解决问题。

船东保赔协会提供的另一项重要服务,是在需要时为会员船东提供担保。船舶在营运中,常常由于各种原因而面临被司法扣押的风险。由于船舶一旦被扣,将产生巨额费用,导致巨大损失,因此船东往往会先提供担保使船舶获释,再寻求其他解决方法。而船东能找到的最好的担保方式之一,就是由其保赔协会出具一份担保函。船东保赔协会的担保函可信度高,在各国法院被广泛接受,而且又不会产生额外的费用,对船东极为有利。

第五编 海事纠纷处理

第十五章　海事纠纷处理

在本章中,我们将

——学习海事法院和海事仲裁委员会的地位

——学习我国《海事诉讼特别程序法》建立的特殊制度

——掌握船舶扣押制度的行使

——分析我国海事诉讼制度的优劣成败

第一节 海事纠纷及其解决概述

一、海事纠纷解决的机构和途径

海事纠纷是指海事海商活动中产生的各种法律纠纷。在我国,对海事纠纷的解决主要有四种途径:一是通过双方自行协商和解;二是由第三者出面调解;三是通过海事仲裁;四是通过海事诉讼。由于海事纠纷一般金额大、涉及面广、问题复杂,因此,通过后两种途径解决更为普遍。

目前,我国处理海事纠纷的机构主要有三种:港务监督、海事仲裁委员会和海事法院。港务监督是设在我国港口的行政机关,是对沿海水域和内河水域的交通安全实施统一监管的机关,也是对船舶排污、港区水域进行监管的主管机关。港务监督在我国海事纠纷的处理上曾经处于一种特殊的重要地位,以前大量的海事纠纷都是港务监督通过行政手段解决。但现在,港务监督在纠纷解决方面的权限已经大为减少,基本局限在对海上交通事故的行政处理或对海上交通事故引起的海事争议进行调解。海事仲裁委员会和海事法院是我国专门受理海事纠纷案件的仲裁和审判机构,在我国海事纠纷处理中占据着最重要的地位。

二、海事时效制度

(一)海事时效制度的确立和特点

我国《海商法》第十三章对海事请求的时效进行了专章规定。海事请求时效是民事时效的一种。民事时效可分为取得时效和诉讼时效。我国《海商法》第十三章规定的时效是指诉讼时效,是权利人在法定期间不行使权利,就丧失请求法院保护的权利。法定期间即时效期间。我国《海商法》第十三章规定了十一种海事请求时效和两种相关的追偿请求权的时效,并对时效中断的法定事由进行了特殊规定。我国《海商法》没有规定的,仍应适用《民法通则》中有关诉讼时效的规定。

与民法的普通时效相比,海事时效的特点主要是时效期间一般较短,这是为了适应海商活动迅速进行的需要。但由于我国制定《海商法》时强调与国际公约保持一致,因此也有许多时效是根据相关公约制定的,并不一定比我国民法的普通时效短。另外,我国海事诉讼时效的中断理由与民法普通时效的中断理由也不完全一样。

（二）海事时效期间

我国《海商法》规定的海事时效期间共有三类,即1年、2年和3年。时效期间为1年的有海上货物运输合同、海上拖航合同、共同海损分摊、船舶碰撞的追偿请求权等;时效期间为2年的有海上旅客运输合同、航次租船合同、定期租船合同、光船租赁合同、船舶碰撞、海难救助及海上保险合同等,时效期间为3年的有油污损害赔偿。

1. 海上货物运输时效期间

就海上货物运输向承运人要求赔偿的请求权,时效期间为1年,自承运人交付或应当交付货物之日起计算。这一时效对合同之诉和侵权之诉都同样适用。

我国《海商法》只规定了就海上货物运输向承运人要求赔偿的请求权的时效,而没有规定承运人就海上货物运输向货主要求赔偿的请求权的时效,对后一种请求权的时效如何计算曾有两种对立的观点。一种观点认为,由于两种请求权都是基于同一次海上货物运输产生的,应该适用同样的时效才对双方当事人公平,因此承运人的请求权也应适用1年时效。另一种观点则认为,我国《海商法》规定的1年短期时效是对承运人的特殊保护,这种保护不应扩大到货主,因此承运人的请求权不应适用1年时效而应适用民法普通时效。1997年7月11日,最高人民法院在《关于承运人就海上货物运输向托运人、收货人或提单持有人要求赔偿的请求权时效期间的批复》中,规定承运人就海上货物运输向托运人、收货人或提单持有人要求赔偿的请求权,在有关法律未予以规定前,比照适用《海商法》第257条第1款的规定,时效期间为1年,自权利人知道或者应当知道权利被侵害之日起计算,从而暂时解决了这一问题。

由于我国《海商法》第四章只适用于国际海上货物运输,《海商法》关于海上货物运输的时效规定是只适用于国际海上货物运输,还是适用于沿海、国内海上运输也成为有争议的问题。2001年5月22日,最高人民法院作出了《关于如何确定沿海、内河货物运输赔偿请求权时效期间问题的批复》,明确规定,托运人、收货人就沿海、内河货物运输合同向承运人要求赔偿的请求权,或者承运人就沿海、内河货物运输向托运人、收货人要求赔偿的请求权,时效期间为1年,自承运人交付或者应当交付货物之日起计算。

责任人向第三人的追偿请求,时效期间为90日,自追偿请求人解决原赔偿请求之日起或者收到受理对其本人提起诉讼的法院的起诉书副本之日起计算。这一时效又被称为"追偿时效",是为了避免承运人对货主承担责任后,向真正的责任人索赔很容易错过时效的问题。但由于为追偿时效的起算规定了两种标准:自追偿请求人解决原赔偿请求之日起;以及收到受理对其本人提起诉讼的法院的起诉书副本之日起,这两个标准指向的时间点不一定一致,这就产生了以哪个标准为准的问题。这个问题目前还没有统一接受的解答,也有人建议通过修改法律改掉这一不明确的规定。

2. 海上旅客运输合同时效期间

就海上旅客运输向承运人要求赔偿的请求权,不管请求人是旅客本人还是其亲属,也不管请求是基于合同还是基于侵权,时效期间都是 2 年。时效的起算时间依照向承运人提出的请求权的依据不同,分为三种情况:

一是有关旅客人身伤害的请求权,自旅客离船或者应当离船之日起计算。

二是有关旅客死亡的请求权,发生在运送期间的,自旅客应当离船之日起计算;因运送期间内的伤害而导致旅客离船后死亡的,自旅客死亡之日起计算。但是后一种情况下,提出请求权的时间自离船之日起不得超过 3 年。即假如旅客在运送期间内受伤,在离船后 1 年死亡,这时从旅客死亡之日起计算的 2 年都是在时效期内。假如旅客在运送期间内受伤,在离船后 2 年内死亡,这时从旅客死亡之日起计算的 1 年是在时效期内,超过 1 年就超过了诉讼时效。假如旅客在运送期间内受伤,但离船 3 年后才死亡,则旅客的亲属因为时效已过就不再能提起索赔。这样规定,是为了避免从旅客离船到死亡之间的时间过长时,由于不易确定真正死亡原因而引起纠纷。

三是有关行李灭失或者损坏的请求权,自旅客离船或者应当离船之日起计算。

我国《民法通则》规定,身体受到伤害要求赔偿的诉讼时效期间为 1 年,我国《海商法》规定的旅客向承运人索赔的时效与我国《民法通则》不一样,而与 1974 年《雅典公约》的有关规定相同。

3. 租船合同时效期间

有关船舶租用合同的请求权,时效期间为 2 年,自知道或者应当知道权利被侵害之日起计算。这里的"租船合同"是指定期租船合同和光船租船合同。这两类合同下的请求权包括租金请求权、船舶损害赔偿请求权、因违约引起的其他请求权等。虽然光船租船合同和定期租船合同下承租人支付的对价都称为租金,而且光船租船合同被视为比较典型的财产租赁合同,但由于有我国《海商法》的明确规定,我国《民法通则》第 136 条的延付或拒付租金的诉讼时效为 1 年的规定不适用于这两类租船合同下的租金支付。航次租船合同在《海商法》中虽然被列入"海上货物运输合同"一章,但有关航次租船合同的请求权,时效期间也定为 2 年,自知道或者应当知道权利被侵害之日起计算。

4. 拖航合同时效期间

有关海上拖航合同的请求权,时效期间为 1 年,自知道或者应当知道权利被侵害之日起计算。

5. 船舶碰撞时效期间

关于船舶碰撞的时效期间分两种。一般的有关船舶碰撞的请求权,时效期间为 2 年,自碰撞事故发生之日起计算。

互有过失的船舶碰撞中,碰撞双方对碰撞造成的第三方人身伤亡负连带赔偿责任,即第三方有权向任一方要求全部赔偿,而在一方支付全部赔偿后,可再向另一方要求按过失比例承担责任。先支付一方向连带责任的另一方进行追偿的时效期间是 1 年,自当事人连带支付损害赔偿之日起计算,以使先支付一方有足够时间向另一方追偿。

6. 海难救助时效期间

有关海难救助的请求权,时效期间为 2 年,自救助作业终止之日起计算。救助作业终止,是指遇难财产的全部或一部分,经救助已经脱离危险状况,通常是已被送到安全港口或地点。

7. 共同海损时效期间

有关共同海损分摊的请求权,时效期间是 1 年,自理算结束之日起计算。因为各方分担的金额必须等共同海损理算结束,依据共同海损报告才能确定,因此只有理算结束后,才可开始计算时效期间。

8. 海上保险合同时效期间

根据海上保险合同向保险人要求保险赔偿的请求权,时效期间是 2 年,自保险事故发生之日起计算。本条只规定了向保险人索赔的时效,没有涉及保险人向被保险人索要保险费的期间,也没有涉及被保险人向保险人要求退还保险费的请求权的期间。而且不适用于再保险合同。后几类请求权的时效应适用我国《民法通则》规定的普通时效。

保险事故发生之日,是指被保险人知道或者应当知道保险事故发生之日,而不是指保险事故实际发生之日。

我国"人保条款"也规定有保险索赔的时效,是从被保险货物在最后卸货港全部卸离海轮后起算,最多不超过 2 年。这一规定和我国《海商法》规定的时效起算时间不完全一致,但如果将《海商法》中的"保险事故发生之日"理解为是指被保险人知道或者应当知道保险事故发生之日,而不是保险事故实际发生之日,由于货主往往在卸船后才能知道货物损失发生情况,因此法律的规定和保险合同的规定就没有实质区别。

9. 油污损害责任时效期间

有关船舶发生油污损害的请求权,时效期间为 3 年,自损害发生之日起计算;但是,在任何情况下时效期间不得超过从造成损害的事故发生之日起 6 年。

这一规定与我国参加的 1969 年《国际油污损害民事责任公约》的有关规定是一致的。其中,最长 6 年期限不适用时效中止或中断,以防止时间拖得过长,证据湮灭,不利于案件的公正审理。与其他海事诉讼时效相比,油污损害责任的时效期间比较长,这是因为通常确定油污损偿的范围、计算损失的方法等所需时间较长,应有一个合理的时间。而且有的油污事故的损害后果要经过一段时间才会显现,如油轮沉入海底,泄油和污染海洋环境的后果可能一段时间后才会发生。规定较长的时效,可以合理保护油污受害者的权益。

(三) 海事时效的中止和中断

诉讼时效的中止,是指在诉讼时效期间进行中,因发生一定的法定事由,使权利人不能行使请求权,应暂时停止计算诉讼时效期间,待法定事由消除后,再继续进行诉讼时效期间的计算。

诉讼时效的中断,是指在诉讼时效期间进行中,因发生一定的法定事由,使已经经过的时效期间全部作废,待法定事由消除后,诉讼时效期间重新计算。

我国《海商法》规定,在时效期间的最后6个月内,因不可抗力或者其他障碍不能行使请求权的,时效中止。自中止时效的原因消除之日起,时效期间继续计算。这一规定与我国《民法通则》对时效中止的规定完全一致。

我国《海商法》还规定,时效因请求人提起诉讼、提交仲裁或者被请求人同意履行义务而中断。但是,请求人撤回起诉、撤回仲裁或者起诉被裁定驳回的,时效不中断。我国《民法通则》规定的时效中断理由中,除了《海商法》列举的这三种情况,还包括当事人一方提出履行义务的要求。《海商法》没有包括这种情况,因此,海事纠纷中的当事人应特别注意,不能依靠向债务人发出要求履行合同义务的通知信等一般商事交易中常采用的方式来保护海事时效。

请求人申请扣船的,时效自申请扣船之日起中断。

自中断时起,时效期间重新计算。

(四) 海事诉讼时效完成后的法律效果

我国《海商法》对海事诉讼时效完成后的法律效果没有明确规定,应适用民法的一般原则。各国民法对此规定很不一致,有权利消灭说、抗辩权发生说、诉权消灭说等许多不同学说[①]。我国民法对诉讼时效完成的法律效果,一般采诉权消灭说,即时效届满,权利人向法院起诉要求保护权利的,法院将以丧失诉权为由驳回,但债务人自愿履行债务的,权利人可领受而不构成不当得利。如果债务人随后反悔,不得请求债权人返还。

三、涉外海事纠纷的法律适用

由于大量的海事纠纷具有涉外因素,而且有其特殊性,我国《海商法》专章对涉外关系的法律适用进行了规定。这些规定与我国《民法通则》中对涉外关

---

① 参见王利明主编:《民法》,中国人民大学出版社2000年版,第135页。

系的法律适用的规定基本一致。

（一）海事合同的法律适用

我国《海商法》第269条规定："合同当事人可以选择合同适用的法律,法律另有规定的除外。合同当事人没有选择的,适用与合同有最密切联系的国家的法律。"这一条规定的合同,应该包括海上运输合同、保险合同和救助合同等。

在海上货物运输合同中,法律选择可能遭遇特殊的困难。因为约束提单下的货物运输合同的法律往往是强制性的,不允许当事人用合同减轻承运人的义务或责任。存在这样的可能性:承运人通过选择对承运人的义务和责任规定较轻的国家的法律作为合同准据法,从而避开本应适用的对承运人的义务和责任规定较重的国家的法律。这样的法律选择条款是否有效,不同国家有不同做法。我国司法实践中通常认可提单上选择外国法律或国际公约作为准据法的有效性,而不论其选择的法律对承运人的权利义务是如何规定的。但对这种做法,学术界也存在许多批评意见。

（二）船舶物权的法律适用

船舶所有权的取得、转让和消灭,适用船旗国法律。

船舶抵押权适用船旗国法律。船舶在光船租赁以前或者光船租赁期间,设立船舶抵押权的,适用原船舶登记国的法律。

船舶优先权适用受理案件的法律所在地法律。

（三）船舶碰撞、共同海损的法律适用

船舶碰撞的损害赔偿,适用侵权行为地法律。公海上发生的碰撞,则适用受理案件的法律所在地法律。同一国籍的船舶,不论碰撞发生于何地,都适用船旗国法律。

共同海损理算,适用理算地法律。

（四）海事赔偿责任限制的法律适用

对海事赔偿责任限制应如何适用法律,一直有不同看法。而看法不同的原因,主要在于对海事赔偿责任限制制度的性质认识不同。一种观点认为,海事赔偿责任限制是一个关于权利的问题,因而是一个实体法问题;另一种观点认为,海事赔偿责任限制是一个关于赔偿的问题,因而是一个程序法问题。在著名的"泰坦尼克号沉船事故"中,挂英国旗的泰坦尼克号轮船在从英国到美国的航次途中碰撞冰山沉没。英国和美国的船东责任限制在计算责任限额时的方法完全不同,英国采金额制,因此即使船舶全损,仍然应按船舶吨位计算出一个赔偿基金;美国采船价制,因此如果船舶全损,则无从计算赔偿额。英国和美国的请求人都主张适用英国法,但最后美国最高法院认为,责任限制是一个程序性问题,应该适用法院地法,因此选择在美国起诉船东的请求人在赔偿问题上应该受美国责任限制法的限制。

我国《海商法》第 275 条规定,海事赔偿责任限制,适用受理案件的法院所在地法律。

第二节 海事仲裁

一、海事仲裁概述

(一)仲裁的优越性

仲裁是海事纠纷常用的,也是历史悠久的一种解决方法。海事仲裁的发展比一般国际商务仲裁的发展都要早,而海事纠纷对仲裁法律的影响也非常大,甚至有人提出,没有海运就没有仲裁。

利用仲裁方式解决海事纠纷,具有如下优点:

(1)国际性。由于联合国《承认及执行外国仲裁裁决公约》的广泛接受,目前各国一般都比较尊重当事人对仲裁的选择,而且仲裁裁决的境外执行比法院判决的境外执行一般要容易得多。这非常符合海事纠纷国际性强的特性。

(2)秘密性。法院审理案件原则上应该公开进行,而仲裁一般是保密的,仲裁过程和仲裁裁决都不公开。这种秘密性对海事纠纷的双方常常有重要意义。因为海事纠纷是一种商业纠纷,常常涉及商业秘密,在不公开的情况下进行解决更符合纠纷双方的利益。

(3)专业性。仲裁一般选任具有丰富专业知识的人员充当仲裁员,他们往往比法官更了解商业实践,更容易理解纠纷双方的意见,作出的裁决往往更符合商业现实,具有相当大的说服力和权威性。

(4)灵活高效性。仲裁从仲裁人员的组成到仲裁的进行都具有相当的灵活性,可以最大限度满足纠纷当事人的具体要求。而且仲裁可以是非正式的,没有诉讼中的那么多程式上的要求,可以节省时间和金钱。

(二)即时仲裁和机构仲裁

仲裁的形式基本上可分为两种:即时仲裁(ad hoc arbitration)和机构仲裁(institutional arbitration)。所谓即时仲裁,是指完全由当事人自己安排进行的仲裁,既不求助于特定的仲裁机构,也不遵循特定的仲裁规则。所谓机构仲裁,是指由某个特定的仲裁机构来安排进行的仲裁,仲裁员的选任和仲裁的进行都要符合该仲裁机构的仲裁规则。机构仲裁中当事人自由程度的大小根据具体仲裁机构的规则不同而有所不同。

(三)海事仲裁机构

目前,世界海事仲裁中心主要是英国伦敦和美国纽约。美国的海事仲裁主要受其联邦仲裁法的调整,海事仲裁主要由成立于 1963 年的美国海事仲裁员协会负责。伦敦仲裁受英国仲裁法调整,主要由成立于 1892 年的伦敦国际仲裁院负责。两国的仲裁各有特色。国际商会仲裁院也是受理国际仲裁案件最多的仲裁机构。我国的北京、香港等地也正在努力成为海事仲裁中心。

北京的海事仲裁主要通过中国海事仲裁委员会(CMAC)进行。该委员会是设立在中国国际贸易促进委员会内的一个涉外仲裁机构,是一个民间团体。

中国海事仲裁委员会是我国内地唯一的海事仲裁常设机构,其原来的名称是"中国国际贸易促进委员会海事仲裁委员会",成立于 1959 年。该机构设主席一人,副主席若干人,并设秘书长和副秘书长若干人。海事仲裁委员会仲裁员根据公布的标准聘任。现行标准是 1995 年开始实施的《中国国际经济贸易仲裁委员会、中国海事仲裁委员会关于聘任仲裁员的规定》,根据该规定,具有相当法律和专业知识的中国籍和外国籍人士均可受聘担任海事仲裁委员会的仲裁员,仲裁员每届任期 3 年。中国海事仲裁委员会现有七十余名仲裁员。

我国香港由于本身是世界航运中心之一,又是东西方文化交汇的地点,在发展海事仲裁方面也有得天独厚的条件,也正日渐成为远东、太平洋地区国际海事、商事仲裁的中心。香港目前的仲裁法与英国法基本一致。

二、海事仲裁协议

(一) 仲裁协议的重要性

仲裁协议是当事人自愿将特定纠纷提交仲裁解决而不寻求法院管辖的意思表示。仲裁协议是整个仲裁的基石,是仲裁得以展开的前提条件。仲裁协议是当事人受仲裁约束的依据,是仲裁员的权利来源,也是仲裁裁决能得到法院强制执行的依据。

(二) 仲裁协议的有效条件

仲裁协议必须有效。

各国对仲裁协议如何才有效有不同规定。我国《仲裁法》规定,仲裁条款必须是书面形式,写明了仲裁机构,并且包含当事人自愿选择仲裁的意思表示。《中国海事仲裁委员会仲裁规则》第 3 条则规定:"仲裁协议指当事人在合同、提单、运单或援引的文件中订明的仲裁条款,或者以其他方式达成的提交仲裁的书面协议。"书面包括电报、电传、传真、电子数据交换和电子邮件。[①]

仲裁协议的有效性,由有管辖权的法院和仲裁机构确认。如果当事人对仲裁协议有异议,一方请求仲裁机构作出决定,另一方请求法院作出裁定,则应由法院裁定。涉及海事海商纠纷仲裁协议效力的案件,由仲裁协议约定的仲裁机

---

① 参见最高人民法院《关于适用〈中华人民共和国仲裁法〉若干问题的解释》第 1 条。

构所在地、仲裁协议签订地、申请人或者被申请人住所地的海事法院管辖;上述地点没有海事法院的,由就近的海事法院管辖。①

(三) 提单上的仲裁条款

海事仲裁中,关于仲裁协议常常产生的一个纠纷是提单上的仲裁条款的有效性问题。由于提单可以转让,当提单转让到第三方手中,提单上的仲裁条款是否能约束第三方提单持有人,有人认为可以,有人则认为提单持有人没有参与仲裁条款的拟定,让第三方提单持有人受仲裁条款约束有违仲裁的自愿原则。对这个问题,目前各国、各仲裁机构的做法颇不一致。如英国一般承认提单仲裁条款对第三方提单持有人的约束力,而美国以前一般不承认,现在这种态度则有所松动。②

我国的司法实践中,对提单仲裁条款对第三方提单持有人的效力一直存在不同认识,但现在不承认的为主流意见。在1995年答复广东省高级人民法院请示的一份复函③中,最高人民法院认为:"本案上诉人福建省生产资料总公司虽然不是租船合同和海上货物运输合同的签约人,但其持有承运人签发的含有合并租约和仲裁条款的提单,并明示接受该仲裁条款,因此,该条款对承运人和提单持有人均有约束力。此案中,我国法院应承认该临时仲裁条款的效力。"而在2007年答复湖北省高级人民法院的另一份复函④中,最高人民法院指出:"虽然涉案提单正面约定因涉案提单所产生的任何纠纷应提交伦敦或纽约仲裁,但提单仲裁条款的约定属于承运人单方意思表示,对持有提单的北京埃力生进出口有限公司并不具有约束力。同意你院倾向性意见,武汉海事法院对此案具有诉讼管辖权。"⑤同时,最高人民法院也曾在对广东省的一份请示复函中确认,提单仲裁条款对赔偿提单持有人后向承运人行使代位求偿权的保险公司没有约束力。⑥

《鹿特丹规则》规定,批量合同中的仲裁条款在一定条件下对第三方产生约束力。这样,提单上的仲裁条款在满足该公约规定的条件时可取得有效性。⑦

三、海事仲裁的组织和进行

(一) 仲裁的申请和受理

我国的海事仲裁委员会根据自己的专门的仲裁规则受理仲裁案件,现行规

---

① 参见最高人民法院《关于适用〈中华人民共和国仲裁法〉若干问题的解释》第12条。
② 参见 The Sky Reefer,1994 AMC 2513.
③ 最高人民法院《关于福建省生产资料总公司与金鸽航运有限公司国际海运纠纷一案中提单仲裁条款效力问题的复函》。
④ 最高人民法院《关于原告中国·北京埃力生进出口有限公司诉被告日本·太阳航行贸易有限公司、新加坡·松加船务有限公司海上运输合同管辖权异议上诉一案的请示的复函》。
⑤ [2007]民四他字第14号。
⑥ 最高人民法院《关于中国人民财产保险股份有限公司深圳市分公司诉广州远洋运输公司海上货物运输合同货损纠纷一案仲裁条款效力问题的请示的复函》。
⑦ 《鹿特丹规则》第75条第4款。

则是2004年颁布的《中国海事仲裁委员会仲裁规则》。该《规则》对海事仲裁委员会受理案件的范围、仲裁申请的方式、仲裁员的选任、仲裁的规则等作出了规定。根据该规则,海事仲裁委员会受理的范围包括海上运输合同、船舶碰撞、海洋环境污染等多种海事争议。申请仲裁时,应提交书面的申请书,写明申请人、被申请人名称、地址;申请仲裁的事项;仲裁请求的事实和依据等,并附有关证据材料,预交仲裁费用。仲裁委员会秘书处收到申请人的仲裁申请后,应审查手续是否完备,如果完备,应立即向被申请人发出仲裁通知。仲裁程序自仲裁通知发出之日起开始。

(二)组成仲裁庭

仲裁机构受理仲裁申请后,应该及时组成仲裁庭。我国《仲裁法》规定,仲裁庭可以由3名或1名仲裁员组成。如果当事人约定由3名仲裁员组成仲裁庭,应当各自选定或委托仲裁委员会主任指定一名仲裁员,第3名仲裁员由当事人共同选定或者共同委托仲裁委员会主任指定,并担任首席仲裁员。如果当事人约定由1名仲裁员组成仲裁庭,应当共同指定或共同委托仲裁委员会主任指定。我国海事仲裁委员会有自己的仲裁员名单,按现行规则,仲裁员只能从名单中选定或指定,但不少学者建议应当允许当事人从名单外选定仲裁员。

仲裁员必须具备公正性和独立性。如果有影响仲裁员公正性和独立性的事项存在,仲裁员应该主动提出回避,当事人也可以书面向仲裁委员会提出回避请求。是否回避,由仲裁委员会主任作出决定。

(三)开庭审理

仲裁应该开庭审理。但经双方当事人申请或同意,也可以不开庭而只依据书面文件进行审理。如果开庭审理,原则上应不公开进行。如果双方当事人都要求公开审理,仲裁庭也可以决定公开审理。通常开庭审理应经过双方陈述、质证、辩论等阶段,但与法院审理程序相比,海事仲裁的开庭审理程序比较非正式,当事人可以自行商定许多程序问题。审理结束后,应制作笔录并由仲裁员和双方当事人签字确认。

(四)仲裁裁决

仲裁庭审理后,应及时作出仲裁裁决。我国海事仲裁委员会的仲裁规则规定,仲裁庭受理的仲裁案件应当在组成仲裁庭后6个月内作出仲裁裁决。如有正当理由,在仲裁庭的要求下可以适当延长。

仲裁裁决应该由仲裁庭独立公正地作出。如果是3人组成的仲裁庭,而3名仲裁员不能达成一致意见,应当按照多数仲裁员的意见作出仲裁裁决。如果不能形成多数意见,则依据首席仲裁员的意见作出。持不同意见的少数仲裁员也应当在仲裁裁决上签字,并可以将不同意见及理由在裁决书中写明。如果持不同意见的少数仲裁员拒绝在仲裁裁决上签字,并不影响仲裁裁决的有效性。

仲裁裁决对纠纷当事人具有约束力。这种约束力的程度相当高,各国一般承认"仲裁终局性"的原则,即仲裁裁决作出后,当事人必须执行而不得再向其他仲裁庭申请仲裁或向法院起诉。不过在少数国家,也承认在某些情况下当事人不服仲裁裁决的,仍然可以向法院起诉或上诉。根据我国《仲裁法》规定,在我国进行的海事仲裁应实行一裁终局的制度,即裁决作出后,当事人就同一纠纷再申请仲裁或者向人民法院起诉的,仲裁委员会或者人民法院不予受理。

四、海事仲裁裁决的承认和执行

如果一方当事人拒不执行海事仲裁委员会的仲裁裁决,另一方当事人可以依据《仲裁法》,申请法院强制执行。如果是涉外案件,可以依据我国签署的1958年联合国《承认及执行外国仲裁裁决公约》(《纽约公约》)或我国缔结或参加的其他国际公约,向相应的有管辖权的外国法院申请承认和执行。同样,如果当事人持有一份外国仲裁裁决,也可依据1958年《纽约公约》或其他相应公约,向我国法院申请承认和执行。

第三节 海事诉讼

中国有专门的海事法院,执行特别的海事诉讼程序。这种情况在世界上非常少见。我国这种独特的海事诉讼制度与我国海商法的实体制度正好相反,更多的不是来自于国际社会,而是源自于中国自己的审判实践,富有浓郁的中国特色,并成为世界各国海商法学者饶有兴趣研究的对象。

一、我国的海事法院

(一)我国海事法院系统的建立

像中国这样,具有比较完整独立的海事法院系统的国家比较少见。现在,中国海事审判已经成为与刑事、民事、经济、行政审判并存的人民法院五大审判业务之一。

中国的海事审判相对独立并不是很久,正如海商法实体规范的缺乏一样,在中国古代没有专司海事审判的司法机关,当然更没有专门的海事审判程序制度,中国古代的海事审判管辖权由国家统一的司法机关行使。近代,帝国主义列强在中国享有领事裁判权,在中国管辖水域发生的海事案件,中国法院不能行使司法管辖权,自然也无从建立专门的、独立的海事审判制度。新中国建立之初,海事案件的审理由人民法院的民事审判庭负责,也没有专门的机构和程序。1954年,我国通过了《人民法院组织法》,明确规定设置专门法院,其中包括水上运输法院。根据该法,先后设立了天津水上运输法院、上海水上运输法院和长江水上运输法院等。水上运输法院专门审理有关水运沿线的海事案件,这是我国历史上第一次有专司海事审判的独立机构。水上运输法院的上诉审法院起初为最高人民法院,后改为天津市和上海市高级人民法院。最高人民法院内设交通运输审判庭,负责监督水上运输法院及其上诉审法院的审判业务。水上运输法院以审理水运系统内部的刑事案件为主,同时受理刑事附带民事、交通事故、重大责任事故、海损事故及一般货损货差纠纷案件。1957年,根据国务院《关于撤销铁路、水上运输法院的决定》,陆续撤销了各水上运输法院,同时撤销了最高人民法院交通庭。海事案件随后又归地方人民法院民事审判庭审理。此后,在相当长的一段时间里,海事纠纷除了通过人民法院进行诉讼外,还通过仲裁和行政主管机关处理两种途径解决。三条途径并行不悖,但实际上主要是由有关的港航行政主管机关调查调解处理。这使海事纠纷案件的处理具有了实际上的相对独立性,也更彰显了其专业性。1979年,我国实行经济体制改革,为了适应改革开放的需要,各地人民法院设立了经济审判庭,审理生产、流通领域中发生的经济纠纷案件,其中也包括海事案件。由于海事审判具有的技术性、涉外性强、诉讼标的数额大、案件时间性强等特点,有人主张海事审判工作应当成为一项专门的审判业务,认为只有如此,才能更充分有效地发挥人民法院海事审判的职能作用[①]。1984年,随着第一批海事法院的建立,我国独立的海事审判系统才开始初具规模。

我国在1984年以后之所以会形成相对独立完整的海事审判体系,是因为海商法的技术性、国际性的内在要求,以及我国改革开放以后,注重国际经济交往,强调与国际接轨的外部环境决定的。

我国设立海事法院,最初是在1984年。1984年11月4日,我国第六届全国人民代表大会常务委员会第八次会议通过了《关于在沿海港口城市设立海事法院的决定》,根据该决定,最高人民法院作出了《关于设立海事法院几个问题的决定》,决定设立广州、上海、青岛、天津、大连海事法院。以后,根据需要,又先后增设了武汉、海口、厦门、宁波、北海海事法院,现在我国共有10个海事法院,全部在沿海或沿长江的港口城市。

(二)我国海事法院的建制

海事法院是我国国家审判机关的组成部分,是处理海事案件的专门性法院,不受理刑事和其他民事案件。我国海事法院的建制规格与其所在城市的中级人民法院等同。海事法院内设三庭两室:海事审判庭、海商审判庭、执行庭、研究室和办公室。海事法院受理第一审海事案件,其上诉案件则由其所在地的高级人

---

① 参见金正佳、翁子明著:《中国海事审判的理论与实践》,海天出版社1993年版,第6页。

民法院管辖。如广州海事法院审理的一审海事案件,应由广东省高级人民法院管辖;而厦门海事法院审理的一审海事案件,则应由福建省高级人民法院管辖。海事法院的辖区已在一定程度上打破了行政区划的界限,与地方法院的辖区构成了一定的交叉、重叠。1987年3月,最高人民法院设立交通运输审判庭,承办在全国范围内有重大影响的,以及各高级人民法院移送的重大疑难的海事海商第一审案件、各高级人民法院作为第一审的海事海商上诉案件,处理有关提请再审的案件,监督海事法院的审判工作,协调海事法院与地方人民法院之间的关系。2000年,最高人民法院交通运输审判庭撤销,重新设立了民事审判第1、2、3、4庭,其中第4庭继承了原交通运输审判庭的全部业务。在特殊情况下也可直接处理在全国范围内有重大意义的海商海事案件。

海事法院对所在地的市人民代表大会常务委员会负责;海事法院的院长由所在地的市人民代表大会常务委员会主任提请本级人民代表大会常务委员会任免;副院长、庭长、副庭长、审判员和审判委员会委员,由院长提请所在地的市人民代表大会常务委员会任免等。

(三) 海事法院的管辖

我国《海事诉讼特别程序法》就海事案件的管辖进行了专章的规定。根据该法规定,海事案件实行专门管辖,海事法院是审理海事、海商案件的专门法院。1984年11月28日,最高人民法院发布的《关于设立海事法院几个问题的决定》中首次就海事法院收案范围作出了规定。1989年5月13日,最高人民法院又发布了《关于海事法院收案范围的规定》,进一步明确了海事法院的收案范围。《海事诉讼特别程序法》第4条规定:"海事法院受理当事人因海事侵权纠纷、海商合同纠纷以及法律规定的其他海事纠纷提起的诉讼。"根据这一原则性规定,最高人民法院审判委员会于2001年8月9日第1187次会议通过了《关于海事法院受理案件范围的若干规定》,自2001年9月18日起施行。根据该规定,海事法院管辖的海事案件分为海事侵权纠纷案件、海商合同纠纷案件、其他海事海商纠纷案件、海事执行案件等四大类,共63种。海事法院还受理海事行政案件,实现了此类案件审判的专业化。当然,也并非所有海上经济纠纷都由海事法院管辖,如一度曾由海事法院管辖的海洋开发利用纠纷案件中的海岸带的开发利用、海洋渔业和水产品养殖、开发和利用纠纷案件;申请承认和执行有关"地区"的海事仲裁裁决的案件等,都因为或者不是航运纠纷,不涉及海船等原因而被排除在海事法院受理范围之外。

确立海事法院对海事案件的专门管辖权,有利于消除地方法院以改变案由、追加第三人等手段变相受理海事案件的现象。

二、我国的《海事诉讼特别程序法》

(一)我国《海事诉讼特别程序法》的制定

我国海事法院系统建立后,虽然有了专门的机构处理海事纠纷,但适用的程序法还是一般的民事诉讼法。由于海事纠纷特有的一些问题,在民事诉讼法中或者没有规定,或者规定得不够细致,引起法律适用中的诸多问题,也破坏了我国通过海商法实体法的制定和实施而达到的海商法的国际统一程度。鉴于海事诉讼具有许多不同于一般民事、经济诉讼的特点,从1994年开始,我国决定起草专门的海事诉讼的程序法规范,并于1999年12月25日,第九届全国人大常委会第十三次会议通过了《中华人民共和国海事诉讼特别程序法》,于2000年7月1日起施行。该法共12章127条,其具体章节目录如下:

第一章　总则
第二章　管辖
第三章　海事请求保全
　　第一节　一般规定
　　第二节　船舶的扣押与拍卖
　　第三节　船载货物的扣押与拍卖
第四章　海事强制令
第五章　海事证据保全
第六章　海事担保
第七章　送达
第八章　审判程序
　　第一节　审理船舶碰撞案件的规定
　　第二节　审理共同海损案件的规定
　　第三节　海上保险人行使代位请求赔偿权利的规定
　　第四节　简易程序、督促程序和公示催告程序
第九章　设立海事赔偿责任限制基金程序
第十章　债权登记与受偿程序
第十一章　船舶优先权催告程序
第十二章　附则

(二)我国《海事诉讼特别程序法》的特点

我国《海事诉讼特别程序法》作为海事诉讼的特别程序法,具有以下几个特点:

(1)建立了符合海事诉讼实践的特殊规则。该法增设了三种审判程序,即船舶碰撞案件的审理程序、共同海损案件的审理程序以及海上保险人行使代位

求偿的审理程序。建立了海事强制令、船舶碰撞证据保密制度等独特的诉讼制度,在许多方面突破了《民事诉讼法》的规定。

(2) 是对《民事诉讼法》的补充而非替代。《海事诉讼特别程序法》的结构布局与《民事诉讼法》的结构布局基本一致,只是对《民事诉讼法》不适应于海事诉讼的部分作了补充性规定。《海事诉讼特别程序法》与《民事诉讼法》的关系是特别法与一般法的关系。在我国境内进行海事诉讼,应该适用《海事诉讼特别程序法》和《民事诉讼法》。《海事诉讼特别程序法》有规定的,应优先适用其规定。

(3) 借鉴国外立法和国际公约,体现了海商法的国际性。如在扣押船舶及船载货物方面,参照了这一领域国际立法的最新成果——1999年《国际扣船公约》,较完善地规定了船舶以及船载货物的拍卖程序,具有较强的可操作性。而在海事强制令方面,参照了英国富有特色的"马瑞瓦禁令"(Mareva Injunction),创造性地提出了一种我国诉讼法领域全新的保全程序。

三、我国主要的海事诉讼制度

(一) 海事请求保全制度

海事请求保全是指海事法院根据海事请求人的申请,为保障其海事请求的实现,对被请求人的财产所采取的民事强制措施。又被称为"海事财产保全"。

海事请求保全是司法实践中实施很多的一种强制措施。实践中常见的海事请求保全措施有:扣押船舶;扣押船载货物;冻结转租运费、租金;查封银行账号;冻结银行存款;冻结信用证;查封房地产;扣押车辆;截留保险赔款;截留货款等。而其中最有特色和最重要的是扣押船舶和扣押船载货物。拍卖被扣押的船舶从本质上讲是扣押船舶的延续,也是一种保全措施,因此《海事诉讼特别程序法》也将其纳入海事请求保全一章中加以规定(因为扣押及拍卖船舶的重要性,本书稍后另有专门介绍)。

海事请求保全可以在起诉前或诉讼中由当事人提出。如果是起诉前,应当向被保全财产所在地的海事法院提出;如果是诉讼中,应当向受理案件的海事法院提出。当事人的请求应当书面提出,并应载明海事请求事项、申请理由、保全的标的物以及要求提供担保的数额,并附有关证据。海事法院接受申请后,应当在48小时内决定是否采取担保措施。如果是诉前,海事保全措施采取后,当事人应当随即提起诉讼或仲裁。

海事请求保全是《海事诉讼特别程序法》新创立的一项制度,其与《民事诉讼法》规定的财产保全制度的关系如何是有争议的问题。一种观点认为海事请求保全是与一般财产保全制度完全不同的制度,另一种观点认为海事请求保全是财产保全的一种特殊种类。海事请求保全与一般财产保全相比,存在以下不同:(1)管辖不同。海事请求保全由海事法院专门管辖,财产保全由普通人民法院管辖。(2)保全的对象不同。海事请求保全以海上财产,尤其是船舶、船载货物等为主要的保全对象,并由于这些海上财产的特殊性质而形成特殊的做法。财产保全以债务人所有的财产为保全对象。(3)依据不同。海事请求保全只能依据海事请求人的申请,海事法院不依职权实施。财产保全不仅可以依据当事人的申请,法院认为必要也可以依职权裁定实施(但诉前财产保全只能依当事人申请实施)。海事请求保全和财产保全虽然存在以上差异,但这些差异不是根本性的,从本质上看,两者都是为保护债权人的利益对债务人的财产采取的强制措施,因此将海事请求保全视为财产保全的特殊种类更为合理。

(二) 海事强制令制度

在海事诉讼中,经常会发生需要当事人一方为或不为特定行为的情况。但我国《民事诉讼法》虽然有先予执行、诉讼保全等措施,却都不足以满足这种诉讼中的要求。为适应海事诉讼中的特殊需要,我国《海事诉讼特别程序法》规定了"海事强制令"制度,即海事法院根据海事请求人的申请,为使其合法权益免受侵害,采取责令被请求人作为或者不作为的强制措施。由于这种强制措施针对的对象不是特定的财产而是特定的行为,因此有人又将其称为"海事行为保全"制度。

海事强制令可以在起诉前或诉讼中提出。当事人在起诉前申请海事强制令,应当向海事纠纷发生地海事法院提出。海事强制令不受当事人之间关于该海事请求的诉讼或者仲裁管辖协议的约束。海事请求人申请海事强制令,应当向海事法院提交书面申请。申请书应当载明申请理由,并附有关证据。海事法院可以责令海事请求人提供担保,不提供担保的驳回其申请。作出海事强制令,应当具备下列条件:(1) 请求人有具体的海事请求;(2) 需要纠正被请求人违反法律规定或者合同约定的行为;(3) 情况紧急,不立即作出海事强制令将造成损害或者使损害扩大。海事法院接受申请后,应当在48小时内作出裁定,作出或不作出海事强制令。如果作出海事强制令,应立即执行。被申请人不服的,可以申请复议,但复议期间不停止执行。如果当事人拒不执行法院的强制令,海事法院可以根据情节轻重处以罚款、拘留;构成犯罪的,还应依法追究刑事责任。海事请求人申请海事强制令错误的,应当赔偿被请求人或利害关系人因此所遭受的损失。

需要海事强制令的情况在海事诉讼中是常见的,如承运人已经接受货物或将货物装上船,但是以上一航次运费未付、货物有瑕疵等理由拒绝向托运人签发提单,托运人就可以向法院申请海事强制令,强制承运人签发提单;或者是货物已经运到目的地,但收货人因为与托运人之间的买卖合同纠纷等原因,拒绝接受货物,造成承运人的船期损失,承运人可以向法院申请海事强制令,强制收货人接受货物。又如定期租船合同下,合同已经到期,但承租人继续占有船舶,使出租人无法使用船舶,出租人可以要求法院强制承租人交还船舶。

海事强制令是《海事诉讼特别程序法》新设的一项制度,它在立法思路上借鉴了英国马瑞瓦禁令制度的某些内容。马瑞瓦禁令是英国的一项较新的诉讼制度,其主要内容是通过限制债务人转移财产的行为或其他行为,保证将来裁判的执行。海事强制令借鉴了马瑞瓦禁令以限制或约束债务人行为为主要措施的思想。

海事强制令与海事请求保全的主要区别是,前者针对的对象是行为,后者针对的对象则是财产。海事强制令与先予执行制度的主要区别是:(1)性质不同。前者是一种保全措施,目的是保全请求人的海事请求;而后者是一种执行措施,是把将来判决的部分或全部提前在判决前执行。(2)范围不同。《民事诉讼法》规定先予执行仅适用于三类案件:一是追索赡养费、抚养费、抚育费、抚恤金、医疗费用的案件,二是追索劳动报酬的案件,三是因情况紧急需要先予执行的案件;而海事强制适用的范围宽得多,所有类型的海事案件中只要符合条件都可申请海事强制令。(3)条件不同。先予执行必须满足两个法定条件:一是当事人之间权利义务关系明确,不先予执行将严重影响申请人的生活或生产经营,二是被申请人有履行能力;而海事强制令没有这方面的要求。(4)适用的阶段不同。先予执行只能在诉讼中进行;而海事强制令既可以在诉讼中进行,也可以在诉讼前进行。

海事强制令将保全指向的对象由财产扩及到"行为",其优点是更有利于及时有效保护海事请求权人的合法利益,避免不应有的损失等,其缺点是适用范围广、执行前置、执行回转困难,可能给被执行人造成不应有的损失。基于这样的特点,有人主张应尽量限制海事强制令适用的频度,但也有人主张,这一全新制度不仅可以多适用,还应该引进到民事诉讼法中。由于海事强制令毕竟是一种新的制度,其作用还有待海事司法实践的进一步检验,现在评价其优劣成败似乎还为时过早。

(三)海事证据保全

海事证据保全,是指海事法院根据海事请求人的申请,依法对有关海事请求的证据予以提取、保存或者封存的强制措施。

海事证据保全可以在起诉前提出,也可以在诉讼中提出。起诉前应当向被保全的证据所在地海事法院提出,诉讼中应当向审理案件的法院提出。当事人的申请应当书面提出,载明请求保全的证据以及该证据与海事请求的联系、申请理由。采取海事证据保全,应当具备下列条件:(1)请求人是海事请求的当事人;(2)请求保全的证据对该海事请求有证明作用;(3)被请求人是与请求保全的证据有关的人;(4)情况紧急,不立即采取证据保全就会使该海事请求的证据灭失或者难以得到。海事法院接受申请后,应当在48小时内作出裁定,裁定驳回申请或立即采取海事证据保全措施。对海事法院作出的采取海事证据保全的裁定,当事人如果不服可以在5日内申请复议,利害关系人也可以提出异议。如海事法院认为理由成立,应撤销海事证据保全,将保全的证据返还。海事请求人申请保全错误的,应赔偿被请求人或利害关系人因此遭受的损失。

我国《民事诉讼法》也规定了证据保全制度,海事证据保全在《民事诉讼法》的证据保全基础上又有所发展,主要体现在:(1) 一般民事诉讼中的证据保全限于诉讼保全,而海事证据保全既可以是诉讼保全,也可以是诉前保全;(2) 一般民事诉讼中的证据保全可以由诉讼参加人申请,也可由人民法院主动采取,而海事证据保全只依当事人申请采取,海事法院不主动采取。

我国《海事诉讼特别程序法》颁布之前,鉴于实践的需要,我国有些海事法院已经尝试进行过某些海事证据保全的实践。如厦门海事法院受理的"厦门特区锦江贸易公司诉前申请对天津远洋运输公司倒签提单予以证据保全案"就是典型的一例。

被申请人天津远洋运输公司所属"大丰"轮承运一批铝锭从巴西到厦门。申请人厦门特区锦江贸易公司持有这批货物中的一部分的两票提单。由于货物迟延运到,给申请人履行国内货物买卖合同造成了极为不利的影响。申请人怀疑提单是倒签提单,于是向厦门海事法院申请证据保全,要求对"大丰"轮倒签提单的行为予以确认。厦门海事法院在立案当日,裁定:(1) 准许申请人关于诉前证据保全的申请;(2) 被申请人所属"大丰"轮应向法院提供该轮1992年8月27日到9月10日的航海日志及相关理货单据;(3) 被申请人所属"大丰"轮船长、大副应如实回答法院的询问。裁定还要求申请人应在裁定书送达之日起15日内向法院起诉,逾期不起诉,则取消保全措施。

"海事请求保全"、"海事强制令"和"海事证据保全"因为都有保全的性质,因此有的时候也被统称为"海事保全制度"。

(四) 海事担保制度

海事担保包括海事请求保全、海事强制令、海事证据保全等程序中所涉及的担保。另外,设立海事赔偿责任限制基金和先予执行等程序中涉及的担保,也可以参照海事担保的相关规定执行。

海事担保的方式包括现金担保、保证、设置质押或抵押。现金担保是以现钞或可流通的有价证券为表现形式的担保,是最可靠的担保种类。然而,实务中当事人一般不能或不愿提供这种担保。保证是第三人以其信誉为被担保人提供担保,保证当被担保人所负担的债务明确而又不履行债务时,由其代为履行债务。这是海事诉讼实践中最常用的一种担保方式,无论申请人或被申请人都乐于使用。信誉担保的担保人必须具有相当的担保能力和担保资格,通常要求银行或其他金融机构、保险机构、船东互保协会或资产比较雄厚的企业出具。境外担保人出具的信誉担保一般还应由国内担保人加保。设置抵押或质押是一种实物担保。担保物是不动产或特定的动产的，应设置抵押权，并依法登记。担保物是动产的，交债权人或法院质押，担保人丧失使用权。除《海事诉讼特别程序法》所规定的海事担保方式外，根据我国《担保法》的规定，担保人还可以以土地使用权、票据权利、知识产权等作为担保物设置担保。这些担保方式在海事诉讼中也应该承认。

海事请求人提供的担保，其方式、数额由海事法院决定。被请求人提供的担保，其方式、数额由海事请求人和被请求人协商，协商不成的，由海事法院决定。

海事请求人提供担保的数额，应相当于其申请可能给被请求人造成的损失，具体数额由法院决定。海事请求人要求被请求人就海事请求保全提供担保的数额，应当与其债权数额相当，但不得超过被保全的财产价值。

海事请求人的担保应当提供给法院；被请求人的担保可以提供给法院，也可以提供给海事请求人。

担保的执行是指实体案件经审理并作出裁判后，债务人到期不履行债务，而以担保的财产或担保人的财产清偿债务的程序。并不是每一个担保都存在执行的问题，只有在法院裁判被担保人承担责任，且被担保人到期不履行其责任的情况下，才须执行担保。

被申请人没有对申请人提起诉讼，或者虽提起诉讼但被驳回的，法院应当将担保发还申请人或担保人，申请人就扣船所依据的海事请求对被申请人提起诉讼，法院经审理判决申请人败诉的，法院或申请人应将被申请人的担保发还被申请人或担保人。

（五）海事诉讼法律文书的送达

海事诉讼法律文书的送达，除可以按照《民事诉讼法》规定的方式办理外，还可以采用三种特殊方式：(1) 向受送达人委托的诉讼代理人送达；(2) 向受送达人在我国设立的代表机构、分支机构或者业务代办人送达；(3) 通过能够确认收悉的其他适当方式送达。

有关扣押船舶的法律文书也可以向当事船舶的船长送达。

（六）海事审判的特殊程序

海事诉讼中，审判程序的特殊之处主要体现在几点：(1) 在审理船舶碰撞案件时，采用证据保密制度。原告在起诉时、被告在答辩时，都应如实填写《海事事故调查表》。海事法院向当事人送达起诉状或者答辩状时，不附送有关证据材料。当事人应当在开庭审理前完成举证，除非有充分的理由说明证据不能在举证期间内提交。这些特殊规定目的在于适应船舶碰撞案件举证困难的特点，杜绝虚假证据。(2) 审理共同海损案件时，明确共同海损理算与共同海损诉讼的关系,确立与共同海损有关联的案件可以合并审理,并适应共同海损案件技术性强、问题复杂的特点,规定了 1 年的审理时限。(3) 海上保险人行使代位请求赔偿权利的规定。明确了代位求偿诉讼是以保险人而非被保险人的名义向第三人起诉,以及保险人参加诉讼时向法院提交保险赔偿凭证以及其他文件的义务。(4) 简易程序、督促程序和公示催告程序。这三种程序,按照我国《民事诉讼法》的规定,都仅适用于基层人民法院。由于海事法院与各地中级人民法院同级,是否能适用这些程序曾引起过争议。但考虑到海事法院受理的全部是一审案件,《海事诉讼特别程序法》明确规定海事法院能根据《民事诉讼法》的规定适用这些程序。

(七) 设立海事赔偿责任限制基金程序

海事赔偿责任限制是海商法中的一项重要制度。我国《海商法》虽然规定了海事赔偿责任限制制度,但没有规定具体的程序,因此缺乏可操作性。《海事诉讼特别程序法》为弥补这一不足,特设第九章专章对这一问题进行了规定。该章规定对普通的海事赔偿责任限制和油污损害的责任限制都适用。

(1) 申请。设立责任限制基金的申请可以在起诉前或者诉讼中提出,但最迟应当在一审判决作出之前提出。当事人在起诉前申请设立海事赔偿责任限制基金的,应当向事故发生地、合同履行地或者船舶扣押地海事法院提出。设立海事赔偿责任限制基金,不受当事人之间关于诉讼管辖协议或者仲裁协议的约束。在诉讼中申请设立海事赔偿责任限制基金的,应当向受案法院提出。申请应当以书面形式提出。

(2) 异议和审查。法院受理申请后,应当在 7 日内向已知的利害关系人发出通知,同时通过报纸或者其他新闻媒体发布公告。利害关系人如有异议,应当在公告之日起 7 日内,未收到公告的在公告之日起 30 日内,以书面形式向海事法院提出。法院收到异议后,应当进行审查,在 15 日之内作出异议成立或不成立的裁定。

(3) 设立基金。申请获准后,申请人应当在海事法院设立海事赔偿责任限制基金。基金可以用现金提供,也可以用海事法院认可的其他担保提供。

(4) 审理。基金设立后,当事人就有关海事纠纷应当向设立基金的法院提起诉讼。但当事人之间订有诉讼管辖协议或者仲裁协议的除外。

(5) 赔偿。申请人申请设立基金错误的,应当赔偿利害关系人因此遭受的损失。

(八) 债权登记与受偿

两种情况下需要进行债权登记:一是海事法院裁定强制拍卖船舶并发布公告后,债权人应当在公告期间,就与被拍卖船舶有关的债权申请登记。公告期间届满不登记的,视为放弃在本次拍卖船舶价款中受偿的权利。二是海事法院受理设立海事赔偿责任限制基金的公告发布后,债权人应当在公告期间就与特定场合发生的海事事故有关的债权申请登记。公告期间届满不登记的,视为放弃债权。

债权人申请登记的,应当提交书面申请和有关债权证据。法院审理并确认债权后,应当向债权人发出通知,组织召开债权人会议。债权人会议可以协商船舶价款或海事赔偿责任限制基金的分配方案,并进行分配。如有余款,应退回。

(九) 船舶优先权催告程序

船舶转让时,受让人可以向海事法院申请船舶优先权催告,催告应当向转让船舶交付地或者受让人住所地海事法院提出。催告期间为 60 日,期间内船舶优先权人主张权利的,应当在海事法院办理登记;不主张权利的,视为放弃船舶优先权。催告期间届满,无人主张船舶优先权的,海事法院应当根据当事人的申请作出判决,宣告该转让船舶不附有船舶优先权。判决内容应当公告。

四、船舶扣押

船舶扣押是海事请求保全方式的一种,是海事诉讼中最重要也最有特色的诉讼程序之一。自从我国第一例扣船案,即 1984 年 10 月上海海事法院扣押巴拿马籍"M.V.PAZ"轮以来,我国海事法院已经扣押超过 2000 次的船舶。最高人民法院先后发布了《关于海事法院诉讼前扣押船舶的规定》、《关于海事法院拍卖被扣押船舶清偿债务的规定》等文件,我国船舶扣押制度从无到有,逐渐建立,到《海事诉讼特别程序法》的颁布实施得到进一步完善。

国际上关于船舶扣押的法律规范主要有 1952 年 5 月第九届海洋法外交会议上通过的《统一扣押海运船舶若干规定的国际公约》和 1999 年国际海事委员会通过的《扣船国际公约》。船舶扣押在英美法系国家被视为对物诉讼的典型形式,而在大陆法系国家被视为诉讼保全的形式。二者在扣押船舶的范围、程序等问题上差异很大。公约的通过和适用,有利于协调各海运国家的扣船实践,建立统一的扣船国际规则,但各国存在的差异仍然是巨大的。我国没有参加 1952 年《统一扣押海运船舶若干规定的国际公约》,我国扣船的法律规定,主要参照了 1999 年《扣船国际公约》的规定。

海商法中的扣船主要是指为了取得担保而进行的船舶扣押。司法实践中,也可能为了执行判决和其他法律文书而扣押船舶,这两种扣船有很大不同,为执行而扣船与一般执行财产的法律基本一致,不适用扣船的一般规定。1999 年《扣船国际公约》第 1 条明确规定,公约中的扣船是指"任何以担保海事索赔为目的,由法院通过命令作出的对于船舶的扣留以及对船舶移动进行的限制,但是不包括以执行判决和其他法律文书为目的的扣船"。我国《海事诉讼特别程序法》第 22 条也规定,为执行判决、仲裁裁决以及其他法律文书而申请扣船不受该法第 21 条关于可以扣船的海事请求的限制。

根据《海事诉讼特别程序法》，我国目前的船舶扣押制度主要包括以下几方面的内容：

（一）可以申请扣船的海事请求

申请人具有特定的海事请求是申请扣押船舶的首要条件。我国《海事诉讼特别程序法》第 21 条规定了 22 项可以据以申请扣押船舶的海事请求，非因这 22 项海事请求不得申请扣押船舶[①]。但如果是为了执行判决而扣船，则不受以上规定的限制。

对可以据以扣船的海事请求的规定，各国立法例有两种主要做法：封闭式和开放式。所谓封闭式，是明确规定可以据以扣船的若干请求，除列明请求外不得申请扣船。1952 年《统一扣押海运船舶若干规定的国际公约》、1999 年《扣船国际公约》等都是采用这种做法。所谓开放式，是仅对可以扣船的海事请求下一抽象的定义，或仅以举例方式列明若干可以据以扣船的理由，而不排除以其他未列明的同类性质的海事请求为由进行扣船。我国最高人民法院 1994 年颁布的《关于海事法院诉讼前扣押船舶的规定》中采用的就是开放式的做法。采用封闭式的立法方法，优点是扣船依据明确稳定，有可预知性；缺点是不够灵活，不能及时适应航运发展而带来的新海事请求不断产生的情况。采用开放式的立法方法，可以弥补封闭式的不足，在新海事请求产生时更迅速地适应实际需要，但在稳定性和明确性方面可又略显不够。我国在制定《海事诉讼特别程序法》时，经过反复讨论，最后还是放弃了 1994 年《关于海事法院诉讼前扣押船舶的规定》中的开放式立法模式，而采用了封闭式的立法模式，因为大家普遍认为，封闭式更符合我国航运和海事审判的实践情况。

（二）可以扣押的船舶

根据我国《海事诉讼特别程序法》的规定，可以扣押的船舶主要是两种：当事船和姐妹船。

1. 当事船

所谓当事船，是指导致申请扣船的海事请求发生的船舶。如两船相撞，碰撞的船舶即是当事船。又如海难救助，导致救助人的救助报酬请求权发生的遇难船即是当事船。

有下列情形之一的，海事法院可以扣押当事船舶：

（1）船舶所有人对海事请求负有责任，并且在实施扣押时是该船的所有人；

（2）船舶的光船承租人对海事请求负有责任，并且在实施扣押时是该船的所有人；

---

① 详见本书附录《中华人民共和国海事诉讼特别程序法》第 21 条。

(3) 具有船舶抵押权或者同样性质的权利的海事请求；
(4) 有关船舶所有权或者占有的海事请求；
(5) 具有船舶优先权的海事请求。

以上第(1)、(2)项规定的是一般情况,即扣押当事船,需要海事请求发生时和实施扣船时该船舶都是由同一人所有或者光船租用,并且对海事请求的发生负有责任。如 A 船由于在航行中管理货物不当导致货损,A 船所有人甲公司对该财产损失负有赔偿责任,如果货主申请扣押时 A 船仍为甲公司所有,则 A 船可被扣押;但如果申请扣押时 A 船已经转卖给乙公司,不再属于甲公司所有,则 A 船就不再能被扣押。第(3)、(4)、(5)项规定的是例外情况,即具有船舶抵押权或船舶优先权,或有关船舶所有或者占有的海事请求,即使在申请扣船时肇事船舶的所有权已经发生了转移,新的船舶所有人或光船承租人对海事请求的发生毫无关系,并无责任可言,但其新取得的肇事船舶仍可被扣押。如上例中 A 船如果是由于碰撞导致了另一船的损失,由于"船舶在营运中因侵权行为产生的财产赔偿请求"是我国《海商法》规定的具有船舶优先权的海事请求之一,因此如果基于该项请求而提出扣船申请,即使船舶在碰撞发生时属于甲公司,而在申请扣押时已经转卖给乙公司,该船仍然可以被扣押。之所以如此,对船舶优先权而言,是因为船舶优先权本身的特点之一即是其附着性,即它一经产生就附着在船舶上,不因船舶的转让而灭失。对船舶抵押权而言,是因为《海商法》第 17 条明确规定:"船舶抵押权设定后,未经抵押权人同意,抵押人不得将被抵押船舶转让给他人。"而对船舶所有权和占有而言,则是基于物权的追及力。

2. 姐妹船

姐妹船是指同一船舶所有人所有的不同船舶。我国《海事诉讼特别程序法》第 23 条第 2 款规定,海事法院可以扣押对海事请求负有责任的船舶所有人、光船承租人、定期租船人或者航次租船人在实施扣押时所有的其他船舶,但与船舶所有或者占有有关的请求除外。

扣押姐妹船只适用于责任人所有的船舶。责任人不拥有所有权而只是租赁、经营的船舶不在被扣押的范围以内。

举例说明。如甲船由 A 公司所有,定期出租给 B 公司,B 公司将该船用于运输货物时造成了货物损害。B 公司尚有乙、丙两船。货主如果要为货损索赔申请扣船,可扣什么船？答案是可以扣乙船或丙船,因为其是责任人在实施扣押时所有的船舶,虽然不是当事船,但是是当事船的姐妹船。① 但不能扣甲船,因为其在肇事时和被申请扣押时都不是责任人所有的船舶,而只是责任人定期租

---

① 当然,这里的姐妹船也不是严格意义上的。因为当事船是责任人租用而不是所有的,其与被扣押的责任人所有的船舶并不是真的"姐妹"。但实践中习惯将这种扣船也称为扣姐妹船。

赁的船舶。

与船舶所有或者占有有关的海事请求被排除在可以申请扣押姐妹船的理由之外,是因为关于船舶所有或者占有的海事请求是针对特定船舶的,如果要扣押只能扣押该特定船舶。如 A 公司所有的甲船被偷窃后卖给 B 公司。B 公司尚有乙、丙两船。A 公司为向 B 公司追回船舶,能申请扣押哪条船？答案是虽然乙、丙两船在申请扣押时都是 B 公司所有,但仍然不能被扣押。因为申请是基于有关船舶所有权的请求,不适用扣押姐妹船的一般规定。只有甲船是引起所有权纠纷产生的当事船,可以被扣押。

3. 不得扣押的船舶

我国《海事诉讼特别程序法》明确规定从事军事和政府公务的船舶不得被扣押。

我国最高人民法院1994年颁布的《关于海事法院诉讼前扣押船舶的规定》中,曾规定对海事请求负有责任的船舶经营人、承租人所经营或租用的其他船舶也可以扣押,这样扣船的范围放得很宽。但现行法律已经放弃了这种宽松的做法。按现行法律,责任人经营或租用的船舶通常不在可扣押的范围之内。

许多国家扣船的范围比我国规定广。以扣船范围极广的南非为例,不仅可以扣当事船、姐妹船,还可以扣押其他"关联船舶",包括与肇事船所属的船公司由同一人"控制"的其他船公司所有的船舶。根据这种逻辑,南非甚至将我国所有国有企业视为"同一人（政府）控制",从而可以为任何国有企业与他人的纠纷,而扣押任何国有船公司的船舶,哪怕这家公司与该纠纷或该企业毫无关系。

在"乐从轮南非被扣案"中,广州远洋运输公司所属的"乐从"轮在经过南非时被南非高等法院扣押。扣押的原因是,汕头一家石化公司因为租用希腊某船公司的船舶,而与该希腊公司产生了租金纠纷。根据租船合同的约定,这种租金纠纷应在伦敦仲裁。希腊公司为获取担保,先在南非申请财产保全。而由于南非法院认为汕头这家石化公司和广州远洋运输公司同为国有企业,同受中国政府控制,因此广州远洋运输公司的船舶属于该案的"关联船舶",并以此为由扣押了"乐从"轮,以作为上述租金纠纷的财产保全。

广州远洋运输公司在南非申请撤销船舶扣押未果,决定在国内申请扣押涉案的希腊公司经营管理的另一船舶。但该船舶是由在巴拿马注册的单船公司拥有,根据我国的相关法律,该船不在可扣押的船舶范围之内。

"乐从轮南非被扣案"引发了关于扣船制度的若干争议。争议之一,是我国是否应扩大可扣押的船舶范围,以保护我国当事人的合法权利。但扩大法院可以扣押的船舶的范围,有利于增加本国法院受理海事案件的数量,但也会对本国运输公司造成不利影响。如何确定是一个涉及经济、政治各方面的问题,而不仅仅是一个法律问题。

（三）扣船的申请和担保

我国《海事诉讼特别程序法》第 15 条规定："海事请求人申请海事请求保全,应当向海事法院提交书面申请",即无论是诉讼前还是诉讼中扣押船舶,均应由当事人提出书面申请,从而排除了法院依职权扣押船舶的情况。

按我国《海事诉讼特别程序法》的规定,无论是诉讼前还是诉讼中扣船,均"可以责令海事请求人提供担保"。由于扣船本身就是一种保全手段,其目的在于迫使被申请人提供担保,以保全申请人的海事请求。因此,对海事请求人在申请扣船时提供的担保,一般称为"反担保",以与扣船后船方提供的担保相区别。由于是"可以"而不是"应该"责令提供担保,是否责令海事请求人提供反担保,由法院视情况自由裁量。实践中,我国海事法院一般都要求扣船申请人提供反担保。关于担保的方式和金额,由海事法院决定。1999 年《扣船国际公约》规定,为释放被扣押船舶提供的担保金额不能超过船舶价值,这一规定有利于防止不合理的担保要求,受到了高度评价。我国《海事诉讼特别程序法》虽然对担保金额没有作任何限制性规定,但参照国际立法例和扣船的基本原理,应该认为,法院要求提供的担保金额应该限制在船舶价值之内。

法院收到扣押船舶的申请以后,应当进行审查。审查的主要内容包括:申请扣押船舶者的主体资格;申请扣押船舶的海事请求;申请扣押船舶的事实与理由;申请扣押船舶的必要性;要求提供担保的情况等。经法院审查,认为申请人的申请符合扣押船舶的条件的,法院应向申请人发出《准许扣押船舶申请通知书》,通知申请人交纳申请费。如果认为应责令申请人提供担保的,通知其提供担保。申请人依照通知交纳申请费、提供担保的,法院依法作出扣押船舶的裁定。由于扣船往往是时间性要求较强的工作,如果不能及时采取扣船措施,船舶离港后就难以再实施扣押,因此我国《海事诉讼特别程序法》规定:海事法院接受申请后,应当在 48 小时内作出裁定。

（四）扣船的方式

扣押船舶的具体方式有两种:一是"即地扣押"或"死扣押"。即将被扣押的船舶在其所在地点扣住,使船舶不能驶离港口,不能投入营运,更不能处分或者设置抵押权,严格限制船舶使用和处分的扣押方法。这是一种传统的扣船方式,其优点是保全效果佳,可以迫使船东尽快提供担保;缺点是在扣押期间,不仅不能发挥船舶的使用价值,而且要产生很高的维持费用,成本过高。二是"活扣押",即仅限制被扣押船舶的处分权和抵押权,不限制被扣押船舶的使用权而允许该船舶继续营运的扣押方式。"活扣押"的优点是成本较低,可以不影响船舶作为生产工具继续创造价值的功能,有利于提高债务人的偿债能力;缺点是船舶在扣押期间继续营运,可能产生灭失、损害甚至失踪等其他问题,财产保全的效果较差。

由于"死扣押"和"活扣押"各有利弊,实践中究竟采用哪种方式需要根据具体案件事实进行判断。如有人提出,对外籍船舶,一般应采用"死扣押"的方式,而对从事沿海运输的船舶,大多数情况下可考虑采用"活扣押"的方式。海事法院如果决定采用"活扣押"方式,需要征得海事请求人同意。

(五) 重复扣船与多次扣船

1. 重复扣船

重复扣船,是指基于同一海事请求两次或多次扣押同一船舶,或者被申请人所有或者光租的其他船舶的行为。其特点表现为:扣船所依据的海事请求相同,所扣押的船舶相同,属同一船舶所有人或者被申请人所有或者光租的其他船舶。

重复扣押船舶,法律原则上是禁止的,1952年《统一扣押海运船舶若干规定的国际公约》和1999年《扣船国际公约》都有禁止重复扣船的规定,我国《海事诉讼特别程序法》也明确规定,海事请求人不得因同一海事请求申请扣押已被扣押过的船舶,但有下列情形之一的例外:

(1) 被请求人未提供充分的担保;

(2) 担保人有可能不能全部或部分履行担保义务;

(3) 海事请求人因合理的原因同意释放被扣押的船舶或者发还了已提供的担保,或者不能通过合理措施阻止释放被扣押的船舶或者返还已提供的担保。

根据以上规定,如果船舶被扣押后,被申请人尚未提供担保使船舶获释,申请人就已经发现其原来的扣船申请中所要求提供的担保金额不足,则仍然可以再次提出扣船申请,要求法院责令被申请人提供合适的担保。

2. 多次扣船

多次扣船是指基于不同的海事请求两次或多次扣押同一船舶或同一被申请人所有或者光船租赁的其他船舶的行为。

有关扣船的国际公约和我国相关规定均未就多次扣船的问题作出明确规定。而从理论上讲,各个不同的海事请求既为相对独立的,故只要符合扣押船舶的条件,不同的申请人基于各自不同的海事请求均可以申请扣押船舶,即使各个申请都是针对同一船舶的。另外,因船舶一般价值较大,故同一船舶在一般情况下亦可起到保全数海事请求的作用。

多次扣船的情况在实践中已非罕见。就其具体的程序,实践中有不同的做法。早期的做法是参照诉讼案件合并审理的模式,将两个以上的扣船申请作为一案处理,以一个裁定,一个扣押命令扣押。后期的做法是将数个扣船申请分别单独处理(裁定、扣押)。当然,为尽量缩短扣押船舶时间,可考虑在第一次扣船期间,第二个或第三个等申请人提出扣船申请的,可先裁定责令被申请人提供担保而不执行扣押。被申请人对第二个或第三个等申请人不提供担保时,当先前的扣押解除时,立即执行第二个或第三个等申请人的扣押申请。

（六）扣押船舶后的处理

扣押船舶后，有两种可能的后果：一是船舶所有人提供担保或在其他法定条件满足后，法院释放船舶；二是船舶所有人不提供担保，法院在满足法定条件时强制拍卖船舶。

1. 扣押船舶与诉讼

扣押船舶的法院可以取得对案件的管辖权。因扣押取得的管辖与实体海事纠纷的其他法定管辖、协议管辖、仲裁管辖等可能发生冲突，对此，我国《海事诉讼特别程序法》第19条明确规定：海事请求保全执行后，有关海事争议尚未进入诉讼或者仲裁程序的(诉前保全)，当事人就该海事请求，可以向采取海事请求保全的海事法院或者其他有管辖权的海事法院提起诉讼，但当事人之间订有诉讼管辖协议或者仲裁协议的除外。

申请人在诉前保全期限内提起诉讼或申请仲裁，扣押船舶由诉讼前保全转为诉讼保全。

我国《海事诉讼特别程序法》第28条规定：海事请求保全扣押船舶的期限为30日；海事请求人在30日内提起诉讼或者申请仲裁，以及在诉讼或者仲裁过程中申请扣押船舶的，扣押船舶不受前款规定期限的限制。

30日的期限对涉外与非涉外的诉前保全同样适用。申请人在扣押船舶期限内没有提起诉讼或者申请仲裁，扣船法院应释放被扣押的船舶。

被申请人为使船舶获释而提供担保，并不等于承认其对海事请求负有责任或者放弃其所享有的责任限制的权利。

2. 申请扣船错误的责任

申请扣船错误，是指不符合扣船的条件而申请了扣船。如申请人不具有海事请求而申请扣押船舶，被申请人对海事请求不负责任，扣押船舶所指向的对象错误等。我国《海事诉讼特别程序法》第20条规定："海事请求人申请海事请求保全错误的，应当赔偿被请求人或者利害关系人因此所遭受的损失。"

对申请扣船错误的处理方式，包括复议和诉讼。

3. 船舶扣押期间的风险

船舶扣押期间的风险，是指船舶在扣押期间发生灭失或损坏后果由谁承担。由于船舶在扣押期间仍属船舶所有人的财产，因此风险当然应该由船舶所有人承担。但被扣押的船舶价值的保全对扣船申请人而言也有重要意义，因此，法院可以责令船舶所有人为船舶进行必要的保险，同时，扣船申请人也可以为自己的利益对船舶进行保险，即"保全保险"。

4. 拍卖船舶

船舶扣押期间，被请求人不提供担保，而且船舶不宜继续扣押的，海事请求人可以在提起诉讼或者申请仲裁后，向扣押船舶的海事法院申请拍卖船舶。所谓船舶不宜继续扣押,是指船体本身存在缺陷,如果继续扣押可能导致船舶毁损;或者船舶监管费用过高,继续扣押可能丧失担保价值等情况。

拍卖船舶只能是应海事请求人申请,法院不能依职权自行决定拍卖船舶。

拍卖船舶的法定程序是:当事人申请;法院审查裁定;通过报纸或其他新闻媒体发布公告,公告期不少于30日;法院在拍卖船舶30日前,向被拍卖船舶登记国的登记机关和已知的船舶优先权人、抵押权人和船舶所有人发出行将拍卖船舶的通知;组成拍卖船舶委员会;对船舶进行鉴定、估价和确定拍卖底价;竞买人登记;公开拍卖;移交船舶。

资料

天津海事法院公告

(2002)海商初字第147-212-5号

天津海事法院于2002年3月12日受理了原告张建国等船员诉被告秦皇岛市航运公司船员劳务合同纠纷,案件受理前,本院以(2002)海告立保字第11-1号民事裁定书裁定扣押被告秦皇岛市航运公司所属的圣文森特籍"远征"(YUAN ZHENG)轮,并责令被告提供6350814.86元担保;但被告至今未提供担保。继续扣押该轮已不利于保护双方当事人的合法权益,根据原告张建国等船员的申请,本院决定强制拍卖该轮,并成立"远征"轮拍卖委员会,定于2002年7月30日9:00时在本院秦皇岛审判庭对该轮进行公开拍卖,凡需买船者可于2002年7月29日前向该轮拍卖委员会提出书面申请。(联系单位:天津天体拍卖有限公司。地址:天津市和平区西康路35号,电话:022-23040396,手机:13011330538,联系人:刘方。)凡与该轮有关的债权人应自公告之日起60日内,由本人或委托代理人向本院申请债权登记,逾期不登记的视为放弃在本次拍卖中受偿的权利。

本院秦皇岛审判庭地址:河北省秦皇岛市海滨路20号港口宾馆三楼。联系人:李增强、贾明,电话:0335-3412177。邮编:066002。

特此公告

2002年6月10日

五、独立的海事审判机制的评价

我国海事诉讼制度在国际海事司法领域独具特色,到目前为止,世界上还没有别的国家像我国这样,具有相对独立的海事法院系统和专门的海事诉讼程序法,即使在一些比较发达的传统海运大国也是如此。如英国在皇座法院内设立海事法庭,由海事法官审理海事案件。而郡法院和皇座法院海事法庭对海事案件均具有管辖权。美国在法院系统不设立专门法院审理海事案件,也不特别指派具有海运经验的法官审理海事案件,联邦和州的法院都有海事案件管辖权。比利时也没有专门的海事法院,其海事案件主要由沿海港口城市的商事法院管辖。我国相对独立的海事审判机制为更好更快地解决海事纠纷树立了一种全新的模式。这种模式有诸多好处,现在实践中已经逐步体现出来了,如我国海事审判人员的专业素质较强,案件审理方便快捷,符合海商实践的需求等。但另一方面,由于海事审判的相对独立,一些不利因素也显现出来,如海事法院一审与其上级人民法院的二审从审理思路到适用法律上都有不同,难以很好协调等。我国是应该继续坚持海事审判的独立性,继续推动海事审判走向专门化、规范化,还是应该逐步缩小海事审判与一般民商事审判的差距,实现统一的民商事审判制度,这将是理论上值得深入研究的问题。

附 录

中华人民共和国海商法

(1992年11月7日第七届全国人民代表大会
常务委员会第二十八次会议通过)

目 录

第一章 总则
第二章 船舶
  第一节 船舶所有权
  第二节 船舶抵押权
  第三节 船舶优先权
第三章 船员
  第一节 一般规定
  第二节 船长
第四章 海上货物运输合同
  第一节 一般规定
  第二节 承运人的责任
  第三节 托运人的责任
  第四节 运输单证
  第五节 货物交付
  第六节 合同的解除
  第七节 航次租船合同的特别规定
  第八节 多式联运合同的特别规定
第五章 海上旅客运输合同
第六章 船舶租用合同
  第一节 一般规定
  第二节 定期租船合同
  第三节 光船租赁合同

第七章　海上拖航合同
第八章　船舶碰撞
第九章　海难救助
第十章　共同海损
第十一章　海事赔偿责任限制
第十二章　海上保险合同
　　第一节　一般规定
　　第二节　合同的订立、解除和转让
　　第三节　被保险人的义务
　　第四节　保险人的责任
　　第五节　保险标的的损失和委付
　　第六节　保险赔偿的支付
第十三章　时效
第十四章　涉外关系的法律适用
第十五章　附则

第一章　总　　则

第一条　为了调整海上运输关系、船舶关系，维护当事人各方的合法权益，促进海上运输和经济贸易的发展，制定本法。

第二条　本法所称海上运输，是指海上货物运输和海上旅客运输，包括海江之间、江海之间的直达运输。

本法第四章海上货物运输合同的规定，不适用于中华人民共和国港口之间的海上货物运输。

第三条　本法所称船舶，是指海船和其他海上移动式装置，但是用于军事的、政府公务的船舶和20总吨以下的小型船艇除外。

前款所称船舶，包括船舶属具。

第四条　中华人民共和国港口之间的海上运输和拖航，由悬挂中华人民共和国国旗的船舶经营。但是，法律、行政法规另有规定的除外。

非经国务院交通主管部门批准，外国籍船舶不得经营中华人民共和国港口之间的海上运输和拖航。

第五条　船舶经依法登记取得中华人民共和国国籍，有权悬挂中华人民共和国国旗航行。

船舶非法悬挂中华人民共和国国旗航行的，由有关机关予以制止，处以罚款。

第六条　海上运输由国务院交通主管部门统一管理，具体办法由国务院交通主管部门制定，报国务院批准后施行。

第二章 船　　舶

第一节　船舶所有权

第七条　船舶所有权，是指船舶所有人依法对其船舶享有占有、使用、收益和处分的权利。

第八条　国家所有的船舶由国家授予具有法人资格的全民所有制企业经营管理的，本法有关船舶所有人的规定适用于该法人。

第九条　船舶所有权的取得、转让和消灭，应当向船舶登记机关登记；未经登记的，不得对抗第三人。

船舶所有权的转让，应当签订书面合同。

第十条　船舶由两个以上的法人或者个人共有的，应当向船舶登记机关登记；未经登记的，不得对抗第三人。

第二节　船舶抵押权

第十一条　船舶抵押权，是指抵押权人对于抵押人提供的作为债务担保的船舶，在抵押人不履行债务时，可以依法拍卖，从卖得的价款中优先受偿的权利。

第十二条　船舶所有人或者船舶所有人授权的人可以设定船舶抵押权。

船舶抵押权的设定，应当签订书面合同。

第十三条　设定船舶抵押权，由抵押权人和抵押人共同向船舶登记机关办理抵押权登记；未经登记的，不得对抗第三人。

船舶抵押权登记，包括下列主要项目：

（一）船舶抵押权人和抵押人的姓名或者名称、地址；

（二）被抵押船舶的名称、国籍、船舶所有权证书的颁发机关和证书号码；

（三）所担保的债权数额、利息率、受偿期限。

船舶抵押权的登记状况，允许公众查询。

第十四条　建造中的船舶可以设定船舶抵押权。

建造中的船舶办理抵押权登记，还应当向船舶登记机关提交船舶建造合同。

第十五条　除合同另有约定外，抵押人应当对被抵押船舶进行保险；未保险的，抵押权人有权对该船舶进行保险，保险费由抵押人负担。

第十六条　船舶共有人就共有船舶设定抵押权，应当取得持有三分之二以上份额的共有人的同意，共有人之间另有约定的除外。

船舶共有人设定的抵押权，不因船舶的共有权的分割而受影响。

第十七条　船舶抵押权设定后，未经抵押权人同意，抵押人不得将被抵押船舶转让给他人。

第十八条　抵押权人将被抵押船舶所担保的债权全部或者部分转让他人的，抵押权随之转移。

第十九条　同一船舶可以设定两个以上抵押权，其顺序以登记的先后为准。

同一船舶设定两个以上抵押权的,抵押权人按照抵押权登记的先后顺序,从船舶拍卖所得价款中依次受偿。同日登记的抵押权,按照同一顺序受偿。

第二十条 被抵押船舶灭失,抵押权随之消灭。由于船舶灭失得到的保险赔偿,抵押权人有权优先于其他债权人受偿。

第三节 船舶优先权

第二十一条 船舶优先权,是指海事请求人依照本法第二十二条的规定,向船舶所有人、光船承租人、船舶经营人提出海事请求,对产生该海事请求的船舶具有优先受偿的权利。

第二十二条 下列各项海事请求具有船舶优先权:
(一)船长、船员和在船上工作的其他在编人员根据劳动法律、行政法规或者劳动合同所产生的工资、其他劳动报酬、船员遣返费用和社会保险费用的给付请求;
(二)在船舶营运中发生的人身伤亡的赔偿请求;
(三)船舶吨税、引航费、港务费和其他港口规费的缴付请求;
(四)海难救助的救助款项的给付请求;
(五)船舶在营运中因侵权行为产生的财产赔偿请求。

载运2000吨以上的散装油的船舶,持有有效的证书,证明已经进行油污损害民事责任保险或者具有相应的财务保证的,对其造成的油污损害的赔偿请求,不属于前款第(五)项规定的范围。

第二十三条 本法第二十二条第一款所列各项海事请求,依照顺序受偿。但是,第(四)项海事请求,后于第(一)项至第(三)项发生的,应当先于第(一)项至第(三)项受偿。

本法第二十二条第一款第(一)、(二)、(三)、(五)项中有两个以上海事请求的,不分先后,同时受偿;不足受偿的,按照比例受偿。第(四)项中有两个以上海事请求的,后发生的先受偿。

第二十四条 因行使船舶优先权产生的诉讼费用,保存拍卖船舶和分配船舶价款产生的费用,以及为海事请求人的共同利益而支付的其他费用,应当从船舶拍卖所得价款中先行拨付。

第二十五条 船舶优先权先于船舶留置权受偿,船舶抵押权后于船舶留置权受偿。

前款所称船舶留置权,是指造船人、修船人在合同另一方未履行合同时,可以留置所占有的船舶,以保证造船费用或者修船费用得以偿还的权利。船舶留置权在造船人、修船人不再占有所造或者所修的船舶时消灭。

第二十六条 船舶优先权不因船舶所有权的转让而消灭。但是,船舶转让时,船舶优先权自法院应受让人申请予以公告之日起满60日不行使的除外。

第二十七条 本法第二十二条规定的海事请求权转移的,其船舶优先权随之转移。

第二十八条 船舶优先权应当通过法院扣押产生优先权的船舶行使。

第二十九条 船舶优先权,除本法第二十六条规定的外,因下列原因之一而消灭:
(一)具有船舶优先权的海事请求,自优先权产生之日起满一年不行使;
(二)船舶经法院强制出售;
(三)船舶灭失。

前款第(一)项的一年期限,不得中止或者中断。

第三十条 本节规定不影响本法第十一章关于海事赔偿责任限制规定的实施。

第三章 船　　员

第一节 一　般　规　定

第三十一条 船员,是指包括船长在内的船上一切任职人员。

第三十二条 船长、驾驶员、轮机长、轮机员、电机员、报务员,必须由持有相应适任证书的人担任。

第三十三条 从事国际航行的船舶的中国籍船员,必须持有中华人民共和国港务监督机构颁发的海员证和有关证书。

第三十四条 船员的任用和劳动方面的权利、义务,本法没有规定的,适用有关法律、行政法规的规定。

第二节 船　　长

第三十五条 船长负责船舶的管理和驾驶。

船长在其职权范围内发布的命令,船员、旅客和其他在船人员都必须执行。

船长应当采取必要的措施,保护船舶和在船人员、文件、邮件、货物以及其他财产。

第三十六条 为保障在船人员和船舶的安全,船长有权对在船上进行违法、犯罪活动的人采取禁闭或者其他必要措施,并防止其隐匿、毁灭、伪造证据。

船长采取前款措施,应当制作案情报告书,由船长和两名以上在船人员签字,连同人犯送交有关当局处理。

第三十七条 船长应当将船上发生的出生或者死亡事件记入航海日志,并在两名证人的参加下制作证明书。死亡证明书应当附有死者遗物清单。死者有遗嘱的,船长应当予以证明。死亡证明书和遗嘱由船长负责保管,并送交家属或者有关方面。

第三十八条 船舶发生海上事故,危及在船人员和财产的安全时,船长应当组织船员和其他在船人员尽力施救。在船舶的沉没、毁灭不可避免的情况下,船长可以作出弃船决定;但是,除紧急情况外,应当报经船舶所有人同意。

弃船时,船长必须采取一切措施,首先组织旅客安全离船,然后安排船员离船,船长应当最后离船。在离船前,船长应当指挥船员尽力抢救航海日志、机舱日志、油类记录簿、无线电台日志、本航次使用过的海图和文件,以及贵重物品、邮件和现金。

第三十九条 船长管理船舶和驾驶船舶的责任,不因引航员引领船舶而解除。

第四十条 船长在航行中死亡或者因故不能执行职务时,应当由驾驶员中职务最高的人代理船长职务;在下一个港口开航前,船舶所有人应当指派新船长接任。

第四章 海上货物运输合同

第一节 一　般　规　定

第四十一条 海上货物运输合同,是指承运人收取运费,负责将托运人托运的货物经海路由一港运至另一港的合同。

第四十二条 本章下列用语的含义：

（一）"承运人"，是指本人或者委托他人以本人名义与托运人订立海上货物运输合同的人。

（二）"实际承运人"，是指接受承运人委托，从事货物运输或者部分运输的人，包括接受转委托从事此项运输的其他人。

（三）"托运人"，是指：

1.本人或者委托他人以本人名义或者委托他人为本人与承运人订立海上货物运输合同的人；

2.本人或者委托他人以本人名义或者委托他人为本人将货物交给与海上货物运输合同有关的承运人的人。

（四）"收货人"，是指有权提取货物的人。

（五）"货物"，包括活动物和由托运人提供的用于集装货物的集装箱、货盘或者类似的装运器具。

第四十三条 承运人或者托运人可以要求书面确认海上货物运输合同的成立。但是，航次租船合同应当书面订立。电报、电传和传真具有书面效力。

第四十四条 海上货物运输合同和作为合同凭证的提单或者其他运输单证中的条款，违反本章规定的，无效。此类条款的无效，不影响该合同和提单或者其他运输单证中其他条款的效力。将货物的保险利益转让给承运人的条款或者类似条款，无效。

第四十五条 本法第四十四条的规定不影响承运人在本章规定的承运人责任和义务之外，增加其责任和义务。

第二节　承运人的责任

第四十六条 承运人对集装箱装运的货物的责任期间，是指从装货港接收货物时起至卸货港交付货物时止，货物处于承运人掌管之下的全部期间。承运人非集装箱装运的货物的责任期间，是指从货物装上船时起至卸下船时止，货物处于承运人掌管之下的全部期间。在承运人的责任期间，货物发生灭失或者损坏，除本节另有规定外，承运人应当负赔偿责任。

前款规定，不影响承运人就非集装箱装运的货物，在装船前和卸船后所承担的责任，达成任何协议。

第四十七条 承运人在船舶开航前和开航当时，应当谨慎处理，使船舶处于适航状态，妥善配备船员、装备船舶和配备供应品，并使货舱、冷藏舱、冷气和其他载货处所适于并能安全收受、载运和保管货物。

第四十八条 承运人应当妥善地、谨慎地装载、搬移、积载、运输、保管、照料和卸载所运货物。

第四十九条 承运人应当按照约定的或者习惯的或者地理上的航线将货物运往卸货港。

船舶在海上为救助或者企图救助人命或者财产而发生的绕航或者其他合理绕航，不属于违反前款规定的行为。

第五十条 货物未能在明确约定的时间内，在约定的卸货港交付的，为迟延交付。

除依照本章规定承运人不负赔偿责任的情形外,由于承运人的过失,致使货物因迟延交付而灭失或者损坏的,承运人应当负赔偿责任。

除依照本章规定承运人不负赔偿责任的情形外,由于承运人的过失,致使货物因迟延交付而遭受经济损失的,即使货物没有灭失或者损坏,承运人仍然应当负赔偿责任。

承运人未能在本条第一款规定的时间届满60日内交付货物,有权对货物灭失提出赔偿请求的人可以认为货物已经灭失。

第五十一条 在责任期间货物发生的灭失或者损坏是由于下列原因之一造成的,承运人不负赔偿责任:

(一)船长、船员、引航员或者承运人的其他受雇人在驾驶船舶或者管理船舶中的过失;
(二)火灾,但是由于承运人本人的过失所造成的除外;
(三)天灾,海上或者其他可航水域的危险或者意外事故;
(四)战争或者武装冲突;
(五)政府或者主管部门的行为、检疫限制或者司法扣押;
(六)罢工、停工或者劳动受到限制;
(七)在海上救助或者企图救助人命或者财产;
(八)托运人、货物所有人或者他们的代理人的行为;
(九)货物的自然特性或者固有缺陷;
(十)货物包装不良或者标志欠缺、不清;
(十一)经谨慎处理仍未发现的船舶潜在缺陷;
(十二)非由于承运人或者承运人的受雇人、代理人的过失造成的其他原因。

承运人依照前款规定免除赔偿责任的,除第(二)项规定的原因外,应当负举证责任。

第五十二条 因运输活动物的固有的特殊风险造成活动物灭失或者损害的,承运人不负赔偿责任。但是,承运人应当证明业已履行托运人关于运输活动物的特别要求,并证明根据实际情况,灭失或者损害是由于此种固有的特殊风险造成的。

第五十三条 承运人在舱面上装载货物,应当同托运人达成协议,或者符合航运惯例,或者符合有关法律、行政法规的规定。

承运人依照前款规定将货物装载在舱面上,对由于此种装载的特殊风险造成的货物灭失或者损坏,不负赔偿责任。

承运人违反本条第一款规定将货物装载在舱面上,致使货物遭受灭失或者损坏的,应当负赔偿责任。

第五十四条 货物的灭失、损坏或者迟延交付是由于承运人或者承运人的受雇人、代理人的不能免除赔偿责任的原因和其他原因共同造成的,承运人仅在不能免除赔偿责任的范围内负赔偿责任;但是,承运人对其他原因造成的灭失、损坏或者迟延交付应当负举证责任。

第五十五条 货物灭失的赔偿额,按照货物的实际价值计算;货物损坏的赔偿额,按照货物受损前后实际价值的差额或者货物的修复费用计算。

货物的实际价值,按照货物装船时的价值加保险费加运费计算。

前款规定的货物实际价值,赔偿时应当减去因货物灭失或者损坏而少付或者免付的有关费用。

第五十六条 承运人对货物的灭失或者损坏的赔偿限额,按照货物件数或者其他货运单位数计算,每件或者每个其他货运单位为666.67计算单位,或者按照货物毛重计算,每公斤为2计算单位,以二者中赔偿限额较高的为准。但是,托运人在货物装运前已经申报其性质和价值,并在提单中载明的,或者承运人与托运人已经另行约定高于本条规定的赔偿限额的除外。

货物用集装箱、货盘或者类似装运器具集装的,提单中载明装在此类装运器具中的货物件数或者其他货运单位数,视为前款所指的货物件数或者其他货运单位数;未载明的,每一装运器具视为一件或者一个单位。

装运器具不属于承运人所有或者非由承运人提供的,装运器具本身应当视为一件或者一个单位。

第五十七条 承运人对货物因迟延交付造成经济损失的赔偿限额,为所迟延交付的货物的运费数额。货物的灭失或者损坏和迟延交付同时发生的,承运人赔偿责任限额适用本法第五十六条第一款规定的限额。

第五十八条 就海上货物运输合同所涉及的货物灭失、损坏或者迟延交付对承运人提起的任何诉讼,不论海事请求人是否合同的一方,也不论是根据合同或者是根据侵权行为提起的,均适用本章关于承运人的抗辩理由和限制赔偿责任的规定。

前款诉讼是对承运人的受雇人或者代理人提起的,经承运人的受雇人或者代理人证明,其行为是在受雇或者受委托的范围之内的,适用前款规定。

第五十九条 经证明,货物的灭失、损坏或者迟延交付是由于承运人的故意或者明知可能造成损失而轻率地作为或者不作为造成的,承运人不得援用本法五十六条或者第五十七条限制赔偿责任的规定。

经证明,货物的灭失、损坏或者迟延交付是由于承运人的受雇人、代理人的故意或者明知可能造成损失而轻率地作为或者不作为造成的,承运人的受雇人或者代理人不得援用本法第五十六条或者第五十七条限制赔偿责任的规定。

第六十条 承运人将货物运输或者部分运输委托给实际承运人履行的,承运人仍然应当依照本章规定对全部运输负责。对实际承运人承担的运输,承运人应当对实际承运人的行为或者实际承运人的受雇人、代理人在受雇或者受委托的范围内的行为负责。

虽有前款规定,在海上运输合同中明确约定合同所包括的特定的部分运输由承运人以外的指定的实际承运人履行的,合同可以同时约定,货物在指定的实际承运人掌管期间发生的灭失、损坏或者迟延交付,承运人不负赔偿责任。

第六十一条 本章对承运人责任的规定,适用于实际承运人。对实际承运人的受雇人、代理人提起诉讼的,适用本法第五十八条第二款和第五十九条第二款的规定。

第六十二条 承运人承担本章未规定的义务或者放弃本章赋予的权利的任何特别协议,经实际承运人书面明确同意的,对实际承运人发生效力;实际承运是否同意,不影响此项特别协议对承运人的效力。

第六十三条 承运人与实际承运人都负有赔偿责任的,应当在此项责任范围内负连带责任。

第六十四条 就货物的灭失或者损坏分别向承运人、实际承运人以及他们的受雇人、代理人提出赔偿请求的,赔偿总额不超过本法第五十六条规定的限额。

第六十五条 本法第六十条至第六十四条的规定,不影响承运人和实际承运人之间相互追偿。

第三节 托运人的责任

第六十六条 托运人托运货物,应当妥善包装,并向承运人保证,货物装船时所提供的货物的品名、标志、包数或者件数、重量或者体积的正确性;由于包装不良或者上述资料不正确,对承运人造成损失的,托运人应当负赔偿责任。

承运人依照前款规定享有的受偿权利,不影响其根据货物运输合同对托运人以外的人所承担的责任。

第六十七条 托运人应当及时向港口、海关、检疫、检验和其他主管机关办理货物运输所需要的各项手续,并将已办理各项手续的单证送交承运人;因办理各项手续的有关单证送交不及时、不完备或者不正确,使承运人的利益受到损害的,托运人应当负赔偿责任。

第六十八条 托运人托运危险货物,应当依照有关海上危险货物运输的规定,妥善包装,作出危险品标志和标签,并将其正式名称和性质以及应当采取的预防危害措施书面通知承运人;托运人未通知或者通知有误的,承运人可以在任何时间、任何地点根据情况需要将货物卸下、销毁或者使之不能为害,而不负赔偿责任。托运人对承运人因运输此类货物所受到的损害,应当负赔偿责任。

承运人知道危险货物的性质并已同意装运的,仍然可以在该项货物对于船舶、人员或者其他货物构成实际危险时,将货物卸下、销毁或者使之不能为害,而不负赔偿责任。但是,本款规定不影响共同海损的分摊。

第六十九条 托运人应当按照约定向承运人支付运费。

托运人与承运人可以约定运费由收货人支付;但是,此项约定应当在运输单证中载明。

第七十条 托运人对承运人、实际承运人所遭受的损失或者船舶所遭受的损坏,不负赔偿责任;但是,此种损失或者损坏是由于托运人或者托运人的受雇人、代理人的过失造成的除外。

托运人的受雇人、代理人对承运人、实际承运人所遭受的损失或者船舶所遭受的损坏,不负赔偿责任;但是,这种损失或者损坏是由于托运人的受雇人、代理人的过失造成的除外。

第四节 运 输 单 证

第七十一条 提单,是指用以证明海上货物运输合同和货物已经由承运人接收或者装船,以及承运人保证据以交付货物的单证。提单中载明的向记名人交付货物,或者按照指示人的指示交付货物,或者向提单持有人交付货物的条款,构成承运人据以交付货物的保证。

第七十二条 货物由承运人接收或者装船后,应托运人的要求,承运人应当签发提单。

提单可以由承运人授权的人签发。提单由载货船舶的船长签发的,视为代表承运人签发。

第七十三条 提单内容,包括下列各项:

(一)货物的品名、标志、包数或者件数、重量或者体积,以及运输危险货物时对危险性质的说明；

（二）承运人的名称和主营业所；

（三）船舶名称；

（四）托运人的名称；

（五）收货人的名称；

（六）装货港和在装货港接收货物的日期；

（七）卸货港；

（八）多式联运提单增列接收货物地点和交付货物地点；

（九）提单的签发日期、地点和份数；

（十）运费的支付；

（十一）承运人或者其代表的签字。

提单缺少前款规定的一项或者几项的，不影响提单的性质；但是，提单应当符合本法第七十一条的规定。

第七十四条 货物装船前，承运人已经应托运人的要求签发收货待运提单或者其他单证的，货物装船完毕，托运人可以将收货待运提单或者其他单证退还承运人，以换取已装船提单；承运人也可以在收货待运提单上加注承运船舶的船名和装船日期，加注后的收货待运提单视为已装船提单。

第七十五条 承运人或者代其签发提单的人，知道或者有合理的根据怀疑提单记载的货物的品名、标志、包数或者件数、重量或者体积与实际接收的货物不符，在签发已装船提单的情况下怀疑与已装船的货物不符，或者没有适当的方法核对提单记载的，可以在提单上批注，说明不符之处、怀疑的根据或者说明无法核对。

第七十六条 承运人或者代其签发提单的人未在提单上批注货物表面状况的，视为货物的表面状况良好。

第七十七条 除依照本法第七十五条的规定作出保留外，承运人或者代其签发提单的人签发的提单，是承运人已经按照提单所载状况收到货物或者货物已装船的初步证据；承运人向善意受让提单的包括收货人在内的第三人提出的与提单所载状况不同的证据，不予承认。

第七十八条 承运人同收货人、提单持有人之间的权利、义务关系，依据提单的规定确定。

收货人、提单持有人不承担在装货港发生的滞期费、亏舱费和其他与装货有关的费用，但是提单中明确载明上述费用由收货人、提单持有人承担的除外。

第七十九条 提单的转让，依照下列规定执行：

（一）记名提单：不得转让；

（二）指示提单：经过记名背书或者空白背书转让；

（三）不记名提单：无需背书，即可转让。

第八十条 承运人签发提单以外的单证用以证明收到待运货物的，此项单证即为订立海上货物运输合同和承运人接收该单证中所列货物的初步证据。

承运人签发的此类单证不得转让。

第五节 货物交付

第八十一条 承运人向收货人交付货物时,收货人未将货物灭失或者损坏的情况书面通知承运人的,此项交付视为承运人已经按照运输单证的记载交付以货物状况良好的初步证据。

货物灭失或者损坏的情况非显而易见的,在货物交付的次日起连续7日内,集装箱交付的次日起连续15日内,收货人未提交书面通知的,适用前款规定。

货物交付时,收货人已经会同承运人对货物进行联合检查或者检验的,无需就所查明的灭失或者损坏的情况提交书面通知。

第八十二条 承运人自向收货人交付货物的次日起连续60日内,未收到收货人就货物因迟延交付造成经济损失而提交的书面通知的,不负赔偿责任。

第八十三条 收货人在目的港提取货物前或者承运人在目的港交付货物前,可以要求检验机构对货物状况进行检验;要求检验的一方应当支付检验费用,但是有权向造成货物损失的责任方追偿。

第八十四条 承运人和收货人对本法第八十一条和第八十三条规定的检验,应当相互提供合理的便利条件。

第八十五条 货物由实际承运人交付的,收货人依照本法第八十一条的规定向实际承运人提交的书面通知,与向承运人提交书面通知具有同等效力;向承人提交的书面通知,与向实际承运人提交书面通知具有同等效力。

第八十六条 在卸货港无人提取货物或者收货人迟延、拒绝提取货物的,船长可以将货物卸在仓库或者其他适当场所,由此产生的费用和风险由收货人承担。

第八十七条 应当向承运人支付的运费、共同海损分摊、滞期费和承运人为货物垫付的必要费用以及应当向承运人支付的其他费用没有付清,又没有提供适当担保的,承运人可以在合理的限度内留置其货物。

第八十八条 承运人根据本法第八十七条规定留置的货物,自船舶抵达卸货港的次日起满60日无人提取的,承运人可以申请法院裁定拍卖;货物易腐烂变质或者货物的保管费用可能超过其价值的,可以申请提前拍卖。

拍卖所得价款,用于清偿保管、拍卖货物的费用和运费以及应当向承运人支付的其他有关费用;不足的金额,承运人有权向托运人追偿;剩余的金额,退还托运人;无法退还、自拍卖之日起满一年又无人领取的,上缴国库。

第六节 合同的解除

第八十九条 船舶在装货港开航前,托运人可以要求解除合同。但是,除合同另有约定外,托运人应当向承运人支付约定运费的一半;货物已经装船的,应当负担装货、卸货和其他与此有关的费用。

第九十条 船舶在装货港开航前,因不可抗力或者其他不能归责于承运人和托运人的原因致使合同不能履行,双方均可以解除合同,并互相不负赔偿责任。除合同另有约定外,运费已经支付的,承运人应当将运费退还给托运人;货物已经装船的,托运人应当承担装卸费用;已经签发提单的,托运人应当将提单退还承运人。

第九十一条 因不可抗力或者其他不能归责于承运人和托运人的原因致使船舶不能在合同约定的目的港卸货的,除合同另有约定外,船长有权将货物在目的港邻近的安全港口或者地点卸载,视为已经履行合同。

船长决定将货物卸载的,应当及时通知托运人或者收货人,并考虑托运人或者收货人的利益。

第七节 航次租船合同的特别规定

第九十二条 航次租船合同,是指船舶出租人向承租人提供船舶或者船舶的部分舱位,装运约定的货物,从一港运至另一港,由承租人支付约定运费的合同。

第九十三条 航次租船合同的内容,主要包括出租人和承租人的名称、船名、船籍、载货重量、容积、货名、装货港和目的港、受载期限、装卸期限、运费、滞期费、速遣费以及其他有关事项。

第九十四条 本法第四十七条和第四十九条的规定,适用于航次租船合同的出租人。

本章其他有关合同当事人之间的权利、义务的规定,仅在航次租船合同没有约定或者没有不同约定时,适用于航次租船合同的出租人和承租人。

第九十五条 对按航次租船合同运输的货物签发的提单,提单持有人不是承租人的,承运人与该提单持有人之间的权利、义务关系适用提单的约定。但是,提单中载明适用航次租船合同条款的,适用该航次租船合同的条款。

第九十六条 出租人应当提供约定的船舶;经承租人同意,可以更换船舶。但是,提供的船舶或者更换的船舶不符合合同约定的,承租人有权拒绝或者解除合同。

因出租人过失未提供约定的船舶致使承租人遭受损失的,出租人应当负赔偿责任。

第九十七条 出租人在约定的受载期限内未能提供船舶的,承租人有权解除合同。但是,出租人将船舶延误情况和船舶预期抵达装货港的日期通知承租人,承租人应当自收到通知时起 48 小时内,将是否解除合同的决定通知出租人。

因出租人过失延误提供船舶致使承租人遭受损失的,出租人应当负赔偿责任。

第九十八条 航次租船合同的装货、卸货期限及其计算办法,超过装货、卸货期限后的滞期费和提前完成装货、卸货的速遣费,由双方约定。

第九十九条 承租人可以将其租用的船舶转租;转租后,原合同约定的权利和义务不受影响。

第一百条 承租人应当提供约定的货物;经出租人同意,可以更换货物。但是,更换的货物对出租人不利的,出租人有权拒绝或者解除合同。

因未提供约定的货物致使出租人遭受损失的,承租人应当负赔偿责任。

第一百零一条 出租人应当在合同约定的卸货港卸货。合同订有承租人选择卸货港条款的,在承租人未按合同约定及时通知确定的卸货港时,船长可以从约定的选卸港中自行选定一港卸货。承租人未按合同约定及时通知确定的卸货港,致使出租人遭受损失的,应当负赔偿责任。出租人未按照合同约定,擅自选定港口卸货致使承租人遭受损失的,应当负赔偿责任。

第八节　多式联运合同的特别规定

第一百零二条　本法所称多式联运合同,是指多式联运经营人以两种以上的不同运输方式,其中一种是海上运输方式,负责将货物从接收地运至目的地交付收货人,并收取全程运费的合同。

前款所称多式联运经营人,是指本人或者委托他人以本人名义与托运人订立多式联运合同的人。

第一百零三条　多式联运经营人对多式联运货物的责任期间,自接收货物时起至交付货物时止。

第一百零四条　多式联运经营人负责履行或者组织履行多式联运合同,并对全程运输负责。

多式联运经营人与参加多式联运的各区段承运人,可以就多式联运合同的各区段运输,另以合同约定相互之间的责任。但是,此项合同不得影响多式联运经营人对全程运输所承担的责任。

第一百零五条　货物的灭失或者损坏发生于多式联运的某一运输区段的,多式联运经营人的赔偿责任和责任限额,适用调整该区段运输方式的有关法律规定。

第一百零六条　货物的灭失或者损坏发生的运输区段不能确定的,多式联运经营人应当依照本章关于承运人赔偿责任和责任限额的规定负赔偿责任。

第五章　海上旅客运输合同

第一百零七条　海上旅客运输合同,是指承运人以适合运送旅客的船舶经海路将旅客及其行李从一港运送至另一港,由旅客支付票款的合同。

第一百零八条　本章下列用语的含义:

(一)"承运人",是指本人或者委托他人以本人名义与旅客订立海上旅客运输合同的人。

(二)"实际承运人",是指接受承运人委托,从事旅客运送或者部分运送的人,包括接受转委托从事此项运送的其他人。

(三)"旅客",是指根据海上旅客运输合同运送的人;经承运人同意,根据海上货物运输合同,随船护送货物的人,视为旅客。

(四)"行李",是指根据海上旅客运输合同由承运人载运的任何物品和车辆,但是活动物除外。

(五)"自带行李",是指旅客自行携带、保管或者放置在客舱中的行李。

第一百零九条　本章关于承运人责任的规定,适用于实际承运人。本章关于承运人的受雇人、代理人责任的规定,适用于实际承运人的受雇人、代理人。

第一百一十条　旅客客票是海上旅客运输合同成立的凭证。

第一百一十一条　海上旅客运输的运送期间,自旅客登船时起至旅客离船时止。客票票价含接送费用的,运送期间并包括承运人经水路将旅客从岸上接到船上和从船上送到岸上的时间,但是不包括旅客在港站内、码头上或者在港口其他设施内的时间。

旅客的自带行李,运送期间同前款规定。旅客自带行李以外的其他行李,运送期间自旅客将行李交付承运人或者承运人的受雇人、代理人时起至承运人或者承运人的受雇人、代理人交还旅客时止。

第一百一十二条 旅客无票乘船、越级乘船或者超程乘船,应当按照规定补足票款,承运人可以按照规定加收票款;拒不交付的,船长有权在适当地点令其离船,承运人有权向其追偿。

第一百一十三条 旅客不得随身携带或者在行李中夹带违禁品或者易燃、易爆、有毒、有腐蚀性、有放射性以及有可能危及船上人身和财产安全的其他危险品。

承运人可以在任何时间、任何地点将旅客违反前款规定随身携带或者在行李中夹带的违禁品、危险品卸下、销毁或者使之不能为害,或者送交有关部门,而不负赔偿责任。

旅客违反本条第一款规定,造成损害的,应当负赔偿责任。

第一百一十四条 在本法第一百一十一条规定的旅客及其行李的运送期间,因承运人或者承运人的受雇人、代理人在受雇或者受委托的范围内的过失引起事故,造成旅客人身伤亡或者行李灭失、损坏的,承运人应当负赔偿责任。

请求人对承运人或者承运人的受雇人、代理人的过失,应当负举证责任;但是,本条第三款和第四款规定的情形除外。

旅客的人身伤亡或者自带行李的灭失、损坏,是由于船舶的沉没、碰撞、搁浅、爆炸、火灾所引起或者是由于船舶的缺陷所引起的,承运人或者承运人的受雇人、代理人除非提出反证,应当视为其有过失。

旅客自带行李以外的其他行李的灭失或者损坏,不论由于何种事故所引起,承运人或者承运人的受雇人、代理人除非提出反证,应当视为其有过失。

第一百一十五条 经承运人证明,旅客的人身伤亡或者行李的灭失、损坏,是由于旅客本人的过失或者旅客和承运人的共同过失造成的,可以免除或者相应减轻承运人的赔偿责任。

经承运人证明,旅客的人身伤亡或者行李的灭失、损坏,是由于旅客本人的故意造成的,或者旅客的人身伤亡是由于旅客本人健康状况造成的,承运人不负赔偿责任。

第一百一十六条 承运人对旅客的货币、金银、珠宝、有价证券或者其他贵重物品所发生的灭失、损坏,不负赔偿责任。

旅客与承运人约定将前款规定的物品交由承运人保管的,承运人应当依照本法第一百一十七条的规定负赔偿责任;双方以书面约定的赔偿限额高于本法第一百一十七条的规定的,承运人应当按照约定的数额负赔偿责任。

第一百一十七条 除本条第四款规定的情形外,承运人在每次海上旅客运输中的赔偿责任限额,依照下列规定执行:

(一)旅客人身伤亡的,每名旅客不超过46666计算单位;

(二)旅客自带行李灭失或者损坏的,每名旅客不超过833计算单位;

(三)旅客车辆包括该车辆所载行李灭失或者损坏的,每一车辆不超过3333计算单位;

(四)本款第(二)、(三)项以外的旅客其他行李灭失或者损坏的,每名旅客不超过1200计算单位。

承运人和旅客可以约定,承运人对旅客车辆和旅客车辆以外的其他行李损失的免赔额。但是,对每一车辆损失的免赔额不得超过117计算单位,对每名旅客的车辆以外的其他行李损失的免赔额不得超过13计算单位。在计算每一车辆或者每名旅客的车辆以外的其他行李的损失赔偿数额时,应当扣除约定的承运人免赔额。

承运人和旅客可以书面约定高于本条第一款规定的赔偿责任限额。

中华人民共和国港口之间的海上旅客运输,承运人的赔偿责任限额,由国务院交通主管部门制定,报国务院批准后施行。

第一百一十八条 经证明,旅客的人身伤亡或者行李的灭失、损坏,是由于承运人的故意或者明知可能造成损害而轻率地作为或者不作为造成的,承运人不得援用本法第一百一十六条和第一百一十七条限制赔偿责任的规定。

经证明,旅客的人身伤亡或者行李的灭失、损坏,是由于承运人的受雇人、代理人的故意或者明知可能造成损害而轻率地作为或者不作为造成的,承运人的受雇人、代理人不得援用本法第一百一十六条和第一百一十七条限制赔偿责任的规定。

第一百一十九条 行李发生明显损坏的,旅客应当依照下列规定向承运人或者承运人的受雇人、代理人提交书面通知:

（一）自带行李,应当在旅客离船前或者离船时提交;

（二）其他行李,应当在行李交还前或者交还时提交。

行李的损坏不明显,旅客在离船时或者行李交还时难以发现的,以及行李发生灭失的,旅客应当在离船或者行李交还或者应当交还之日起15日内,向承运人或者承运人的受雇人、代理人提交书面通知。

旅客未依照本条第一、二款规定及时提交书面通知的,除非提出反证,视为已经完整无损地收到行李。

行李交还时,旅客已经会同承运人对行李进行联合检查或者检验的,无需提交书面通知。

第一百二十条 向承运人的受雇人、代理人提出的赔偿请求,受雇人或者代理人证明其行为是在受雇或者受委托的范围内的,有权援用本法第一百一十五条、第一百一十六条和第一百一十七条的抗辩理由和赔偿责任限制的规定。

第一百二十一条 承运人将旅客运送或者部分运送委托给实际承运人履行的,仍然应当依照本章规定,对全程运送负责。实际承运人履行运送的,承运人应当对实际承运人的行为或者实际承运人的受雇人、代理人在受雇或者受委托的范围内的行为负责。

第一百二十二条 承运人承担本章未规定的义务或者放弃本章赋予的权利的任何特别协议,经实际承运人书面明确同意的,对实际承运人发生效力;实际承运人是否同意,不影响此项特别协议对承运人的效力。

第一百二十三条 承运人与实际承运人均负有赔偿责任的,应当在此项责任限度内负连带责任。

第一百二十四条 就旅客的人身伤亡或者行李的灭失、损坏,分别向承运人、实际承运人以及他们的受雇人、代理人提出赔偿请求的,赔偿总额不得超过本法第一百一十七条规定的限额。

第一百二十五条 本法第一百二十一条至第一百二十四条的规定,不影响承运人和实际承运人之间相互追偿。

第一百二十六条 海上旅客运输合同中含有下列内容之一的条款无效:
(一) 免除承运人对旅客应当承担的法定责任;
(二) 降低本章规定的承运人责任限额;
(三) 对本章规定的举证责任作出相反的约定;
(四) 限制旅客提出赔偿请求的权利。
前款规定的合同条款的无效,不影响合同其他条款的效力。

第六章 船舶租用合同

第一节 一般规定

第一百二十七条 本章关于出租人和承租人之间权利、义务的规定,仅在船舶租用合同没有约定或者没有不同约定时适用。

第一百二十八条 船舶租用合同,包括定期租船合同和光船租赁合同,均应当书面订立。

第二节 定期租船合同

第一百二十九条 定期租船合同,是指船舶出租人向承租人提供约定的由出租人配备船员的船舶,由承租人在约定的期间内按照约定的用途使用,并支付租金的合同。

第一百三十条 定期租船合同的内容,主要包括出租人和承租人的名称、船名、船籍、船级、吨位、容积、船速、燃料消耗、航区、用途、租船期间、交船和还船的时间和地点以及条件、租金及其支付,以及其他有关事项。

第一百三十一条 出租人应当按照合同约定的时间交付船舶。

出租人违反前款规定的,承租人有权解除合同。出租人将船舶延误情况和船舶预期抵达交船港的日期通知承租人的,承租人应当自接到通知时起四十八小时内,将解除合同或者继续租用船舶的决定通知出租人。

因出租人过失延误提供船舶致使承租人遭受损失的,出租人应当负赔偿责任。

第一百三十二条 出租人交付船舶时,应当做到谨慎处理,使船舶适航。交付的船舶应当适于约定的用途。

出租人违反前款规定的,承租人有权解除合同,并有权要求赔偿因此遭受的损失。

第一百三十三条 船舶在租期内不符合约定的适航状态或者其他状态,出租人应当采取可能采取的合理措施,使之尽快恢复。

船舶不符合约定的适航状态或者其他状态而不能正常营运连续满24小时的,对因此而损失的营运时间,承租人不付租金,但是上述状态是由承租人造成的除外。

第一百三十四条 承租人应当保证船舶在约定航区内的安全港口或者地点之间从事约定的海上运输。

承租人违反前款规定的,出租人有权解除合同,并有权要求赔偿因此遭受的损失。

第一百三十五条 承租人应当保证船舶用于运输约定的合法的货物。

承租人将船舶用于运输活动物或者危险货物的,应当事先征得出租人的同意。

承租人违反本条第一款或者第二款的规定致使出租人遭受损失的,应当负赔偿责任。

第一百三十六条 承租人有权就船舶的营运向船长发出指示,但是不得违反定期租船合同的约定。

第一百三十七条 承租人可以将租用的船舶转租,但是应当将转租的情况及时通知出租人。租用的船舶转租后,原租船合同约定的权利和义务不受影响。

第一百三十八条 船舶所有人转让已经租出的船舶的所有权,定期租船合同约定的当事人的权利和义务不受影响,但是应当及时通知承租人。船舶所有权转让后,原租船合同由受让人和承租人继续履行。

第一百三十九条 在合同期间,船舶进行海难救助的,承租人有权获得扣除救助费用、损失赔偿、船员应得部分以及其他费用后的救助款项的一半。

第一百四十条 承租人应当按照合同约定支付租金。承租人未按照合同约定支付租金的,出租人有权解除合同,并有权要求赔偿因此遭受的损失。

第一百四十一条 承租人未向出租人支付租金或者合同约定的其他款项的,出租人对船上属于承租人的货物和财产以及转租船舶的收入有留置权。

第一百四十二条 承租人向出租人交还船舶时,该船舶应当具有与出租人交船时相同的良好状态,但是船舶本身的自然磨损除外。

船舶未能保持与交船时相同的良好状态的,承租人应当负责修复或者给予赔偿。

第一百四十三条 经合理计算,完成最后航次的日期约为合同约定的还船日期,但可能超过合同约定的还船日期的,承租人有权超期用船以完成该航次。超期期间,承租人应当按照合同约定的租金率支付租金;市场的租金率高于合同约定的租金率的,承租人应当按照市场租金率支付租金。

第三节　光船租赁合同

第一百四十四条 光船租赁合同,是指船舶出租人向承租人提供不配备船员的船舶,在约定的期间内由承租人占有、使用和营运,并向出租人支付租金的合同。

第一百四十五条 光船租赁合同的内容,主要包括出租人和承租人的名称、船名、船籍、船级、吨位、容积、航区、用途、租船期间、交船和还船的时间和地点以及条件、船舶检验、船舶的保养维修、租金及其支付、船舶保险、合同解除的时间和条件,以及其他有关事项。

第一百四十六条 出租人应当在合同约定的港口或者地点,按照合同约定的时间,向承租人交付船舶以及船舶证书。交船时,出租人应当做到谨慎处理,使船舶适航。交付的船舶应当适于合同约定的用途。

出租人违反前款规定的,承租人有权解除合同,并有权要求赔偿因此遭受的损失。

第一百四十七条 在光船租赁期间,承租人负责船舶的保养、维修。

第一百四十八条 在光船租赁期间,承租人应当按照合同约定的船舶价值,以出租人同意的保险方式为船舶进行保险,并负担保险费用。

第一百四十九条 在光船租赁期间,因承租人对船舶占有、使用和营运的原因使出租人的利益受到影响或者遭受损失的,承租人应当负责消除影响或者赔偿损失。

因船舶所有权争议或者出租人所负的债务致使船舶被扣押的,出租人应当保证承租人的利益不受影响；致使承租人遭受损失的，出租人应当负赔偿责任。

第一百五十条　在光船租赁期间，未经出租人书面同意，承租人不得转让合同的权利和义务或者以光船租赁的方式将船舶进行转租。

第一百五十一条　未经承租人事先书面同意，出租人不得在光船租赁期间对船舶设定抵押权。

出租人违反前款规定，致使承租人遭受损失的，应当负赔偿责任。

第一百五十二条　承租人应当按照合同约定支付租金。承租人未按照合同约定的时间支付租金连续超过 7 日的，出租人有权解除合同，并有权要求赔偿因此遭受的损失。

船舶发生灭失或者失踪的，租金应当自船舶灭失或者得知其最后消息之日起停止支付，预付租金应当按照比例退还。

第一百五十三条　本法第一百三十四条、第一百三十五条第一款、第一百四十二条和第一百四十三条的规定，适用于光船租赁合同。

第一百五十四条　订有租购条款的光船租赁合同，承租人按照合同约定向出租人付清租购费时，船舶所有权即归于承租人。

第七章　海上拖航合同

第一百五十五条　海上拖航合同，是指承拖方用拖轮将被拖物经海路从一地拖至另一地，而由被拖方支付拖航费的合同。

本章规定不适用于在港区内对船舶提供的拖轮服务。

第一百五十六条　海上拖航合同应当书面订立。海上拖航合同的内容，主要包括承拖方和被拖方的名称和住所、拖轮和被拖物的名称和主要尺度、拖轮马力、起拖地和目的地、起拖日期、拖航费及其支付方式，以及其他有关事项。

第一百五十七条　承拖方在起拖前和起拖当时，应当谨慎处理，使拖轮处于适航、适拖状态，妥善配备船员，配置拖航索具和配备供应品以及该航次必备其他装置、设备。

被拖方在起拖前和起拖当时，应当做好被拖物的拖航准备，谨慎处理，使被拖物处于适拖状态，并向承拖方如实说明被拖物的情况，提供有关检验机构签发的被拖物适合拖航的证书和有关文件。

第一百五十八条　起拖前，因不可抗力或者其他不能归责于双方的原因致使合同不能履行，双方均可以解除合同，并互相不负赔偿责任。除合同另有约定外，拖航费已经支付的，承拖方应当退还给被拖方。

第一百五十九条　起拖后，因不可抗力或者其他不能归责于双方的原因致使合同不能继续履行的，双方均可以解除合同，并互相不负赔偿责任。

第一百六十条　因不可抗力或者其他不能归责于双方的原因致使被拖物不能拖至目的地的，除合同另有约定外，承拖方可以在目的地的邻近地点或者拖轮船长选定的安全的港口或者锚泊地，将被拖物移交给被拖方或者其代理人，视为已经履行合同。

第一百六十一条　被拖方未按照约定支付拖航费和其他合理费用的，承拖方对被拖物有留置权。

第一百六十二条 在海上拖航过程中,承拖方或者被拖方遭受的损失,由一方的过失造成的,有过失的一方应当负赔偿责任;由双方过失造成的,各方按过失程度的比例负赔偿责任。

虽有前款规定,经承拖方证明,被拖方的损失是由于下列原因之一造成的,承拖方不负赔偿责任;

(一)拖轮船长、船员、引航员或者承拖方的其他受雇人、代理人在驾驶拖轮或者管理拖轮中的过失;

(二)拖轮在海上救助或者企图救助人命或者财产时的过失。

本条规定仅在海上拖航合同没有约定或者没有不同约定时适用。

第一百六十三条 在海上拖航过程中,由于承拖方或者被拖方的过失,造成第三人人身伤亡或者财产损失的,承拖方和被拖方对第三人负连带赔偿责任。合同另有约定外,一方连带支付的赔偿超过其应当承担的比例的,对另一方有追偿权。

第一百六十四条 拖轮所有人拖带其所有的或者经营的驳船载运货物,经海路由一港运至另一港的,视为海上货物运输。

第八章 船舶碰撞

第一百六十五条 船舶碰撞,是指船舶在海上或者与海相通的可航水域发生接触造成损害的事故。

前款所称船舶,包括与本法第三条所指船舶碰撞的任何其他非用于军事的或者政府公务的船艇。

第一百六十六条 船舶发生碰撞,当事船舶的船长在不严重危及本船和船上人员安全的情况下,对于相碰的船舶和船上人员必须尽力施救。

碰撞船舶的船长应当尽可能将其船舶名称、船籍港、出发港和目的港通知对方。

第一百六十七条 船舶发生碰撞,是由于不可抗力或者其他不能归责于任何一方的原因或者无法查明的原因造成的,碰撞各方互相不负赔偿责任。

第一百六十八条 船舶发生碰撞,是由于一船的过失造成的,由有过失的船舶负赔偿责任。

第一百六十九条 船舶发生碰撞,碰撞的船舶互有过失的,各船按照过失程度的比例负赔偿责任;过失程度相当或者过失程度的比例无法判定的,平均负赔偿责任。

互有过失的船舶,对碰撞造成的船舶以及船上货物和其他财产的损失,依照前款规定的比例负赔偿责任。碰撞造成第三人财产损失的,各船的赔偿责任均不超过其应当承担的比例。

互有过失的船舶,对造成的第三人的人身伤亡,负连带赔偿责任。一船连带支付的赔偿超过本条第一款规定的比例的,有权向其他有过失的船舶追偿。

第一百七十条 船舶因操纵不当或者不遵守航行规章,虽然实际上没有同其他船舶发生碰撞,但是使其他船舶以及船上的人员、货物或者其他财产遭受损失的,适用本章的规定。

第九章 海难救助

第一百七十一条 本章规定适用于在海上或者与海相通的可航水域,对遇险的船舶和其他财产进行的救助。

第一百七十二条 本章下列用语的含义:

(一)"船舶",是指本法第三条所称的船舶和与其发生救助关系的任何其他非用于军事的或者政府公务的船艇。

(二)"财产",是指非永久地和非有意地依附于岸线的任何财产,包括有风险的运费。

(三)"救助款项",是指依照本章规定,被救助方应当向救助方支付的任何救助报酬、酬金或者补偿。

第一百七十三条 本章规定,不适用于海上已经就位的从事海底矿物资源的勘探、开发或者生产的固定式、浮动式平台和移动式近海钻井装置。

第一百七十四条 船长在不严重危及本船和船上人员安全的情况下,有义务尽力救助海上人命。

第一百七十五条 救助方与被救助方就海难救助达成协议,救助合同成立。

遇险船舶的船长有权代表船舶所有人订立救助合同。遇险船舶的船长或者船舶所有人有权代表船上财产所有人订立救助合同。

第一百七十六条 有下列情形之一,经一方当事人起诉或者双方当事人协议仲裁的,受理争议的法院或者仲裁机构可以判决或者裁决变更救助合同:

(一)合同在不正当的或者危险情况的影响下订立,合同条款显失公平的;

(二)根据合同支付的救助款项明显过高或者过低于实际提供的救助服务的。

第一百七十七条 在救助作业过程中,救助方对被救助方负有下列义务:

(一)以应有的谨慎进行救助;

(二)以应有的谨慎防止或者减少环境污染损害;

(三)在合理需要的情况下,寻求其他救助方援助;

(四)当被救助方合理地要求其他救助方参与救助作业时,接受此种要求,但是要求不合理的,原救助方的救助报酬金额不受影响。

第一百七十八条 在救助作业过程中,被救助方对救助方负有下列义务:

(一)与救助方通力合作;

(二)以应有的谨慎防止或者减少环境污染损害;

(三)当获救的船舶或者其他财产已经被送至安全地点时,及时接受救助方提出的合理的移交要求。

第一百七十九条 救助方对遇险的船舶和其他财产的救助,取得效果的,有权获得救助报酬;救助未取得效果的,除本法第一百八十二条或者其他法律另有规定或者合同另有约定外,无权获得救助款项。

第一百八十条 确定救助报酬,应当体现对救助作业的鼓励,并综合考虑下列各项因素:

(一)船舶和其他财产的获救的价值;

（二）救助方在防止或者减少环境污染损害方面的技能和努力；

（三）救助方的救助成效；

（四）危险的性质和程度；

（五）救助方在救助船舶、其他财产和人命方面的技能和努力；

（六）救助方所用的时间、支出的费用和遭受的损失；

（七）救助方或者救助设备所冒的责任风险和其他风险；

（八）救助方提供救助服务的及时性；

（九）用于救助作业的船舶和其他设备的可用性和使用情况；

（十）救助设备的备用状况、效能和设备的价值。

救助报酬不得超过船舶和其他财产的获救价值。

第一百八十一条 船舶和其他财产的获救价值，是指船舶和其他财产获救后的估计价值或者实际出卖的收入，扣除有关税款和海关、检疫、检验费用以及进行卸载、保管、估价、出卖而产生的费用后的价值。

前款规定的价值不包括船员的获救的私人物品和旅客的获救的自带行李的价值。

第一百八十二条 对构成环境污染损害危险的船舶或者船上货物进行的救助，救助方依照本法第一百八十条规定获得的救助报酬，少于依照本条规定可以得到的特别补偿，救助方有权依照本条规定，从船舶所有人处获得相当于救助费用的特别补偿。

救助人进行前款规定的救助作业，取得防止或者减少环境污染损害效果的，船舶所有人依照前款规定应当向救助方支付的特别补偿可以另行增加，增加的数额可以达到救助费用的30%。受理争议的法院或者仲裁机构认为适当，并且考虑到本法第一百八十条第一款的规定，可以判决或者裁决进一步增加特别补偿数额；但是，在任何情况下，增加部分不得超过救助费用的100%。

本条所称救助费用，是指救助方在救助作业中直接支付的合理费用以及实际使用救助设备、投入救助人员的合理费用。确定救助费用应当考虑本法第一百八十条第一款第（八）、（九）、（十）项的规定。

在任何情况下，本条规定的全部特别补偿，只有在超过救助方依照本法第一百八十条规定能够获得的救助报酬时，方可支付，支付金额为特别补偿超过救助报酬的差额部分。

由于救助方的过失未能防止或者减少环境污染损害的，可以全部或者部分地剥夺救助方获得特别补偿的权利。

本条规定不影响船舶所有人对其他被救助方的追偿权。

第一百八十三条 救助报酬的金额，应当由获救的船舶和其他财产的各所有人，按照船舶和其他各项财产各自的获救价值占全部获救价值的比例承担。

第一百八十四条 参加同一救助作业的各救助方的救助报酬，应当根据本法第一百八十条规定的标准，由各方协商确定；协商不成的，可以提请受理争议的法院判决或者经各方协议提请仲裁机构裁决。

第一百八十五条 在救助作业中救助人命的救助方，对获救人员不得请求酬金，但是有权从救助船舶或者其他财产、防止或者减少环境污染损害的救助方获得的救助款项中，获得合理的份额。

第一百八十六条 下列救助行为无权获得救助款项：

（一）正常履行拖航合同或者其他服务合同的义务进行救助的，但是提供不属于履行上述义务的特殊劳务除外；

（二）不顾遇险的船舶的船长、船舶所有人或者其他财产所有人明确的和合理的拒绝，仍然进行救助的。

第一百八十七条 由于救助方的过失致使救助作业成为必需或者更加困难的，或者救助方有欺诈或者其他不诚实行为的，应当取消或者减少向救助方支付救助款项。

第一百八十八条 被救助方在救助作业结束后，应当根据救助方的要求，对救助款项提供满意的担保。

在不影响前款规定的情况下，获救船舶的船舶所有人应当在获救的货物交还前，尽力使货物的所有人对其应当承担的救助款项提供满意的担保。

在未根据救助人的要求对获救的船舶或者其他财产提供满意的担保以前，未经救助方同意，不得将获救的船舶和其他财产从救助作业完成后最初到达的港口或者地点移走。

第一百八十九条 受理救助款项请求的法院或者仲裁机构，根据具体情况，在合理的条件下，可以裁定或者裁决被救助方向救助方先行支付适当的金额。

被救助方根据前款规定先行支付金额后，其根据本法第一百八十八条规定提供的担保金额应当相应扣减。

第一百九十条 对于获救满 90 日的船舶和其他财产，如果被救助方不支付救助款项也不提供满意的担保，救助方可以申请法院裁定强制拍卖；对于无法保管、不易保管或者保管费用可能超过其价值的获救的船舶和其他财产，可以申请提前拍卖。

拍卖所得价款，在扣除保管和拍卖过程中的一切费用后，依照本法规定支付救助款项；剩余的金额，退还被救助方；无法退还、自拍卖之日起满 1 年又无人认领的，上缴国库；不足的金额，救助方有权向被救助方追偿。

第一百九十一条 同一船舶所有人的船舶之间进行的救助，救助方获得救助款项的权利适用本章规定。

第一百九十二条 国家有关主管机关从事或者控制的救助作业，救助方有权享受本章规定的关于救助作业的权利和补偿。

第十章 共同海损

第一百九十三条 共同海损，是指在同一海上航程中，船舶、货物和其他财产遭遇共同危险，为了共同安全，有意地合理地采取措施所直接造成的特殊牺牲、支付的特殊费用。

无论在航程中或者在航程结束后发生的船舶或者货物因迟延所造成的损失，包括船期损失和行市损失以及其他间接损失，均不得列入共同海损。

第一百九十四条 船舶因发生意外、牺牲或者其他特殊情况而损坏时，为了安全完成本航程，驶入避难港口、避难地点或者驶回装货港口、装货地点进行必要的修理，在该港口或者地点额外停留期间所支付的港口费，船员工资、给养，船舶所消耗的燃料、物料，为修理而卸载、储存、重装或者搬移船上货物、燃料、物料以及其他财产所造成的损失、支付的费用，应当列入共同海损。

第一百九十五条 为代替可以列为共同海损的特殊费用而支付的额外费用,可以作为代替费用列入共同海损;但是,列入共同海损的代替费用的金额,不得超过被代替的共同海损的特殊费用。

第一百九十六条 提出共同海损分摊请求的一方应当负举证责任,证明其损失应当列入共同海损。

第一百九十七条 引起共同海损特殊牺牲、特殊费用的事故,可能是由航程中一方的过失造成的,不影响该方要求分摊共同海损的权利;但是,非过失方或者过失方可以就此项过失提出赔偿请求或者进行抗辩。

第一百九十八条 船舶、货物和运费的共同海损牺牲的金额,依照下列规定确定:

(一)船舶共同海损牺牲的金额,按照实际支付的修理费,减除合理的以新换旧的扣减额计算。船舶尚未修理的,按照牺牲造成的合理贬值计算,但是不得超过估计的修理费。

船舶发生实际全损或者修理费用超过修复后的船舶价值的,共同海损牺牲金额按照该船舶在完好状态下的估计价值,减除不属于共同海损损坏的估计的修理费和该船舶受损后的价值的余额计算。

(二)货物共同海损牺牲的金额,货物灭失的,按照货物在装船时的价值加保险费加运费,减除由于牺牲无需支付的运费计算。货物损坏,在就损坏程度达成协议前售出的,按照货物在装船时的价值加保险费加运费,与出售货物净得的差额计算。

(三)运费共同海损牺牲的金额,按照货物遭受牺牲造成的运费的损失金额,减除为取得这笔运费本应支付,但是由于牺牲无需支付的营运费用计算。

第一百九十九条 共同海损应当由受益方按照各自的分摊价值的比例分摊。

船舶、货物和运费的共同海损分摊价值,分别依照下列规定确定:

(一)船舶共同海损分摊价值,按照船舶在航程终止时的完好价值,减除不属于共同海损的损失金额计算,或者按照船舶在航程终止时的实际价值,加上共同海损牺牲的金额计算。

(二)货物共同海损分摊价值,按照货物在装船时的价值加保险费加运费,减除不属于共同海损的损失金额和承运人承担风险的运费计算。货物在抵达目的港以前售出的,按照出售净得金额,加上共同海损牺牲的金额计算。

旅客的行李和私人物品,不分摊共同海损。

(三)运费分摊价值,按照承运人承担风险并于航程终止时有权收取的运费,减除为取得该项运费而在共同海损事故发生后,为完成本航程所支付的营运费用,加上共同海损牺牲的金额计算。

第二百条 未申报的货物或者谎报的货物,应当参加共同海损分摊;其遭受的特殊牺牲,不得列入共同海损。

不正当地以低于货物实际价值作为申报价值的,按照实际价值分摊共同海损;在发生共同海损牺牲时,按照申报价值计算牺牲金额。

第二百零一条 对共同海损特殊牺牲和垫付的共同海损特殊费用,应当计算利息。对垫付的共同海损特殊费用,除船员工资、给养和船舶消耗的燃料、物料外,应当计算手续费。

第二百零二条 经利益关系人要求,各分摊方应当提供共同海损担保。

以提供保证金方式进行共同海损担保的,保证金应当交由海损理算师以保管人名义存入银行。

保证金的提供、使用或者退还,不影响各方最终的分摊责任。

第二百零三条 共同海损理算,适用合同约定的理算规则;合同未约定的,适用本章的规定。

第十一章 海事赔偿责任限制

第二百零四条 船舶所有人、救助人,对本法第二百零七条所列海事赔偿请求,可以依照本章规定限制赔偿责任。

前款所称的船舶所有人,包括船舶承租人和船舶经营人。

第二百零五条 本法第二百零七条所列海事赔偿请求,不是向船舶所有人、救助人本人提出,而是向他们对其行为、过失负有责任的人员提出的,这些人可以依照本章规定限制赔偿责任。

第二百零六条 被保险人依照本章规定可以限制赔偿责任的,对该海事赔偿请求承担责任的保险人,有权依照本章规定享受相同的赔偿责任限制。

第二百零七条 下列海事赔偿请求,除本法第二百零八条和第二百零九条另有规定外,无论赔偿责任的基础有何不同,责任人均可以依照本章规定限制赔偿责任:

(一)在船上发生的或者与船舶营运、救助作业直接相关的人身伤亡或者财产的灭失、损坏,包括对港口工程、港池、航道和助航设施造成的损坏,以及由此引起的相应损失的赔偿请求;

(二)海上货物运输因迟延交付或者旅客及其行李运输因迟延到达造成损失的赔偿请求;

(三)与船舶营运或者救助作业直接相关的,侵犯非合同权利的行为造成其他损失的赔偿请求;

(四)责任人以外的其他人,为避免或者减少责任人依照本章规定可以限制赔偿责任的损失而采取措施的赔偿请求,以及因此项措施造成进一步损失的赔偿请求。

前款所列赔偿请求,无论提出的方式有何不同,均可以限制赔偿责任。但是,第(四)项涉及责任人以合同约定支付的报酬,责任人的支付责任不得援用本条赔偿责任限制的规定。

第二百零八条 本章规定不适用于下列各项:

(一)对救助款项或者共同海损分摊的请求;

(二)中华人民共和国参加的国际油污损害民事责任公约规定的油污损害的赔偿请求;

(三)中华人民共和国参加的国际核能损害责任限制公约规定的核能损害的赔偿请求;

(四)核动力船舶造成的核能损害的赔偿请求;

(五)船舶所有人或者救助人的受雇人提出的赔偿请求,根据调整劳务合同的法律,船舶所有人或者救助人对该类赔偿请求无权限制赔偿责任,或者该项法律作了高于本章规定的赔偿限额的规定。

第二百零九条 经证明,引起赔偿请求的损失是由于责任人的故意或者明知可能造成损失而轻率地作为或者不作为造成的,责任人无权依照本章规定限制赔偿责任。

第二百一十条 除本法第二百一十一条另有规定外,海事赔偿责任限制,依照下列规定计算赔偿限额:

(一)关于人身伤亡的赔偿请求

1. 总吨位 300 吨至 500 吨的船舶,赔偿限额为 333000 计算单位;

2. 总吨位超过 500 吨的船舶,500 吨以下部分适用本项第 1 目的规定,500 吨以上的部分,应当增加下列数额:

501 吨至 3000 吨的部分,每吨增加 500 计算单位;

3001 吨至 30000 吨的部分,每吨增加 333 计算单位;

30001 吨至 70000 吨的部分,每吨增加 250 计算单位;

超过 70000 吨的部分,每吨增加 167 计算单位。

(二)关于非人身伤亡的赔偿请求

1. 总吨位 300 吨至 500 吨的船舶,赔偿限额为 167000 计算单位;

2. 总吨位超过 500 吨的船舶,500 吨以下部分适用本项第 1 目的规定,500 吨以上的部分,应当增加下列数额:

501 吨至 30000 吨的部分,每吨增加 167 计算单位;

30001 吨至 70000 吨的部分,每吨增加 125 计算单位;

超过 70000 吨的部分,每吨增加 83 计算单位。

(三)依照第(一)项规定的限额,不足以支付全部人身伤亡的赔偿请求的,其差额应当与非人身伤亡的赔偿请求并列,从第(二)项数额中按照比例受偿。

(四)在不影响第(三)项关于人身伤亡赔偿请求的情况下,就港口工程、港池、航道和助航设施的损害提出的赔偿请求,应当较第(二)项中的其他赔偿请求优先受偿。

(五)不以船舶进行救助作业或者在被救船舶上进行救助作业的救助人,其责任限额按照总吨位为 1500 吨的船舶计算。

总吨位不满 300 吨的船舶,从事中华人民共和国港口之间的运输的船舶,以及从事沿海作业的船舶,其赔偿限额由国务院交通主管部门制定,报国务院批准后施行。

第二百一十一条 海上旅客运输的旅客人身伤亡赔偿责任限制,按照 46666 计算单位乘以船舶证书规定的载客定额计算赔偿限额,但是最高不超过 25000000 计算单位。

中华人民共和国港口之间海上旅客运输的旅客人身伤亡,赔偿限额由国务院交通主管部门制定,报国务院批准后施行。

第二百一十二条 本法第二百一十条和第二百一十一条规定的赔偿限额,适用于特定场合发生的事故引起的,向船舶所有人、救助人本人和他们对其行为过失负有责任的人员提出的请求的总额。

第二百一十三条 责任人要求依照本法规定限制赔偿责任的,可以在有管辖权的法院设立责任限制基金。基金数额分别为本法第二百一十条、第二百一十条规定的限额,加上自责任产生之日起至基金设立之日止的相应利息。

第二百一十四条 责任人设立责任限制基金后,向责任人提出请求的任何人,不得对责任人的任何财产行使任何权利;已设立责任限制基金的责任人的船舶或者其他财产已经被扣押，或者基金设立人已经提交抵押物的，法院应当及时下令释放或者责令退还。

第二百一十五条 享受本章规定的责任限制的人，就同一事故向请求人提出反请求的，双方的请求金额应当相互抵消，本章规定的赔偿限额仅适用于两个请求金额之间的差额。

第十二章　海上保险合同

第一节　一　般　规　定

第二百一十六条 海上保险合同，是指保险人按照约定，对被保险人遭受保险事故造成保险标的的损失和产生的责任负责赔偿，而由被保险人支付保险费的合同。

前款所称保险事故，是指保险人与被保险人约定的任何海上事故，包括与海上航行有关的发生于内河或者陆上的事故。

第二百一十七条 海上保险合同的内容，主要包括下列各项：

（一）保险人名称；

（二）被保险人名称；

（三）保险标的；

（四）保险价值；

（五）保险金额；

（六）保险责任和除外责任；

（七）保险期间；

（八）保险费。

第二百一十八条 下列各项可以作为保险标的：

（一）船舶；

（二）货物；

（三）船舶营运收入，包括运费、租金、旅客票款；

（四）货物预期利润；

（五）船员工资和其他报酬；

（六）对第三人的责任；

（七）由于发生保险事故可能受到损失的其他财产和产生的责任、费用。

保险人可以将对前款保险标的的保险进行再保险。除合同另有约定外，原被保险人不得享有再保险的利益。

第二百一十九条 保险标的的保险价值由保险人与被保险人约定。

保险人与被保险人未约定保险价值的，保险价值依照下列规定计算：

（一）船舶的保险价值，是保险责任开始时船舶的价值，包括船壳、机器、设备的价值，以及船上燃料、物料、索具、给养、淡水的价值和保险费的总和；

（二）货物的保险价值，是保险责任开始时货物在起运地的发票价格或者非贸易商品在起运地的实际价值以及运费和保险费的总和；

（三）运费的保险价值，是保险责任开始时承运人应收运费总额和保险费的总和；

（四）其他保险标的的保险价值，是保险责任开始时保险标的的实际价值和保险费的总和。

第二百二十条　保险金额由保险人与被保险人约定。保险金额不得超过保险价值；超过保险价值的，超过部分无效。

第二节　合同的订立、解除和转让

第二百二十一条　被保险人提出保险要求，经保险人同意承保，并就海上保险合同的条款达成协议后，合同成立。保险人应当及时向被保险人签发保险单或者其他保险单证，并在保险单或者其他保险单证中载明当事人双方约定的合同内容。

第二百二十二条　合同订立前，被保险人应当将其知道的或者在通常业务中应当知道的有关影响保险人据以确定保险费率或者确定是否同意承保的重要情况，如实告知保险人。

保险人知道或者在通常业务中应当知道的情况，保险人没有询问的，被保险人无需告知。

第二百二十三条　由于被保险人的故意，未将本法第二百二十二条第一款规定的重要情况如实告知保险人的，保险人有权解除合同，并不退还保险费。合同解除前发生保险事故造成损失的，保险人不负赔偿责任。

不是由于被保险人的故意，未将本法第二百二十二条第一款规定的重要情况如实告知保险人的，保险人有权解除合同或者要求相应增加保险费。保险人解除合同的，对于合同解除前发生保险事故造成的损失，保险人应当负赔偿责任；但是，未告知或者错误告知的重要情况对保险事故的发生有影响的除外。

第二百二十四条　订立合同时，被保险人已经知道或者应当知道保险标的已经因发生保险事故而遭受损失的，保险人不负赔偿责任，但是有权收取保险费；保险人已经知道或者应当知道保险标的已经不可能因发生保险事故而遭受损失的，被保险人有权收回已经支付的保险费。

第二百二十五条　被保险人对同一保险标的就同一保险事故向几个保险人重复订立合同，而使该保险标的的保险金额总和超过保险标的的价值的，除合同另有约定外，被保险人可以向任何保险人提出赔偿请求。被保险人获得的赔偿金额总和不得超过保险标的的受损价值。各保险人按照其承保的保险金额同保险金额总和的比例承担赔偿责任。任何一个保险人支付的赔偿金额超过其应当承担的赔偿责任的，有权向未按照其应当承担的赔偿责任支付赔偿金额的保险人追偿。

第二百二十六条　保险责任开始前，被保险人可以要求解除合同，但是应当向保险人支付手续费，保险人应当退还保险费。

第二百二十七条　除合同另有约定外，保险责任开始后，被保险人和保险人均不得解除合同。

根据合同约定在保险责任开始后可以解除合同的，被保险人要求解除合同，保险人有权收取自保险责任开始之日起至合同解除之日止的保险费，剩余部分予以退还；保险人要求解除合同，应当将自合同解除之日起至保险期间届满之日止的保险费退还被保险人。

第二百二十八条　虽有本法第二百二十七条规定，货物运输和船舶的航次保险，保险责任开始后，被保险人不得要求解除合同。

第二百二十九条　海上货物运输保险合同可以由被保险人背书或者以其他方式转让，

合同的权利、义务随之转移。合同转让时尚未支付保险费的,被保险人和合同受让人负连带支付责任。

第二百三十条 因船舶转让而转让船舶保险合同的,应当取得保险人同意。未经保险人同意,船舶保险合同从船舶转让时起解除;船舶转让发生在航次之中的,船舶保险合同至航次终了时解除。

合同解除后,保险人应当将自合同解除之日起至保险期间届满之日止的保险费退还被保险人。

第二百三十一条 被保险人在一定期间分批装运或者接受货物的,可以与保险人订立预约保险合同。预约保险合同应当由保险人签发预约保险单证加以确认。

第二百三十二条 应被保险人要求,保险人应当对依据预约保险合同分批装运的货物分别签发保险单证。

保险人分别签发的保险单证的内容与预约保险单证的内容不一致的,以分别签发的保险单证为准。

第二百三十三条 被保险人知道经预约保险合同保险的货物已经装运或者到达的情况时,应当立即通知保险人。通知的内容包括装运货物的船名、航线、货物价值和保险金额。

第三节 被保险人的义务

第二百三十四条 除合同另有约定外,被保险人应当在合同订立后立即支付保险费;被保险人支付保险费前,保险人可以拒绝签发保险单证。

第二百三十五条 被保险人违反合同约定的保证条款时,应当立即书面通知保险人。保险人收到通知后,可以解除合同,也可以要求修改承保条件、增加保险费。

第二百三十六条 一旦保险事故发生,被保险人应当立即通知保险人,并采取必要的合理措施,防止或者减少损失。被保险人收到保险人发出的有关采取防止或者减少损失的合理措施的特别通知的,应当按照保险人通知的要求处理。

对于被保险人违反前款规定所造成的扩大的损失,保险人不负赔偿责任。

第四节 保险人的责任

第二百三十七条 发生保险事故造成损失后,保险人应当及时向被保险人支付保险赔偿。

第二百三十八条 保险人赔偿保险事故造成的损失,以保险金额为限。保险金额低于保险价值的,在保险标的发生部分损失时,保险人按照保险金额与保险价值的比例负赔偿责任。

第二百三十九条 保险标的在保险期间发生几次保险事故所造成的损失,即使损失金额的总和超过保险金额,保险人也应当赔偿。但是,对发生部分损失未经修复又发生全部损失的,保险人按照全部损失赔偿。

第二百四十条 被保险人为防止或者减少根据合同可以得到赔偿的损失而支出的必要的合理费用,为确定保险事故的性质、程度而支出的检验、估价的合理费用,以及为执行保险人的特别通知而支出的费用,应当由保险人在保险标的损失赔偿之外另行支付。

保险人对前款规定的费用的支付,以相当于保险金额的数额为限。

保险金额低于保险价值的,除合同另有约定外,保险人应当按照保险金额与保险价值的比例,支付本条规定的费用。

第二百四十一条 保险金额低于共同海损分摊价值的,保险人按照保险金额同分摊价值的比例赔偿共同海损分摊。

第二百四十二条 对于被保险人故意造成的损失,保险人不负赔偿责任。

第二百四十三条 除合同另有约定外,因下列原因之一造成货物损失的,保险人不负赔偿责任:

（一）航行迟延、交货迟延或者行市变化；

（二）货物的自然损耗、本身的缺陷和自然特性；

（三）包装不当。

第二百四十四条 除合同另有约定外,因下列原因之一造成保险船舶损失的,保险人不负赔偿责任:

（一）船舶开航时不适航,但是在船舶定期保险中被保险人不知道的除外；

（二）船舶自然磨损或者锈蚀。

运费保险比照适用本条的规定。

第五节　保险标的的损失和委付

第二百四十五条 保险标的发生保险事故后灭失,或者受到严重损坏完全失去原有形体、效用,或者不能再归被保险人所拥有的,为实际全损。

第二百四十六条 船舶发生保险事故后,认为实际全损已经不可避免,或者为避免发生实际全损所需支付的费用超过保险价值的,为推定全损。

货物发生保险事故后,认为实际全损已经不可避免,或者为避免发生实际全损所需支付的费用与继续将货物运抵目的地的费用之和超过保险价值的,为推定全损。

第二百四十七条 不属于实际全损和推定全损的损失,为部分损失。

第二百四十八条 船舶在合理时间内未从被获知最后消息的地点抵达目的地,除合同另有约定外,满两个月后仍没有获知其消息的,为船舶失踪。船舶失踪视为实际全损。

第二百四十九条 保险标的发生推定全损,被保险人要求保险人按照全部损失赔偿的,应当向保险人委付保险标的。保险人可以接受委付,也可以不接受委付,但是应当在合理的时间内将接受委付或者不接受委付的决定通知被保险人。

委付不得附带任何条件。委付一经保险人接受,不得撤回。

第二百五十条 保险人接受委付的,被保险人对委付财产的全部权利和义务转移给保险人。

第六节　保险赔偿的支付

第二百五十一条 保险事故发生后,保险人向被保险人支付保险赔偿前,可以要求被保险人提供与确认保险事故性质和损失程度有关的证明和资料。

第二百五十二条 保险标的发生保险责任范围内的损失是由第三人造成的,被保险人向第三人要求赔偿的权利,自保险人支付赔偿之日起,相应转移给保险人。

被保险人应当向保险人提供必要的文件和其所需要知道的情况,并尽力协助保险人向第三人追偿。

第二百五十三条 被保险人未经保险人同意放弃向第三人要求赔偿的权利,或者由于过失致使保险人不能行使追偿权利的,保险人可以相应扣减保险赔偿。

第二百五十四条 保险人支付保险赔偿时,可以从应支付的赔偿额中相应扣减被保险人已经从第三人取得的赔偿。

保险人从第三人取得的赔偿,超过其支付的保险赔偿的,超过部分应当退还给被保险人。

第二百五十五条 发生保险事故后,保险人有权放弃对保险标的的权利,全额支付合同约定的保险赔偿,以解除对保险标的的义务。

保险人行使前款规定的权利,应当自收到被保险人有关赔偿损失的通知之日起的7日内通知被保险人;被保险人在收到通知前,为避免或者减少损失而支付的必要的合理费用,仍然应当由保险人偿还。

第二百五十六条 除本法第二百五十五条的规定外,保险标的发生全损,保险人支付全部保险金额的,取得对保险标的的全部权利;但是,在不足额保险情况下,保险人按照保险金额与保险价值的比例取得对保险标的的部分权利。

第十三章 时 效

第二百五十七条 就海上货物运输向承运人要求赔偿的请求权,时效期间为1年,自承运人交付或者应当交付货物之日起计算;在时效期间内或者时效期间届满后,被认定为负有责任的人向第三人提起追偿请求的,时效期间为90日,自追偿请求人解决原赔偿请求之日起或者收到受理对其本人提起诉讼的法院的起诉状副本之日起计算。

有关航次租船合同的请求权,时效期间为2年,自知道或者应当知道权利被侵害之日起计算。

第二百五十八条 就海上旅客运输向承运人要求赔偿的请求权,时效期间为2年,分别依照下列规定计算:

(一)有关旅客人身伤害的请求权,自旅客离船或者应当离船之日起计算;

(二)有关旅客死亡的请求权,发生在运送期间的,自旅客应当离船之日起计算;因运送期间内的伤害而导致旅客离船后死亡的,自旅客死亡之日起计算,但是此期限自离船之日起不得超过3年;

(三)有关行李灭失或者损坏的请求权,自旅客离船或者应当离船之日起计算。

第二百五十九条 有关船舶租用合同的请求权,时效期间为2年,自知道或者应当知道权利被侵害之日起计算。

第二百六十条 有关海上拖航合同的请求权,时效期间为1年,自知道或者应当知道权利被侵害之日起计算。

第二百六十一条 有关船舶碰撞的请求权,时效期间为2年,自碰撞事故发生之日起计算;本法第一百六十九条第三款规定的追偿请求权,时效期间为1年,自当事人连带支付损害赔偿之日起计算。

第二百六十二条 有关海难救助的请求权,时效期间为2年,自救助作业终止之日起计算。

第二百六十三条 有关共同海损分摊的请求权,时效期间为1年,自理算结束之日起计算。

第二百六十四条 根据海上保险合同向保险人要求保险赔偿的请求权,时效期间为2年,自保险事故发生之日起计算。

第二百六十五条 有关船舶发生油污损害的请求权,时效期间为3年,自损害发生之日起计算;但是,在任何情况下时效期间不得超过从造成损害的事故发生之日起6年。

第二百六十六条 在时效期间的最后6个月内,因不可抗力或者其他障碍不能行使请求权的,时效中止。自中止时效的原因消除之日起,时效期间继续计算。

第二百六十七条 时效因请求人提起诉讼、提交仲裁或者被请求人同意履行义务而中断。但是,请求人撤回起诉、撤回仲裁或者起诉被裁定驳回的,时效不中断。

请求人申请扣船的,时效自申请扣船之日起中断。

自中断时起,时效期间重新计算。

第十四章 涉外关系的法律适用

第二百六十八条 中华人民共和国缔结或者参加的国际条约同本法有不同规定的,适用国际条约的规定;但是,中华人民共和国声明保留的条款除外。

中华人民共和国法律和中华人民共和国缔结或者参加的国际条约没有规定的,可以适用国际惯例。

第二百六十九条 合同当事人可以选择合同适用的法律,法律另有规定的除外。合同当事人没有选择的,适用与合同有最密切联系的国家的法律。

第二百七十条 船舶所有权的取得、转让和消灭,适用船旗国法律。

第二百七十一条 船舶抵押权适用船旗国法律。

船舶在光船租赁以前或者光船租赁期间,设立船舶抵押权的,适用原船舶登记国的法律。

第二百七十二条 船舶优先权,适用受理案件的法院所在地法律。

第二百七十三条 船舶碰撞的损害赔偿,适用侵权行为地法律。

船舶在公海上发生碰撞的损害赔偿,适用受理案件的法院所在地法律。

同一国籍的船舶,不论碰撞发生于何地,碰撞船舶之间的损害赔偿适用船旗国法律。

第二百七十四条 共同海损理算,适用理算地法律。

第二百七十五条 海事赔偿责任限制,适用受理案件的法院所在地法律。

第二百七十六条 依照本章规定适用外国法律或者国际惯例,不得违背中华人民共和国的社会公共利益。

第十五章 附 则

第二百七十七条 本法所称计算单位,是指国际货币基金组织规定的特别提款权;其人民币数额为法院判决之日、仲裁机构裁决之日或者当事人协议之日按照国家外汇主管机关规定的国际货币基金组织的特别提款权对人民币的换算办法计算得出的人民币数额。

第二百七十八条 本法自1993年7月1日起施行。

中华人民共和国海事诉讼特别程序法

(1999年12月25日第九届全国人民代表大会常务委员会第十三次会议通过)

目 录

第一章 总则
第二章 管辖
第三章 海事请求保全
　第一节 一般规定
　第二节 船舶的扣押与拍卖
　第三节 船载货物的扣押与拍卖
第四章 海事强制令
第五章 海事证据保全
第六章 海事担保
第七章 送达
第八章 审判程序
　第一节 审理船舶碰撞案件的规定
　第二节 审理共同海损案件的规定
　第三节 海上保险人行使代位请求赔偿权利的规定
　第四节 简易程序、督促程序和公示催告程序
第九章 设立海事赔偿责任限制基金程序
第十章 债权登记与受偿程序
第十一章 船舶优先权催告程序
第十二章 附则

第一章 总 则

第一条 为维护海事诉讼当事人的诉讼权利,保证人民法院查明事实,分清责任,正确适用法律,及时审理海事案件,制定本法。

第二条 在中华人民共和国领域内进行海事诉讼,适用《中华人民共和国民事诉讼法》

和本法。本法有规定的,依照其规定。

第三条 中华人民共和国缔结或者参加的国际条约与《中华人民共和国民事诉讼法》和本法对涉外海事诉讼有不同规定的,适用该国际条约的规定,但中华人民共和国声明保留的条款除外。

第四条 海事法院受理当事人因海事侵权纠纷、海商合同纠纷以及法律规定的其他海事纠纷提起的诉讼。

第五条 海事法院及其所在地的高级人民法院和最高人民法院审理海事案件的,适用本法。

第二章 管 辖

第六条 海事诉讼的地域管辖,依照《中华人民共和国民事诉讼法》的有关规定。

下列海事诉讼的地域管辖,依照以下规定:

(一)因海事侵权行为提起的诉讼,除依照《中华人民共和国民事诉讼法》第二十九条至第三十一条的规定以外,还可以由船籍港所在地海事法院管辖;

(二)因海上运输合同纠纷提起的诉讼,除依照《中华人民共和国民事诉讼法》第二十八条的规定以外,还可以由转运港所在地海事法院管辖;

(三)因海船租用合同纠纷提起的诉讼,由交船港、还船港、船籍港所在地、被告住所地海事法院管辖;

(四)因海上保赔合同纠纷提起的诉讼,由保赔标的物所在地、事故发生地、被告住所地海事法院管辖;

(五)因海船的船员劳务合同纠纷提起的诉讼,由原告住所地、合同签订地、船员登船港或者离船港所在地、被告住所地海事法院管辖;

(六)因海事担保纠纷提起的诉讼,由担保物所在地、被告住所地海事法院管辖;因船舶抵押纠纷提起的诉讼,还可以由船籍港所在地海事法院管辖;

(七)因海船的船舶所有权、占有权、使用权、优先权纠纷提起的诉讼,由船舶所在地、船籍港所在地、被告住所地海事法院管辖。

第七条 下列海事诉讼,由本条规定的海事法院专属管辖:

(一)因沿海港口作业纠纷提起的诉讼,由港口所在地海事法院管辖;

(二)因船舶排放、泄漏、倾倒油类或者其他有害物质,海上生产、作业或者拆船、修船作业造成海域污染损害提起的诉讼,由污染发生地、损害结果地或者采取预防污染措施地海事法院管辖;

(三)因在中华人民共和国领域和有管辖权的海域履行的海洋勘探开发合同纠纷提起的诉讼,由合同履行地海事法院管辖。

第八条 海事纠纷的当事人都是外国人、无国籍人、外国企业或者组织,当事人书面协议选择中华人民共和国海事法院管辖的,即使与纠纷有实际联系的地点不在中华人民共和国领域内,中华人民共和国海事法院对该纠纷也具有管辖权。

第九条 当事人申请认定海上财产无主的,向财产所在地海事法院提出;申请因海上事故宣告死亡的,向处理海事事故主管机关所在地或者受理相关海事案件的海事法院提出。

第十条 海事法院与地方人民法院之间因管辖权发生争议,由争议双方协商解决;协商解决不了的,报请他们的共同上级人民法院指定管辖。

第十一条 当事人申请执行海事仲裁裁决,申请承认和执行外国法院判决、裁定以及国外海事仲裁裁决的,向被执行的财产所在地或者被执行人住所地海事法院提出。被执行的财产所在地或者被执行人住所地没有海事法院的,向被执行的财产所在地或者被执行人住所地的中级人民法院提出。

第三章 海事请求保全

第一节 一般规定

第十二条 海事请求保全是指海事法院根据海事请求人的申请,为保障其海事请求的实现,对被请求人的财产所采取的强制措施。

第十三条 当事人在起诉前申请海事请求保全,应当向被保全的财产所在地海事法院提出。

第十四条 海事请求保全不受当事人之间关于该海事请求的诉讼管辖协议或者仲裁协议的约束。

第十五条 海事请求人申请海事请求保全,应当向海事法院提交书面申请。申请书应当载明海事请求事项、申请理由、保全的标的物以及要求提供担保的数额,并附有关证据。

第十六条 海事法院受理海事请求保全申请,可以责令海事请求人提供担保。海事请求人不提供的,驳回其申请。

第十七条 海事法院接受申请后,应当在48小时内作出裁定。裁定采取海事请求保全措施的,应当立即执行;对不符合海事请求保全条件的,裁定驳回其申请。

当事人对裁定不服的,可以在收到裁定书之日起5日内申请复议一次。海事法院应当在收到复议申请之日起5日内作出复议决定。复议期间不停止裁定的执行。

利害关系人对海事请求保全提出异议,海事法院经审查,认为理由成立的,应当解除对其财产的保全。

第十八条 被请求人提供担保,或者当事人有正当理由申请解除海事请求保全的,海事法院应当及时解除保全。

海事请求人在本法规定的期间内,未提起诉讼或者未按照仲裁协议申请仲裁的,海事法院应当及时解除保全或者返还担保。

第十九条 海事请求保全执行后,有关海事纠纷未进入诉讼或者仲裁程序的,当事人就该海事请求,可以向采取海事请求保全的海事法院或者其他有管辖权的海事法院提起诉讼,但当事人之间订有诉讼管辖协议或者仲裁协议的除外。

第二十条 海事请求人申请海事请求保全错误的,应当赔偿被请求人或者利害关系人因此所遭受的损失。

第二节 船舶的扣押与拍卖

第二十一条 下列海事请求,可以申请扣押船舶:

（一）船舶营运造成的财产灭失或者损坏；

（二）与船舶营运直接有关的人身伤亡；

（三）海难救助；

（四）船舶对环境、海岸或有关利益方造成的损害或者损害威胁；为预防、减少或者消除此种损害而采取的措施；为此种损害而支付的赔偿；为恢复环境而实际采取或者准备采取的合理措施的费用；第三方因此种损害而蒙受或者可能蒙受的损失；以及与本项所指的性质类似的损害、费用或者损失；

（五）与起浮、清除、回收或者摧毁沉船、残骸、搁浅船、被弃船或者使其无害有关的费用，包括与起浮、清除、回收或者摧毁仍在或者曾在该船上的物件或者使其无害的费用，以及与维护放弃的船舶和维持其船员有关的费用；

（六）船舶的使用或者租用的协议；

（七）货物运输或者旅客运输的协议；

（八）船载货物（包括行李）或者与其有关的灭失或者损坏；

（九）共同海损；

（十）拖航；

（十一）引航；

（十二）为船舶营运、管理、维护、维修提供物资或者服务；

（十三）船舶的建造、改建、修理、改装或者装备；

（十四）港口、运河、码头、港湾以及其他水道规费和费用；

（十五）船员的工资和其他款项，包括应当为船员支付的遣返费和社会保险费；

（十六）为船舶或者船舶所有人支付的费用；

（十七）船舶所有人或者光船承租人应当支付或者他人为其支付的船舶保险费（包括互保会费）；

（十八）船舶所有人或者光船承租人应当支付的或者他人为其支付的与船舶有关的佣金、经纪费或者代理费；

（十九）有关船舶所有权或者占有的纠纷；

（二十）船舶共有人之间有关船舶的使用或者收益的纠纷；

（二十一）船舶抵押权或者同样性质的权利；

（二十二）因船舶买卖合同产生的纠纷。

第二十二条 非因本法第二十一条规定的海事请求不得申请扣押船舶，但为执行判决、仲裁裁决以及其他法律文书的除外。

第二十三条 有下列情形之一的，海事法院可以扣押当事船舶：

（一）船舶所有人对海事请求负有责任，并且在实施扣押时是该船的所有人；

（二）船舶的光船承租人对海事请求负有责任，并且在实施扣押时是该船的光船承租人或者所有人；

（三）具有船舶抵押权或者同样性质的权利的海事请求；

（四）有关船舶所有权或者占有的海事请求；

（五）具有船舶优先权的海事请求。

海事法院可以扣押对海事请求负有责任的船舶所有人、光船承租人、定期租船人或者航次租船人在实施扣押时所有的其他船舶,但与船舶所有权或者占有有关的请求除外。

从事军事、政府公务的船舶不得被扣押。

第二十四条　海事请求人不得因同一海事请求申请扣押已被扣押过的船舶,但有下列情形之一的除外:

(一)被请求人未提供充分的担保;

(二)担保人有可能不能全部或者部分履行担保义务;

(三)海事请求人因合理的原因同意释放被扣押的船舶或者返还已提供的担保;或者不能通过合理措施阻止释放被扣押的船舶或者返还已提供的担保。

第二十五条　海事请求人申请扣押当事船舶,不能立即查明被请求人名称的,不影响申请的提出。

第二十六条　海事法院在发布或者解除扣押船舶命令的同时,可以向有关部门发出协助执行通知书,通知书应当载明协助执行的范围和内容,有关部门有义务协助执行。海事法院认为必要,可以直接派员登轮监护。

第二十七条　海事法院裁定对船舶实施保全后,经海事请求人同意,可以采取限制船舶处分或者抵押等方式允许该船舶继续营运。

第二十八条　海事请求保全扣押船舶的期限为30日。

海事请求人在30日内提起诉讼或者申请仲裁以及在诉讼或者仲裁过程中申请扣押船舶的,扣押船舶不受前款规定期限的限制。

第二十九条　船舶扣押期间届满,被请求人不提供担保,而且船舶不宜继续扣押的,海事请求人可以在提起诉讼或者申请仲裁后,向扣押船舶的海事法院申请拍卖船舶。

第三十条　海事法院收到拍卖船舶的申请后,应当进行审查,作出准予或者不准予拍卖船舶的裁定。

当事人对裁定不服的,可以在收到裁定书之日起5日内申请复议一次。海事法院应当在收到复议申请之日起5日内作出复议决定。复议期间停止裁定的执行。

第三十一条　海事请求人提交拍卖船舶申请后,又申请终止拍卖的,是否准许由海事法院裁定。海事法院裁定终止拍卖船舶的,为准备拍卖船舶所发生的费用由海事请求人承担。

第三十二条　海事法院裁定拍卖船舶,应当通过报纸或者其他新闻媒体发布公告。拍卖外籍船舶的,应当通过对外发行的报纸或者其他新闻媒体发布公告。

公告包括以下内容:

(一)被拍卖船舶的名称和国籍;

(二)拍卖船舶的理由和依据;

(三)拍卖船舶委员会的组成;

(四)拍卖船舶的时间和地点;

(五)被拍卖船舶的展示时间和地点;

(六)参加竞买应当办理的手续;

(七)办理债权登记事项;

(八)需要公告的其他事项。

拍卖船舶的公告期间不少于30日。

第三十三条 海事法院应当在拍卖船舶30日前,向被拍卖船舶登记国的登记机关和已知的船舶优先权人、抵押权人和船舶所有人发出通知。

通知内容包括被拍卖船舶的名称、拍卖船舶的时间和地点、拍卖船舶的理由和依据以及债权登记等。

通知方式包括书面方式和能够确认收悉的其他适当方式。

第三十四条 拍卖船舶由拍卖船舶委员会实施。拍卖船舶委员会由海事法院指定的本院执行人员和聘请的拍卖师、验船师3人或者5人组成。

拍卖船舶委员会组织对船舶鉴定、估价;组织和主持拍卖;与竞买人签订拍卖成交确认书;办理船舶移交手续。

拍卖船舶委员会对海事法院负责,受海事法院监督。

第三十五条 竞买人应当在规定的期限内向拍卖船舶委员会登记。登记时应当交验本人、企业法定代表人或者其他组织负责人身份证明和委托代理人的授权委托书,并交纳一定数额的买船保证金。

第三十六条 拍卖船舶委员会应当在拍卖船舶前,展示被拍卖船舶,并提供察看被拍卖船舶的条件和有关资料。

第三十七条 买受人在签署拍卖成交确认书后,应当立即交付不低于20%的船舶价款,其余价款在成交之日起7日内付清,但拍卖船舶委员会与买受人另有约定的除外。

第三十八条 买受人付清全部价款后,原船舶所有人应当在指定的期限内于船舶停泊地以船舶现状向买受人移交船舶。拍卖船舶委员会组织和监督船舶的移交,并在船舶移交后与买受人签署船舶移交完毕确认书。

移交船舶完毕,海事法院发布解除扣押船舶命令。

第三十九条 船舶移交后,海事法院应当通过报纸或者其他新闻媒体发布公告,公布船舶已经公开拍卖并移交给买受人。

第四十条 买受人接收船舶后,应当持拍卖成交确认书和有关材料,向船舶登记机关办理船舶所有权登记手续。原船舶所有人应当向原船舶登记机关办理船舶所有权注销登记。原船舶所有人不办理船舶所有权注销登记的,不影响船舶所有权的转让。

第四十一条 竞买人之间恶意串通的,拍卖无效。参与恶意串通的竞买人应当承担拍卖船舶费用并赔偿有关损失。海事法院可以对参与恶意串通的竞买人处最高应价10%以上30%以下的罚款。

第四十二条 除本节规定的以外,拍卖适用《中华人民共和国拍卖法》的有关规定。

第四十三条 执行程序中拍卖被扣押船舶清偿债务的,可以参照本节有关规定。

第三节 船载货物的扣押与拍卖

第四十四条 海事请求人为保障其海事请求的实现,可以申请扣押船载货物。

申请扣押的船载货物,应当属于被请求人所有。

第四十五条 海事请求人申请扣押船载货物的价值,应当与其债权数额相当。

第四十六条 海事请求保全扣押船载货物的期限为15日。

海事请求人在 15 日内提起诉讼或者申请仲裁以及在诉讼或者仲裁过程中申请扣押船载货物的,扣押船载货物不受前款规定期限的限制。

第四十七条 船载货物扣押期间届满,被请求人不提供担保,而且货物不宜继续扣押的,海事请求人可以在提起诉讼或者申请仲裁后,向扣押船载货物的海事法院申请拍卖货物。

对无法保管、不易保管或者保管费用可能超过其价值的物品,海事请求人可以申请提前拍卖。

第四十八条 海事法院收到拍卖船载货物的申请后,应当进行审查,在 7 日内作出准予或者不准予拍卖船载货物的裁定。

当事人对裁定不服的,可以在收到裁定书之日起 5 日内申请复议一次。海事法院应当在收到复议申请之日起 5 日内作出复议决定。复议期间停止裁定的执行。

第四十九条 拍卖船载货物由海事法院指定的本院执行人员和聘请的拍卖师组成的拍卖组织实施,或者由海事法院委托的机构实施。

拍卖船载货物,本节没有规定的,参照本章第二节拍卖船舶的有关规定。

第五十条 海事请求人对与海事请求有关的船用燃油、船用物料申请海事请求保全,适用本节规定。

第四章 海事强制令

第五十一条 海事强制令是指海事法院根据海事请求人的申请,为使其合法权益免受侵害,责令被请求人作为或者不作为的强制措施。

第五十二条 当事人在起诉前申请海事强制令,应当向海事纠纷发生地海事法院提出。

第五十三条 海事强制令不受当事人之间关于该海事请求的诉讼管辖协议或者仲裁协议的约束。

第五十四条 海事请求人申请海事强制令,应当向海事法院提交书面申请。申请书应当载明申请理由,并附有关证据。

第五十五条 海事法院受理海事强制令申请,可以责令海事请求人提供担保。海事请求人不提供的,驳回其申请。

第五十六条 作出海事强制令,应当具备下列条件:

(一)请求人有具体的海事请求;

(二)需要纠正被请求人违反法律规定或者合同约定的行为;

(三)情况紧急,不立即作出海事强制令将造成损害或者使损害扩大。

第五十七条 海事法院接受申请后,应当在 48 小时内作出裁定。裁定作出海事强制令的,应当立即执行;对不符合海事强制令条件的,裁定驳回其申请。

第五十八条 当事人对裁定不服的,可以在收到裁定书之日起 5 日内申请复议一次。海事法院应当在收到复议申请之日起 5 日内作出复议决定。复议期间不停止裁定的执行。

利害关系人对海事强制令提出异议,海事法院经审查,认为理由成立的,应当裁定撤销海事强制令。

第五十九条 被请求人拒不执行海事强制令的,海事法院可以根据情节轻重处以罚款、拘留;构成犯罪的,依法追究刑事责任。

对个人的罚款金额,为1000元以上3万元以下。对单位的罚款金额,为3万元以上10万元以下。

拘留的期限,为15日以下。

第六十条 海事请求人申请海事强制令错误的,应当赔偿被请求人或者利害关系人因此所遭受的损失。

第六十一条 海事强制令执行后,有关海事纠纷未进入诉讼或者仲裁程序的,当事人就该海事请求,可以向作出海事强制令的海事法院或者其他有管辖权的海事法院提起诉讼,但当事人之间订有诉讼管辖协议或者仲裁协议的除外。

第五章　海事证据保全

第六十二条 海事证据保全是指海事法院根据海事请求人的申请,对有关海事请求的证据予以提取、保存或者封存的强制措施。

第六十三条 当事人在起诉前申请海事证据保全,应当向被保全的证据所在地海事法院提出。

第六十四条 海事证据保全不受当事人之间关于该海事请求的诉讼管辖协议或者仲裁协议的约束。

第六十五条 海事请求人申请海事证据保全,应当向海事法院提交书面申请。申请书应当载明请求保全的证据、该证据与海事请求的联系、申请理由。

第六十六条 海事法院受理海事证据保全申请,可以责令海事请求人提供担保。海事请求人不提供的,驳回其申请。

第六十七条 采取海事证据保全,应当具备下列条件:

(一) 请求人是海事请求的当事人;

(二) 请求保全的证据对该海事请求具有证明作用;

(三) 被请求人是与请求保全的证据有关的人;

(四) 情况紧急,不立即采取证据保全就会使该海事请求的证据灭失或者难以取得。

第六十八条 海事法院接受申请后,应当在48小时内作出裁定。裁定采取海事证据保全措施的,应当立即执行;对不符合海事证据保全条件的,裁定驳回其申请。

第六十九条 当事人对裁定不服的,可以在收到裁定书之日起5日内申请复议一次。海事法院应当在收到复议申请之日起5日内作出复议决定。复议期间不停止裁定的执行。被请求人申请复议的理由成立的,应当将保全的证据返还被请求人。

利害关系人对海事证据保全提出异议,海事法院经审查,认为理由成立的,应当裁定撤销海事证据保全;已经执行的,应当将与利害关系人有关的证据返还利害关系人。

第七十条 海事法院进行海事证据保全,根据具体情况,可以对证据予以封存,也可以提取复制件、副本,或者进行拍照、录像,制作节录本、调查笔录等。确有必要的,也可以提取证据原件。

第七十一条 海事请求人申请海事证据保全错误的,应当赔偿被请求人或者利害关系人因此所遭受的损失。

第七十二条 海事证据保全后,有关海事纠纷未进入诉讼或者仲裁程序的,当事人就该海事请求,可以向采取证据保全的海事法院或者其他有管辖权的海事法院提起诉讼,但当事人之间订有诉讼管辖协议或者仲裁协议的除外。

第六章 海事担保

第七十三条 海事担保包括本法规定的海事请求保全、海事强制令、海事证据保全等程序中所涉及的担保。

担保的方式为提供现金或者保证、设置抵押或者质押。

第七十四条 海事请求人的担保应当提交给海事法院;被请求人的担保可以提交给海事法院,也可以提供给海事请求人。

第七十五条 海事请求人提供的担保,其方式、数额由海事法院决定。被请求人提供的担保,其方式、数额由海事请求人和被请求人协商;协商不成的,由海事法院决定。

第七十六条 海事请求人要求被请求人就海事请求保全提供担保的数额,应当与其债权数额相当,但不得超过被保全的财产价值。

海事请求人提供担保的数额,应当相当于因其申请可能给被请求人造成的损失。具体数额由海事法院决定。

第七十七条 担保提供后,提供担保的人有正当理由的,可以向海事法院申请减少、变更或者取消该担保。

第七十八条 海事请求人请求担保的数额过高,造成被请求人损失的,应当承担赔偿责任。

第七十九条 设立海事赔偿责任限制基金和先予执行等程序所涉及的担保,可以参照本章规定。

第七章 送 达

第八十条 海事诉讼法律文书的送达,适用《中华人民共和国民事诉讼法》的有关规定,还可以采用下列方式:

(一)向受送达人委托的诉讼代理人送达;

(二)向受送达人在中华人民共和国领域内设立的代表机构、分支机构或者业务代办人送达;

(三)通过能够确认收悉的其他适当方式送达。

有关扣押船舶的法律文书也可以向当事船舶的船长送达。

第八十一条 有义务接受法律文书的人拒绝签收,送达人在送达回证上记明情况,经送达人、见证人签名或者盖章,将法律文书留在其住所或者办公处所的,视为送达。

第八章 审 判 程 序

第一节 审理船舶碰撞案件的规定

第八十二条 原告在起诉时、被告在答辩时,应当如实填写《海事事故调查表》。

第八十三条 海事法院向当事人送达起诉状或者答辩状时,不附送有关证据材料。

第八十四条 当事人应当在开庭审理前完成举证。当事人完成举证并向海事法院出具完成举证说明书后,可以申请查阅有关船舶碰撞的事实证据材料。

第八十五条 当事人不能推翻其在《海事事故调查表》中的陈述和已经完成的举证,但有新的证据,并有充分的理由说明该证据不能在举证期间内提交的除外。

第八十六条 船舶检验、估价应当由国家授权或者其他具有专业资格的机构或者个人承担。非经国家授权或者未取得专业资格的机构或者个人所作的检验或者估价结论,海事法院不予采纳。

第八十七条 海事法院审理船舶碰撞案件,应当在立案后一年内审结。有特殊情况需要延长的,由本院院长批准。

第二节　审理共同海损案件的规定

第八十八条 当事人就共同海损的纠纷,可以协议委托理算机构理算,也可以直接向海事法院提起诉讼。海事法院受理未经理算的共同海损纠纷,可以委托理算机构理算。

第八十九条 理算机构作出的共同海损理算报告,当事人没有提出异议的,可以作为分摊责任的依据;当事人提出异议的,由海事法院决定是否采纳。

第九十条 当事人可以不受因同一海损事故提起的共同海损诉讼程序的影响,就非共同海损损失向责任人提起诉讼。

第九十一条 当事人就同一海损事故向受理共同海损案件的海事法院提起非共同海损的诉讼,以及对共同海损分摊向责任人提起追偿诉讼的,海事法院可以合并审理。

第九十二条 海事法院审理共同海损案件,应当在立案后1年内审结。有特殊情况需要延长的,由本院院长批准。

第三节　海上保险人行使代位请求赔偿权利的规定

第九十三条 因第三人造成保险事故,保险人向被保险人支付保险赔偿后,在保险赔偿范围内可以代位行使被保险人对第三人请求赔偿的权利。

第九十四条 保险人行使代位请求赔偿权利时,被保险人未向造成保险事故的第三人提起诉讼的,保险人应当以自己的名义向该第三人提起诉讼。

第九十五条 保险人行使代位请求赔偿权利时,被保险人已经向造成保险事故的第三人提起诉讼的,保险人可以向受理该案的法院提出变更当事人的请求,代位行使被保险人对第三人请求赔偿的权利。

被保险人取得的保险赔偿不能弥补第三人造成的全部损失的,保险人和被保险人可以作为共同原告向第三人请求赔偿。

第九十六条 保险人依照本法第九十四条、第九十五条的规定提起诉讼或者申请参加诉讼的,应当向受理该案的海事法院提交保险人支付保险赔偿的凭证,以及参加诉讼应当提交的其他文件。

第九十七条 对船舶造成油污损害的赔偿请求,受损害人可以向造成油污损害的船舶所有人提出,也可以直接向承担船舶所有人油污损害责任的保险人或者提供财务保证的其他人提出。

油污损害责任的保险人或者提供财务保证的其他人被起诉的,有权要求造成油污损害的船舶所有人参加诉讼。

第四节 简易程序、督促程序和公示催告程序

第九十八条 海事法院审理事实清楚、权利义务关系明确、争议不大的简单的海事案件,可以适用《中华人民共和国民事诉讼法》简易程序的规定。

第九十九条 债权人基于海事事由请求债务人给付金钱或者有价证券,符合《中华人民共和国民事诉讼法》有关规定的,可以向有管辖权的海事法院申请支付令。

债务人是外国人、无国籍人、外国企业或者组织,但在中华人民共和国领域内有住所、代表机构或者分支机构并能够送达支付令的,债权人可以向有管辖权的海事法院申请支付令。

第一百条 提单等提货凭证持有人,因提货凭证失控或者灭失,可以向货物所在地海事法院申请公示催告。

第九章 设立海事赔偿责任限制基金程序

第一百零一条 船舶所有人、承租人、经营人、救助人、保险人在发生海事事故后,依法申请责任限制的,可以向海事法院申请设立海事赔偿责任限制基金。

船舶造成油污损害的,船舶所有人及其责任保险人或者提供财务保证的其他人为取得法律规定的责任限制的权利,应当向海事法院设立油污损害的海事赔偿责任限制基金。

设立责任限制基金的申请可以在起诉前或者诉讼中提出,但最迟应当在一审判决作出前提出。

第一百零二条 当事人在起诉前申请设立海事赔偿责任限制基金的,应当向事故发生地、合同履行地或者船舶扣押地海事法院提出。

第一百零三条 设立海事赔偿责任限制基金,不受当事人之间关于诉讼管辖协议或者仲裁协议的约束。

第一百零四条 申请人向海事法院申请设立海事赔偿责任限制基金,应当提交书面申请。申请书应当载明申请设立海事赔偿责任限制基金的数额、理由,以及已知的利害关系人的名称、地址和通讯方法,并附有关证据。

第一百零五条 海事法院受理设立海事赔偿责任限制基金申请后,应当在7日内向已知的利害关系人发出通知,同时通过报纸或者其他新闻媒体发布公告。

通知和公告包括下列内容:

(一)申请人的名称;

(二)申请的事实和理由;

(三)设立海事赔偿责任限制基金事项;

(四)办理债权登记事项;

(五)需要告知的其他事项。

第一百零六条 利害关系人对申请人申请设立海事赔偿责任限制基金有异议的,应当

在收到通知之日起7日内或者未收到通知的在公告之日起30日内,以书面形式向海事法院提出。

海事法院收到利害关系人提出的书面异议后,应当进行审查,在15日内作出裁定。异议成立的,裁定驳回申请人的申请;异议不成立的,裁定准予申请人设立海事赔偿责任限制基金。

当事人对裁定不服的,可以在收到裁定书之日起7日内提起上诉。第二审人民法院应当在收到上诉状之日起15日内作出裁定。

第一百零七条 利害关系人在规定的期间内没有提出异议的,海事法院裁定准予申请人设立海事赔偿责任限制基金。

第一百零八条 准予申请人设立海事赔偿责任限制基金的裁定生效后,申请人应当在海事法院设立海事赔偿责任限制基金。

设立海事赔偿责任限制基金可以提供现金,也可以提供经海事法院认可的担保。

海事赔偿责任限制基金的数额,为海事赔偿责任限额和自事故发生之日起至基金设立之日止的利息。以担保方式设立基金的,担保数额为基金数额及其在基金设立期间的利息。

以现金设立基金的,基金到达海事法院指定账户之日为基金设立之日。以担保设立基金的,海事法院接受担保之日为基金设立之日。

第一百零九条 设立海事赔偿责任限制基金以后,当事人就有关海事纠纷应当向设立海事赔偿责任限制基金的海事法院提起诉讼,但当事人之间订有诉讼管辖协议或者仲裁协议的除外。

第一百一十条 申请人申请设立海事赔偿责任限制基金错误的,应当赔偿利害关系人因此所遭受的损失。

第十章 债权登记与受偿程序

第一百一十一条 海事法院裁定强制拍卖船舶的公告发布后,债权人应当在公告期间,就与被拍卖船舶有关的债权申请登记。公告期间届满不登记的,视为放弃在本次拍卖船舶价款中受偿的权利。

第一百一十二条 海事法院受理设立海事赔偿责任限制基金的公告发布后,债权人应当在公告期间就与特定场合发生的海事事故有关的债权申请登记。公告期间届满不登记的,视为放弃债权。

第一百一十三条 债权人向海事法院申请登记债权的,应当提交书面申请,并提供有关债权证据。

债权证据,包括证明债权的具有法律效力的判决书、裁定书、调解书、仲裁裁决书和公证债权文书,以及其他证明具有海事请求的证据材料。

第一百一十四条 海事法院应当对债权人的申请进行审查,对提供债权证据的,裁定准予登记;对不提供债权证据的,裁定驳回申请。

第一百一十五条 债权人提供证明债权的判决书、裁定书、调解书、仲裁裁决书或者公证债权文书的,海事法院经审查认定上述文书真实合法的,裁定予以确认。

第一百一十六条 债权人提供其他海事请求证据的,应当在办理债权登记以后,在受理债权登记的海事法院提起确权诉讼。当事人之间有仲裁协议的,应当及时申请仲裁。

海事法院对确权诉讼作出的判决、裁定具有法律效力,当事人不得提起上诉。

第一百一十七条 海事法院审理并确认债权后,应当向债权人发出债权人会议通知书,组织召开债权人会议。

第一百一十八条 债权人会议可以协商提出船舶价款或者海事赔偿责任限制基金的分配方案,签订受偿协议。

受偿协议经海事法院裁定认可,具有法律效力。

债权人会议协商不成的,由海事法院依照《中华人民共和国海商法》以及其他有关法律规定的受偿顺序,裁定船舶价款或者海事赔偿责任限制基金的分配方案。

第一百一十九条 拍卖船舶所得价款及其利息,或者海事赔偿责任限制基金及其利息,应当一并予以分配。

分配船舶价款时,应当由责任人承担的诉讼费用,为保存、拍卖船舶和分配船舶价款产生的费用,以及为债权人的共同利益支付的其他费用,应当从船舶价款中先行拨付。

清偿债务后的余款,应当退还船舶原所有人或者海事赔偿责任限制基金设立人。

第十一章 船舶优先权催告程序

第一百二十条 船舶转让时,受让人可以向海事法院申请船舶优先权催告,催促船舶优先权人及时主张权利,消灭该船舶附有的船舶优先权。

第一百二十一条 受让人申请船舶优先权催告的,应当向转让船舶交付地或者受让人住所地海事法院提出。

第一百二十二条 申请船舶优先权催告,应当向海事法院提交申请书、船舶转让合同、船舶技术资料等文件。申请书应当载明船舶的名称、申请船舶优先权催告的事实和理由。

第一百二十三条 海事法院在收到申请书以及有关文件后,应当进行审查,在7日内作出准予或者不准予申请的裁定。

受让人对裁定不服的,可以申请复议一次。

第一百二十四条 海事法院在准予申请的裁定生效后,应当通过报纸或者其他新闻媒体发布公告,催促船舶优先权人在催告期间主张船舶优先权。

船舶优先权催告期间为60日。

第一百二十五条 船舶优先权催告期间,船舶优先权人主张权利的,应当在海事法院办理登记;不主张权利的,视为放弃船舶优先权。

第一百二十六条 船舶优先权催告期间届满,无人主张船舶优先权的,海事法院应当根据当事人的申请作出判决,宣告该转让船舶不附有船舶优先权。判决内容应当公告。

第十二章 附 则

第一百二十七条 本法自2000年7月1日起施行。

21 世纪法学系列教材书目

"21世纪法学系列教材"是北京大学出版社继"面向21世纪课程教材"(即"大红皮"系列)之后,出版的又一精品法学系列教科书。本系列丛书以白色为封面底色,并冠以"未名·法律"的图标,因此也被称为"大白皮"系列教材。"大白皮"系列是法学全系列教材,目前有15个子系列。本系列教材延续"大红皮"图书的精良品质,皆由国内各大法学院优秀学者撰写,既有理论深度又贴合教学实践,是国内法学专业开展全系列课程教学的最佳选择。

- **法学基础理论系列**

法律方法阶梯	郑永流
英美法概论:法律文化与法律传统	彭 勃

- **法律史系列**

中国法制史	赵昆坡
中国法制史	朱苏人
中国法律思想史(第二版)	李贵连 李启成
外国法制史(第三版)	由 嵘
西方法律思想史(第二版)	徐爱国 李桂林

- **民商法系列**

民法总论(第三版)	刘凯湘
债法总论	刘凯湘
物权法论	郑云瑞
英美侵权行为法学	徐爱国
商法学——原理·图解·实例(第三版)	朱羿锟
商法学	郭 瑜
保险法(第三版)	陈 欣
保险法	樊启荣
海商法教程(第二版)	郭 瑜
票据法教程(第二版)	王小能
票据法学	吕来明
房地产法(第四版)	房绍坤
物权法原理与案例研究	王连合
破产法(待出)	许德风

- **知识产权法系列**

知识产权法学（第五版）	吴汉东
商标法	杜 颖
著作权法（待出）	刘春田
专利法（待出）	郭 禾
电子商务法	李双元 王海浪

- **宪法行政法系列**

宪法学概论（第三版）	肖蔚云
宪法学（第三版）	甘超英 傅思明 魏定仁
行政法学（第二版）	罗豪才 湛中乐
外国宪法（待出）	甘超英
国家赔偿法学（第二版）	房绍坤 毕可志

- **刑事法系列**

中国刑法论（第五版）	杨春洗 杨敦先 郭自力
现代刑法学（总论）	王世洲
外国刑法学概论	李春雷 张鸿巍
犯罪学（第三版）	康树华 张小虎
犯罪预防理论与实务	李春雷 靳高风
监狱法学（第二版）	杨殿升
刑法学各论（第二版）	刘艳红
刑法学总论（第二版）	刘艳红
刑事侦查学（第二版）	杨殿升
刑事政策学	李卫红
国际刑事实体法原论	王 新
美国刑法（第四版）	储槐植 江 溯

- **经济法系列**

经济法学（第五版）	杨紫烜 徐 杰
经济法学（2011年版）（待出）	张守文
经济法原理（第三版）	刘瑞复
企业法学通论	刘瑞复
企业与公司法学（第五版）	甘培忠
商事组织法	董学立

金融法概论（第五版）		吴志攀
银行金融法学（第六版）		刘隆亨
证券法学（第三版）		朱锦清
金融监管学原理	丁邦开	周仲飞
会计法（第二版）		刘　燕
税法原理（第五版）		张守文
劳动法学		贾俊玲
社会保障法（待出）		林　嘉
房地产法（第二版）	程信和	刘国臻
环境法学（第二版）		金瑞林
反垄断法		孟雁北

- **财税法系列**

财政法学	刘剑文
税法学（第四版）	刘剑文
国际税法学（第二版）	刘剑文
财税法专题研究（第二版）	刘剑文

- **国际法系列**

国际法（第二版）		白桂梅
国际经济法学（第五版）		陈　安
国际私法学（第二版）		李双元
国际贸易法		冯大同
国际贸易法		王贵国
国际贸易法		郭　瑜
国际贸易法原理		王　慧
国际投资法		王贵国
国际货币金融法（第二版）		王贵国
国际经济组织法教程（第二版）		饶戈平

- **诉讼法系列**

民事诉讼法学教程（第三版）	刘家兴	潘剑锋
民事诉讼法		汤维建
刑事诉讼法学（第三版）		王国枢
外国刑事诉讼法教程（新编本）	王以真	宋英辉

外国刑事诉讼法(待出)			宋英辉
民事执行法学(第二版)			谭秋桂
仲裁法学(第二版)			蔡　虹
外国刑事诉讼法	宋英辉	孙长永	朴宗根

- **特色课系列**

世界遗产法			刘红婴
医事法学		古津贤	强美英
法律语言学(第二版)			刘红婴
模拟审判:原理、剧本与技巧	廖永安	唐东楚	陈文曲

- **双语系列**

普通法系合同法与侵权法导论	张新娟
Learning Anglo-American Law: A Thematic Introduction(英美法导论)(第二版)	李国利

- **专业通选课系列**

法律英语			郭义贵
法律文书学		卓朝君	邓晓静
法律文献检索			于丽英
英美法入门——法学资料与研究方法			杨　帧

- **通选课系列**

法学通识九讲			吕忠梅
法学概论(第三版)			张云秀
法律基础教程(第三版)(待出)			夏利民
经济法理论与实务(第三版)	於向平	邱　艳	赵敏燕
人权法学			白桂梅

- **原理与案例系列**

国家赔偿法:原理与案例	沈　岿
专利法:案例、学说和原理(待出)	崔国斌

2012 年 2 月更新

教师反馈及教材、课件申请表

尊敬的老师:

您好!感谢您一直以来对北大出版社图书的关爱。北京大学出版社以"教材优先、学术为本"为宗旨,主要为广大高等院校师生服务。为了更有针对性地为广大教师服务,满足教师的教学需要、提升教学质量,在您确认将本书作为教学用书后,请您填好以下表格并经系主任签字盖章后寄回,我们将免费向您提供相关的教材、思考练习题答案及教学课件。在您教学过程中,若有任何建议也都可以和我们联系。

书号/书名			
所需要的教材及教学课件			
您的姓名			
系			
院校			
您所主授课程的名称			
每学期学生人数		学时	
您目前采用的教材	书名_____ 作者_____ 出版社_____		
您的联系地址			
联系电话			
E-mail			
您对北大出版社及本书的建议:	系主任签字 盖章		

我们的联系方式:

北京大学出版社法律事业部

地   址:北京市海淀区成府路205号　　联系人:李铎
电   话:010-62752027　　　　　　　　传　真:010-62556201
电子邮件:bjdxcbs1979@163.com
网   址:http://www.pup.cn
北大出版社市场营销中心网站:www.pupbook.com